21世纪经济管理新形态教材·创新创业教育系列

数字化创新创业管理与实务

张 璐 崔敏杰 张 强 ◎ 主 编
苏敬勤 武 敏 黄荟婕 赵 爽 ◎ 副主编

清华大学出版社
北京

内 容 简 介

本书在数字化和智能化飞速发展的时代背景下，特别强调了数字化创新创业的新趋势和特点，紧密遵循教育部《普通本科学校创业教育教学基本要求（试行）》的指导精神，致力于培养具有数字化创新创业能力的高素质人才，以适应国家发展的需求。本书以培养数字化创新创业精神为核心，深入探讨了数字化时代对创新创业领域的深刻影响，并详细阐述了数字化创业的各种途径。全书共分为五篇十二章，内容涵盖了创业的基本概念、创业过程、识别创业机会、构建商业模式、创业者素质、组建创业团队、整合创业资源、融资策略、新创企业的成长管理，以及数字化创业渠道、内部创业和社会创业等多个方面，为读者构建了一个全面的数字化创新创业知识体系。

本书以数字化和本土化案例分析为特色，丰富了教材内容的表现形式，并且通过实践演练环节，方便读者更好地理解和掌握数字化创新创业的实战技能，尤其强化了对当代大学生在数字化时代所需的能力和素养的培养。

本书不仅适合作为高校创新创业教育的教材，也为广大企业家、创业者、管理者提供了自学和参考的宝贵资源。

本书封面贴有清华大学出版社防伪标签，无标签者不得销售。
版权所有，侵权必究。举报：010-62782989，beiqinquan@tup.tsinghua.edu.cn

图书在版编目（CIP）数据

数字化创新创业管理与实务/张璐，崔敏杰，张强主编. -- 北京：清华大学出版社，2024.8. -- (21世纪经济管理新形态教材). -- ISBN 978-7-302-66841-1

Ⅰ．F279.246

中国国家版本馆 CIP 数据核字第 20244BS450 号

责任编辑：付潭娇
封面设计：李伯骥
责任校对：王荣静
责任印制：刘 菲

出版发行：清华大学出版社
    网 址：https://www.tup.com.cn, https://www.wqxuetang.com
    地 址：北京清华大学学研大厦 A 座   邮 编：100084
    社 总 机：010-83470000   邮 购：010-62786544
    投稿与读者服务：010-62776969, c-service@tup.tsinghua.edu.cn
    质 量 反 馈：010-62772015, zhiliang@tup.tsinghua.edu.cn
    课 件 下 载：https://www.tup.com.cn, 010-83470332
印 装 者：河北盛世彩捷印刷有限公司
经 销：全国新华书店
开 本：185mm×260mm 印 张：19 字 数：470 千字
版 次：2024 年 8 月第 1 版 印 次：2024 年 8 月第 1 次印刷
定 价：59.00 元

产品编号：107133-01

前言

随着数字经济的迅猛发展,创新与创业的深度融合已成为推动社会进步和经济发展的关键力量。在这一过程中,数字技术、数字经济被视为科技革命和产业变革的前沿领域,是国际竞争的新焦点。互联网、大数据、云计算、人工智能、区块链等技术的快速创新和广泛应用,正在深刻地改变着全球创新格局和经济结构,为创业者提供了前所未有的机遇,也带来了技术和认知上的挑战。在这样的大背景下,培养能够适应、胜任并引领数字时代的企业家,成为教育领域的一项重要任务。

数字技术不仅仅是创新创业的工具,还在不断重塑创新创业的主体、过程和边界。这种技术的社会物理性使其能够深入社会的各个层面,为推动创新活动提供无限可能性。而数字经济的发展依赖于数字人才的驱动。在数字时代,能够胜任并引领创新的企业家成为推动新发展格局、建设现代化经济体系、实现高质量发展的关键资源。面对这些变革,创业教育、创业课程和创业教材亟须更新,以适应数字时代对创新创业人才的新要求。本书正是在这样的时代背景下应运而生的。书中特别强调了数字化与创业过程的实践演练,以确保创业者能够掌握在数字时代成功创业所需的关键技能和知识,旨在培养具有爱国精神、创新能力、诚信品质、社会责任感和国际视野的企业家。

本书的核心目标是构建一个全面的数字化创新创业教育体系,它不仅涵盖了理论知识的深入剖析,还融入了丰富的实践案例分析,为读者提供了一个实用的数字化创新创业管理框架。本书精选了众多在中国市场上取得显著成就的企业案例,涵盖电子商务、通信科技、生态修复等多个行业。这些案例不仅展示了企业在数字化转型中的成功实践,也反映了企业在不同领域中所面临的挑战。通过案例研究和模拟演练,使读者能够在真实或模拟的商业环境中体验和学习数字化创新创业的过程。这种实践导向的方法论有助于读者理解数字化技术如何转化为实际的商业策略,以及如何在不断变化的市场环境中保持竞争力。

在内容编排上,本书致力于将创新创业教育与思想政治教育相结合,强调在培养创业技能的同时,也要注重价值观念的塑造。本书不仅系统介绍了数字化创新创业的理论和实践,还融入了社会主义核心价值观和创新创业伦理。这种融合促使读者在追求经济利益的同时,也能够坚守道德底线,具备良好的社会责任感和使命感,进而成为具有国际竞争力的创新创业人才。

本书还特别关注数字化创业渠道的发展,分析了互联网、大数据、人工智能等技术如何推动创新创业渠道的变革。通过介绍这些渠道的应用场景和操作方法,读者可以掌握如何有效利用数字化工具来整合资源、拓展市场、提升竞争力,从而在创新创业的道路上取得成功。

编写这本书的过程是一次充满挑战与机遇的"创业"之旅。在这个过程,我们有幸得到了内蒙古工业大学众多教师的鼎力支持。张璐教授在本书的编写过程中发挥了核心领导作用,对全书内容进行了总体规划,确保了知识体系的连贯性和系统性。本书的具体编写分工如下：张璐教授编写第 1 章和第 11 章，崔敏杰副教授编写第 4 章和第 12 章，张强老师编写第 2 章和第 3 章，武敏老师编写第 5 章和第 8 章，黄荟婕博士编写第 6 章和第 9 章，赵爽博士编写第 7 章和第 10 章。最后，苏敬勤教授和崔敏杰副教授对全书的修订稿进行了最终校改。此外，史珂、贾浩、薛海彦、方巧悦、赵宇蓉、王欣悦、刘镇韬、王晨曦、戈福利等研究生在数据收集和整理方面提供了宝贵的支持，他们的努力为本书的顺利完成奠定了基础。

在数字时代，创业的理论与实践正经历着日新月异的变化，本书虽然凝聚了我们的努力和智慧，但我们也清醒地认识到，它必然存在众多不足之处。我们真诚地期待读者的批评、反馈和建议。这些宝贵的意见将被视为我们持续创新和创业过程中的"数据资产"。我们的目标是培养能够适应并引领数字时代的企业家。为了实现这一愿景，我们将持续关注数字经济的最新动态，不断吸收新的知识和技术，以期在未来的版本中提供更加丰富、深入的洞察和指导。

编 者

2024 年 3 月

目 录

第1篇 概 念 篇

第1章 创业与创新的概念 3
1.1 认识创业和创新 4
1.2 创新驱动型创业 14
1.3 数据时代的创新创业 18

第2章 创业过程 23
2.1 创业过程概述 25
2.2 经典的创业模型 30
2.3 创业推理 33
2.4 数字创业 38

第2篇 数据时代的商机

第3章 识别创业机会 47
3.1 创业机会概述 48
3.2 识别创业机会 52
3.3 评估创业机会 55
3.4 数字时代的创业机遇与挑战 66

第4章 商业模式及数据驱动商业模式 72
4.1 商业模式与商业模式设计工具 73
4.2 创新驱动的商业模式 86
4.3 创业商业模式选择 94
4.4 数据驱动商业模式 98

第3篇 创业者和创业团队

第5章 创业者素养与能力 105
5.1 创业者的思维模式 106
5.2 创业精神 112
5.3 成为创业者 115

5.4 创业者价值观与创业伦理 ·· 125

第6章 创业团队 ··· 134

6.1 创业团队的内涵 ··· 135
6.2 创业团队的组建 ··· 142
6.3 创业团队的运行 ··· 148

第4篇 创业实践篇

第7章 创业资源获取与整合 ·· 157

7.1 创业资源 ·· 158
7.2 资源获取与创业网络 ··· 161
7.3 创业拼凑与资源整合 ··· 165

第8章 创业融资 ··· 177

8.1 创业融资概述 ·· 178
8.2 创业融资渠道 ·· 182
8.3 创业融资方式选择的影响因素 ······································· 187
8.4 数字金融与创业活动 ··· 189

第9章 新创企业成长管理 ·· 198

9.1 成立新企业 ··· 199
9.2 新创企业成长管理 ·· 206
9.3 创业失败管理 ·· 212

第10章 数字化创业渠道 ··· 220

10.1 数字时代已经到来 ·· 221
10.2 电子商务创业 ·· 223
10.3 新媒体创业 ··· 234
10.4 其他数字化渠道创业 ··· 240

第5篇 内部创业与社会创业

第11章 内部创业 ··· 251

11.1 内部创业概述 ·· 252
11.2 识别、激励与评估内部创业者 ····································· 256
11.3 培育公司内部创业精神 ·· 262

第12章 社会创业 273

- 12.1 社会创业概述 274
- 12.2 社会创业机会识别 277
- 12.3 社会创业的可持续发展 282
- 12.4 数字社会创业 285

参考文献 293

第1篇

概 念 篇

第 1 章

创业与创新的概念

【学习目标】

知识目标：能够深入理解创业与创新的基本内涵，包括定义、特点和类型及它们在经济发展中的作用；能够掌握创新驱动型创业的特征，理解创新驱动在这一过程中的作用以及通过创新来推动企业成长和市场发展的过程；能够明确区分数字创新与传统创新、数字创业与传统创业的不同特点，理解它们在资源利用、市场定位、商业模式等方面的差异；了解数字技术影响创业模式和创新实践的机理。

能力目标：通过收集和分析相关领域的信息，整合知识，形成对创新创业环境的全面认知，提升研究与信息整合能力；在数字时代能够将创新理念应用于解决实际问题，提升适应与应用能力；培养强烈的创新意识，敢于尝试新思路、新方法并将创新思维应用于学习和工作中，形成对创业的新认识。

素质目标：深入学习和理解马克思主义的世界观和方法论，将其创造性地应用于分析和解决问题，特别是在创新创业领域；培养创新思维，学会用创新的眼光看待问题，不断寻求新的思路和方法，推动个人和社会发展；增强"四个自信"，并在此基础上深化对创新创业的理解，坚定在创新创业道路上的信心；树立创新驱动发展的理念，将创新作为推动创业成功的核心动力；强化责任意识和担当精神，通过创新为社会做出贡献，努力创造更高的社会价值。

纳斯达克上市的"成熟孩子"：斗鱼TV的商业模式演化之路

2019年7月，斗鱼TV于美国纳斯达克上市，市值37.33亿美元，约256亿元人民币。它是湖北首家本土孕育的海外上市互联网企业，也是华中地区首次出现市值超过250亿元的互联网企业。如今，斗鱼已经成长为中国最大的以游戏为核心的直播平台，也是中国电竞领域的先锋。

斗鱼TV创始人陈少杰曾在一家游戏公司负责产品研发，在工作过程中，萌生了创业的想法，认为游戏行业是一片尚未开发的蓝海，在互联网时代，游戏行业有很大的发展空间。在网游行业深耕的过程中，他发现喜欢打游戏的玩家也喜欢观看游戏高手对决。他感受到游戏直播行业的发展潜力，于是便在A站推出游戏直播AcFun生放送栏目。游戏直播带来的认同感对游戏玩家有强大的吸引力，容易吸引具有超强黏性的受众群体。2014年，游戏直播势头上升明显。陈少杰也嗅到了商机，及时将生放送直播从 A 站独立出来，正式更名为斗鱼 TV。

斗鱼 TV 创立之初，许多国内风投并不看好。当斗鱼 TV 陷入资金困境时，大洋彼岸传来亚马逊 9.7 亿美元收购 Twitch 的消息，令国内资本方看到了游戏直播的前景。于是，在斗鱼 TV 成立仅 4 个月的时候，它就获得了来自奥飞动漫、红杉资本等资本方的陆续投资。获得投资后，斗鱼 TV 迅速着手进行平台建设和市场开拓，很快就占据了行业高地。

陆续获得融资的斗鱼 TV 开始签约游戏赛事直播权，冠名电竞俱乐部，进行赛事植入。在斗鱼 TV 发展的初期，营销手段使其知名度迅速提升，初步开拓了市场。除了对赛事赛制的植入外，斗鱼 TV 也十分重视对知名游戏主播的签约工作。在冠名电竞和签约游戏主播后，斗鱼 TV 并不止步于此，而是继续深耕电竞产业链，以求纵向发展，做精做好做深。创业两年后，斗鱼 TV 凭借市场渗透率、用户规模、收入水平等方面的优势居于行业领先地位。2015 年，斗鱼 TV 开始探索与国内外知名手机品牌的重要合作，全程直播苹果、三星和小米等品牌发布会。在知名手机品牌影响力的辐射下，斗鱼 TV 的品牌形象迅速提升。随着跨界营销的兴起，斗鱼 TV 也开始做直播界的跨界营销领航者，与肯德基、必胜客、蔡林记联手打造嘉年华主题店，再一次引领直播新风尚。在 2018 年的"年中大促"活动中，斗鱼 TV 与京东开展了一场深度合作。京东邀请斗鱼 TV 的 618 位网红主播同时在线直播，为购物节造势。2018 年，斗鱼 TV 登上中国独角兽企业价值榜，并在当年获得腾讯独家战略投资。在商业模式备受争议的直播领域，资本市场对直播行业总体保持冷静态度，而斗鱼 TV 却一直在资本的簇拥下阔步前行。2018 年 3 月 8 日，斗鱼 TV 完成 E 轮融资，由腾讯独家投资 6.3 亿美元（约 39.8 亿元），进行了深度战略绑定。经过腾讯的战略加持，斗鱼 TV 估值在 150 亿～200 亿元之间，稳坐直播领域头把交椅。2019 年 7 月 17 日晚，斗鱼 TV 在美国纳斯达克交易所挂牌上市，发行价为每股 11.5 美元。平台对应估值约 37 亿美元。此次 IPO 融资规模约为 8.91 亿美元，是中概股最大规模的赴美 IPO。

斗鱼成功的主要原因可以总结为：(1) 商业模式创新：增强核心资源，拓宽目标客户群体，签约和培养优质主播等核心资源，并帮助其实现"直播+"泛娱乐转型的价值主张；增强产业联系，挖掘战略伙伴，与手机、餐饮、电商、互联网等行业的知名品牌开展合作，拓宽斗鱼 TV 的目标客户群体。(2) 业务创新：斗鱼 TV 在线下布局斗鱼嘉年华，打造"直播+"主题乐园，是线上泛娱乐模式的进一步延伸，线上优质 IP 的打造与线下 IP 的落地形成产业链闭环，实现了斗鱼 TV 的全场景覆盖，推动了其关键业务创新。(3) 技术创新：资金支持直播方式、直播技术创新和宽带建设创新，斗鱼嘉年华中使用 5G+4K 的科技创新直播方式和 360 度全景 VR 镜头，将画面快速、清晰地传输至终端用户，增强用户的体验感。

资料来源：沈俊，李一帆，保鑫，等. 纳斯达克上市的"成熟孩子"：斗鱼 TV 的商业模式演化之路[A]. 中国管理案例共享中心案例库，2020.

1.1　认识创业和创新

1.1.1　创业

1. 创业的内涵

在中国传统文化中，"创业"一词蕴含着深远的意义。它不仅指代了开创基业的行为，还包含了对事业持续发展和传承的期望。随着时代的发展，创业的概念已经从传统的"开创基业"扩展到了现代意义上的创办新事业、新企业，以及在现有企业中进行创新和变革。现代创业的定义涵盖了七个维度。

（1）启动与创建。创业通常涉及从零开始，启动一个新的商业项目或创建一个新的企业，这需要创业者具备创新思维和行动力。

（2）创新与变革。创业活动往往伴随着新产品、新服务、新市场或新技术的开发，这些创新能够带来市场变革，满足消费者未被满足的需求。

（3）资源组合。创业者需要有效地整合和利用各种资源，包括资金、人才、技术、信息等，以支持创业项目的发展。

（4）风险管理。创业过程充满了不确定性，创业者需要承担风险，同时也要学会管理这些风险，以提高成功的可能性。

（5）价值创造。创业的最终目标是创造价值，这不仅包括经济价值，还包括社会价值和环境价值。创业者通过提供独特的产品或服务，为社会带来正面影响。

（6）持续成长。创业不仅仅是一次性的事件，还是一个持续的过程，涉及企业的持续发展和成长。创业者需要不断学习、适应和改进，以保持企业的竞争力。

（7）自主性。创业强调的是自主性，创业者需要有独立思考和决策的能力，以及对事业的执着追求。

综上所述，创业是一个多维度、动态的过程，它要求创业者具备创新精神、风险意识、资源整合能力及持续发展的视野。在这个过程中，创业者通过自己的努力和智慧，不断探索和实践，以实现个人价值和为社会做贡献。

人们可以从狭义和广义两个层面来理解创业。这两个层面虽然有所区别，但都强调了创业活动的核心要素和价值。

（1）狭义的创业。

①个人或团队主导。个人或团队主导强调的是个人或团队作为创业活动的主体，主动发起并推动创业过程。

②创办新企业。狭义的创业通常与创建一个全新的商业实体相关。这个实体可能是一个公司、一个商店或其他形式的组织。

③资源投入与配置。创业者需要投入自己的知识、技能、社会资本，并有效地配置其他资源，如资金、技术等，以支持企业的运营和发展。

④创新与创造性。创业活动往往涉及创新，无论是产品、服务还是商业模式，都需要有新意，以区别于现有市场。

⑤追求财富增长。狭义的创业活动通常以经济利益为导向，目的是通过提供产品或服务实现财富的增长。

（2）广义的创业。

①追求机会与价值创造。广义的创业概念更加强调机会的发现和利用，以及通过创新活动创造价值的过程。

②不限于资源限制。在广义的创业中，资源的限制不再是主要考虑的因素，而是鼓励在有限资源下寻找和创造新的可能性。

③精神与行为。广义的创业强调的是一种精神和行为，即不断探索、尝试新事物，勇

于面对挑战，追求个人和组织的成长。

在当今社会，随着经济全球化和技术创新的加速，创业活动对社会经济发展的贡献日益显著。广义的创业概念更加符合当前的发展趋势，它鼓励人们在各个领域和层面展现创业精神。无论是在商业、科技、艺术还是社会服务等领域，人们都可以通过创新和创造价值来推动个人和社会的进步，从而促进社会整体的创新和繁荣。

2. 创业的要素

创业是一个涉及多方面因素的复杂过程，它要求创业者和团队在多个层面进行有效的整合和协调。以下是对创业要素的进一步阐述。

1）创业者及创业团队

创业者在创业过程中占据着核心地位，个人素质和团队素质对于能否创业成功具有重要作用。在数字经济时代，创业团队的构成更加多元化，虚拟团队的出现减少了传统创业的限制。美国风险投资家多里特说过："我更喜欢拥有二流创意的一流创业者和团队，而不是拥有一流创意的二流创业团队。"多里特的观点进一步说明了投资者在评估投资项目时，更倾向于选择具有优秀素质和经验的创业者和团队，而不是仅仅依赖于创意本身。因此，从创业者的核心角色来说，创业者是创业活动的发起者、目标设定者、过程组织者和结果承担者，创业者的性格、能力、知识结构以及精力和时间管理能力等个人素质对创业结果有决定性影响。在数字经济时代，创业团队可以跨越地域和文化，由全球范围内的个体、机构和组织组成。创业团队的凝聚力、合作精神和敬业精神，对于企业克服困难和实现长期目标至关重要。

2）创业机会

创业者需要识别并利用创业机会，这涉及对创业机会的洞察力和行动意愿。创业者的个体差异（如认知、学识和行为）将影响他们识别和利用机会的方式和质量。因此，创业活动是基于对创业机会的认知和行动，这要求创业者能够很好地洞察创业机会的存在时间、形式和原因，并据此采取行动。创业者自身的特性影响着他们理解和利用这些机会的水平，不同类型的创业者在识别机会和采取行动时往往表现出不同的能力和过程。因此，创业者需要具备识别和把握创业机会的能力。对于有准备的创业者来说，创业机会是对他们努力的回报。创业者可以在不完全竞争的市场、规模经济带来的市场空间以及企业集群的空缺中寻找机会。当然，新科技应用和需求多样化也是潜在创业机会的来源。敏锐地感知社会需求变化是捕捉创业机会的关键。例如，党的二十大报告提出，要坚持创新在我国现代化建设全局中的核心地位。对于创业者来说，这意味着他们需要识别和把握科技创新带来的新机会，如人工智能、生物科技、新能源等领域的创业机会。党的二十大报告为创业者提供了宏观政策导向和市场趋势指引，帮助他们更好地识别和把握创业机会，实现个人价值和社会贡献的双重目标。

3）创业资源

创业者在识别创业机会后，需要有效地获取和整合各种资源，以支持企业的建立和发展。这些资源包括：

（1）政策资源：提供人才、资金、服务和创业机会，尤其是对初创企业的扶持政策。

（2）信息资源：帮助创业者识别机会，连接关键资源。

（3）资金资源：对企业发展至关重要，尤其是在快速增长期，资金缺口可能限制创业企业扩张。

（4）人才资源：人才是第一资源。拥有一支高素质的团队是企业良性成长的核心。党的二十大报告强调了人才的重要性，这与创业者在团队建设、人才培养和人才吸引方面的努力相呼应。创业者需要识别和培养具有创新精神与专业技能的人才，以支持企业的持续发展。

（5）管理资源：创业企业需要有效的领导和管理，以协调活动和整合资源，避免管理不善导致的失败。很多新创企业失败源于管理不善，因为这类企业的管理者大多是技术人员转型，其管理能力相较于技术研发能力没有任何优势。

（6）技术资源：技术是产品和服务的重要基础，对满足市场需求和提升企业竞争力至关重要。

创业是一个不断适应市场变化的过程。创业者必须有效地管理和利用政策、信息、资金、人才、管理和技术等资源，并持续评估这些资源配置的效果，根据实际情况进行调整，以保持创业企业的竞争力和市场适应性。

3. 创业的特征

1）普遍性

创业作为一种社会现象，自古以来就存在，以不同的概念和形式贯穿经济社会发展的全过程。人们对创业行为的典型特征有所认知，这些特征构成对创业活动的基本理解。创业被视为一种通过为顾客提供利益来创造价值的活动，是提升社会价值的重要途径。创业也是个体或组织获取和维持竞争优势的手段，有助于在市场中占据有利地位。创业活动能够创造就业机会，推动技术创新，促进经济增长和社会稳定。因此，创业不仅是经济发展的驱动力，也是社会进步和个人价值实现的重要途径。它通过创造就业、促进创新和提供价值，对社会有着深远的积极影响。党的二十大报告中的"创新驱动""人才引领"等理念与创业的普遍性相结合，为创业者提供了明确的发展方向和政策支持，鼓励创业者在新时代，在创新、科技、人才的引领下实现高质量发展，为全面建设社会主义现代化国家贡献力量。

2）特殊性

创业活动的特殊性体现在它独特的行动模式和资源利用方式上。

（1）创业者的个人能力。创业活动往往与创业者的个人特质、经验和愿景紧密相关。创业者的领导力、决策能力、创新思维和风险承担能力对于企业的发展至关重要，正如柳传志对联想、任正非对华为的影响。创业者的个人魅力和专业能力在企业初期发展中起到决定性作用。

（2）资源约束下的商业活动。创业通常在资源有限的条件下进行，这要求创业者必须具备高效的资源配置能力和创新的商业模式。在资金、人力、市场等资源有限的情况下，创业者需要通过创造性的方法来克服困难，实现企业的成长。这包括利用现有资源实现效益最大化、寻找合作伙伴、采用轻资产运营模式等策略。

（3）低启动资金。许多创业项目并不需要大量的初始投资。创业者通过精益创业的方法，以最小的成本验证商业模式，逐步吸引投资并扩大规模。这种模式降低了创业门槛，使得更多的人有机会尝试创业，同时也要求创业者在资金管理上更加谨慎和高效。

（4）机会识别与把握。在资源有限的情况下，创业者需要敏锐地识别市场机会，并能够快速响应。这要求创业者具备良好的市场洞察力和快速决策能力，以便在竞争激烈的市场中找到立足点。

(5) 持续创新与适应。创业活动是一个持续的过程,创业者需要不断地创新和适应市场变化。这意味着创业者必须具备持续学习的能力,以及面对挑战时调整策略的灵活性。

3) 不确定性

创业活动的不确定性是其核心特征之一。这种不确定性可以从多个维度进行分析。

(1) 结果的不确定性。创业活动的结果往往是不可预测的,因为市场反应、消费者接受度、竞争对手的行动等因素都可能影响创业项目的结果。这种不确定性要求创业者具备风险评估和应对的能力,以便在面对未知和变化时能够做出适当的调整。

(2) 创业环境的不确定性。首先,环境本身的不确定性。市场环境、政策法规、技术发展、经济状况等外部因素的不断变化,为创业活动带来了不确定性。这些因素可能在创业过程中突然改变,对企业的运营和战略实施产生重大影响。其次,感知到的环境不确定性。创业者和利益相关者对环境变化的感知与解读可能存在差异,这种主观上的不确定性会影响决策过程和行动计划。

(3) 创业行为的不确定性。在复杂多变的环境中,创业者和团队成员可能会面临多种选择,每种选择都有其潜在的风险和回报。由于信息的不完全和环境的动态性,人们很难预测哪种行为会带来最佳结果。

4) 风险性

创业伴随着多种风险,这些风险需要创业者在创业过程中仔细评估和管理。

(1) 机会风险:创业者在决定创业时往往需要放弃稳定的工作和收入,这涉及放弃已知的稳定职业路径,转而追求未知的创业机会。这种选择可能产生机会成本,即如果创业失败,创业者可能会失去在原有职业道路上可能获得的收益。

(2) 技术风险:在创业过程中,技术研发是关键环节。技术风险包括技术不成熟、研发失败、技术过时或被竞争对手超越等。这些风险可能导致产品无法满足市场需求,或者在技术上无法实现预期的功能。

(3) 市场风险:市场风险涉及市场需求的不确定性,包括市场需求的变化、竞争加剧、消费者偏好的转变等。如果创业者无法准确预测和适应市场变化,可能就会导致产品无法销售或服务无法提供,从而影响企业的盈利能力。

(4) 资金风险:资金是创业的血液,资金不足或资金链断裂是导致创业失败的常见原因。创业者需要确保有足够的启动资金,并在运营过程中有效管理现金流,以应对各种财务挑战。

(5) 管理风险:包括决策失误、组织结构不合理、团队协作问题等。管理者的素质和能力直接影响到企业的运营效率和战略执行。有效管理能够降低风险,提高企业的竞争力。

非遗赋能:助力缮意文化大学生创业梦

宁波海曙缮意文化创意有限公司是一家集金缮修复与教学、策展与策划为一体的艺术品综合性服务公司,致力为古玩爱好者提供修复学习、分享交流的平台。创始人杨磊,1995年出生于浙江丽水龙泉市。作为国家历史文化名城,龙泉被誉为"青瓷之都"和"宝剑之邦"。杨磊从小受古陶瓷文化熏陶，初中时就在心中埋下创业的"种子"。2014年，他考上宁波某学院的文化产业管理专业，潜心技术，以期日后创业。

大学期间，杨磊在"文物鉴赏与修复"课程中认识了他人生的第一位恩师——陈笔泽。该课让杨磊第一次接触到金缮修复，并被其"残缺之美"所吸引。课后，他壮胆求陈老师收自己为徒，想系统学习金缮修复技术。然而，金缮修复与传统锔瓷技艺不同，它无须打孔做洞，而是通过生漆将破损器物黏结，在修复部位涂抹金粉，使修补痕迹成为特殊装饰。生漆源自天然树脂，极易引起皮肤过敏。想学习修复技术，首先要克服生漆过敏的问题。最终，功夫不负有心人，两年后，杨磊基本掌握了金缮修复技法，可独立修复，成为陈老师的得意门生。

2017年底，杨磊在分院领导支持下成立了独立的金缮修复工作室。然而，单一的修复业务并不能维持团队正常运行，杨磊必须另辟蹊径。恰逢珠串深受学生喜爱，几乎成为女生人手必备的饰品，于是杨磊将团队业务分为校园珠串和金缮修复。本以为业务会有所起色，但珠串生意并不乐观。眼看手头资金将尽，生意仍不见起色，创业团队陷入绝境。虽然珠串生意不乐观，但杨磊在外面跑市场时结交了很多志同道合的朋友——古玩爱好者。杨磊接到的第一单生意来自一位认识多年的书店老板。书店老板是一位茶艺爱好者，平时也喜欢收藏茶具。他的一个碗盏被摔碎，就找杨磊修复。杨磊花了5天时间，修复后的碗盏完好如初。

2018年，杨磊把主营业务从珠串生意转移回金缮修复，利用父母借给的部分资金和之前工作室的报酬，共计50万元，毕业后注册成立宁波市海曙缮意文化创意有限公司。但在古玩圈内，只有高超的修复技艺还不够，还要慧眼识珠，既会修又会鉴才会获得更多圈内人士的认可。修复是杨磊的绝技，可在鉴赏方面，他还有所欠缺。为此，他跑遍全国各地的博物馆和古玩市场，交了不少"学费"。"交学费"淘来的"宝贝"至今还摆在工作室最显眼的架子，作为见证杨磊成长的证物。在杭州吴山古玩城，杨磊遇到了他的第二位恩师——谢师傅。谢师傅在鉴赏和交易方面功力颇深。杨磊多次请教，二人畅聊甚欢。杨磊在谢师傅身边潜心学习，不到一年就低价寻回了很多"宝贝"。

2019年底，杨磊在母校举办个人收藏展——"人间有味是清欢"龙泉青瓷主题展。他共展出74件器物，年代自北宋至晚明，前后跨越五百余年，各类器型数十种，既有经典器型也有流行器型，器物品级较高，得到很多行家肯定。《钱江晚报》、中国教育在线等媒体纷纷报道展出。杨磊在青瓷收藏界的名声由此扩大。从此，他不但是宁波收藏界的宠儿，新起之秀的名声也辐射到了周边很多城市。

虽然杨磊经过努力在圈内小有名气，有了一定盈利，但扣除场地费、员工工资等费用外所剩无几，公司还是很难存活。开拓业务一直是公司创立初期的主要工作，但如何开拓却又一次陷入瓶颈。想要更多生意，就要提高知名度。于是，他联系宁波山海经公益社团，为他们免费提供金缮修复公益课。这堂公益课不仅让宁波古玩界知道有个年轻人仅用两年时间就学会了金缮修复，更让杨磊在宁波圈就此声名鹊起，很多客户慕名而来，成功把公司单一的修复业务拓展成修复与成品买卖。

2020年底，工作室员工月均收入2万元以上，杨磊将除公司运营经费外的剩余资金全部投入收藏。2021年5月，他的藏品已达3000多件。5月13日，杨磊作为主讲嘉宾回母校分享这几年的创业经验。现在的他，不仅是金缮修复的传承人，也是宁波青瓷收藏界最年轻的收藏家。

资料来源：方世强，胡文静，俞浩萍，等. 非遗赋能：助力缮意文化大学生创业梦[A]. 中国管理案例共享中心案例库，2022.

4. 创业的类型

随着经济全球化和技术创新的加速，创业活动呈现出多样化的趋势。对创业类型进行细分，有助于人们更深入地理解创业的内在机制、特点和影响因素，从而为创业者提供更有针对性的指导和支持。

（1）根据创业动机的不同，将创业活动分为机会型创业和就业型创业。

①机会型创业：

特点：基于市场机遇，创造新需求，推动新兴产业发展。例如，字节跳动（TikTok 的母公司）通过创新的算法推荐系统，创造了新的社交媒体需求，推动了短视频行业的兴起。

②就业型创业：

特点：以谋生为目的，模仿或尾随现有市场，规模较小，多集中于服务业。例如，开设一家特色小吃店，满足当地居民的饮食需求，通常在现有市场中寻找并利用机会。

（2）按照新企业建立渠道的不同，创业可以划分为自主型创业和企业内部创业。

自主型创业是创业者个人或创业团队白手起家进行创业。自主型创业可以分为以下三种类型。

①创新型创业：

特点：创业者通过创新填补市场空白，提供独特的产品或服务。例如，特斯拉（Tesla）的创始人埃隆·马斯克（Elon Musk）通过创新电动汽车技术，改变了汽车行业，满足了市场对环保和高科技汽车的需求。

②从属型创业：

特点：创业者与大型企业合作，或通过加盟连锁、特许经营等方式，利用现有品牌和模式进行创业。例如，一家小型软件开发公司与大型科技公司合作，成为其外包服务提供商，或者创业者加盟星巴克（Starbucks）等知名品牌，开设自己的咖啡店。

③模仿型创业：

特点：创业者选择进入壁垒较低的行业，通过模仿现有成功企业的模式进行创业。例如，在某个热门商圈开设一家模仿知名快餐品牌（如麦当劳）的快餐店，利用已有的市场认知和消费者习惯来吸引顾客。

企业内部创业是成熟企业为保持增长和竞争优势，鼓励员工在企业内部进行创新并实现商业化，通过授权和资源支持，实现企业的持续发展。例如，华为通过内部创业机制，将非核心业务如生产、服务等社会化，成立内创公司，如广州市鼎兴通讯、深圳市华创通等，既解决了企业内部问题，又激发了员工的创业热情。

企业不断通过内部创业活动，如二次创业、三次创业，延长生命周期，保持活力。企业内部创业是一种有效的管理策略，它不仅能够激发员工的创造力和积极性，还能够为企业带来新的增长点，实现可持续发展。通过这种方式，企业能够保持其在市场中的竞争力，同时为员工提供实现个人价值的平台。

（3）从创业主体角度划分，创业可以分为大学生创业、失业者创业和兼职者创业。

①大学生创业。特点：大学生利用所学知识和技能，或探索新领域，独立或合伙创业。例如，一位计算机科学专业的毕业生可能选择开发一款移动应用，或者与同学合作

开发一个在线教育平台。

②失业者创业。特点：倾向于选择投资少、回报快、风险低的服务行业。例如，一位失业的中年妇女在北京创办月嫂服务公司，利用自己的生活经验，结合市场需求，为新生儿家庭提供专业护理服务。

③兼职者创业。特点：在保持稳定工作的同时，利用业余时间进行创业尝试。例如，一位在职教师在周末开设个人艺术工作室，教授绘画课程，既发挥了自己的专长，也为个人带来了额外收入。

这些创业途径反映了具有不同背景和需求的个体如何根据自身条件和市场机会，选择适合自己的创业方式。无论是大学生、失业者还是兼职者，创业都是他们实现个人价值、追求经济独立和为社会做贡献的重要途径。

（4）根据创业项目性质的不同，将创业活动分为传统技能型创业、高新技术型创业和知识服务型创业。

①传统技能型创业。特点：依赖传统技术和工艺，与日常生活紧密相关，具有持久的市场竞争力。例如，一家使用传统酿造工艺的小型酿酒作坊，生产特色手工啤酒，满足消费者对传统工艺和独特口味的追求。

②高新技术型创业。特点：以知识经济为基础，涉及高科技研发，追求高附加值和高额资本投入。例如，一家专注于生物医药领域的初创公司，致力于开发新型疫苗，利用前沿生物技术解决公共卫生问题。

③知识服务型创业。特点：提供知识、信息和咨询服务，投资门槛低，市场响应迅速。例如，一家在线教育平台提供专业课程和职业培训，帮助个人提升技能，适应快速变化的就业市场。

上述创业类型展示了不同领域的创业机会和挑战。创业者可以根据自己的兴趣、专长和市场需求选择合适的创业路径。无论是传统技能的传承，还是高新技术的创新，抑或是知识服务的提供，它们都有独特的市场定位和发展潜力。

1.1.2 创新

1. 创新的内涵

英语中的"创新"（innovation）一词起源于拉丁语"Innovare"，意为更新或制造新事物。在汉语中，"创新"被解释为抛开旧的，创造新的。学术界对创新的定义尚未统一，但普遍认为它涉及新思想、新方法或新态度的引入。

经济学视角下的创新：约瑟夫·熊彼特在《经济发展理论》中提出，创新是生产要素和生产条件的新组合，包括新产品、新生产工艺、新市场、新材料供给和新管理方式。

竞争战略视角下的创新：迈克尔·波特在《国家竞争优势》中提出，创新应从广义角度进行理解，不仅包括新技术，还包括新方法和新态度。

管理学视角下的创新：彼得·德鲁克在《创新与企业家精神》中从供需关系角度解释创新，认为创新是资源供给和消费者需求满足程度的变化，企业家精神即创新精神。

本书从管理学角度对创新进行界定：创新是企业为了获取更大价值，对资源、流程和要素不断进行新构想、调整和组合的行为及过程。

创新是一个多维度的概念，它在不同的学科领域有着不同的侧重点和应用。在经济学中,创新强调的是生产要素的新组合;在竞争战略中,创新被视为广义的概念,包括技术和方法的创新;在管理学中,创新则更多地关注企业内部的资源配置和流程优化。这些不同的视角丰富了我们对创新的理解,使它成为一个跨学科、多层面的概念。

2. 创新的核心特征[①]

(1)创新的内生性。熊彼特强调,真正的发展和经济变化源于生产过程中的内部创新,而不仅仅是资本和劳动力数量的变化。这种内生性创新是经济发展的核心动力。政府作为外部力量,虽然可以通过政策和资金支持以鼓励创新,但其效率和效果有限。因此,创新的真正动力在于企业内部的主动性和创造性。企业如果不重视创新,即使有政府的外部支持,也难以实现持续发展。创新需要企业内部的积极参与和持续投入。例如,在中国东北,一些国有企业可以依赖政府的补贴和支持,但如果没有建立起自身的创新体系和文化,这些企业可能难以适应市场的变化,难以获得长期的竞争力和可持续发展。相反,那些能够自主进行技术创新、管理创新和市场创新的企业,即使在资源有限的情况下,也能够通过内生性创新找到新的发展路径,实现转型和升级。

(2)创新的革命性。创新不仅仅是渐进的改进,而是对现有产品、组织和企业的彻底变革。熊彼特曾这样比喻:不管你把多大数量的驿站马车或邮车连续相加,也绝不能得到一条铁路。这个比喻强调了创新的质变性质,即通过创新,社会可以实现从马车到铁路的根本性转变。创新的突发性和间断性特点要求我们对经济发展进行动态分析,关注创新如何推动经济结构和产业模式的演变。例如,在通信行业,从有线电话到移动电话,再到现在的智能手机,每一次技术革新都是对原有通信方式的革命性改变。这些变革不仅改变了人们的沟通方式,还催生了全新的产业和市场,如移动互联网、移动支付等。这些都是对创新进行动态性分析的典型案例。

(3)创新的破坏性。创新往往伴随着对旧有产品、服务或商业模式的颠覆,这种破坏性变化可能导致旧有经济实体的衰退甚至消亡。创新者可能并非旧有体系的维护者,而是新秩序的建立者。随着经济的发展,大型经济实体通过内部创新实现自我更新,以适应市场变化和维持竞争力。这种自我更新是企业持续成长的关键。例如,在摄影行业,数码相机的出现是对传统胶片相机的颠覆。柯达(Kodak)作为胶片摄影的巨头,未能及时适应数字摄影的创新浪潮,最终导致其业务大幅萎缩。那些能够快速拥抱数字技术的公司,如佳能(Canon)和尼康(Nikon),则通过内部创新实现了自我更新,继续在市场中保持领先地位。这个例子展示了创新如何通过破坏旧有市场结构,同时推动企业内部进行必要的变革以维持市场地位。

(4)创新的价值创造与应用。熊彼特区分了发明和创新:发明是新工具或新方法的发现,创新则是这些新发现在实际应用中创造出新价值的过程。创新的核心在于其能够带来新的经济价值。只有当发明被实际应用并产生效益时,它才能在经济上发挥作用,推动经济发展。例如,互联网技术的发明本身是一项重大的科学突破,但直到它被应用于商业领域,如电子商务(如亚马逊)、社交媒体(如Facebook)和在线服务(如Netflix),才真正实现了创新价值。这些应用不仅改变了人们购物、社交和娱乐的方式,还创造了巨大的市场和经济价值,推动了整个互联网经济的繁荣。这个例子展示了创新如何将发明转化为实

[①] 于晓宇,王斌. 创业管理:数字时代的商机(数字教材版)[M]. 北京:中国人民大学出版社,2022: 8-9.

际的经济活动，从而创造出新的价值。

（5）创新作为经济发展的本质。熊彼特区分了经济增长和经济发展。经济增长通常指人口和资本的增长，经济发展则涉及更深层次的结构性变化。发展被定义为执行新的组合，即通过创新来中断经济循环流转过程，从而推动经济结构的变革。创新是经济发展的本质规定，是实现经济进步的关键。例如，工业革命期间，蒸汽机的发明和应用是一次重大的创新。这一创新不仅推动了生产力的飞跃，还引发了整个社会经济结构的变革——从手工业向机械化大生产转变，这标志着经济发展而不仅仅是经济增长。蒸汽机的应用促进了铁路、矿业、制造业等多个行业的兴起，极大地提高了生产效率，创造了新的经济价值，从而推动了整个社会的发展。这个例子展示了创新如何作为经济发展的本质，通过引入新技术和新方法，实现经济结构的根本性变革。

（6）企业家作为创新的主体。熊彼特将企业家定义为实现"新组合"的人，即那些能够引入创新并推动经济发展的个体。企业家的核心职能在于执行创新，而不仅仅是经营或管理。熊彼特强调企业家在创新过程中的关键作用，认为企业家通过实现新组合，为经济发展带来了特殊价值。例如，张瑞敏是现代企业家精神的杰出代表，他作为海尔集团的创始人之一，通过不断的创新和变革，将海尔从一个小型家电制造商发展成为全球知名的家电品牌。张瑞敏的企业家精神体现在他对产品质量的极致追求和对管理模式的创新上，同时体现在海尔的成功商业模式上，更体现在他对企业文化的塑造和社会责任的承担上。他倡导的创新理念和管理模式为全球企业提供了宝贵的经验，展现了中国企业家在全球化时代的核心职能和特殊价值。

3. 创新的类型

1）按创新领域可分为技术创新、制度创新、知识创新、产品创新、工艺创新和管理创新等

技术创新是指涉及新技术的开发或对现有技术的改进应用。例如，特斯拉（Tesla）开发电动汽车和自动驾驶技术，推动了汽车行业的技术革新。

制度创新是指通过建立新的制度和规范体系，激励人们行为，促进社会持续发展。例如，中国的改革开放政策通过引入市场经济机制，激发了经济活力和推动了社会变革。

知识创新是指通过科学研究获得新的基础科学和技术科学知识。例如，人类基因组计划揭示了人类的遗传信息，为医学和生物技术领域带来了重大知识突破。

产品创新是指创造新产品或对现有产品功能进行改进。例如，苹果公司推出 iPhone，不仅创造了全新的智能手机产品，还引领了移动互联网时代的发展潮流。

工艺创新是指产品生产技术的重大变革，包括新工艺、新设备及新的管理和组织方法。例如，3D 打印技术的应用，改变了传统制造业的生产方式，提高了生产效率和定制化水平。

管理创新是指引入新的管理要素或组合，提高企业管理效率和实现组织目标。例如，华为实施了"奋斗者文化"，鼓励员工全身心投入工作，并通过股权激励计划让员工分享公司的成长成果。这种机制不仅激发了员工的积极性和忠诚度，还促进了公司的持续创新和快速发展。

2）按创新性质可分为正创新和负创新

正创新是指促进社会发展和进步，为大多数人带来福祉，有助于人与自然和谐共存的

创新。例如，可再生能源技术的发展，如太阳能和风能，不仅减少了人们对化石燃料的依赖，降低了环境污染，还推动了可持续发展。

负创新是指阻碍社会发展，对人类或环境造成伤害的创新。例如，某些化学农药的过度使用，虽然短期内提高了农作物产量，但长期来看，对土壤和水源产生了严重污染，影响了生态平衡。

正创新和负创新反映了创新活动对社会和环境的双重影响。正创新强调的是创新的积极作用，负创新则提醒我们在追求技术进步的同时，必须考虑其潜在的负面影响，确保创新活动与社会责任和环境保护相协调。

3）按创新方式可分为原始创新、集成创新和引进消化吸收再创新

原始创新是指基于全新的科学发现、技术发明或原理性主导技术，是根本和体现智慧的创新形式。例如，爱因斯坦的相对论不仅更新了物理学的基本观念，也为现代科技的发展奠定了理论基础。

集成创新是指通过整合和优化现有技术，形成新的产品或工艺，强调的是技术的综合应用和系统化。例如，苹果公司的 iPhone 集成了触摸屏、移动通信、多媒体处理等多种现有技术，为人们带来了全新的智能手机体验。

引进消化吸收再创新是指在引进外部技术资源的基础上，通过消化吸收和改进，实现重大创新。例如，中国的高速铁路技术，最初引进了外国的高速列车技术，随后通过自主研发和创新，发展出了具有自主知识产权的高速列车和铁路系统。

这三种创新类型展示了创新的不同路径和策略。原始创新强调原创性和理论突破，集成创新侧重于技术的综合应用，引进消化吸收再创新则体现了在现有技术基础上的本土化和创新升级。

4）按创新主体可分为自主创新和合作创新

自主创新是指基于自主知识产权的核心技术，开发新产品或服务，实现价值创造。例如，华为公司在 5G 通信技术领域的自主创新，不仅使自身拥有了大量 5G 相关专利，还推动了全球 5G 网络的建设和应用。

扩展阅读 1-1　创新与创业的关系

合作创新是企业或个人与合作伙伴共同进行技术或产品的研发，共享资源，实现共同目标。例如，谷歌与多家汽车制造商合作开发自动驾驶汽车技术，通过整合各自的技术优势，共同推进自动驾驶技术的发展。

自主创新和合作创新是推动科技进步和产业发展的两种重要方式。自主创新强调独立研发和知识产权的积累，合作创新则侧重于通过合作共享资源，加速创新进程。

扩展阅读 1-2　创意、创造及创新之间的关系

1.2　创新驱动型创业

1.2.1　创新驱动型创业及创新驱动型创业者

全球科技革命和产业变革的加速，特别是以智能化和绿色化为特征的技术进步，正

在深刻地改变国际产业分工和全球竞争格局。在这一背景下，创新驱动战略成为各国提升国家竞争力的关键。迈克尔·波特（Michael Porter）提出的创新驱动概念，强调了创新在国家经济发展中的核心地位。在创新驱动阶段，经济发展的主要动力不再是传统的生产要素（如劳动力、资本等）的投入，而是通过创新来实现资源的优化配置和产业的升级。这种转变要求国家在自主创新上下功夫，特别是在核心、关键和重大技术领域实现自主突破和掌握。随着创新驱动战略的实施，国家之间的竞争将更加激烈，那些能够有效利用创新资源、培养创新能力、推动产业升级的国家，将在新一轮的全球竞争中占据有利地位。

1. 创新驱动

创新驱动作为一种经济发展模式，强调的是通过创新活动来推动经济增长和社会进步。这种模式不仅仅局限于技术创新，还包括管理创新、商业模式创新以及文化创新等多个方面。创新驱动具有以下特征。

（1）主动性。创新驱动要求企业和国家主动寻求创新，而不是被动地接受外来技术。这意味着要形成自主创新的能力，通过研发投入、人才培养和政策支持，获得持续的创新动力。

（2）动态性。创新不是单向的线性过程，而是循环上升、不断迭代的过程。基础研究、应用研究、技术开发和生产经营等环节相互促进，共同推动创新成果的产生和应用。

（3）系统性。创新驱动是一个系统工程，涉及政府、企业、研究机构、高校等多个主体，以及资金、人才、信息等多要素的协同作用。这种系统性要求各参与方形成有效的合作机制，共同推动创新生态的建设。

（4）综合国力和民生福祉。创新驱动的最终目标是增强国家的综合实力，提高人民的生活水平。通过创新推动产业结构优化升级，创造更多高质量的就业机会，提升公共服务水平，从而实现社会的全面进步。

在全球化背景下，创新驱动还要求国家在国际舞台上保持竞争力。这意味着要在全球范围内进行技术合作，参与国际标准制定，以及在全球市场中占据有利位置。总之，创新驱动是一种全方位的发展策略，它要求国家和企业在知识、技术、管理等多个层面进行创新，以实现可持续发展和获得长期竞争优势。

2. 创新驱动型创业

创新驱动型创业[①]（innovation-driven entrepreneurship）是一种以创新为核心动力的创业模式，它强调在创业过程中不断引入和利用技术创新、制度创新、商业模式创新等多维度的创新要素，以实现市场的突破和价值的创造。这种创业模式与传统的创业模式相比，更加注重创新的持续性和系统性，以及创新要素之间的相互作用和迭代发展。

在创新驱动型创业中，创新不仅仅是单一的事件，而且是持续的过程。创新驱动型创业强调不同创新要素（如技术、市场、管理、资本等）之间的相互作用和迭代。这种互动促进了新想法的产生和新机会的开发，使得创业项目能够不断适应市场变化，实现持续成长。创新驱动型创业的最终目标是创造新的价值。这包括开发全新的产品或服务，或者通

---

① 蔡莉, 张玉利, 蔡义茹, 等. 创新驱动创业：新时期创新创业研究的核心学术构念[J]. 南开管理评论, 2021, 24(4): 217-226.

过创新提高现有产品或服务的价值,从而满足市场需求,实现商业成功。

与传统的线性创业过程不同,创新驱动型创业是一个非线性的、动态的过程。在这一过程中,各个阶段的成果和反馈会相互影响,推动创业项目不断前进,形成正向循环。在创新驱动型创业过程中,创业者需要具备快速学习和适应的能力,以便及时响应市场和技术的变化,调整创业策略。由于创新往往伴随着不确定性,创新驱动型创业需要有效的风险管理机制,以降低失败的风险,确保创业项目的稳健发展。

创新驱动型创业鼓励创业者面对挑战时采取创新思维,不断探索新的商业模式和市场机会,从而引领社会进步和推动经济发展。

3. 创新驱动型创业者

创新驱动型创业者是一类特殊的创业者,他们通过创新活动在特定领域推动新产品、新服务的产生,或者通过商业模式的革新来促进产业的质变和经济的转型升级。创新驱动型创业者具有以下行为特征:

(1)知识探索性。创新驱动型创业者对知识的渴求和探索是其核心特征之一。他们不断学习新知识,探索未知领域,以解决企业成长过程中遇到的技术难题,迎接市场挑战。这种探索精神使他们能够站在行业的前沿,引领技术变革。

(2)创新变革性。这类创业者拥有深厚的知识背景和敏锐的市场洞察力,能够识别并抓住创新机会,推动技术进步和商业模式变革。他们的创新意识强烈,具有自主研究和开发的能力,能够将创意转化为实际的商业价值。

(3)资源撬动性。创新驱动型创业者通常能够有效地利用和整合各种资源,包括技术、资金、人才等,以支持其创新项目的发展。他们能够通过创新的商业模式或技术成果吸引投资者的注意,获得必要的资金支持,如银行贷款、风险投资和政府资助等。这种能力使得他们的创业项目能够快速成长,实现规模发展。以"滴滴"为例,程维通过创新的"互联网+出行"模式,不仅改变了传统出租车行业的运营方式,还成功吸引了大量投资,推动了整个共享经济领域的发展。这种模式的成功展示了创新驱动型创业者如何通过创新来撬动资源,实现企业的快速成长和市场的有效变革。

创新驱动型创业者对新知识和新技术充满好奇心,不断探索和学习,以便更好地理解和应用这些知识来解决实际问题。他们对市场趋势有敏锐的洞察力,能够预见未来的发展方向,并据此制订创业计划。他们对创业成功有清晰的愿景,并能够设定实现这一愿景的路径。这类创业者还能够将这些想法转化为实际的产品和服务,实现科技成果的商业化。创新驱动型创业者通过不断学习和创新,不仅为自己创造了价值,也为社会带来了新的增长点和就业机会。

1.2.2 创新驱动型创业特征

创新驱动型创业表现出跨层面、多主体和迭代性的三大特征。

(1)跨层面特征。创新驱动型创业的跨层面特征体现在其活动不仅仅局限于个体层面,而是能够跨越到组织层面,甚至扩展到更广泛的多主体合作。这种跨越性特征在创业的不同阶段有着显著的表现。①触发阶段的个体向组织跨越。在创业的初期,创新驱动型创业者的个人认知和创意是创业的起点。随着项目的发展,这些个体层面的创新想法需要转化为组织层面的共识和行动。②聚变阶段的多主体合作。在创业的聚变阶段，创新驱动型创业往往需要多个主体的共同参与，如投资者、供应商、合作伙伴等。这些主体围绕共同的创业机会进行资源整合和价值创造，实现系统层面的协同效应。宁德时代（CATL）是创新驱动型创业的一个杰出案例。宁德时代成立于 2011 年，专注于新能源汽车动力电池系统的研发、生产和销售。其创始人曾毓群凭借对新能源汽车行业的深刻洞察，以及对电池技术的深入研究，将个人对清洁能源和可持续发展的愿景转化为宁德时代的创业理念。在聚变阶段，宁德时代通过与国内外多家汽车制造商建立合作关系，如特斯拉、宝马、大众等，共同推动了电动汽车动力电池技术的快速发展。公司不仅在电池能量密度、安全性和成本控制方面取得了显著进步，还积极参与国际标准的制定，推动了全球电动汽车产业的标准化进程。宁德时代不仅改变了动力电池行业的发展方向，还推动了全球对新能源汽车和可持续能源的重视，为实现碳中和目标做出了重要贡献。

（2）多主体特征。创新驱动型创业通过在价值网络中触发变革，促进多主体的有序聚集与合作，共同创造价值并构建生态系统。在创新驱动型创业的过程中，创业者不仅与同行业的企业互动，还与政府、大学、科研机构、客户和孵化器等多元化主体建立联系。这些主体的聚集是基于对潜在商业价值的追求，而非无序或随机的。例如，苹果公司通过推出 iPhone，不仅改变了手机行业的发展方向，还触发了整个移动通信和移动互联网的价值网络变革。这一变革吸引了应用开发者、内容提供商、广告商等多方主体的参与，共同开发了 iOS 生态系统。在这个生态系统中，各方主体通过合作和创新，实现了价值共创，推动了整个行业的快速发展。

（3）迭代性特征。创新驱动型创业的过程是一个动态的迭代循环。创业活动不仅产生高质量的创新产出，而且通过不断反馈和修正，进一步激发新的机遇和价值创造。在这一过程中，触发、催化和聚变三个阶段相互促进，形成一个持续的创新循环：触发阶段，创业者识别并抓住市场机会，提出创新想法；催化阶段，创业者与团队、投资者等互动，对创新想法进行修正和完善；聚变阶段，多主体合作，通过信息和资源的交流，共同开发和扩大机会。在这一循环中，每个阶段的成果都会对前一个阶段产生反馈，推动创新的持续发展。亚马逊（Amazon）的发展历程体现了这种迭代性。起初，亚马逊从一个在线书店起步，通过不断的市场触发和创新（如推出 Kindle 电子书阅读器），进入新的市场领域。在催化阶段，亚马逊通过与出版社、作者和读者的互动，不断优化电子书平台。随后，在聚变阶段，亚马逊通过与第三方卖家、物流公司等的合作，构建了一个庞大的电子商务生态系统。这个过程中，亚马逊不仅创造了新的商业模式，还通过不断迭代和反馈，推动了整个零售行业的变革，实现了与多方主体的价值共创。

1.2.3　创新驱动型创业过程

基于过程视角的研究，我们可以将创新驱动创业过程大致划分为触发、催化和聚变三个阶段。

（1）触发阶段：创新驱动创业的启动与机会识别。在创新驱动型创业的触发阶段，关键的技术创新、制度创新或商业模式创新等要素与创业者（团队）及其他资源相结合，激发出创业机会的开发潜力。这一阶段是创业旅程的起始点，为后续的创新活动奠定基础。以三一集团为例，该集团在物联网技术快速发展的背景下，识别到了智能制造带来的巨大机遇。物联网技术的应用为制造业的各个环节，如研发、生产和管理提供了前所未有的变革可能性。三一集团的决策层敏锐地捕捉到这一趋势，并在高管团队的引领下，开始积极推动企业向智能制造转型。这一转型不仅涉及生产流程的自动化和智能化，还包括了供应链管理、客户服务和市场策略的全面升级。在触发阶段，三一集团通过整合内部资源（如研发团队、生产设施和市场渠道），以及外部资源（如合作伙伴、投资者和政策支持）成功地将物联网技术与企业战略相结合，为智能制造的实施创造了条件。

（2）催化阶段：创新驱动创业的加速与机会扩展。在创新驱动创业的催化阶段，创业机会的潜能得到释放，这是创业过程中关键的内在机制。在这个阶段，创新不仅作用于单一要素，而且激发多个要素之间的迭代互动，从而加速创业机会的开发，扩大其数量和范围。以小米公司为例，在物联网技术的创新触发下，创业团队意识到了物联网时代的巨大潜力。为了充分利用这一机遇，小米搭建了数字平台，通过这个平台积累了大量的用户数据。这些数据是物联网时代的核心资产，小米通过对这些数据的有效分析，能够洞察用户需求，优化产品设计，提升用户体验，甚至开发出新的服务和产品。这种基于数据智能的分析和应用，不仅提高了创业机会的开发速度，而且扩展了机会的范围，为小米带来了持续的创新动力和市场竞争优势。在催化阶段，小米通过数据驱动决策和产品迭代，实现了与用户需求的紧密对接。这种互动不仅促进了现有业务的增长，也为公司探索新的商业模式和市场领域提供了可能。

（3）聚变阶段：多主体互动与创新价值共创。聚变阶段是创新驱动创业过程中的关键阶段，这一阶段的特征是多主体的集聚和互动，共同实现创业机会的最大化利用和价值创造。在这个阶段，创业主体通过与不同背景和领域的参与者合作，不仅提升了自身的创新能力和市场竞争力，还推动了整个生态系统的发展。以字节跳动为例，该公司通过其平台（如头条号、抖音）整合了来自不同行业和背景的用户、企业、内容创作者、风险投资机构、学术机构和媒体等多主体资源。这种资源整合和互动促进了平台内各细分领域内容的创新，如美食、旅游、汽车等，以及跨界内容的生成，如美食与职场的结合。字节跳动的平台不仅为内容创作者提供了展示和盈利的机会，还通过技术创新（如智能写稿机器人）推动了新产品的开发。在经济效益方面，字节跳动的营业收入和对创作者收入的贡献显著，这反映了它在聚变阶段的成功。在社会效益方面，平台为内容创业者提供了大量的就业机会。

1.3 数据时代的创新创业

1.3.1 数字创新与数字创业的内涵

数字技术的快速发展不仅加速了数字产业化和产业数字化转型，而且深刻改变了创新创业的核心要素。数字创新（digital innovation）作为一种新兴的创新模式，正在重塑传统的创新理论和创业实践。

数字创新的特点包括以下几个方面。

（1）产品边界的重塑。数字技术的应用打破了传统产品的定义，使得产品更加智能化、互联化，能够提供更加个性化和动态的服务。

（2）组织流程的优化。数字技术通过自动化和智能化手段，提高了组织的运营效率，改变了传统的工作流程和决策模式。

（3）商业模式的创新。数字技术使得新的商业模式成为可能，如基于平台的共享经济、订阅服务等。这些模式往往具有更强的可扩展性和灵活性。

（4）开放性、无边界性和强互动性。数字创新鼓励开放的环境，促进跨界合作，使得创新过程更加民主化和去中心化。

（5）非竞争性、可扩展性、可复制性和可重新组合性。数字创新的产品或服务往往具有这些特性，这意味着它们可以快速传播，适应不同市场，并且易于与其他技术或服务结合，形成新的创新解决方案。

数字创新的实践者，如余江和刘洋等，强调数字技术在创新过程中发挥的多方面作用。他们认为，数字创新不仅仅是技术的简单应用，而是通过数字组件与物理组件的创新组合，实现产品、生产过程、组织模式和商业模式的根本变革。

在数字创新的推动下，个人和组织能够更灵活地探索新的市场机会，创造多元化的创新成果。这种创新模式为创业者提供了前所未有的机遇，同时也带来了新的挑战，要求创业者不断适应和掌握数字技术，以保持竞争力。

数字创业（digital entrepreneurship）是指在创业过程中，创业者利用数字技术、社交媒体和其他新兴信息通信技术来识别、评估、发展和改进创业机会。这一概念强调了数字化工具和平台在创业活动中的应用，以及它们如何改变创业者应对市场不确定性的方式。数字创业涉及部分或全部创业活动以数字化形式进行，这可能包括在线市场分析、数字营销、电子支付等。从创业过程的角度来看数字创业，它是通过创造数字产品或服务来识别和开发市场机会的过程。数字创业涉及大量使用数字化技术和社交媒体，以及其他新兴信息通信技术，这些技术在创业机会的识别、发展、实现和改进中发挥着重要作用。

数字创业的关键特征在于，它改变了创业者面对市场不确定性时的应对策略。通过利用大数据分析、人工智能、云计算等技术，创业者能够更准确地预测市场趋势，优化资源配置，提高决策效率，从而在竞争激烈的市场中获得优势。这种基于数据和智能的创业方式，为创业者提供了新的视角和工具，推动了创业实践的创新和发展。

1.3.2　数字创新创业[①]的比较

根据刘志阳教授团队的研究，我们可以从以下几个方面对比分析数字创新与传统创新，以及数字创业与传统创业。

1. 数字创新与传统创新的对比

数字创新与传统创新在创新主体、创新要素、创新特征和理论基础等方面存在显著差异。这些差异反映了数字时代创新模式的转变，如表1-1所示。

1）创新主体对比

传统创新：以单一实体企业为中心，涉及政府、产业、学术研究等多个主体，创新过程相对封闭。

数字创新：主体更加开放多元化、去中心化和平台化，用户成为创新的重要参与者，创新过程强调动态交互。

---

① 刘志阳，林嵩，邢小强. 数字创新创业：研究新范式与新进展[J]. 研究与发展管理，2021, 33(1): 1-11.

表 1-1　传统创新和数字创新的区别

范式比较	传 统 创 新	数 字 创 新
创新主体	单一企业为中心，政产学研多主体参与	开放多元化、去中心化和平台化
创新要素	传统生产要素重组	数据要素深度嵌入
创新特征	各环节边界清晰且确定	具有融合性和自生成性
理论基础	偏重于对物理知识和有形资源的研究，多运用产业经济学、资源基础观和知识基础观等	偏重于对数字技术和组织架构的研究，更关注创新生态系统和社会治理理论等

2）创新要素对比

传统创新：侧重于传统生产要素的重组，包括产品、工艺、市场、供应链和生产组织创新。

数字创新：数据成为核心要素，贯穿数字组件、平台和基础设施，强调数据的可用性和创新的数字化特征。

3）创新特征对比

传统创新：过程和结果相对确定，具有清晰的环节边界和模块化特征。

数字创新：具有融合性和自生成性，产业和组织边界模糊，强调跨部门协同和跨界融合，过程和结果具有复杂性、破坏性和不可预测性。

4）理论基础对比

传统创新：研究逻辑侧重于物理知识和有形资源，理论视角多从产业经济学、资源基础观和核心能力出发。

数字创新：研究逻辑侧重于数字技术和组织架构，融合传统创新管理理论，关注创新生态系统观和社会治理。

数字创新的兴起标志着创新模式的重大转变，它要求我们重新审视和理解创新的本质、过程和影响。在数字创新的背景下，创新不再是单一实体的内部活动，而是多主体、多领域、多平台的协同合作。这种创新模式强调的是开放性、动态性和生态系统的构建，以及对数字技术的深入理解和应用。

2. 数字创业与传统创业的对比

数字创业与传统创业在创业要素、创业团队、创业机会、创业资源、创业过程和结果以及理论基础等方面有着本质的不同。这些差异体现了数字时代创业环境的变革，如表1-2所示。

表 1-2　传统创业与数字创业的区别

范式比较	传 统 创 业	数 字 创 业
创业要素	创业机会、创业资源、创业团队	数字技术、数字创业能力、数字创业机会、数字创业资源、数字商业模式
创业团队	单一且明确的创业个体或团队	多层次性、可演化性、无预定义性
创业机会	创业者的个体经验或创业团队对某一市场机会的深挖	创业机会碎片化和识别过程动态化
创业资源	资源有限，获取成本高	可获得性和可替代性高，获取成本低
创业过程和结果	创业过程具有清晰稳定边界，创业产出具有确定性	创业过程具有开放无边界性和动态迭代性，创业产出具有自生长性
理论基础	资源基础观和不确定性理论等	数字创新理论、平台理论等

数字创业的发展反映了创业生态的数字化转型，它要求创业者、投资者和政策制定者重新思考和适应新的创业环境。

3. 数字创新与数字创业的关系

数字技术作为数字创新和数字创业的核心，不仅改变了创新和创业的方式，还赋予了它们新的动能和潜力。数字创新过程强调在广泛的创新活动中应用数字技术，推动技术研究与开发，实现破坏性创新。数字创新往往涉及新技术的创造和现有技术的革新，它能够颠覆传统行业，引领市场变革。例如，人工智能（AI）和机器学习技术的发展，正在改变医疗、金融、教育等多个领域的运作方式。与数字创新相比，数字创业更侧重于将数字技术与商业机会相结合，实现快速的商业化应用。数字创业的特征包括低成本的产品扩散（如通过互联网平台快速推广产品）、较小的时空约束（团队成员可以远程协作，不受地理位置限制）以及快速的创新迭代（数字技术使得产品更新换代更加迅速）。这种模式能够产生显著的辐射效应和溢出效应，推动整个经济体系的增长。例如，共享经济平台如 Uber 和 Airbnb，通过数字技术优化资源配置，不仅改变了传统出行和住宿行业，还为全球范围内的就业和经济发展带来了新的机遇。

数字创新与数字创业之间存在着紧密的联系和互动，它们共同构成了数字经济的核心动力。

数字技术在创新与创业中发挥双重的作用。数字创新过程中，数字技术（如人工智能、大数据分析、云计算等）不仅推动了新产品、新流程、新组织结构和新商业模式的出现，还提高了创新效率，促进了组织绩效的提升。数字创业过程中，ICT 技术的可用性降低了创业门槛，创新导向帮助创业者与用户共同创造价值，开放性则有助于构建和扩展数字创业生态系统。

数字创新与数字创业相互促进。数字产品的市场潜力和颠覆性商业模式激发了数字创业的兴起，而数字创业的成功实践又反过来推动了新一轮的数字创新。这种双向互动形成了一个持续的创新循环。

数字创新创业具有模糊性和动态性。数字创新创业的过程具有无边界性和融合性，产出是自生长和可演化的，难以预先设定。这要求创业者和创新者具备高度的适应性和灵活性。

数字创新创业形成了新的衡量标准。与传统创新创业追求利润最大化和专利数量不同，数字创新创业更注重制度合法性、用户黏性、平台运行效率和生态化发展。这些新的衡量标准反映了数字时代对创新和创业价值的新认识。

例如，云计算服务阿里云通过提供云计算、大数据和人工智能等技术服务，支持大量初创企业和传统企业的数字化转型。它降低了企业获取和使用先进技术的门槛，帮助它们快速部署应用，优化运营效率。阿里云的成功，不仅推动了中国云计算市场的发展，还促进了整个数字经济的繁荣。同时，阿里云的技术积累也支持了阿里巴巴在新零售、金融科技等领域的创新，如支付宝和阿里云 ET 大脑等。这种创新与创业的相互促进，展示了数字技术如何在实践中推动企业和行业的进步。

扩展阅读 1-3　创新驱动型创业：新时期创新创业研究的核心学术概念

本章知识要点及关键词

知识要点

创业是一个涉及多方面因素的复杂过程，它要求创业者和团队在多个层面进行有效的整合和协调。

创新是企业为了获取更大价值，对资源、流程和要素不断进行新构想、调整和组合的行为及过程。

创新驱动强调的是通过创新活动来推动经济增长和社会进步。

创新驱动型创业是一种以创新为核心动力的创业模式。

创新驱动型创业表现出跨层面、多主体和迭代性三大特征。

创新驱动创业过程大致划分为触发、催化和聚变三个阶段。

数字创新是通过数字组件与物理组件的创新组合，实现产品、生产过程、组织模式和商业模式的根本变革。

在数字创新的背景下，创新不再是单一实体的内部活动，而是多主体、多领域、多平台的协同合作。

关键词

创业　创新　创新驱动型创业　数字创业　数字创新

思考题

1. 创新对创业产生哪些影响？
2. 创新与创业存在什么样的联系？
3. 简述创新驱动型创业的概念与内涵。
4. 数字时代的创业存在哪些机遇与挑战？
5. 为什么说数字时代的新创企业更需要实现创新驱动？
6. 数字创新与传统创新相比存在哪些异同？
7. 数字创新与数字创业存在什么样的关系？

第 2 章 创业过程

【学习目标】

知识目标：能够表述创业的全过程以及各个阶段涵盖的主要内容；能够归纳数字技术对创业过程的影响；能够运用创业模型（如商业模式画布）识别和分析创业过程中的关键组成要素，理解各要素之间的相互关系及其对创业成功的影响；能够明晰创业推理及其对创业过程的积极影响；能够解释数字创业的内涵及构成要素。

能力目标：能够基于创业模型的决策逻辑在创业过程中做出合理的战略选择，提升决策制定能力；培养通过创业活动服务社会、改善人民生活的意识，将创业理念与社会责任相结合，推动可持续发展，提升社会服务能力。

素质目标：深化对"大众创业、万众创新"时代价值观的认同，将其融入个人发展和社会进步的实践中；强化"实践是检验真理的唯一标准"的认识，通过实际行动验证和完善创新创业理念；树立创新强国的思想，认识到创新创业在推动国家高质量发展中发挥的重要作用，培养勇于探索、敢于实践的创新精神；增强服务社会、贡献社会的责任感，通过创新创业活动促进社会进步，提高人民生活质量。

抖音的创业过程解读

抖音在众多短视频软件中能够脱颖而出，归功于其彪悍的运营和无所不用其极的流量扩张。"像一棵海草，海草，随风飘扬"，2018 年春节，抖音上的海草舞以病毒一样的传播速度刷爆了朋友圈。在这个重要的节点，抖音利用其高质量和高颜值的视频内容、洗脑的音乐、酷炫的特效以及有趣的玩法成功弯道超车，把快手挤下了第一的宝座。

1. 顺势而生的一匹黑马（商业机会）

2015 年，我国正式进入全面 4G 时代。用户在移动手机端的消费习惯发生了改变，短视频渐渐有了替代文字与图像的趋势。短视频的优势在快节奏的生活方式下体现得淋漓尽致，因为只有 15 秒或 1 分钟，视频内容完全不存在过多的铺垫与过渡，画面中的每一秒对用户来说都是极致的体验。

技术的发展打破了短视频替代文字的固有壁垒。智能手机大多可以支持 1080P 高清视频的录制，现在一部千元手机就能拍摄出高清视频，大大提升了用户的视频体验。智能化剪辑功能的出现也降低了视频的拍摄门槛，用户轻轻松松就能拍出有趣的视频。许多创业企业嗅到了商机，各路神仙纷纷出马，竞争进入白热化阶段。快手虽然用户基数强大，占据市场一把手的位置，但由于快手的市场主要针对下沉市场人群，被主流媒体打上了"low"的标签。新浪的秒拍、美图的美拍作为工具软件曾备受主流人群追捧，却在转型社交提高用户留存率时面临挫折。还有梨视频、小咖秀等软件更是昙花一现、红极一时，却没有站稳脚跟。

如何抓住短视频主要消费人群的胃口就十分关键了。短视频发展的主力军无疑是从出生就开始接触互联网的"90后""00后"，尤其是在一、二线城市生活的年轻人。他们对互联网的依赖性极高，随着年龄的增长，互联网不再是一个工具，而是融入他们生活中的每一个角落。这些年轻人也是极具个性化的一代，他们容易对事物产生新鲜感，也更容易对事物产生审美疲劳。因此，要做出迎合他们口味的短视频并不容易。

抖音团队在前期调研时发现，音乐是年轻人生活中必不可少的调味品，因此抖音出生时就带着"音乐+短视频"的标签，极富感染力的音乐是连接短视频与年轻人最好的桥梁。

2. 步步为营的逆袭之路（产品定位+开发）

做"音乐+短视频"的创业团队并不是只有抖音，但抖音却是在产品打磨上最为精细的一家公司。一个"抖"字，给用户的直观感受就是，这是一款可以"抖着玩儿"的App；一个"音"字，体现了这款产品的特质是音乐类短视频。抖音短视频这个名字真正触发了用户的好奇心，好的名字亦是成功的开始。

在2017年3月以前，抖音每日下载量寥寥无几。抖音团队在这段时间不断完善产品功能。抖音对自己的定位一直有着清晰的认识。挑剔的一、二线城市的年轻人，潮流、酷炫、青春、时尚是他们的标签。如何吸引他们的关注？全屏高清、酷炫音乐、特效滤镜，是抖音首轮制胜的三大法宝。

为了扩大用户群，进一步降低短视频拍摄的门槛，引导用户拍出优质的短视频，抖音团队设计了具有挑战的运营模式来帮助用户拍摄视频。抖音每一次发布的挑战都紧跟热点，如果用户想要拍摄一段视频，但对于拍摄什么内容、什么主题感到迷茫时，打开挑战，有趣的话题以及参考示例都能有效地帮助用户使用抖音。每当发布了新的特效道具、美颜滤镜、拍摄手法等，抖音也会发起挑战引导用户运用新功能。

3. 借力扩张，全力推广（利用优势扩大发展）

迎来了第一波下载量的激增后，抖音倚仗今日头条的经济实力，将用户拉新方式从功能吸引转向以彪悍的运营和无所不用其极的流量购买吸睛。抖音在这段时间的日下载量从10万飙升至50万。2017年11月，今日头条花10亿美金全资收购了Musical.ly。抖音用大手笔的收购不仅抢占了竞争对手在国际上已经发展成熟的市场，也扼杀了其未来在国内的竞争对手。抖音逆袭成功，在短视频领域真正站稳了脚跟。

每一个初出茅庐的创业企业，都需要经历把握商业机会、思考产品定位、开发产品功能及服务，以及利用自身竞争优势选择合适的商业模式的过程，这样才能形成一条可持续发展的道路。

资料来源：尹宇明，刘玲均. 逆袭之后的抖音将何去何从？[A]. 中国管理案例共享中心案例库，2020.（有删减）

2.1 创业过程概述

2.1.1 创业过程的阶段划分

创业过程通常可以分为四个关键阶段，四个阶段相互关联，共同构成创业的完整过程。创业者需要在每个阶段都做出明智的决策，以确保创业项目能够顺利进行并最终成功。

1. 识别与评估创业机会

创业活动通常源于对商业机会的识别、捕捉和利用。这些机会也称为市场机会，是指那些具有显著吸引力、持续存在且适时出现的机会。它们为创业者提供了向市场提供有价值产品或服务的契机，同时也为创业者自身带来经济利益。创业机会的产生可能受到多种因素的影响，例如政策法规、技术革新、消费者偏好、社会经济趋势、行业动态等。创业者在识别这些机会时需要具备敏锐的市场洞察力、风险评估能力和创新思维，以便能够准确把握并有效利用这些机会，实现创业目标。

2. 准备并撰写创业计划书

1）创业计划书内涵及作用

创业计划书是创业者规划新企业蓝图的重要工具，它详细阐述了企业的愿景、目标、策略和行动计划。这份综合性文本不仅为创业者提供了清晰的方向，也是向潜在投资者、合作伙伴和团队成员展示项目潜力和可行性的关键文件。

撰写创业计划书时，创业者需要回答以下关键问题。

（1）我们是谁（who）：介绍创业者及其团队的背景、经验和能力，以及团队成员的角色和职责。

（2）做什么（what）：明确企业的主营业务、产品或服务，以及它们是如何满足市场需求或解决现有问题的。

（3）为什么要做（why）：阐述创业的动机和目标，包括市场机会、社会价值和个人愿景。

（4）何时做（when）：规划项目的时间表，包括关键里程碑和预期的进展时间。

（5）在何地做（where）：确定企业的地理位置，分析市场环境和竞争态势。

（6）怎样做（how）：描述实现目标的具体策略和行动计划，包括营销、销售、财务、运营和人力资源管理等方面。

创业计划书的撰写过程对创业者来说具有多重意义。①规划指导：帮助创业者系统地思考和规划创业项目的各个方面，确保创业活动有序进行；②资源识别：明确项目所需的资源，如资金、技术、人才等，为资源的筹集和配置提供依据；③融资吸引：向投资者展示项目的商业潜力和盈利模式，增加获得投资的可能性；④信心建设：通过详细的计划书，增强创业者、投资者和团队成员对项目成功的信心；⑤沟通工具：作为与利益相关者沟通的桥梁，确保所有参与者对项目有共同的理解和期望。

总之，创业计划书是创业者实现梦想的蓝图。它不仅指导着创业实践，也是连接创业者与外部世界的桥梁。

2)创业计划书的主要内容

创业计划书是创业者向内外部利益相关者展示其商业理念和战略规划的详细文档,它通常包含以下几个核心部分。

(1)企业概况:这部分详细介绍企业的基本信息,包括企业的愿景、使命、定位以及发展策略。同时,强调企业成功的关键因素,如具备独特的价值主张、核心竞争力和准确的市场定位。

(2)行业分析:深入分析企业所在行业的当前状况和未来趋势,包括市场规模、成长潜力、竞争格局、行业动态以及可能影响企业发展的外部因素,如技术进步、法规变化等。

(3)市场营销计划:阐述企业如何实现销售目标,包括市场细分、目标客户定位、营销策略、销售渠道和推广活动。这部分需要具体说明营销活动的执行细节,包括时间表、责任分配和预期成果。

(4)管理组织计划:描述企业的组织架构,包括管理团队的构成、职责分配、所有权结构、董事会设置以及人力资源管理政策,如绩效评估、激励机制和培训发展计划。

(5)财务计划:提供企业的财务预测,包括资金需求、资金筹集计划、预期收入、成本结构、利润预测和现金流分析。这部分对于评估企业的财务健康状况和吸引投资至关重要。

(6)风险分析:识别潜在的风险因素,如市场风险、财务风险、运营风险等,并提出相应的风险管理和缓解策略。这有助于投资者理解企业的风险承受能力和应对措施。

(7)创业计划执行纲要:概述实现创业目标的关键步骤和条件,包括市场进入策略、产品开发计划、团队建设和资源配置。这部分内容需要具有吸引力和说服力,以便吸引投资者的注意力,为后续的深入讨论打下基础。

通过这些内容,创业计划书不仅为创业者提供了一个清晰的行动指南,也为潜在的投资者、合作伙伴和团队成员提供了一个全面了解企业的机会,有助于建立信任和获得支持,推动创业项目的成功实施。

3)创业计划书的展示

项目路演是创业计划书展示的关键环节,它为创业者提供了一个向潜在投资者展示其创业理念、产品、团队和财务计划的平台。以下是项目路演的一般流程和要点。

(1)个人与企业介绍:创业者需要简短地介绍自己和企业品牌,建立个人信誉和企业形象。

(2)市场定位与痛点分析:明确指出项目解决的市场痛点问题,以及项目在市场中的定位,让投资者了解项目的紧迫性和必要性。

(3)竞争优势分析:展示项目相对于竞争对手的优势,以及如何在市场中脱颖而出,展现项目的市场潜力。

(4)产品或服务演示:详细说明产品或服务如何解决市场痛点问题,以及当前的发展阶段和可能面临的挑战。

(5)成果展示:分享项目迄今为止取得的成就,如用户反馈、销售数据、媒体报道等,以证明项目的市场接受度和发展潜力。

(6)团队介绍:强调团队的专业背景、技能互补和协作能力,增强投资者对项目执行能力的信心。

(7)财务规划:清晰地展示项目的财务状况,包括资金需求、预期收入、成本控制和盈利预测，以及融资计划。

（8）融资需求与回报：明确提出项目所需的资金数额，以及投资者可能获得的回报，如股权、分红或其他形式的回报。

项目路演的目的是让投资者对项目有一个全面而深入的了解，从而评估其投资价值。创业者需要准备充分，确保在有限的时间内传达最核心的信息，并准备好回答投资者可能提出的问题。通过有效的沟通和展示，创业者可以激发投资者的兴趣，为创业项目筹集必要的资金，推动创业项目向前发展。

3. 确定并获取创业资源

创业过程中，资源的获取对于企业的成长至关重要。资源可以分为两大类：自有资源和外部资源。自有资源是创业者直接掌握的资源，包括技术、资金、信息、营销网络、管理能力等；外部资源来自创业者之外的个体或组织，包括资金、服务、空间和设备、原材料等。创业者需要确保对这些资源有一定的控制权或影响力，以便能够根据企业的发展需求灵活调配。创业者通过建立良好的合作关系可以更好地整合外部资源，为创业项目的成功打下坚实的基础。有效利用外部资源不仅能够弥补自有资源的不足，还能够加速企业的成长。

4. 管理创业企业

创业企业的成长是一个动态的过程，它可以分为五个关键阶段，每个阶段都有其特定的挑战和目标。

（1）研发阶段：在这个阶段，创业者专注于产品或服务的研发、市场调研以及商业模式的构建。这是企业理念和概念形成的时期，也是为后续的商业化打下基础的关键时期。

（2）起始阶段：这是企业最脆弱的时期，经营风险最高。在这个阶段，企业由领头创业者和核心团队直接推动，开始明确市场定位，积累客户基础，同时面临资金、市场接受度和团队稳定性的多重挑战。

（3）快速成长阶段：随着企业开始获得市场的认可，销售额迅速增长，企业进入快速成长阶段。在这个阶段，创业者需要做出关键决策，可能会涉及权力的下放，以促进企业的高效运作。同时，企业需要建立更成熟的管理体系，以应对快速扩张带来的挑战。

（4）成熟阶段：企业经历了快速成长后，逐渐进入成熟阶段。在这个阶段，企业的主要任务是维持稳定的成长和盈利。企业需要优化运营效率，巩固市场地位，并寻求新的增长点。

（5）稳定阶段：企业在成熟阶段之后，进入稳定阶段。这时，企业在行业中已经确立了稳固的地位，拥有稳定的盈利能力和竞争力。然而，企业仍需保持警惕，不断创新和调整战略，以应对市场变化，确保长期、可持续发展。

在每个阶段，创业企业都需要灵活应对内外部环境的变化，不断调整战略和运营模式，以实现持续的成长和发展。

如何突破发展瓶颈？

在工业机器人领域拥有丰富项目经验的郑勇发现国内仓储物流行业存在诸多痛点问题，迫切需要转型升级。在此形势下，郑勇嗅到了商机，相信机器人技术在物流和仓储领域拥有巨大的价值和潜力。随之，郑勇组建创业团队并创立了北京极智嘉科技有限公司（以下简称"极智嘉")。四位创始人丰富的研究和工作经验为公司提供了关键资源和核心竞争力。创立之初,郑勇对公司定位就有清晰的认识,致力于打造一个包括硬件和软件的智能机器人物流系统。在此定位下,团队成员通过持续研发创新,完成技术攻关,进而不断完善智能仓储方案,同时获得天使融资。就在团队想要凭借仓储机器人在市场上"大展拳脚"之时,他们却在销售方面遇到困境。由于电商行业的仓储需求存在明显的波动周期,同时还需要花费大量时间来培训员工掌握全新的仓储管理系统,大部分客户选择继续观望。为破解销售困境,郑勇决定创新商业模式,并在业内首次提出"机器人即服务"的创新解决方案。这一方案得到广大客户的欢迎与认可。然而,随着订单量猛增,公司出现订单急剧增加所带来的规模化和定制化冲突。为解决这一问题,郑勇及团队提出"硬件标准化模块化+系统模块化定制化+生态圈"的方案,在行业中形成独特的优势。

目前,该公司已成为国内外众多知名品牌的智慧物流合作伙伴,不断引领全球智慧物流变革。虽然极智嘉在短时间内迅速发展,但是依然需要进一步成长和探索,以满足客户对供应链更加敏捷和更具强韧性的新需求。

资料来源:薛奕曦,龙正琴,于晓宇. 极智嘉:AI仓储机器人企业进阶之路[A]. 上海MBA课程案例库开发共享平台,2022.

于晓宇,王斌. 创业管理:数字时代的商机(数字教材版)[M]. 北京:中国人民大学出版社,2022: 19.

2.1.2 数字技术对创业过程的影响[①]

创新和技术进步是推动经济增长的核心动力,它们是企业之间出现竞争差异的关键因素。创业企业通过积极拥抱和应用新技术,可以创造和把握新的商业机会,通过创新性地配置生产要素或开发新的市场需求,将这些创新应用于生产过程或将研发成果商业化,以实现经济利益。通过技术创新,企业能够跳出传统的技术发展路径,开拓新的机会领域,从而实现持续的增长和发展。在数字技术快速发展的背景下,创业过程正经历着深刻的变革。数字技术的应用不仅降低了人们的创业门槛,提高了创业效率,还为创业企业提供了新的商业模式和市场机会。同时,这些技术也促进了新业态的兴起,如共享经济、在线教育、远程医疗等,为创业企业提供了广阔的发展空间。

1. 数字技术对创业者个体的影响

在数字化时代,创业者在创业过程中扮演的角色变得更加关键,他们的活动对于创业企业的创立和发展具有决定性影响。数字技术的开放性和关联性为创业者带来了前所未有的机遇和挑战。

数字技术的开放性降低了创业者面临的风险感知,提高了他们识别和开发新机会的能力。平台型企业通过开放的数字技术平台,为创业者提供了低成本的资源和工具,降低了市场进入门槛和扩张成本。这种开放性不仅吸引了创业者,还增强了平台对机会的吸引力,从而激励创业者在平台上寻求和抓住机会,促进了创业企业的诞生和成长。

数字技术的关联性使得创业者能够以较低的成本与各种主体建立联系,这对于构建和深化创业者网络至关重要。这种网络的建立有助于创业者资源的获取和信息的流通,从而

[①] 蔡莉,杨亚倩,卢珊,等. 数字技术对创业活动影响研究回顾与展望[J]. 科学学研究,2019,37(10):1816-1824+1835.

推动创业企业的发展。例如,众筹平台让创业者能够以较低的成本接触到多样化的投资者群体,获取资金支持;社交媒体则加强了创业者与合作伙伴、客户和市场的联系,提高了信息获取的效率,增强了企业的竞争力。

总之,数字技术为创业者提供了一个更加开放和互联的环境,使得创业活动更加灵活和高效。创业者可以利用这些技术优势,更好地应对市场变化,实现创新和增长,从而在激烈的市场竞争中脱颖而出。

2. 数字技术对创业企业的影响

1)数字技术对创业企业机会开发的影响

在数字经济时代,机会是创业活动的核心,它代表着通过新的方法、目标或手段—目标关系,引入新产品、服务、原材料或组织方式的可能性。数字技术在这一过程中扮演着至关重要的角色,特别是在机会的识别、评估和利用阶段。

(1)机会识别阶段:数字技术的关联性和可编辑性极大地促进了创业企业对机会的发现。关联性使得企业、用户和市场之间的互动更加频繁。通过大数据分析等工具,创业企业能够从海量数据中挖掘出潜在的新机会。可编辑性则允许创业企业将数字技术与传统行业知识相结合,或对数字技术元素进行创新性重组,从而在传统行业中创造出新的需求和市场空间。

(2)机会评估阶段:数字技术的可扩展性使得创业企业能够快速、低成本地对潜在机会进行评估。通过在线社区和社交媒体等平台,企业可以大量收集和精准分析用户反馈,对新概念进行集体试验,从而迅速筛选出有潜力的机会。

(3)机会利用阶段:数字技术的开放性和关联性为创业企业提供了利用机会的有力支持。开放性降低了技术门槛和市场风险,帮助企业快速进入市场并实现全球化。关联性则促进企业与消费者的共同创新,提高产品或服务的市场适应性。同时,消费者之间的沟通和交流也有助于创新实践的传播,进一步推动企业对新机会的利用,增强其市场竞争力。

总之,数字技术为创业企业赋予了前所未有的机会开发能力,使它们能够更有效地识别、评估和利用市场机会,从而在激烈的竞争中获得优势。

2)数字技术对资源开发的影响

在数字化时代,资源开发对于创业企业来说是一个关键的竞争优势来源。数字技术在资源的识别、获取和配置过程中发挥着重要作用,能够帮助企业更有效地利用资源,为顾客创造价值。

(1)资源识别阶段:数字技术的可扩展性和开放性使得创业企业能够更广泛地识别资源需求和潜在来源。可扩展性让企业能够低成本地搜索和获取信息,快速确定实现价值创造所需的资源。开放性则通过数据可视化和互联网信任机制,增强了企业间信息的透明度,帮助创业企业找到合适的合作伙伴。

(2)资源获取阶段:数字技术的关联性扩大了创业企业获取资源的范围,提高了生存能力。企业能够与多样化的主体建立有效沟通和合作的关系,获取资金、知识等资源,同时也为未充分利用的资源找到新的用途。用户间的频繁交互产生大量的数据资源,如用户行为数据,帮助企业发现未满足的需求和未被利用的资源,有效链接资源,降低风险。

(3)资源配置阶段:数字技术的开放性、关联性和可扩展性提高了资源配置的效率。从内部来看,这些技术降低了协调成本,促进了组织流程的优化和业务流程的模块化,增强了企业的竞争优势。从外部来看，可扩展性使企业能以低成本配置全球资源，提高数据收集和分析能力，优化供需匹配，改善与客户/供应商的关系，从而提高企业绩效。

总之，数字技术为创业企业提供了强大的工具，帮助它们在资源开发方面实现更高效、更灵活的管理，从而在激烈的市场竞争中获得优势。

2.2 经典的创业模型

2.2.1 蒂蒙斯创业模型

美国著名的创业学家蒂蒙斯（Timmons）教授在其著作《新企业的创建》中提出的创业管理模型，强调了创业成功的关键要素：机会、团队和资源。这一模型认为，创业活动的成功依赖于这三者的恰当匹配和动态调整。这三者之间的匹配不是一成不变的，而是需要随着企业的发展和市场环境的变化进行动态调整。例如，随着规模的扩大，企业可能需要更多的资金和更专业的人才；同时，市场的变化可能要求创业团队调整商业模式以抓住新的机遇。

创业是一个充满挑战和变化的动态过程，商业机会、资源和创业团队是影响创业结果的关键因素。

（1）商业机会。作为创业的核心，商业机会是创业活动的起点。创业者需要敏锐地识别市场中的需求缺口、趋势变化或技术创新，评估这些机会的可行性和盈利潜力。机会的发现和开发要求创业者具备前瞻性思维和深入的市场洞察力。

（2）资源。它是创业过程中的物质基础，包括资金、技术、人才、供应链等。创业者需要精心规划资源的获取和配置，以确保资源的有效利用。这通常涉及成本控制、风险管理和战略规划，以支持创业项目的成长和扩张。

（3）创业团队。团队是实现创业目标的关键。一个优秀的创业团队应具备多元化的技能、良好的沟通能力和共同的愿景。团队成员应具备学习能力、适应性和韧性，能够在面对逆境时保持冷静，具备创新思维和领导力，以及在不断变化的市场环境中灵活调整策略的能力。

蒂蒙斯创业模型通过倒立三角形的比喻，形象地描述了商业机会、资源和创业团队这三个核心要素在创业过程中的相互作用和平衡状态。在这个模型中，创业团队位于三角形的支撑点，象征着它在创业过程中发挥的领导和决策作用。

在创业初期，商业机会通常较多，但资源相对稀缺，这导致三角形向资源较少的一侧倾斜。随着企业的成长，资源逐渐积累，新的机会可能会因为市场的饱和或其他因素而减少，这时三角形可能会向商机较少的一侧倾斜。创业者需要不断地寻找新的商机，并有效地管理和利用资源，以维持企业的平衡发展。

随着市场环境的变化和企业的发展，商业机会、资源和创业团队都需要不断地进行调整。创业团队需要具备灵活性和适应性，以便在不断变化的环境中做出正确的决策。这种动态的、连续的和互动的过程是新创企业持续发展的关键。通过不断地评估和调整商业机会、资源和创业团队的配置，创业者可以确保企业在激烈的市场竞争中保持优势，实现长期的成功，如图2-1所示。

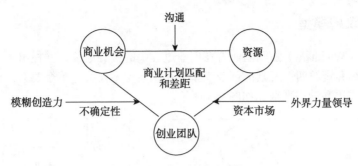

图 2-1　蒂蒙斯创业模型

资料来源：杰弗里·蒂蒙斯，小斯蒂芬·斯皮内利. 创业学：21 世纪的创业精神：第 8 版英文版[M]. 北京：人民邮电出版社，2014：110.

2.2.2　加特纳创业模型

加特纳（Gartner）将创业活动视为新组织的创建过程。他强调了创业活动的关键要素，并给出一个模型来描述这些要素如何通过合理的序列组合产生理想的创业结果。在加特纳的模型中，新创企业的发展主要涉及以下四个维度[①]（见图 2-2）。

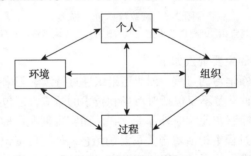

图 2-2　加特纳创业模型

（1）个人（创业者）：创业者是创业活动的主体，他们的个人特质和能力对创业结果至关重要。加特纳强调创业者应具备追求成就的动机、冒险精神以及丰富的经验。这些特质有助于创业者面对挑战时保持动力，做出明智的决策，并有效地领导团队。

（2）组织（新企业）：组织维度涉及创业者创建的企业本身，包括企业的组织结构、内部资源配置以及战略选择。一个有效的组织结构能够支持企业的正常运营，合理的资源配置和战略规划则有助于企业实现长期目标。

（3）环境（外部条件）：环境维度包括新企业所处的外部环境，这些因素可能包括技术发展、市场需求、政策法规以及资源的可用性。创业者需要对这些外部因素有深刻的理解，并能够适应环境变化，利用有利条件，应对不利影响。

（4）过程（创业活动）：过程维度描述了从创业想法的产生到企业成长的具体活动。它包括机会识别、资源获取、企业创建、产品或服务的生产与提供，以及对政府和社会的响应。这一过程是动态的，需要创业者不断地调整策略，以应对市场和环境的变化。

加特纳的模型强调创业是一个多维度、动态的过程，创业者需要在个人能力、组织管理、环境适应和过程控制之间找到平衡。

---

① 董保宝，葛宝山. 经典创业模型回顾与比较[J]. 外国经济与管理，2008(3): 19-28.

2.2.3 威克汉姆模型

威克汉姆（Wickham）强调创业者在创业过程中的核心地位，并提出了一个包含创业者、机会、组织和资源四个要素的创业模型。这个模型不仅关注单个要素，更强调这些要素之间的相互作用和动态平衡，如图 2-3 所示。

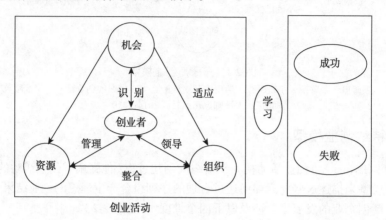

图 2-3　威克汉姆创业模型

资料来源：董保宝，葛宝山. 经典创业模型回顾与比较[J]. 外国经济与管理，2008（3）：19-28.

威克汉姆创业模型的主要观点如下。

（1）创业是一个不断学习的过程，创业型组织通过持续学习来优化内部要素之间的关系，实现动态平衡。这种学习不仅包括对市场和技术的适应，还包括对组织内部流程和文化的改进。学习型组织能够快速响应外部变化，从而实现创业目标。

（2）创业者在创业过程中扮演着至关重要的角色。他们负责识别和确认创业机会，确保资源的有效获取和管理，并领导组织实现既定目标。创业者的决策和行动直接影响到组织的方向和效率。

（3）资源、机会和组织三要素之间存在复杂的相互作用。资源的整合有助于识别和把握机会，组织的结构和文化则需要适应所开发的机会。这种相互影响要求组织在发展过程中不断调整，以确保各要素之间协调一致。

（4）组织必须通过不断学习来应对外部环境的变化，同时在学习过程中调整内部要素的协调关系。这意味着组织的资产、结构、程序和文化需要随着学习和实践的积累而发展和完善。在成功与失败的经验中，组织能够不断进步，形成更加强大的竞争力。

威克汉姆创业模型强调，创业者通过不断学习和适应，能够在这些要素之间建立动态平衡。这种平衡不是静态的，而是随着市场环境、技术发展和组织成长不断变化。创业者需要具备灵活性，以便在变化中调整策略，确保创业活动能够持续向前发展。

2.2.4 布鲁亚特—朱利安模型

布鲁亚特和朱利安提出的创业模型聚焦于企业成长，强调创业者在新价值创造过程中的核心作用，并考虑了时间、流程和环境变化对创业活动的影响[①]（见图 2-4）。

---

① Bruyat C, Julien P. Defining the field of research in entrepreneurship[J]. Journal of Business Venturing, 2001, 16(2): 165-180.

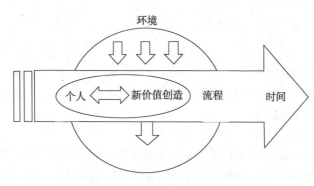

图 2-4 布鲁亚特—朱利安模型

布鲁亚特—朱利安模型强调：

（1）创业者的才能和行动是推动新价值创造的关键。他们通过识别机会、整合资源、领导团队和创新实践，不断推动企业朝新的价值创造方向发展。创业者与新价值创造之间的互动关系是创业过程的核心，影响着企业的发展方向和成长潜力。

（2）随着时间的推移，新创企业需要经历不同的成长阶段，每个阶段都有其特定的挑战和需求。企业需要根据这些阶段的特点，调整其战略和管理流程，以实现持续的成长和发展。

（3）外部环境，包括市场、技术、法规和社会文化等，会随着时间的推移而变化。这些变化会对创业者和新创企业产生影响，使得创业活动变得更加复杂。创业者需要不断适应这些变化，以确保企业能够在不断变化的环境中生存和发展。

（4）创业流程管理的核心在于如何有效地建立新创企业，以及如何动态地管理创业过程。这包括对外部环境的敏感性，以及如何利用这些环境变化来指导企业的决策和进行战略调整。

布鲁亚特—朱利安模型和蒂蒙斯模型都强调了创业过程中关键要素的互动，但它们的侧重点有所不同。蒂蒙斯模型将创业活动视为一个系统，强调商业机会、资源和创业团队三要素之间的动态平衡。这个模型认为，创业成功依赖于三者之间的恰当匹配和持续调整，以适应不断变化的市场和环境。布鲁亚特—朱利安模型则更加关注创业者与新创企业之间的互动，以及对创业过程的管理。这个模型强调创业者在新价值创造中发挥的核心作用，并指出创业过程需要根据企业的成长阶段和外部环境变化进行动态管理。

两个模型都认识到创业是一个复杂且动态的过程，需要创业者具备适应性和灵活性。蒂蒙斯模型通过倒立三角形的比喻，形象地展示了三要素之间的平衡关系，布鲁亚特—朱利安模型则通过强调创业者的角色和对创业过程的管理，提供了一个更具体的行动框架。

2.3 创业推理

2.3.1 创业推理类型

创业者在面对不确定性和复杂多变的创业环境时，需要采用不同的决策逻辑来指导他们的行动。因果推理和效果推理是两种常见的决策逻辑，它们在创业过程中扮演着重要角色。

1. 因果推理

1）因果推理的内涵

因果推理在创业决策中的应用体现了一种目标导向的思维模式,创业者设定明确的目标并规划实现这些目标的路径。

因果推理在创业过程中的具体应用如下:

(1)目标设定。创业者首先需要确定一个清晰的目标,这个目标可能是市场份额的增长、产品创新、品牌建设等。目标的设定需要基于对市场的理解、竞争对手的分析以及自身的优势和劣势。

(2)策略规划。明确目标后,创业者需要制定实现这些目标的策略。这包括市场定位、产品开发、营销计划、财务规划等。策略规划要求创业者进行深入的市场研究和竞争分析,以确保策略的有效性和可行性。

(3)风险管理。因果推理还涉及对潜在风险的识别和评估。创业者需要预测可能的意外事件,并制定应对措施,以减少不确定性对企业的影响。

(4)资源整合。为了实现目标,创业者需要整合各种资源,包括资金、技术、人才、供应链等。资源整合是一个有意识的过程,创业者需要评估不同资源如何组合才能最有效地支持目标的实现。

(5)行动实施。在策略规划和资源整合的基础上,创业者需要采取具体的行动来实现小目标,逐步接近最终的大目标。这包括产品开发、市场推广、团队建设等活动。

因果推理的决策逻辑强调了目标的明确性和策略的系统性,它要求创业者在创业过程中保持清晰的方向感,拥有对结果的控制能力。这种决策逻辑要求创业者具备前瞻性思维和对市场动态的敏锐洞察力,以确保创业活动的成功。

2）因果推理的特点

因果推理是一种基于预测的决策模式,它要求创业者首先设定一个明确的目标,然后通过分析和规划,选择适合的手段实现这一目标。这种推理模式的核心在于创业者对未来风险的预测能力,它通常建立在创业者丰富的知识和经验之上。

在因果推理的过程中,创业者会利用自己的专业知识、市场分析和历史数据来提高预测的准确性。一旦他们对某个行动方案的可行性有了信心,这种信念会促使他们更加坚定地推进创业计划,可能会选择扩大投资规模或增加资源投入,以期实现更大的成功。

因果推理的优势在于它能够帮助创业者系统地评估各种可能的行动方案,从而做出更加理性和有效的决策。然而,这种模式也要求创业者具备高度的自我认知,能够识别和评估自己的预测能力,以及在必要时调整策略以应对不断变化的市场环境。通过因果推理,创业者可以更好地管理创业过程中的不确定性,提高创业成功的概率。

3）因果推理的局限

在创业领域,理性决策理论认为决策应基于因果推理,即创业者通过分析和预测来选择非常有可能实现目标的行动。然而,在充满不确定性的创业环境中,这种传统的决策模式往往遭到挑战。

在高度不确定的创业情境中,创业者往往需要快速应对变化,这使得决策过程表现出高度的权变性。创业者可能需要依赖个人经验、直觉和即兴发挥来做出决策,这些非理性因素在创业决策中起着关键作用。

创业决策受到特定情境的影响，这意味着决策目标可能不够明确，信息处理可能缺乏明确的方向。在这种情况下，创业者可能难以确定一个固定的目标，而是需要根据不断变化的环境灵活调整策略。

由于创业过程与结果之间缺乏必然的因果关系，创业者不能仅仅依赖因果推理来指导决策。相反，他们需要采用效果推理模式。这种模式强调在给定的资源和能力条件下，探索和发现可以实现的目标。效果推理允许创业者在不确定的环境中灵活地调整目标，寻找最有可能成功的路径。

2. 效果推理

1）效果推理的内涵

Sarasvathy 在 2001 年提出的效果推理理论为理解创业者在高不确定性和资源限制条件下的决策过程提供了新的视角。这一理论挑战了传统的预测理性（predictive rationality），后者依赖于对结果的预测和目标的设定。效果推理理论的核心观点是，创业者应该从现有的资源和能力出发，而不是从预期的目标出发来做出决策。

效果推理是指创业者从识别现有可用手段出发，考虑在企业可承担的风险或损失范围内投入资源，通过与利益相关者形成战略联盟和获取先前承诺来降低不确定性，并充分利用外部权变因素来创造可能结果的一种思维方式。[1]效果推理强调的是从创业者现有的资源和能力出发，探索如何利用这些资源来创造可能的机会。在这一过程中，目标并不是预先确定的，而是随着资源的投入和外部环境的变化逐渐变得清晰。

效果推理理论中，创业者在决策过程中会深入分析三个关键问题。这些问题会帮助他们更好地理解自己的资源和能力，从而做出更有效的创业决策。

（1）"我是谁"这个问题要求创业者自我反思，识别自己的个体特质、优势、价值观和信念。这些内在因素对于创业成功至关重要，因为它们影响创业者如何面对挑战、做出决策以及领导团队。

（2）"我知道什么"这个问题涉及创业者的知识储备，包括专业知识、行业经验、市场洞察力等。知识是创业者理解和把握市场机会的基础，也是创新和解决问题的关键。

（3）"我认识谁"这个问题强调创业者的社会网络，即他们能够接触到的人和组织。社会网络为创业者提供了资源、信息和支持，有助于他们获取资金、建立合作关系，以及扩大市场影响力。

通过回答上述三个问题，创业者能够更清晰地了解自己的资源和能力，以及如何在创业过程中利用这些资源。这种自我认知有助于创业者制订实际可行的创业计划，选择适合自己能力和资源的商业模式，以及在不确定的环境中做出灵活的调整。效果推理理论鼓励创业者在创业过程中保持开放的心态，利用现有资源创造新的机会，而不是仅依赖于外部环境的预测。这种方法有助于创业者在不断变化的市场环境中找到自己的定位，实现创业目标。

2）效果推理基本原则

遵循效果推理逻辑的创业者在创业过程中采取一种更为灵活和适应性的策略，这种策略强调在不断变化的环境中做出决策。以下是效果推理逻辑中的四个关键原则。

---

[1] Sarasvathy S. Causation and effectuation: Toward a theoretical shift from economic inevitability to entrepreneurial contingency[J]. Academy of Management Review, 2001, 26(2): 243-263.

（1）可承受的损失原则。创业者在决策时会考虑自己能够承担的最大损失。这意味着他们会选择那些即使失败也不会造成重大财务或资源损失的行动。通过这种方式，创业者可以在保持风险可控的同时，探索新的机会。

（2）战略联盟原则。这一原则鼓励创业者积极寻求与战略合作伙伴和利益相关者的合作。通过建立联盟，创业者可以有效整合自己的资源，增加可利用的手段，从而在竞争激烈的市场中获得优势。这种合作有助于创业者降低创业过程中的不确定性，因为合作伙伴可以共享风险、资源和知识，共同面对挑战。

（3）利用意外事件原则。创业者被鼓励对意外事件保持开放的心态，将其视为潜在的机会。在创业过程中，意外事件往往伴随着新的可能性和创新点。通过灵活应对和创造性地利用这些事件，创业者可以发现新的商业模式、市场机会或技术应用，从而开辟成功之路。

（4）控制不可预测的未来原则。这一原则强调创业者应专注于那些可以控制的因素，而不是试图预测和控制未来的不确定性。通过专注于当前的行动和决策，创业者可以更好地管理资源，优化流程，并在变化的环境中保持竞争力。这种非预测式的控制方法强调了创业者的主动性和适应性，使他们能够在不断变化的环境中保持灵活性和创新能力。

3）效果推理的过程模式

效果推理理论的过程模式为创业者提供了一种系统化的决策框架，帮助他们在不确定性和资源有限的环境中做出有效的创业决策。效果推理过程模式包含四个关键维度，如图2-5所示。

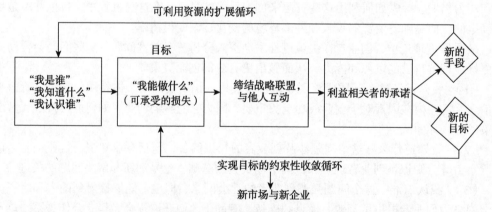

图2-5　效果推理过程模式

资料来源：张敬伟，杜鑫，田志凯，等. 效果逻辑和因果逻辑在商业模式构建中如何发挥作用——基于互联网创业企业的多案例研究[J]. 南开管理评论，2021，24（4）：27-4.

（1）既有手段（means）：创业者首先需要识别和评估自己的资源，包括个人特质、经验、能力、知识储备以及社会关系。这些资源是创业行动的基础，创业者需要了解如何利用这些资源来实现目标。

（2）可承受的损失（affordable losses）：明确了可用资源后，创业者需要确定自己愿意承担的最大损失。这一步骤有助于创业者设定行动的边界，确保即使在最不利的情况下，企业也能保持运营。

（3）战略联盟（strategic alliance）：为了降低不确定性和风险，创业者应寻求与利益相关者建立战略联盟。这些联盟可以提供额外的资源、市场渠道、技术支持等，帮助创业者扩大影响力并实现预期效果。

（4）权变（contingencies）：在创业过程中，创业者需要对可能出现的偶然因素或突发事件保持敏感，并利用这些事件来创造新的机会。这种权变思维要求创业者在行动中保持灵活性，能够根据外部环境的变化快速调整策略。

通过以上四个维度的相互作用，创业者可以构建一个动态的决策过程。在这个过程中，目标和策略是不断调整和优化的。效果推理理论强调的是一种基于现有资源和能力，而非预设目标的创业方法，这种方法有助于创业者在不确定的环境中找到成功的道路。

2.3.2 效果推理与因果推理的区别

效果推理和因果推理是两种不同的决策逻辑，它们在原则取向和过程取向上有着本质的区别。[①]

1. 目的与手段的关系

效果推理：强调从现有手段出发，探索可能的目标。在效果推理中，创业者会首先识别和利用手头的资源，然后根据这些资源来设定可实现的目标。

因果推理：基于目标导向，创业者先设定一个明确的目标，然后寻找实现该目标的手段。这种方法依赖于对未来的预测和对结果的控制。

2. 对意外的反应

效果推理：鼓励创业者拥抱意外事件，将其视为新机会的来源。在效果推理中，创业者会灵活调整策略，利用意外事件来创造新的可能性。

因果推理：面对意外时，创业者可能会坚持原计划，试图解决问题或避开障碍，以确保目标的实现。

3. 对利益相关者的态度

效果推理：强调与利益相关者建立战略联盟，通过合作获取资源和支持，降低风险。这种逻辑关注于构建网络和获取承诺。

因果推理：在因果推理中，创业者可能更关注于竞争分析，评估竞争对手的策略，以确保自己的目标不受威胁。

4. 对风险的态度

效果推理：在可承受损失的范围内行动，强调风险管理，确保即使在不利情况下也能保持企业的稳定。

因果推理：追求预期收益的最大化，可能会采取更高风险的策略，以实现目标。

上述两种决策逻辑反映了创业者面对不确定性和复杂情况时的不同思维方式。效果推理更适用于创业环境，因为它强调适应性和灵活性，因果推理则更适合于那些目标明确、环境相对稳定的情境。创业者可以根据自己的情况和环境选择合适的决策逻辑，或者在两者之间灵活切换，以提高决策的有效性。

[①] 张敬伟，杜鑫，田志凯，等. 效果逻辑和因果逻辑在商业模式构建过程中如何发挥作用——基于互联网创业企业的多案例研究[J]. 南开管理评论，2021，24(4): 27-40.

2.4 数字创业

习近平总书记于 2017 年提出了"要加快完善数字基础设施,推进数据资源整合和开放共享,加快建设数字中国"的数字创业战略,大数据、区块链和人工智能等技术能够将传统资产数字化,是牵引大变局的重要引擎。《2018 中国数字企业白皮书》强调了数字化战略、数字化技术、数字化人才等创业要素在数字创业企业中发挥的关键作用。国家层面的数字战略不仅推动了数字技术的创新和应用,也为数字创业提供了肥沃的土壤,加速了数字经济的增长。因此,数字创业作为数字技术和数字经济发展的产物,正在深刻地改变着创业的面貌。例如,腾讯通过将数字技术融入其产品和服务,让微信、腾讯云等实现了与创业生态的无缝对接。这些平台不仅为用户提供了便捷的服务,也为创业者提供了广阔的市场和资源,成为数字创业的典范。随着数字技术的不断进步,创业模式正在经历前所未有的变革。

2.4.1 数字创业的内涵

数字创业是指在数字化时代创业者利用数字技术、平台和基础设施,参与创业机会的识别、开发和实现的过程。数字创业涉及通过数字媒体和其他通信技术构建网络,以识别和抓住市场机会。这包括利用大数据分析技术来洞察消费者需求,或者通过物联网技术来优化供应链。数字创业者可能并非数字技术的开发者,但他们能够通过数字平台(如共享经济平台)参与创业活动。例如,中国滴滴出行平台上的司机,通过使用滴滴的移动应用为人们提供出行服务,而无须拥有或开发任何技术。数字创业公司基于科学技术知识,创造数字产品或提供数字服务。这些产品和服务可能完全基于数字环境,如在线教育、虚拟助手等。数字创业是在一个由数字技术、平台和基础设施构成的生态系统中进行的。在这个生态系统中,创业者可以利用各种数字资源来开发和推广他们的业务。从数字时代的创业新内涵进行界定,数字创业强调使用数字技术和社交媒体以及其他新兴通信技术参与创业的全过程。这包括机会的识别、发展、实现和改进,以及在创业过程中的持续创新。数字创业是个体、组织、社会场景与数字组件、技术平台之间不断交互的结果。这种交互促进了创业过程中的创新,使得产品和服务能够快速适应市场变化。

数字创业的兴起标志着创业活动进入了一个新的时代。它不仅改变了创业的方式,也为社会经济发展带来了新的活力。

数字创业与传统创业在商业模式、交流方式和组织管理上存在显著差异。从交流方式上看,数字创业者依赖于数字技术作为主要的沟通和协作工具。这包括使用社交媒体、在线协作平台、即时通信软件等,以实现组织内部和外部的有效沟通。组织管理上,数字创业往往具有高度的虚拟化和网络化特征。这意味着组织结构可能更加扁平化,团队成员可能分布在不同地理位置,通过数字平台进行协作。这种模式减少了对传统办公空间的依赖,提高了运营效率。从数字技术的应用上看,数字创业是数字技术与创业实践的结合。创业者利用大数据、人工智能、云计算等技术来优化业务流程,提高决策质量,创造新的产品和服务。从过程来看,数字创业强调利用数字媒体和其他通信技术来识别和开发市场机会。这可能涉及通过在线市场分析、用户行为分析等方式来发现潜在的商业价值。从结果来看,数字创业涉及在数字平台系统中创造价值、开发机会并分配价值。这包括通过电子商务、在线服务、数字内容创作等方式,为用户创造价值并实现盈利。

2.4.2 数字创业的特征[①]

数字创业的兴起反映了数字技术对现代商业实践的深刻影响。它不仅改变了创业的方式,也为创业者提供了新的市场机会和增长潜力。

(1)数字创业机会的碎片化和动态性。数字创业机会往往分散在不同的市场细分领域,这些领域可能由特定的用户群体、技术应用或服务模式定义。这种碎片化意味着创业者需要深入理解各个细分市场,以便发现并利用这些机会。随着数字技术的快速发展和市场环境的不断变化,创业机会也在不断变化。创业者需要持续关注技术趋势、用户行为和竞争态势,以便及时调整策略,抓住新出现的机遇。数字创业过程中,创业者、用户、竞争者以及其他市场主体之间的互动日益频繁,这种互动又促进了信息的流通和知识的共享,为创业者提供了丰富的资源和灵感,帮助他们发现新的创业机会。

(2)多层次创业主体进行资源整合。数字创业涉及多种类型的主体,包括大企业内部的创新部门、初创公司、个体创业者以及通过社交媒体和直播等数字平台的个人。这些主体在数字生态系统中扮演着不同的角色,共同推动创新和创业活动。随着移动通信技术的普及,创业模式正从单一主体向团队化和公司化发展。这要求创业者在股权结构、团队文化建设、管理结构等方面进行深入思考,以确保团队的高效运作和持续创新。数字技术使得创业资源的整合更加便捷。创业者可以通过网络平台,利用数字信息优势,降低资源匹配的成本。这包括资源的探索、合作机会的发现以及契约的签订等,都可以通过数字化手段进行优化。

(3)创业成本降低。数字创业依赖于信息资源,如数据、软件、在线平台等。这些资源相对于传统的物理资源来说,成本更低,易于获取和使用。这使得创业者能够以较小的投入开展业务,降低了创业门槛。数字创业推动了新型创业模式的出现,如共享经济、平台经济等。这些模式通过优化资源配置,减少了中间环节,提高了效率,同时也为消费者提供了更加便捷和个性化的服务。数字创业往往依托线上线下相结合的网络,这使得资源整合和团队组建更加高效。线上平台提供了信息交流、资源对接的便利,线下空间如孵化器、共享工作空间则提供了实际的办公环境和社交网络。通过数字平台,创业者可以更容易地与潜在的合作伙伴、客户和投资者建立联系。这种直接的沟通方式减少了沟通成本,同时也降低了寻找和获取资源的成本。创新型孵化器如车库咖啡、3W 咖啡等,不仅仅为创业者提供物理空间,更重要的是它们背后的投资人网络和行业资源。这些孵化器帮助创业者快速组建团队,提供融资渠道,加速了创业项目的成长。

(4)市场导向和用户导向创新。数字创业在海量数据分析的支持下,能够实现产品和服务定位的精准化,这为创业者提供了前所未有的机遇。通过大数据分析,创业者可以深入了解用户行为、市场趋势和消费者偏好,从而更准确地定位产品和服务。这种精准定位有助于创业者开发出更符合市场需求的解决方案,提高市场接受度。数字技术使得创业者能够发现和利用长尾市场,即那些被传统市场忽视的小众市场。用户投资者和个体创新者的参与,可以为这些市场带来新的活力和创新机会。数字创业鼓励开放式创新,即通过与

[①] 朱秀梅,刘月,陈海涛. 数字创业:要素及内核生成机制研究[J]. 外国经济与管理,2020,42(4): 19-35.

用户、合作伙伴和社区的互动，共同参与产品和服务的开发。这种模式提高了创新效率，降低了创新风险，因为创新过程不再是封闭的，而是开放和协作的。数字创业强调充分利用外部知识和资源来支持创业项目。这包括利用开源软件、在线教育平台、众筹平台等，这些资源和服务为创业者提供了低成本的创新工具和资金支持。创客文化鼓励个人或团队利用数字工具和平台，将创意转化为实际产品。这种文化推动了创新的民主化，使得更多的人能够参与到创新过程中来。

2.4.3 数字创业的动因

（1）技术进步。技术进步是推动数字创业兴起的关键因素之一。大数据技术的发展使得创业者能够收集、存储和分析海量数据，从而更好地理解市场动态、消费者行为和业务趋势。数据处理能力有助于创业者做出更明智的决策，并为产品和服务的创新提供数据支持。人工智能（AI）的应用使得创业者能够利用机器学习、自然语言处理等技术推动自动化决策过程，提高效率并减少人为错误。人工智能还可以用于客户服务、市场预测和个性化推荐等方面。云计算提供了灵活、可扩展的计算资源，使得创业者无须投资昂贵的硬件设施，即可快速部署和扩展业务。技术进步为数字创业提供了强大的支持，使得创业者能够以更低的成本、更高的效率和更大的灵活性来开展业务。

（2）市场需求。互联网和电子商务的快速发展极大地改变了消费者的需求和行为，这对数字创业者来说既是机遇也是挑战。通过互联网和电子商务平台，数字创业者可以收集和分析大量的消费者数据，了解消费者的购买习惯、偏好和反馈。这些信息有助于创业者更精准地定位目标市场，设计符合消费者需求的产品和服务。数字创业者可以利用数据分析和人工智能技术，为消费者提供量身定制的解决方案，从而提升用户体验和满意度。互联网的即时性和互动性，使得数字创业者能够快速响应市场变化，迅速调整营销策略，优化产品特性，甚至在必要时完全改变业务模式，以适应消费者需求的变化。数字创业者可以探索新的商业模式，如订阅服务、按需经济、共享经济等，以更好地满足消费者对便捷、灵活和成本效益的需求。

（3）创新精神。创新精神是数字创业的核心，它驱动创业者不断探索新的可能性，并在激烈的市场竞争中脱颖而出。数字创业鼓励创业者利用新的技术如人工智能、大数据、物联网等开发创新的产品和服务。这些技术的应用可以极大地提升产品的性能，创造全新的用户体验。数字创业为创业者提供了尝试和实施新商业模式的机会。例如，共享经济、订阅服务、按需经济等模式，都是数字时代的产物，它们改变了传统的价值创造和分配方式。在数字创业的舞台上，创新精神是推动企业持续发展的关键。创业者需要不断学习和适应新技术，敢于挑战传统，勇于实践新理念，才能在激烈的市场竞争中脱颖而出，实现自己的创业梦想。

（4）政策支持。政府的政策支持对于数字创业的发展起到了至关重要的作用。税收优惠、资金扶持、创业培训、科技园区和孵化器、知识产权保护等政策措施共同构成一个有利于数字创业的生态系统，为创业者提供了必要的支持和激励，有助于培育创新文化，推动经济增长和就业。

（5）社会认可。社会认可在多个层面为创业者提供了动力和资源。例如，社会对创新和创业的积极态度创造了一种鼓励尝试和接受失败的文化。这种文化环境使得创业者更愿意承担风险,尝试新的想法和商业模式。公众对数字产品和服务的需求不断增长,推动了数字创业的发展,为创业者提供了广阔的市场。媒体对成功数字创业故事的报道激发了公众对这一领域的兴趣,同时也为创业者提供了展示自己的机会。教育体系开始重视创新和创业教育,培养年轻人的创新思维和创业能力。这为数字创业领域输送了源源不断的新鲜血液。社会认可为数字创业创造了一个积极的外部环境,使得创业者能够更容易地获得资源、建立联系,实现其创业梦想。

2.4.4 如何开展数字创业

(1)确定数字创业的方向和目标。确定数字创业的方向和目标涉及对市场环境的深入理解和创业者个人能力的准确评估,如通过市场调研来识别潜在的商业机会,识别市场中未被满足的需求或痛点,评估自己的专业背景、技能、经验及资源,以及这些如何与潜在的创业方向相匹配。

(2)提升技术能力。提升技术能力包括对数字技术的深入理解和应用能力,如人工智能、大数据分析、云计算等对于数字创业者至关重要,特别是在一个技术快速发展的时代。数字创业者可以通过自学、参加培训课程或寻求专业导师的指导等方式不断提升自己的技术能力,更好地利用数字技术推动业务发展。技术能力的提升是一个持续的过程,需要不断地投入时间和精力。

(3)创新商业模式。数字创业需要创新商业模式,通过数字化手段解决传统行业的问题或创造新的商业机会。通过大数据分析,企业可以更好地理解市场趋势、用户行为和偏好,做到以用户为中心,深入了解用户需求和痛点,确保商业模式能够提供真正解决用户问题的价值,从而创新商业模式。

(4)建立团队。建立一支高效且专业的团队对于数字创业至关重要。创业者可以通过招聘、合作或建立联盟等方式来组建团队。切记,团队建设是一个持续的过程,需要不断评估和调整,以确保团队的高效运作和企业的持续成长。

(5)寻找资金支持。资金是数字创业的重要支撑,确保企业能够顺利启动和持续发展。创业者可以通过自筹资金、寻求投资或申请政府扶持等方式获得资金支持。在寻找资金支持时,创业者需要考虑各种融资方式的利弊,选择适合自己企业当前阶段和长期目标的融资策略。同时,创业者应准备好详细的商业计划书,清晰地展示企业的愿景、市场潜力和财务预测,以激发投资者的兴趣。

(6)搭建平台。在数字创业中搭建或利用平台是实现业务推广和运营的关键。数字创业者可以通过建立网站、开发App、利用社交媒体、搭建电子商务平台等方式有效地实现业务的在线推广和运营。重要的是,要保持一定的灵活性,根据市场反馈和用户需求不断调整策略。

扩展阅读 2-1 数字创业企业内核生成

本章知识要点及关键词

知识要点

1. 创业过程可分为四个阶段:识别与评估创业机会、准备并撰写创业计划书、确定并获取创业资源、管理创业企业。

2. 创业计划书是创业者规划新企业蓝图的重要工具。

3. 数字技术的应用不仅降低了创业门槛,提高了效率,还为创业企业提供了新的商业模式和市场机会。

4. 蒂蒙斯创业模型中,商业机会、资源和创业团队这三个创业核心要素构成一个倒立三角形,强调三要素之间的动态性、连续性和互动性。

5. 加特纳创业模型强调创业是一个多维度、动态的过程,创业者需要在个人能力、组织管理、环境适应和过程控制之间找到平衡。

6. 威克汉姆创业模型强调创业者在创业过程中的核心地位,提出了一个包含创业者、机会、组织和资源四个要素的模型。

7. 因果推理和效果推理是两种常见的决策逻辑,它们在创业过程中扮演着重要角色。

8. 数字创业是在数字化时代创业者利用数字技术、平台和基础设施,参与创业机会的识别、开发和实现的过程。

关键词

创业过程　蒂蒙斯模型　加特纳模型　因果推理　效果推理　数字创业

思考题

1. 创业过程具体可以分为哪些阶段?
2. 数字技术对创业企业的机会开发和资源开发分别会产生怎样的影响?
3. 具体的数字技术会对创业过程产生怎样的影响?
4. 蒂蒙斯创业模型与加特纳创业模型本质上有哪些区别?
5. 因果推理和效果推理在创业过程中是如何体现的?
6. 数字创业企业应当如何把握创业机会?
7. 你如何看待数字创业带给你的影响?

思想VS.行动:领视传媒的创业历程

2020年,疫情的暴发给各类企业带来了巨大冲击,而深圳领视传媒公司(以下简称领视传媒)不但没有因为疫情停止营业,还与海尔、百乐等一系列知名品牌达成合作,营业额环比增速有所上升。从2017年成立至今,领视传媒每年的营业额增速都能保持在30%~50%。看着公司日益壮大,公司联合创始人刘仲禹逐渐总结出公司一步步迈向成功的经验。

刘仲禹是重庆理工大学管理学院2013级市场营销专业的学生。在求学期间,善于学习、敢于挑战是他身上的标签。在校期间,他获得"管理好青年""辩论赛最佳辩手"等多项荣誉。刘仲禹在大三的时候就对自己的未来发展有了明确的规划,将就业方向锁定为内容创造和价值表达类岗位。为了更好地理解这类岗位的工作性质,他在大四的时候进入江小白品牌事业部实习。2017年毕业后,受朋友之邀,他到深圳开始创业。

刘仲禹的创业合伙人虽然专业不同,但都对影视传媒及广告行业充满热情。团队成员在大学期间广泛参加电影、电视剧、广告片、婚庆摄影等活动,对影视市场有深刻的理解,也具备熟练的专业技能。经过商讨,大家把入行的主营业务确定为企业宣传片、产品功能片、品牌形象片的设计、制作、传播领域。基于他们对市场的了解,传统 4A 公司和大型品牌营销机构少有涉及此类影片的制作业务,因为企业广告主对这类影片的需求很分散,并且预算偏低。确定了创业项目之后,刘仲禹和创业伙伴成立了领视传媒,经营目标是掌握从广告内容策划到落地执行的全流程,从中提高溢价,而不是把自己定位为功能单一的影视制作公司。

三年多的经营效果表明,他们当初的行业分析十分准确,入行切入点巧妙且有效。领视传媒在企业宣传片市场逐渐站稳脚跟,并打入腾讯、华润、平安、中广核等多家知名企业的供应商库,接洽到更多影视制作业务。每次谈起自己的创业经验,刘仲禹总是首先提及创业是一项艰难的任务,创业者个人和团队成员只有不断学习、不断磨合、主动思考、迅速执行,才能对抗各类风险。除了能够正视创业的艰辛,刘仲禹也非常重视创业之前以及创业之初的准备工作。

第一,个人的理论知识储备至关重要。从创意到企业管理,从品牌知识到工作技巧,刘仲禹认为自己全面而丰富的知识体系受益于大学的专业课程及由此延伸的个人爱好。自己毕业于市场营销专业,又喜欢博览群书,积极参加各类社会实践活动,获得了扎实的理论知识和丰富的实操经验。这在当时的影视制作市场是非常少见的。

第二,具有直面未知的勇气和拼搏精神。刘仲禹戏称自己是"后浪"一代,他觉得这代人就应该是个性鲜明、热烈开放且自由进取的。刘仲禹在职业规划上敢于迎接挑战,敬畏规则;在工作岗位上踏实肯干,坚持不懈。就如刘仲禹所言,从给自己定下创业目标开始,他就迫不及待地了解相关的创业知识,更快地正确认识自己和了解市场,为创业做好充分准备。

第三,具备"小步试错、快速迭代"的决心和勇气。在刘仲禹看来,创业者每天都在和不确定性对抗,但挑战不确定性不等于浪费试错成本。无论是在理论学习还是实践过程中,创业者必须具备鲜明的迭代决心,以事实和客户需求为导向。这与创意行业高度的自由开放属性不谋而合。因此,创意行业的创业,在某种程度上风险更大,收获及价值满足感更高。

第四,在创业的不同阶段动态调整团队的建设策略。领视传媒创业团队在创业过程中坚持"三步走"原则:在艰苦创业期,通过年底分红、每月只发最低工资的形式,保障现金流,激发全体成员的斗志,并在早期有效筛选稳定的团队成员;在平稳过渡期,确定以"保障性月薪+项目提成(绩效)+年底分红"的形式,不断规范管理过程,同时积极招募外部"空降兵",以招聘的"鲶鱼效应"持续维持团队活力,但也需要经受外部空降兵与内部早期成员的磨合及价值观冲突;在稳定发展期,以价值观为导向,倡导能力、背景互补,深刻理解年青一代的"后浪职场观",并以价值观为驱动力,积极招募愿意在创意领域坚持创业精神的"90 后"。

第五,持续关注新创企业的成长升级。刘仲禹深知在文化创意行业中存在品牌建设两极分化的情况:大型品牌知名度极高,食物链的中低端则有大量的"作坊式"团队或以个人名义"组班子"的临时团队。在创业初期,新创企业尚可将压低组织管理成本、提高灵活性作为过渡手段使用,但到了后续发展阶段,企业应该愈发重视团队公司化和品牌化运行。在这种理念的指引下，刘仲禹和创业团队采取了一系列措施，包括：积极打造团队的统一价值观，提前设计品牌 VI 标识；在全公司树立品牌为先的理念；高度重视合规性，例如实现全员缴纳五险一金、财税工作的专业化外包及签署合作律师事务所，从而保证财税法等非业务领域的绝对合规。正是由于刘仲禹和创业团队并不满足于企业能"活下来"，而是坚持关注企业的可持续发展，在做大做强的过程中采取了品牌化、合规化等措施，公司才能在政府及大型企业的招标中获得明显优势。

资料来源：李巍，吴朝彦. 创业基础[M]. 2 版. 北京：中国人民大学出版社，2021：27-29.

思考题：

1. 利用蒂蒙斯创业模型分析领视传媒整合创业要素的过程。
2. 结合案例陈述分析刘仲禹的创业属于哪种类型？这类创业具有哪些特点？
3. 领视传媒的创业过程是如何体现"实践是检验真理的唯一标准"的？结合案例，论述如何培养"通过创业服务社会、为人民创造美好生活"的认知和信念？刘仲禹身上体现出的哪些创业思维值得大学生学习？

第 2 篇

数据时代的商机

第 3 章

识别创业机会

【学习目标】

知识目标：能够准确表述创业机会的内涵、特征与类型；能够灵活运用创业机会识别方法识别创业机会；能够明晰创业机会识别的过程；能够对识别到的创业机会进行系统评估；能够掌握创业机会评估原则。

能力目标：能够发现潜在的商业机会，提高创业机会识别能力；培养创新思维，学会通过创新来创造新的创业机会；深刻理解数字时代创业环境的复杂性，提高在复杂环境中发现机遇和应对挑战的能力。

素质目标：培养敢于探索、勇于实践的创新精神；深刻理解创新创业在促进经济增长、创造就业、推动技术进步等方面的关键作用，认识到个人创业活动对国家经济发展的贡献；强化社会责任感，培养通过创新创业活动为社会做贡献的意识以及为人民创造美好生活的信念；辩证地看待国内外经济政治形势的变化，理解全球化背景下创新创业的国际影响。

藏器于身，待时而动：王军与小未科技的数字化创业之旅

2009年，正值手机市场从功能机向智能机过渡的关键一年。细心的王军注意到，智能手机的营销模式较以往的功能机有很大的不同。在功能机时代，用户能够自行配置和扩展的功能很少，不同手机之间的功能差异并不会太大，但在智能机的营销场景中就大不相同了。智能机有着强大的多媒体功能和操作系统，用户可以根据自己的使用习惯和需求决定安装何种应用，拓展何种功能。随着智能手机的普及和对功能机的替代，运营商营业厅和3C电子产品卖场纷纷撤下柜台，取而代之的是明亮宽敞的展厅和展示台，摆上真机，供消费者试用体验。

很快，王军和合作伙伴就成立了珠海佰誉电子科技有限公司（以下简称"佰誉电子"），注册了"灵灵狗"品牌，开始专注于手机防盗展示支架的研发、设计、生产。这也成为小未科技的前身。随后，"灵灵狗"手机防盗支架一路高歌，大规模进驻运营商营业厅。营业厅渠道的顺利铺开，又为他们带来了3C卖场的订单。公司乘胜追击，保持着一年开发十余款新品的势头，注册了新品牌"展销宝"，推出了更多相关软硬件产品，包括相机、笔记本电脑等数码产品的防盗展示支架、摘机同屏演示系统、展示厅设计方案等，佰誉电子很快成为专业的集成设备供应商，占据了国内 70% 的市场份额，年产值超两亿元人民币。

2016 年初，国务院政府工作报告首次提出"发展智能家居产业"。随即，王军注意到，"智能家居"这一概念频繁出现在各大媒体版面上。此前在手机防盗支架方面的经验，让王军开始思索："智能安防不仅在商业领域有着巨大价值，在智能家居领域也同样大有可为。'灵灵狗'不仅可以守卫商家的财产安全，同样可以守卫居民的财产安全。"于是，他们将目光瞄准了智能门锁这一细分市场，且其技术团队在多年的防盗支架设计开发过程中，恰好积累了 PCBA 电路板设计开发的技术优势。

2017 年，在佰誉电子的技术底子上，王军和合作伙伴正式成立了小未科技，专攻自主品牌智能门锁。公司旗下"灵灵狗"品牌系列中第一款兼具安全性、便利性、美观性的复合型智能锁在这一年诞生了。"灵灵狗"智能门锁使用 C 级锁芯、高敏感指纹头、原装进口芯片、304 不锈钢 3 mm 加厚材质，可以与市面上 99% 的入户门兼容安装。除了芯片卡、钥匙等传统开锁方式之外，用户不仅可以使用指纹、人脸识别等生物识别技术开锁，还可以通过团队自主研发的手机 App 这一数字化的方式远程开锁。在锁体遭到破坏时，它会发出响铃并联动 App 报警。至此，除了智能电路板业务之外，随着"灵灵狗"智能门锁业务板块的开辟，小未科技打通了与个体消费者之间的联系，真正成为连接 OEM 制造商和消费者这两"点"中的一条"线"。

自此，一家具有"硬产品"的制造业企业摇身一变，成为一家"硬产品、强调动、富场景"的数字化平台型企业。

资料来源：汪玥琦，赵子溢，胡辰光，等. 藏器于身，待时而动：王军与小未科技的数字化创业之旅[A]. 中国管理案例共享中心案例库，2021.

3.1 创业机会概述

3.1.1 创业机会的内涵

创业机会是创业活动的核心，它为创业者提供了实现商业目标和创造价值的可能。创业机会的内涵可以从静态和动态两个视角来理解。这两个视角相辅相成，共同构成了人们对创业机会的全面认识。静态观点认为，创业机会被视为一种静态的存在，是市场环境中的有利条件和时机，为创业者提供了开创新企业或业务的通道。这些机会通常与特定的环境因素相关，如市场需求、技术进步、政策变化等，它们为创业者提供了创造新产品、提供新服务或满足新需求的可能性。动态观点认为，创业机会是一个动态过程，从创意的产生到实际行动的实施，涉及一系列连续的步骤和决策。这一过程强调了创业者如何创造性地整合资源，以满足市场需求并创造价值。这需要创业者发挥主动性和创新能力。结合静态和动态的视角，创业者可以更全面地理解创业机会，有效地识别和利用这些机会，推动企业的发展和创新。

约瑟夫·熊彼特强调创业机会能够让人们创造性地结合资源，以满足市场需求并创造价值。卡森则进一步描述了创业机会作为新市场、新产出或两者关系形成过程中的动态发展，强调了新产品、新服务、原材料和组织方式的引入，以及超过创业成本的价值创造。创业机会具有吸引力、持久性和适时性，这些特征使得机会在市场中具有竞争力。创业机会的形成是多主体互动的结果，包括创业者、投资者、消费者等，他们的共同作用推动了创业机会的演化。创业机会的最终目标是为消费者创造价值，无论是通过解决现有问题还是满足未被满足的需求。

3.1.2 创业机会的特征

创业机会对于创业成功至关重要，它们为创业者提供了实现梦想的基础。以下是创业机会的五个特征。

1. 客观性

创业机会存在于社会经济环境中，它们是客观的，不受个人主观想象的限制。这些机会可能源于市场需求的变化、技术进步、政策调整等多种因素。创业者的任务是识别这些机会，并将其转化为商业行动。然而，这些机会并非独占，其他创业者也可能同

扩展阅读 3-1 德鲁克提出的机会的七种来源

时发现并利用它们。例如，互联网的兴起为电子商务提供了巨大的创业机会，亚马逊是最早利用这一机会的企业之一，但随后许多其他公司如 eBay、阿里巴巴等也进入了这个市场。尽管亚马逊在早期占据了领先地位，但其他企业通过创新和差异化策略也取得了成功。这表明，尽管创业机会是客观存在的，但创业成功取决于创业者如何有效地利用这些机会，以在竞争中保持优势。

2. 偶然性

创业机会的发现需要创业者的主动寻找和识别，它们虽然客观存在，但往往隐藏在市场的不断变化之中。创业者在对待创业机会时，应避免两种极端倾向：一是贬低机遇的作用。人们不应将创业机会视为唯心主义的产物，认为它们是主观臆想。实际上，机遇是客观存在的，它们源于市场、技术、社会等多方面的因素。创业者通过观察、分析和实践，可以发现并利用这些机遇。例如，智能手机的普及为移动应用开发提供了巨大的市场机遇，许多创业者正是通过深入研究市场和技术趋势，抓住了这一机遇，开发出成功的移动应用。二是盲目崇拜机遇。人们也不应认为机遇是不可预测和不可控制的，完全依赖于运气。创业者的主观努力在发现和利用机遇中起着关键作用。通过持续学习、市场调研、创新思维和战略规划，创业者可以提高发现和把握机遇的能力。例如，中国的宁德时代（CATL）创始人曾毓群凭借对全球能源转型和新能源汽车发展趋势的深刻洞察，以及对电池技术的持续研发投入，成功抓住了电动汽车行业的机遇。宁德时代专注于高性能锂离子电池的研发和制造，其产品广泛应用于电动汽车、储能系统等领域。通过不断的技术创新和市场拓展，宁德时代已经成为全球领先的电池制造商之一，推动了新能源汽车产业的发展，并在全球范围内树立了中国企业在清洁能源技术领域的领导地位。

3. 时效性

时效性是创业机会的一个关键特征，它强调了在特定时间内识别和利用机会的重要性。创业机会必须在机会窗口存续的时间内被发现和利用。机会窗口是指一个商业想法从产生到被市场接受的时间段。在机会窗口期内，创业者有机会将他们的产品或服务推向市场，并获得竞争优势。一旦这个窗口关闭，即竞争对手已经进入市场并占据市场份额，创业机会的效用就会大大降低。而且，随着市场环境、技术发展和社会需求的变化，创业机

会可能会消失。如果创业者未能在机会窗口内采取行动,他们可能会错失良机,甚至面临更大的竞争压力。当竞争对手识别并利用相同的创业机会时,原本的机遇可能会转变为威胁。例如,如果创业者发现了一个创新的商业模式,但未能迅速行动,其他创业者可能会抢先一步将这个模式商业化,从而削弱了原始创业者的市场地位。

4. 行业吸引力

行业选择直接影响到创业项目的成功概率和盈利潜力。创业者在选择行业时应综合考虑行业的成长性、利润空间、市场准入门槛以及市场需求的稳定性,以确保创业项目能够在激烈的市场竞争中脱颖而出,实现可持续发展。例如,随着全球人口老龄化,健康科技行业出现了巨大的创业机会。这个行业不仅市场空间广阔,而且随着技术的进步,新产品和服务不断涌现,为创业者提供了多样化的创业选择。同时,由于健康科技行业涉及人们的健康和福祉,它也具有较高的社会价值,存在刚性需求。

5. 不确定性

创业机会的不确定性是创业过程中的一个显著特点。创业机会通常在特定的市场、技术、社会和经济条件下产生。这些条件的变化会直接影响机会的可行性和盈利潜力。例如,政府政策的变动可能会为某些行业创造新的机遇,或者关闭现有的市场。尽管创业者会基于当前的市场分析和趋势来预测创业机会,但未来的实际发展往往难以完全预测。市场动态、消费者行为和技术进步都可能带来意料之外的变化。即使创业者基于已知条件制订了周密的计划,实际结果也因为多种因素而与预期大相径庭。这可能是由于外部环境的变化,也可能是由于创业者在执行过程中的策略调整或资源配置不当。创业机会在一定的条件下产生,发展趋势往往也难以预料。当条件发生改变,结果也会随之改变。创业者根据已知条件发掘创业机会,但是结果可能会出乎意料,因为条件发生了改变,或是创业者利用机会的程度不够。例如,智能手机行业的兴起为应用开发者提供了巨大的创业机会。许多创业者看到了移动应用市场的潜力,纷纷涌入这一领域。然而,随着市场的饱和和竞争的加剧,只有那些能够持续创新、有效定位市场并提供优质用户体验的应用才能脱颖而出。对于那些未能适应市场变化的创业者来说,他们可能会发现原本看似充满希望的创业机会并没有给他们带来预期的成功。

3.1.3 创业机会的类型

根据不同的标准,创业机会可以分为不同的类型,本书着重基于"目的—手段"的关系进行分类。"目的"是指创业者希望他们的产品或服务能够实现的核心价值。这种价值可能是解决一个特定的问题或满足一个未被满足的需求,提供独特的用户体验,或者是创造一种新的市场趋势;"手段"则是指创业者为了达到目的所采取的方法和策略。

1. 依据"目的—手段"关系中的明确程度,分为识别型、发现型和创造型三种

(1)识别型机会是指在市场中已经存在明确的需求或问题,创业者可以通过观察和分析这些现象来发现创业机会。这种机会的特点是市场需求和现有解决方案之间的差距非常明显,创业者可以通过填补这一差距来实现商业价值。例如,随着健康意识的提升,越来越多的消费者开始寻求健康饮食。然而,市场上可能缺乏便捷、营养均衡且价格合理的健康食品,这时创业者可以通过开发新的健康食品品牌或服务(如健康餐饮配送服务)来满足这一需求,填补市场空缺。问题型机会大多属于识别型机会。

（2）发现型机会,涉及市场中尚未被充分认知或利用的潜力,这要求创业者具备前瞻性和创新能力,去探索和开发新的用途或应用。例如,激光技术在最初被发明时,其商业应用并不明确。经过数十年的研究和开发,激光技术最终在医疗、通信、制造业等多个领域有了广泛的应用,创造了巨大的经济价值。对于创业者来说,发现型机会提供了一个探索未知领域的平台,但同时也要求他们具备深厚的专业知识、敏锐的市场洞察力和持续的创新精神。创业者通过不断探索和试验来引领市场趋势,创造出全新的产品和服务。

（3）创造型机会是指在市场中既没有明确的需求（目的）,也没有现成的解决方案（手段）时,创业者通过创新思维和行动创造出全新的市场机会。这种机会的识别和开发需要创业者具有高度的洞察力、创新能力和风险承担能力。例如,中国的小米公司在推出其首款智能手机时,面临着市场对智能手机需求尚不明确的挑战。小米通过推出具有高性能配置和亲民价格的智能手机,结合其独特的互联网营销模式,成功地激发了消费者对于智能手机的兴趣。小米的这一策略不仅推动了智能手机在中国市场的普及,还通过 MIUI 操作系统和生态系统的构建,为用户提供了丰富的应用和服务,从而塑造了市场并引领了智能手机行业的发展。小米的这种创新和市场策略,使其迅速成长为中国乃至全球的主要智能手机制造商之一,创造了显著的商业价值。因此,对于创业者来说,创造型机会既是一个巨大的挑战,也是一个巨大的机遇。

2. 依据"目的—手段"关系中的目的性质,可以分为问题型、趋势型和组合型三种

（1）问题型机会是指创业者通过解决现实世界中存在的问题来创造价值的商业机会。这类机会通常源于消费者或企业面临的具体挑战,它们为创业者提供了明确的改进方向。在商业实践中,问题型机会可能隐藏在顾客的抱怨、产品退货、服务不足等现象背后。问题型机会要求创业者具备敏锐的市场洞察力和创新能力,通过解决实际问题实现商业成功和社会价值。这种机会的发掘和利用,往往能够带来深远的影响。例如,随着环保意识的提升,越来越多的消费者开始寻找可持续和环保的产品。有创业者注意到市场上缺乏高质量的环保包装解决方案,于是开发了一种可降解的包装材料。这既解决了环保问题,又满足了市场需求,从而创造了新的商业机会。

（2）趋势型机会是指创业者通过对时代变迁、环境变化和社会发展趋势的深刻洞察,预见并把握未来可能出现的商业潜力。这类机会往往在变革时期出现,可能涉及技术进步、人口结构变化、政策调整等多个领域。例如,随着全球对可再生能源需求的增长,中国的光伏产业迎来了趋势型机会。隆基股份作为早期进入太阳能领域的企业之一,专注于高效单晶硅太阳能电池和组件的研发与生产,通过持续的技术创新和全球市场的积极拓展,已经成为全球最大的单晶硅光伏产品制造商。隆基股份不仅推动了太阳能技术的普及,也为公司带来了显著的经济效益和行业领导地位。趋势型机会要求创业者具备敏锐的市场洞察力和战略规划能力,能够在变革中发现并把握未来的发展方向。

（3）组合型机会是指创业者通过将现有的技术、产品、服务或其他因素进行创新性的组合,创造出具有新用途和新价值的商业模式。这种机会类似于"嫁接",即将不同的元素融合在一起,产生全新的效果或功能。组合型机会要求创业者具备跨界思维和资源整合能力,通过创新性的组合来创造新的市场机会。这种机会的把握往往能够带来突破性的成果,为创业者和消费者带来双赢的局面。例如,网易云音乐是一个成功的组合型机会的例子。网易云音乐不仅提供了一个丰富的在线音乐库,让用户可以随时随地欣赏和下载音乐,还结合了社交功能,允许用户分享歌单、发表评论和互动。这种结合音乐流媒体服务和社交元素的创新模式,不仅改变了用户的音乐消费习惯,还增强了用户黏性,为网易云音乐带来了庞大的用户基础和显著的市场影响力。通过这种独特的组合,网易云音乐在竞争激烈的在线音乐市场中占据了一席之地,实现了商业上的成功。

3. 依据"目的—手段"关系中的手段方式,可以分为复制型、改进型、突破型三种

(1) 复制型机会涉及模仿已经成功的商业模式或产品,并将其应用到新的市场或环境中。创业者通过复制已知的成功要素,快速进入市场并满足当地需求。例如,快餐连锁品牌麦当劳和肯德基在全球范围内的扩张,就是复制其在美国的成功模式,满足不同国家和地区消费者对快速、便捷餐饮服务的需求。

(2) 改进型机会是对现有产品或服务进行渐进性的改进,以提高性能、降低成本或增加新功能。这种创新机会通常基于对现有市场的深入了解和对用户需求的持续关注。例如,"山寨"产品通常是基于对知名品牌产品的模仿,但在某些方面进行了改进,如成本控制、本地化设计等,以适应特定市场的需求。

(3) 突破型机会涉及根本性的技术或商业模式变革,它能够颠覆现有市场,创造全新的价值。这种创新机会往往被称为"创造性的破坏",因为它能够取代旧有的产品或服务。例如,数码相机的出现是对传统胶卷相机的突破性创新。它不仅改变了摄影的方式,还对整个摄影行业产生了深远的影响。同样,电子手表相对于机械手表,通过引入电子技术,提供了更精确的时间显示和额外的功能,从而在手表市场中创造了新的价值。

创业者在面对不同类型的创新机会时需要评估自己的资源、能力和市场环境,选择适合的创新路径。复制型机会适合创业者快速进入市场,改进型机会有助于创业者在现有市场中巩固地位,突破型机会则会给创业者带来颠覆性的变革和巨大的市场潜力。

3.2 识别创业机会

3.2.1 创业机会识别的方法

创业机会识别是创业过程中的关键步骤。以下是五种常用的识别创业机会的方法,它们结合了启发性思维和市场研究的专业分析。

1. 新眼光调查

新眼光调查是一种创新的调查方法,它鼓励创业者以全新的视角来审视现有的信息和数据,从而发现潜在的创业机会。创业者通过阅读他人的研究成果、行业报告、成功案例等,可以吸收新知识,激发新想法。例如,阅读关于共享经济的书籍可以启发创业者考虑如何将这一模式应用到自己的业务中。在调查过程中,创业者应学会提出关键问题,这些问题有助于他们深入挖掘信息背后的含义。例如,对于一个新兴市场,创业者可能会问:"这个市场的主要挑战是什么?""消费者真正的需求是什么?"通过这些问题,创业者可以更准确地定位市场机会。互联网提供了丰富的信息资源,创业者可以通过搜索引擎、在线数据库、新闻网站等渠道，收集和分析数据。例如，通过分析社交媒体上的讨论，创业者可以了解消费者对某一产品或服务的看法，从而发现改进或创新的方向。

新眼光调查鼓励创业者跳出传统思维框架，尝试从不同的角度看待问题。例如，一位创业者在阅读关于城市农业的书籍时，可以发现城市居民对新鲜、健康蔬菜的需求日益增长。通过互联网搜索，他发现城市空间有限，传统的农业模式难以满足这一需求。结合新眼光调查结果，他可能会想到利用屋顶花园或垂直农场的概念，为城市居民提供新鲜蔬菜，同时解决空间利用问题。这种创新的视角不仅解决了现有问题，还可能开辟出一个新的市场领域。

2. 系统分析

系统分析是一种结构化的方法，用于识别和评估创业机会，它要求创业者从宏观和微观两个层面来分析市场和环境的变化。创业者需要关注宏观环境的变化，如政治政策、法律法规、技术进步、人口结构、经济状况等。这些因素的变化可能会为创业活动创造新的条件或带来更大的挑战。在企业层面，创业者需要分析顾客需求、竞争对手策略、供应商能力等微观因素。这些因素的变化可能会揭示市场缺口或新的竞争优势。系统分析的关键在于将这些宏观和微观因素进行综合考虑，以识别潜在的创业机会。这种方法要求创业者具备全局视野，能够从不同角度和层面理解市场动态，从而做出明智的决策。例如，随着全球对可持续发展的重视，创业者注意到可再生能源技术的进步和政府对绿色能源的支持政策。结合对市场需求的分析，创业者发现一个创业机会：开发一种新的太阳能产品，既符合环保趋势，又能满足消费者对清洁能源的需求。通过系统分析，创业者能够把握这一机会，将其转化为一个有前景的商业项目。

3. 问题分析

问题分析侧重于深入挖掘个人或组织的需求和面临的问题，无论是显而易见的还是潜在的。这种方法要求创业者从用户的角度出发，寻找并理解他们的需求，然后探索有效的解决方案。例如，一个创业者注意到城市居民在寻找健康食品时面临困难，市场上的有机食品往往价格昂贵且不易获得。通过问题分析，创业者发现了一个机会：创建一个在线平台，直接连接有机食品生产者和消费者，减少中间环节，降低成本。这个平台不仅解决了用户获取健康食品的问题，还为生产者提供了新的销售渠道，从而创造了双赢的商业模式。通过这种方式，创业者不仅解决了一个实际问题，还为自己的创业项目找到了坚实的基础。

4. 顾客建议

顾客建议是创业机会识别的宝贵来源，因为顾客是产品的最终使用者，他们对产品或服务的直接体验能够提供宝贵的反馈。创业者可以通过直接与顾客交流，收集他们对现有产品或服务的看法。顾客提出改进建议，或者表达对新功能、新服务的需求。这些反馈可以帮助创业者发现潜在的市场机会。顾客提出假设性的问题，如"如果产品有这个功能，会不会更好"……这类问题往往蕴含着创新的火花。创业者可以通过这些"如果"问题来探索新的产品特性或服务模式。例如，一家咖啡店的顾客可能会建议增加无线充电功能，以便在等待咖啡时为手机充电。这家咖啡店采纳了这个建议，并在店内安装了无线充电站。这个小改进不仅提升了顾客的体验，还可以吸引更多寻求便利的顾客，从而增加咖啡店的客流量和收入。

通过积极倾听和响应顾客的建议，创业者不仅能够发现新的创业机会，还能够通过不断的产品优化来增强市场竞争力。这种以顾客为中心的创业方法有助于建立长期的客户关系。

5. 创造需求

创造需求实质是一种创业策略，它涉及通过创新来引领市场，而不是仅满足现有需求。这种方法在新技术和高科技行业中尤为常见，它要求创业者具备前瞻性思维和对市场潜在需求的深刻理解。创业者首先识别出市场上尚未被满足的需求，然后开发新技术或产品来满足这些需求。在某些情况下，创业者首先拥有一项新技术或发明，然后探索如何将这项技术商业化，以创造新的市场需求。这需要创业者具备技术专长，并能够将技术优势转化为市场机会。

创造需求的方法虽然风险较高，但如果成功，其潜在的回报也非常可观。这种方法可以为创业者带来市场先机，甚至可能改变整个行业的发展轨迹。例如，小米公司在推出其智能手机时，市场上并没有对智能手机的强烈需求。当时，智能手机市场主要由高端品牌和功能手机主导，消费者对于智能手机的需求尚未充分觉醒。小米通过提供高性能、高性价比的智能手机以及创新的互联网营销模式，成功地激发了消费者对智能手机的兴趣。小米的策略不仅满足了消费者对于更智能、更具性价比设备的需求，还推动了智能手机在中国市场的普及，促进了移动互联网和相关应用服务的发展。

3.2.2 创业机会识别的过程

机会识别是创业者在外部环境中发现并评估潜在商业机会的过程。这一过程要求创业者具备敏锐的观察力和分析能力，以便从环境中捕捉到变化的信号，并识别出可以转化为商业价值的机会。创业机会识别的过程是一个动态且迭代的探索，我们可以将其分为三个主要阶段：机会搜寻、机会识别和机会评价。

1. 机会搜寻阶段

在创业机会搜寻阶段，创业者积极地在经济系统中寻找可能的商业机会。这一过程的核心在于创业者如何从广泛的信息源中识别出具有潜在价值的机会。创业者通过市场调研、行业报告、消费者反馈、技术趋势分析等方式，收集关于市场、技术、政策等方面的信息。这些信息是创业机会搜寻的基础。在信息收集的基础上，创业者可能会产生一个或多个创意。这些创意可能源于对现有市场缺口的洞察、对新技术应用的想象，或是对政策变化的敏锐把握。创意的产生往往需要创业者结合自己的经验、知识和直觉对收集到的信息进行深入分析，识别出其中蕴含的价值。这包括评估创意的市场需求、潜在的盈利能力，以及与现有资源和能力的匹配程度。在众多创意中，创业者筛选出那些最有可能成功的创业机会。这一过程涉及对创意的可行性、风险和潜在回报的评估。

例如，一位创业者注意到随着智能手机的普及，人们对于移动应用的需求日益增长。通过对市场趋势的分析，他产生了一个创意：开发一款能够帮助用户管理日常任务和提高工作效率的移动应用。在进一步的市场调研和用户访谈后，他发现这一创意具有较高的市场需求和盈利潜力。通过评估自己的技术能力和资源，他决定将这个创意转化为一个具体的创业项目，专注于开发这款应用。

2. 机会识别阶段

创业机会识别阶段是创业者在创业过程中的关键环节，它涉及对潜在商业机会的深入分析和评估。在识别阶段的第一步，创业者需要对整体市场环境和特定行业进行分析，以判断所发现的机会是否具有广泛的商业吸引力和盈利潜力。这包括对市场规模、增长趋势、竞争状况、消费者行为等因素的考量。第二步，创业者需要进一步评估机会对个人或团队的适用性。这涉及对创业者自身资源、技能、经验以及投资者的期望和风险承受能力的考量。创业者需要确定这个机会是否与自己的创业愿景和目标相匹配。在收集和分析信息的基础上，创业者对潜在的创业机会进行评价，包括市场需求、技术可行性、财务预测、风险评估等。通过这一过程，创业者能够识别出那些真正有价值、具有市场潜力且实施起来具有可行性的创业机会，并据此做出是否启动创业项目的决策。

例如，一位创业者注意到随着远程办公的兴起，企业对于高效协作工具的需求日益增长。通过市场分析，他发现现有的协作软件在某些功能上无法满足用户需求。在个性化机会评估阶段，他结合自己的软件开发背景和团队的技术能力，决定开发一款新的协作平台。在进一步的市场调研和财务分析后，他确认了这个机会的可行性，并决定投入资源进行产品开发，最终成功推出一款备受市场欢迎的协作工具。

3. 机会评价阶段

创业机会评价阶段是确保创业者能够对潜在的商业机会进行全面分析，从而做出明智的投资决策。在评价阶段，创业者需要识别和量化每个机会所伴随的风险。这包括市场风险、财务风险、技术风险以及执行风险等。创业者需要对机会的可行性进行深入分析，包括市场需求的验证、资源的可用性、技术实施的可行性以及商业模式的合理性，还要对创业机会的财务前景进行预测，包括收入预测、成本分析、现金流预测等。

例如，一位创业者发现了一个利用人工智能技术提高物流效率的机会。在评价阶段，他首先评估了物流行业的市场规模和增长趋势，然后分析了人工智能技术在物流领域的应用潜力。通过与潜在客户和行业专家的讨论，他验证了市场需求，并评估了所需资源和技术的可行性。接着，他制定了详细的财务计划，包括预期收入、成本和投资回报率。在项目启动后，他继续监控市场反馈和财务表现，根据实际情况调整策略，确保项目的成功。

创业机会评价是一个持续的过程。随着市场环境和内部条件的变化，创业者需要不断更新评价结果，以确保决策的时效性和准确性。总之，创业机会评价阶段要求创业者进行细致的分析和持续的监控，以确保所选择的机会既具有市场潜力，又能够在实际操作中实现预期目标。

3.3 评估创业机会

3.3.1 创业机会评估原则

创业者在机会评估阶段需要对原始创业想法进行全面分析，以确定其转化为市场可接受产品或服务的可行性。这一过程涉及对市场需求的明确化，以及对潜在经济效益的评估。创业者的机会评估是评价原始创业机会转化为市场可接受的产品或服务的可行性，即针对不明确市场需求开发相应产品或服务，与针对创新性产品或服务谋求市场接受的可能性评价。机会评价是创业者选择与修正原始创业想法的决策过程。针对创业机会面临的市场及可能产生的经济效益两个层面,我们可以从以下两个方面进行评估。

1. 市场评估准则

市场评估准则包括六个方面。

(1)市场定位。创业机会的准确市场定位是确保创业项目成功的关键策略之一。它涉及对产品或服务在市场中的位置进行精确定位,以便更好地满足目标消费者的需求,并在竞争激烈的市场中脱颖而出。创业者基于消费者的不同需求、购买行为和购买习惯对市场进行细分。市场细分有助于创业者识别特定的消费者群体,这些群体对产品或服务有相似的需求和偏好。在市场细分的基础上,创业者通过对这些市场的规模、增长潜力、消费者特征等深入分析,选择一个或几个细分市场作为目标市场。创业者从经营管理、技术开发、采购、生产、市场营销、财务等多个方面评估自己的企业在各个方面与竞争对手相比的优势。通过比较分析,创业者可以确定自己的核心竞争力,并据此在目标市场中找到独特的定位。

评估创业机会的市场价值时,创业者应考虑以下几个方面。

①市场定位的明确性。市场定位是否清晰,是否能够准确反映产品或服务的独特卖点。

②顾客需求分析。是否对目标顾客的需求有深入的理解,产品或服务是否能够满足这些需求。

③顾客接触通道。产品或服务是否能够通过有效的渠道接触到目标顾客,包括销售渠道、营销策略等。

④产品衍生能力。产品或服务是否具有持续创新和改进的潜力,以适应市场的变化和满足顾客的新需求。

(2)市场结构。创业机会的市场结构是指创业机会所在行业内部买方和卖方的数量及其规模分布、产品差别程度和新企业进入该行业的难易程度的综合状态。

市场集中度通常通过计算行业内前几名企业的市场份额来衡量。高集中度意味着市场由少数几个大型企业主导,这可能限制新企业的市场进入和成长空间。相反,低集中度表明市场较为分散,新企业有更多机会进入并参与竞争。

产品差异化程度决定了企业能否通过提供独特的产品或服务来区分自己。高度差异化的市场可能为新企业提供更多的创新空间,同质化严重的市场则需要新企业投入更多资源来建立品牌和市场地位。

在集中度高的市场中,市场领导者对产品价格有较大的影响力。新企业需要评估自己是否能够承受价格竞争的压力,或者是否能够通过其他方式(如成本控制、增值服务等)来吸引消费者。

市场进入障碍包括资本要求、技术壁垒、品牌忠诚度、分销渠道控制等。高进入障碍保护现有企业免受新竞争者的威胁,低进入障碍则可能吸引更多的新企业进入市场,增加竞争。

了解了市场结构后,创业者可以更好地预测自己在市场中的潜在地位,以及可能面临的竞争压力。例如,如果一个市场集中度高且存在显著的进入障碍,新企业就需要寻找独特的市场定位或创新的商业模式来打破现有格局。相反,在一个集中度低且进入障碍较少的市场中,新企业更容易找到市场空间并快速成长。

（3）市场规模。市场规模分析涉及对目标产品或服务所在市场整体规模和发展潜力的评估。

市场容量指的是在一定时期内市场对某一产品或服务的需求量。这包括市场的产量、产值、销售额等指标。对市场容量的分析有助于创业者了解市场的潜在规模和增长潜力。

市场生命周期描述了一个市场从出现、成长、成熟到衰退的过程。创业者需要考虑目标市场所处的生命周期阶段。成熟或衰退的市场可能意味着增长空间有限，新兴或成长中的市场则可能提供更大的机会。

竞争程度。市场规模大通常意味着较低的进入障碍和较低的竞争程度，但这并不是绝对的。创业者还需要考虑市场中的竞争者数量、市场集中度以及竞争策略等因素。

时机选择。选择合适的时机进入市场对于创业成功至关重要。在市场成长初期进入，创业者可以抓住市场扩张的红利；在市场成熟或衰退期进入，则需要更多的创新和差异化策略来获得市场份额。

例如，如果创业者考虑进入健康食品市场，那么他们需要分析该市场的规模、消费者需求、市场增长趋势以及竞争状况。如果市场规模大且处于成长阶段，那么这可能是一个有吸引力的创业机会。然而，如果市场已经饱和或开始衰退，创业者可能需要重新考虑他们的策略，或者寻找市场中的细分领域来实现差异化。

总之，市场规模分析为创业者提供了关于市场潜力和竞争环境的重要信息。通过这些信息，创业者可以更好地制定市场进入策略，选择合适的市场定位，并评估创业项目的可行性。在考虑市场规模时，创业者应结合市场生命周期和选择时机，以确保创业活动能够在有利的市场环境中进行。

（4）市场渗透力。市场渗透力描述了产品或服务在市场中的接受程度和市场占有率的增长速度。对于创业者来说，评估市场渗透力对于制定有效的市场策略至关重要。

竞争对手分析。创业者需要详细了解竞争对手的情况，包括他们的市场地位、产品线、价格策略、服务质量、销售渠道和市场占有率等。这有助于创业者了解市场竞争的强度和自身的相对优势。

代用品分析。分析市场上可能的替代产品或服务，了解它们的特点、价格和消费者偏好。这有助于创业者评估自己的产品在市场中的竞争力，以及如何通过差异化策略来吸引消费者。

竞争因素分析。考虑影响市场渗透力的关键竞争因素，如产品的价格、质量、功能、设计、售后服务等。这些因素将直接影响消费者的购买决策和产品的市场接受度。

政策环境分析。政府政策对市场竞争和市场渗透力有重要影响。创业者需要关注反垄断法、关税政策、进出口限制、国内生产许可证制度、物价管制和质量标准等政策，以确保自己的产品或服务符合相关法规要求，并利用政策优势。

例如，如果一个创业者计划推出一款新型智能手表，他需要分析市场上现有的智能手表品牌、产品特性、价格和市场占有率。同时，他还需要考虑其他可能的替代品，如健康追踪器或传统手表。此外，他也需要关注智能手表行业的技术发展、消费者对智能设备的需求变化，以及政府对智能设备行业的相关政策。

通过综合分析这些因素，创业者可以更好地评估自己的产品在市场中的渗透力，并制定相应的市场策略，以实现快速占领市场和持续增长的目标。市场渗透力将直接影响创业项目的长期发展能力和盈利水平。

（5）市场占有率。市场占有率（市场份额）是衡量企业在特定市场中的竞争力的重要指标，它描述了企业产品或服务相对于整个市场销售量的比例。

市场占有率直接反映了企业在市场上的地位。高市场占有率通常意味着企业具有较强的市场控制力和品牌影响力，能够更好地抵御竞争压力。市场占有率也是消费者对企业产品或服务满意度的一个体现。高市场占有率往往意味着企业能够更好地满足消费者需求，提供高质量的商品和服务。在竞争激烈的市场中，企业需要达到一定的市场占有率才能被视为市场领导者。通常，20%以上的市场占有率被认为是市场领导者的标志，低于5%的市场占有率则表明企业在竞争中处于较弱的地位。

对于投资者来说，企业的市场占有率是评估其投资价值的重要因素。在高科技产业等快速发展的领域，新企业通常需要展现出成为市场前几名的潜力，才能吸引投资者的关注。对于小型创业企业来说，由于资源有限，市场占有率往往较低。这些企业需要通过创新、差异化策略或专注于细分市场来提高自己的竞争力，逐步增加市场份额。

例如，一家初创的电动汽车公司在推出其首款产品时，可能面临来自已有品牌的激烈竞争。为了提高市场占有率，这家公司需要专注于技术创新、提供独特的用户体验或开发特定的市场细分领域。随着市场份额的增加，企业将能够更好地与竞争对手抗衡，并在市场中确立自己的地位。

总之，市场占有率是企业竞争力的重要体现，对于创业企业来说，通过策略规划和市场定位，逐步提高市场占有率是实现长期成功的关键。企业还需要关注市场动态，灵活调整策略，以应对不断变化的竞争环境。

（6）产品成本结构。成本结构包括直接材料、直接人工、制造费用、管理费用等。低成本是形成竞争优势的关键因素之一。通过降低成本，创业企业可以提供更具价格竞争力的产品，吸引更多消费者，从而在市场中获得更大的份额。通过技术和工艺的改进以及管理优化，创业企业可以实现规模经济，降低单位成本。这不仅有助于提高利润率，还能增强企业的市场竞争力。专利保护为企业创造了经济性壁垒，限制了竞争对手获取和使用新技术的能力。这使得拥有专利的创业者在市场上具有显著的竞争优势。成本结构分析还可以帮助企业识别创造附加价值的机会。企业通过提高产品的质量、功能或服务水平，可以在不显著增加成本的情况下，提升产品的价值，从而实现更高的利润。

例如，一家生产环保材料的创业公司可能会通过采用先进的生产工艺来降低原材料和能源消耗，从而降低成本。如果该公司拥有一项关于环保材料的专利技术，那么它将在市场上拥有独特的竞争优势，因为其他企业无法复制其产品。这种成本优势和专利保护使得该公司能够在市场上快速成长，吸引投资者，并实现可持续的利润增长。

总之，成本结构分析不仅影响企业的盈利能力，还决定了企业在市场中的竞争力。通过优化成本结构和利用专利技术，创业企业可以在激烈的市场竞争中脱颖而出。

2. 效益评估准则

效益评估准则包括七个方面。

（1）税后净利润率。税后净利润率反映了企业在扣除所有成本和税费后，从销售收入中保留的利润比例。税后净利润率直接体现了企业的获利空间。一个较高的税后净利润率意味着企业在销售过程中能够实现较高的利润，这通常被视为一个积极的信号，表明企业具有较强的盈利能力和市场竞争力。对于投资者来说，税后净利润率是评估投资回报的重要依据。一个具有吸引力的创业机会通常需要实现至少15%的税后净利润率，这表明企业有较强的盈利潜力和良好的财务前景。如果创业预期的税后净利润率低于5%，这表明该投资机会的风险较高，盈利能力较弱。在这种情况下，投资者会寻求更高的回报以补偿潜在的风险，或者选择不投资。税后净利润率也是评估企业财务健康状况的重要指标。一个稳定且较高的税后净利润率通常意味着企业能够有效地控制成本，实现收入增长，这对于企业的长期发展至关重要。企业可以通过分析税后净利润率来制定或调整其战略规划。如果税后净利润率较低，企业需要寻找提高效率、降低成本或增加附加值的方法来提升盈利能力。

例如，一家初创的软件开发公司在初期可能面临较高的研发成本和市场推广费用，导致税后净利润率较低。然而，随着产品成熟和市场接受度的提高，公司可以通过规模经济和品牌效应来降低成本，提高税后净利润率，从而吸引更多的投资者和实现更高的盈利。

总之，税后净利润率是创业者和投资者评估创业机会盈利潜力的重要工具。通过优化运营效率和调整市场策略，创业企业可以提高税后净利润率，增强自身的市场竞争力和投资吸引力。

（2）损益平衡点。损益平衡点是指企业的收入刚好等于总成本（包括固定成本和变动成本）的产（销）量水平。在这个点上，企业既不盈利也不亏损。如果企业的产销量超过损益平衡点，它将开始盈利；如果产销量低于这个点，企业将面临亏损。了解损益平衡点有助于企业设定销售目标和制定成本控制策略。对于创业企业来说，理想的损益平衡时间应该尽可能短。通常，合理的损益平衡时间应在两年内达到，这有助于快速回收投资并开始盈利。如果损益平衡时间超过三年，这可能表明创业项目的风险较高，需要更谨慎评估。对于某些需要长期投入和市场培育的创业机会，如高科技研发或基础设施建设，可能需要更长的时间才能达到损益平衡。在这种情况下，前期的投入可以被视为长期投资，目的是建立市场壁垒，确保后期的持续盈利。企业应根据自身的业务模式和市场条件，合理规划损益平衡点。这涉及产品定价、成本控制、市场扩张策略等。通过有效的战略规划，企业可以在预期的时间内实现损益平衡，确保财务健康。

例如，一家新开的餐厅需要一段时间来吸引顾客和建立品牌。在初期，餐厅需要承担较高的固定成本（如租金、装修、设备购置等），以及变动成本（如食材、人工等）。通过精确计算损益平衡点，餐厅可以制定合理的价格策略，优化运营效率，以期在两年内达到损益平衡，开始盈利。

（3）投资回报率。投资回报率（ROI）反映了投资带来的收益与投资成本之间的比例。投资回报率表示创业者从投资中获得的年利润或年均利润与总投资额的比例。这个比率越高，说明投资的经济效益越好。创业活动通常伴随着较高的风险，因此合理的投资回报率应该能够补偿这些风险。一般来说，投资回报率至少应达到25%，以吸引投资者并确保创业项目的经济可行性。创业者在评估创业项目时，应考虑预期的投资回报率。如果回报率低于15%，这表明项目的风险与潜在收益不成正比，不值得投资。投资回报率的计算应考虑长期视角。对于需要长期投资的项目，创业者应评估项目在整个投资周期内的总回报，而不仅仅是短期收益。

例如，如果一个创业者计划投资开设一家特色咖啡馆，他需要预测咖啡馆的年利润，并将其与总投资额（包括租金、装修、设备购置、原材料等）进行比较。如果预期的投资回报率远高于25%，这表明项目具有较高的吸引力。相反，如果回报率低于15%，创业者需要重新评估项目的可行性或寻找提高收益的方法。

总之，一个合理的投资回报率可以帮助创业者吸引资金，同时确保项目能够带来满意的经济回报。在创业过程中，创业者应不断监控和优化投资回报率，以实现财务目标和获得长期成功。

（4）资本需求。投资者倾向于那些资本需求较低的创业机会，因为这类项目通常具有更高的资本效率和更快的回报周期。

资本需求量较低的创业项目往往能够更有效地利用有限的资金，实现更高的资本效率。这意味着每投入一单位资本，能够产生更多的收益。在资本需求较低的情况下，创业项目的投资回报率（ROI）往往更高。这是因为初始投资较小，一旦项目开始盈利，利润相对于投资额的比例就会显得更大。如果创业项目在初期就募集大量资金，可能会导致股权稀释，从而降低现有股东（包括创始人和早期投资者）的持股比例。这可能会影响他们对公司未来的控制权和收益。通过内部盈余积累来筹集资金是一种更为可持续的融资方式。这种方式可以避免过早地稀释股权，同时保持创业者对公司的控制。在准备上市的过程中，较低的资本需求和较高的每股盈余（EPS）通常会让公司对投资者更具吸引力，从而提高上市时的股票发行价格。

例如，一家以技术创新为核心的初创公司可能会选择通过内部盈余积累和少量外部融资的方式来筹集资金。这样的策略有助于保持公司的财务健康，同时在上市时展示出良好的财务表现，吸引更多的投资者。

总之，资本需求较低的创业项目通常更受投资者欢迎，因为它们能够提供更高的投资回报和面临更低的风险。创业者在筹集资金时应该谨慎考虑，确保资本结构既能支持业务发展，又能保持合理的投资回报率和股权结构。

（5）毛利率。毛利率显示了企业在销售产品或提供服务后扣除直接成本（如原材料、直接人工等）的利润空间。高毛利率表明企业在生产和销售过程中能够实现较高的利润，这通常意味着企业具有较强的成本控制能力和较好的产品定价策略。毛利率较高的创业机会通常风险较低，因为即使在市场波动或成本上升的情况下，企业仍有较大的利润空间来吸收这些变化。高毛利率有助于企业更快地达到损益平衡点，即销售收入覆盖所有成本（包括固定成本和变动成本）的点。这使得企业能够更早地开始盈利。当毛利率较低时，企业对市场变化的敏感性较高。在竞争激烈或成本上升的市场环境中，低毛利率的企业可能更容易遭受损失。

理想情况下，创业项目的毛利率应达到40%或更高。这表明企业具有较强的盈利能力和市场竞争力。如果毛利率低于20%，则表明该创业机会的盈利潜力有限，风险较高。例如，一家生产高端定制服装的创业公司可能会设定较高的毛利率，因为其产品具有较高的附加值和较强的定价能力。相反，一家生产大宗商品的企业可能会面临较低的毛利率，因为这类产品通常竞争激烈，利润空间较小。

创业者在选择创业机会时，应考虑毛利率水平，确保项目具有足够的盈利空间和市场竞争力。创业者还应关注成本控制和产品创新，以维持和提高毛利率，实现企业的长期成功。

（6）资本市场活力。资本市场的活力对新创企业的融资环境和获利回收机会有着显著影响。在资本市场活跃时期，投资者信心较高，资金成本较低，新创企业更容易吸引投资，融资渠道也更为畅通。这有助于企业快速成长和扩张。在市场高点时，投资者会更愿意投资新企业，因为预期的回报较高。然而，在市场低点时，虽然投资新企业的诱因减少，但由于资金成本较低，投资者会获得更高的回报。对于投资者而言，市场低点是一个投资的好时机，因为此时可以以较低的成本进入市场，一旦市场回暖，投资回报会非常可观。在资本市场不活跃的时期，好的创业机会相对较少，因此投资者更加谨慎，对项目的选择标准也更为严格。资本市场的活力可以作为评价创业机会外部环境的一个重要指标。一个活跃的资本市场通常意味着有更多的资源和机会，有利于新创企业的发展。

例如，一家科技初创公司在资本市场繁荣时期可能会更容易获得风险投资，因为投资者对科技行业的前景持乐观态度。然而，在市场低迷时期，这家公司可能需要更加努力地展示其商业模式的稳健性和盈利潜力，以吸引有限的投资。

创业者和投资者都应密切关注市场动态，把握投资和融资的最佳时机。在市场低点时，虽然挑战增多，但也可能存在被低估的投资机会，为有远见的投资者带来超额回报。

（7）退出机制与策略。退出机制是创业投资的关键组成部分，它影响着投资者如何以及何时能够从投资中回收资金并获得回报。投资者进行投资的主要目的是在适当的时机回收投资并获得利润。一个有效的退出机制确保了投资者能够实现这一目标，从而增加创业机会的吸引力。

退出策略包括首次公开募股（IPO）、并购、股权转让、回购等多种方式。这些策略为投资者提供了不同的退出路径，使他们能够根据自己的需求和市场条件选择适合的方式。

企业价值的确定通常依赖于具有客观鉴价能力的交易市场。一个成熟的交易市场可以为企业提供公正的价值评估，为投资者提供透明的退出环境。一个具有吸引力的创业机会应该为投资者提供灵活的退出机制，以便在市场条件变化时能够迅速调整策略。这种弹性有助于降低投资风险，提高投资者的信心。明确的退出机制为投资者提供了保护，确保他们在做出投资决策时能够预见到潜在的回报和风险。

例如，一家初创公司在成立初期可能会吸引风险投资，这些投资者通常会寻求在公司成熟后通过 IPO 或被其他公司收购的方式退出。如果公司能够提供清晰的退出路径和合理的估值，这将增加其对投资者的吸引力。

总之，退出机制是评估创业机会的重要指标之一。一个完善的退出策略不仅有助于投资者实现资金回收，还能为创业企业提供必要的资金支持，推动其成长和发展。创业者在规划创业项目时，应考虑建立一个公平、透明且具有弹性的退出机制，以增强项目的吸引力和成功率。

3.3.2 创业机会评价工具

1. 标准打分矩阵

约翰·巴奇（John Burch）的标准打分矩阵是一种评估创业机会的方法，它通过量化的方式帮助创业者和投资者对不同的创业项目进行比较，从而做出更科学的选择，如表 3-1

所示。

表 3-1　标准打分矩阵

标　　准	专　家　评　分			
	最好（3分）	好（2分）	一般（1分）	加权平均
易损伤性				
质量和易维护性				
市场接受度				
增加资本的能力				
投资回报				
市场大小				
制造的简单性				
专利权状况				
广告潜力				
成长潜力				

资料来源：杨秋玲，王鹏. 大学生创新创业教育[M]. 2 版. 北京：清华大学出版社，2021：114.

首先，选择评估因素。需要确定一系列对创业成功有重要影响的因素。这些因素包括市场需求、竞争环境、团队能力、技术优势、财务状况、市场定位等。

其次，专家小组打分。由专家小组对每个因素进行打分，通常分为三个等级：最好（3分）、好（2分）、一般（1分）。这种打分基于专家对市场和行业的深入理解，以及对创业项目的评估。

再次，计算加权平均分。对于每个创业机会，计算所有因素的加权平均分。这可以通过将每个因素的得分乘以其在整体评估中的权重，然后求和得到。

最后，比较创业机会。使用加权平均分对不同的创业机会进行比较。得分较高的项目，通常被认为具有更高的成功潜力和投资价值。

在实际应用中，人们可以根据项目的具体情况增加或减少评估因素。这使得标准打分矩阵具有灵活性，能够满足不同行业和市场环境的需求。标准打分矩阵是一种实用的工具，它通过系统化的方法帮助创业者和投资者评估创业机会。通过这种方法，人们可以确保决策过程更加科学和客观，提高创业成功的可能性。

例如，如果一个创业者正在考虑两个不同的创业项目，他可以使用标准打分矩阵来评估每个项目。通过为每个项目打分，并计算加权平均分，创业者可以更客观地比较两个项目的优劣，从而做出更明智的投资决策。

2. 蒂蒙斯机会评价模型

蒂蒙斯在 1999 年提出的机会评价框架，是一个得到人们广泛认可的创业机会评估工具，它为创业者和投资者提供了一个系统性的评估方法。蒂蒙斯的框架涵盖了创业机会的多个关键维度，包括行业与市场、经济因素、收获条件、竞争优势、管理团队、潜在风险、创业者的个人标准，以及理想与现实的战略性差异，并通过 53 项具体指标，为创业者提供了量化评估创业机会的方法（见表 3-2）。这些指标可以帮助创业者对每个维度进行权衡打分,从而更客观地评估机会的吸引力。

表 3-2　蒂蒙斯创业机会评价框架

行业与市场	1. 市场容易识别,可以带来持续收入
	2. 顾客可以接受产品或服务,愿意为此付费
	3. 产品的附加价值高
	4. 产品对市场的影响力强
	5. 将要开发的产品生命长久
	6. 项目所在的行业是新兴行业,竞争不完善
	7. 市场规模大,销售潜力在 1000 万美元到 10 亿美元
	8. 市场成长率在 30%~50%,甚至更高
	9. 现有厂商的生产能力几乎完全饱和
	10. 在 5 年内能占据市场的领导地位,达到 20%以上
	11. 拥有低成本的供货商,具有成本优势
经济因素	12. 达到盈亏平衡点所需要的时间在 1.5 年以下
	13. 盈亏平衡点不会逐渐提高
	14. 投资回报率在 25%以上
	15. 项目对资金的要求不是很大,能够获得融资
	16. 销售额的年增长率高于 15%
	17. 有良好的现金流量,能占到销售额的 20%以上
	18. 能获得持久的毛利,毛利率要达到 40%以上
	19. 能获得持久的税后利润,税后利润率要超过 10%
	20. 资产集中程度低
	21. 运营资金不多,需求量是逐渐增加的
	22. 研究开发工作对资金的要求不高
收获条件	23. 项目带来的附加价值具有较高的战略意义
	24. 存在现有的或可预料的退出方式
	25. 资本市场环境有利,可以实现资本的流动
竞争优势	26. 固定成本和可变成本低
	27. 对成本、价格和销售的控制度较高
	28. 已经获得或可以获得对专利所有权的保护
	29. 竞争对手尚未觉醒,竞争较弱
	30. 拥有专利或具有某种独占性
	31. 拥有发展良好的网络关系,容易签署合同
	32. 拥有杰出的关键人员和管理团队
管理团队	33. 创业者团队是一个优秀管理者的组合
	34. 行业和技术经验达到了本行业内的最高水平
	35. 管理团队的正直廉洁程度能达到最高水准
	36. 管理团队知道自己缺乏哪方面的知识
潜在风险	37. 不存在任何致命缺陷

续表

创业者的个人标准	38. 个人目标与创业活动相符
	39. 创业者可以做到在有限的风险下实现成功
	40. 创业者能接受薪水减少等损失
	41. 创业者认同创业这种生活方式，而不只是为了赚大钱
	42. 创业者可以承受适当的风险
	43. 创业者在压力下状态依然良好
理想与现实的战略性差异	44. 理想与现实情况相吻合
	45. 管理团队已经是最好的
	46. 在客户服务管理方面有很好的服务理念
	47. 所创办的事业顺应时代潮流
	48. 所采取的技术具有突破性，不存在许多替代品或竞争对手
	49. 具备灵活的适应能力，能快速地进行取舍
	50. 始终在寻找新的机会
	51. 定价与市场领先者几乎持平
	52. 能够获得销售渠道，或已经拥有现成的网络
	53. 能够允许失败

资料来源：蒂蒙斯. 战略与商业机会[M]. 周伟民，等译. 北京：华夏出版社，2002.
刘志阳，林嵩，路江涌. 创新创业基础[M]. 北京：机械工业出版社，2021：88-90.

该框架强调从机构投资者或旁观者的角度出发，结合创业机会本身的特点和创业者（或企业家）的特质，进行综合评估。通过使用这个框架，创业者可以对创业机会的各个方面进行深入分析，全面理解创业机会的潜力和风险，从而做出更加明智的决策。该框架鼓励创业者在创业过程中不断回顾和更新评估，以适应市场和环境的变化。这种持续的评估过程有助于创业者及时调整策略，提高创业成功的概率。

例如，一个创业者在考虑启动一个新的在线教育平台时，可以使用蒂蒙斯的框架来评估这个机会。他可以分析市场需求、竞争状况、团队专业背景、财务预测、潜在的盈利模式等，然后根据这些指标进行打分。通过这种方式，创业者可以更清晰地了解这个创业机会的整体吸引力，并据此制订相应的商业计划。

蒂蒙斯的机会评价框架为创业者提供了一个全面的评估工具，帮助他们在创业初期就能够对机会进行全面的分析和判断。通过这种方法，创业者可以更好地把握商机，规避风险，提高创业项目的成功率。

 3-1

好看的皮囊、有趣的灵魂：马克图布的大学生创业机会识别与开发之路

"在既有组织单位成为一个螺丝钉，还是自己创业？"这是所有临近毕业的大学生的抉择难题。2012年，市场营销专业的庄淡发即将毕业，在外企的实习经历足以让他找到一份不错的工作。但从小在深圳长大的他，经常听到袁庚、任正非、马化腾等白手起家的创业故事。作为不愿意墨守成规的"90后"，他对"创造一番自己的事业"十分向往。在大学期间，庄淡发机缘巧合下结识了三位与他同为"深二代"又志同道合，分属设计、传播学等不同专业的同学。一个晚上，在大学附近的一家烧烤店中，四人相谈甚欢，发现互相

都不约而同地读过同一本书——《牧羊少年奇幻之旅》。大家一拍即合，当场就决定组团创业，希望寻找自身的"马克图布"。他们相信创业就是要做有创意的、好玩的事，他们命中注定要把好玩的事一直做下去。

然而，好玩的事情是什么呢？满腔热情的他们并不知道。大学生创业总是带着点浪漫主义和理想主义。

虽然大学生创业并不罕见，但受限于资源不足，众多创业项目却是大同小异、乏善可陈。其中常见的是咖啡店、书店、小吃店、旅游社群或是各类家教辅导等。然而，马克图布团队并没有选择以上创业项目。四人中的陈甲洲来自工业设计专业。当他想要送朋友一份独特的礼品时，发现市面上根本找不到合心意的礼物。虽然大学附近有不少卖礼品的格子铺，但这些礼物千篇一律且缺乏创意。于是，陈甲洲亲手制作了一份生日礼物，发现礼物的制作本身并不困难，难点主要在创意想法和设计上。市场嗅觉灵敏的庄淡发也观察到市面上充斥着"放又不好放，用又不好用，扔又不好扔"的"三不礼物"，周边很多大学生有对创意礼品的需求。几番讨论下，马克图布团队决定从创意礼品着手，做一些能够代表当下年轻人生活方式的"走心"礼品。

为了设计出具有心意的创意礼品，马克图布团队急需获取启动资金和办公场所。大学生创业团队只能从身边能用的资源着手。因此，他们首先报名参加该大学的创业大赛。过五关斩六将后，他们最终斩获一等奖，获得10万元的创业启动资金，还获得了入驻创业园30平方米隔间的资格。

2010年，苹果公司发布了新款产品iPhone 4手机。在中国上市后，可谓一机难求。该款手机在中国的当年销量就达到0.507亿台。与此同时，iPhone 4手机热销的影响扩散到手机配件市场，手机配件市场快速升温。手机配件市场的准入门槛很低，正适合一穷二白的马克图布。乘着手机潮的东风，马克图布设计出印有原创设计图样和文字的手机壳产品，并打算向市场供应1000套。最终，1000套创意手机壳如期上市。然而，对于没有知名度、没有流量的马克图布来说，这1000套自以为不错的手机壳卖了整整一年。

随后，他们在手机壳的基础上，大胆地设计出第二款产品——以创意移动电源为主的"一封情书"礼盒，并在设计上赋予了很多情怀与创意。"一封情书"礼盒在2013年七夕情人节这天闪亮登场，并在三个月内全部售罄。在这一次的"试水"中，马克图布总结出"产品礼物化，礼物实用化"的经营理念，确立了早期产品的设计方向："实用到融入你的生活，好玩到你忘不了我。"

当年，冠绝全国的综艺节目当属江苏卫视制作的恋爱交友节目《非诚勿扰》。2012年，该节目每周播出两次，观众达1.3亿。"一封情书"上市后，庄淡发的搭档陈甲洲就报名参加《非诚勿扰》节目。摄制组来深圳录制嘉宾个人VCR时，无意中拍到桌上的"一封情书"礼盒，给这款产品和马克图布带来了一定的曝光度。通过这次节目，马克图布尝到了流量的甜头，隐约地意识到这种"流量杠杆"的重要性。

当时，网络社交平台新浪微博异军突起。截至2012年12月底，新浪微博注册用户超5亿，日活跃用户数达到4620万。在缺乏流量的马克图布团队眼里，这是极佳的"流量杠杆"。马克图布做了一个大胆的尝试——利用"新奇特"的产品特性在微博平台上吸引大量关注，然后再通过运营将流量变现。

于是，马克图布的设计师紧紧扣住"新奇特"的概念，以"一封情书"中的手机镜头为基础，设计了第三款产品——CLX外置手机特效镜头。这个镜头集合了广角、微距和鱼眼三种特效,且无须额外安装 App 就能使用,方便快捷,好玩又好用。更重要的是,马克图布可以积极发布和转发使用这一特效镜头拍摄出来的图片,不仅能让网友们直观看到产品的使用效果,还获得了较多的流量关注。经此一役,不少人知道了这样一家有颜值又有趣的公司,也证实了"产品礼物化,礼物实用化"这一理念的可操作性,让马克图布明确了围绕"3C 产品"做设计的方向。

经过两年拼搏,靠着对产品的不断创新与试错,马克图布实现了一年近 100 万元的销售额,积累了近 10 万个粉丝。团队成员也从 4 个人变成 10 多个人,其中有半数是设计师。可以说,马克图布团队已经走出了"每个月 500 元"的窘态,解决了团队的生存问题。

资料来源:潘燕萍,苏琪然,巫洁雯,等. 好看的皮囊、有趣的灵魂:马克图布的大学生创业机会识别与开发之路[A]. 中国管理案例共享中心案例库,2023.

3.4 数字时代的创业机遇与挑战

数字技术的快速发展为创业环境带来了革命性的变化,它不仅改变了交易和交流的方式,还催生了新的经济业态和商业模式。数字技术降低了人们创业的门槛,使得创业者能够以较低的成本进入市场。例如,通过社交媒体、内容创作平台等,创业者可以快速建立品牌和吸引客户,而无须投入大量资金。数字平台如电子商务网站和移动应用,为创业者提供了与消费者直接互动的渠道。这种互动有助于创业者更好地理解市场需求,提供个性化的产品和服务。数字技术推动了共享经济的兴起,如共享单车、短租住宿等。这些模式允许资源的高效利用,为创业者提供了新的收入来源和创业机会。多边平台模式如 Uber 和 Airbnb,通过连接不同用户群体,创造了网络效应,即平台用户数量的增加会提升平台对所有用户的价值。

数字技术成为推动创新创业的关键因素,它不仅提供了新的商业机会,还改变了传统的创业模式,使得创业活动更加灵活和高效。大学生通常具备较强的数字技术理解和应用能力,这使得他们在数字创业领域具有天然优势。同时,数字技术的应用降低了创业成本,使得大学生更容易在细分市场实现价值,从而激发了他们的创业意愿[①]。随着数字技术在创业中的应用日益广泛,创业教育和培训也需要与时俱进,以培养学生的数字素养,帮助他们掌握必要的技能,以适应数字时代的创业环境。

3.4.1 数字时代的创业机遇

党的二十大报告强调了创新在国家发展中的核心地位。数字时代的创业机遇鼓励创业者利用新技术,如人工智能、大数据、云计算等,推动产业升级和经济结构优化。报告提出要推动高质量发展,数字创业是实现这一目标的重要途径。在构建新发展格局、建设现代化经济体系、推动高质量发展的进程中,数字技术也为创业者提供了更广阔的创业空间。

1. 积极制定加速数字技术、产品和服务创新等的激励战略

美国、德国、英国和欧盟等国家和地区通过发布相关战略和计划,将技术创新和数字

---

① 程慧. 数字技术背景下大学生创新创业意向影响因素分析——基于计划行为理论和技术接受模型[J]. 科技管理研究,2023,43(18):195-202.

技术的发展提升为国家战略,这表明全球范围内对数字经济和创新驱动发展的重视。美国发布《联邦云计算战略》,旨在推动政府机构采用云计算技术,提高效率和安全性。《大数据研究和发展计划》专注于大数据技术的研究,以支持决策制定和创新。《支持数据驱动型创新的技术与政策》强调了数据驱动创新的重要性,并介绍了相关技术和政策。在"工业 4.0"战略中,德国通过投资信息与通信技术、信息安全、微电子和数字服务等领域,推动制造业的数字化转型。生命科学和医疗健康领域的大数据创新应用,如个性化医疗和精准医疗,也是德国战略的重点。英国政府通过政策支持和资金投入,鼓励本土数字科技企业的成长,同时吸引全球科技创新企业,以促进经济发展和创新。在《欧洲 2020 战略》中,欧盟提出了数字创业的政策愿景,旨在通过数字技术的发展和应用,为欧洲创造新的商业机会和就业岗位。欧盟还通过"地平线 2020"等研究与创新计划,支持数字技术在各领域的应用研究。在习近平总书记关于网络强国重要思想的指引下,我国数字经济顶层战略规划体系渐趋完备。《中华人民共和国国民经济和社会发展第十四个五年规划和 2035 年远景目标纲要》《"十四五"数字经济发展规划》和《数字中国建设整体布局规划》相继出台,构成我国发展数字经济的顶层设计体系。

这些战略举措体现了各国和地区对于数字技术在推动经济增长、提高竞争力和促进社会进步中作用的认识。通过这些政策,政府创造了有利于数字创新和创业的环境,鼓励企业和个人利用数字技术来开发新的产品与服务,从而在全球经济中占据领先地位。这些战略不仅有助于促进技术创新,还有助于解决社会问题,提高公共服务效率,以及推动可持续发展。

2. 数字经济已经成为全球经济增长的重要驱动力

《全球数字经济白皮书(2023 年)》对全球数字经济发展的深入分析,揭示了数字经济在全球经济中日益增长的重要性。报告指出,美国、中国、德国、日本、韩国五个主要国家的数字经济总量在 2022 年达到 31 万亿美元,占 GDP 的比重为 58%,这一比重较 2016 年提升了 11 个百分点。数字经济的年均增长率为 7.6%,远超 GDP 增速。

产业数字化的推动作用。产业数字化是推动这五个国家数字经济发展的主要力量,占数字经济的比重达到 86.4%。这一比重的提升反映了数字化转型在各个产业中的深入应用。

中美数字经济的快速增长。2016—2022 年,美国和中国的数字经济规模分别增加了 6.5 万亿和 4.1 万亿美元。中国数字经济的年均复合增长率为 14.2%,是这五个国家数字经济总体年均复合增速的 1.6 倍。

产业数字化的深度应用。全球产业数字化转型正进入规模化扩张和深度应用阶段。数字化应用领域正从生产研发向供应链协同、绿色低碳等方向延伸,推动产业向高端化、智能化、绿色化和融合化发展。

数据要素的重要性。数据被视为关键的基础设施,各国正在加快数据空间的建设,以促进数据流通。欧盟、美国、日本和中国都在积极推进数据空间的建设,以支持产业生态的发展。

这些数据和趋势表明,数字经济已经成为全球经济增长的重要驱动力。各国政府和企业正通过政策支持、技术创新和基础设施建设,加速数字化转型,以提升产业链的韧性和安全水平。

3. 数字经济持续发挥经济"稳定器"和"加速器"的作用

《中国数字经济发展白皮书(2023)》报告揭示了中国数字经济的快速增长和对整体经济的重要贡献。中国数字经济增加值从 2005 年的 2.6161 万亿元增长到 2022 年的 50.2 万亿元,年均增长 10.3%,这一增速连续 11 年超过同期 GDP 的名义增速。数字经济占 GDP 的比重达到 41.5%,这一比重已经接近第二产业在国民经济中的比重,显示了数字经济在中国经济发展中的核心地位。数字经济对 GDP 增长的贡献度持续提升。2022 年,数字经济增速高于 GDP 增速 4.98 个百分点,显示了其在稳定和加速经济增长中的重要作用。在疫情防控取得重大胜利和经济发展环境改善的背景下,中国数字经济保持高位运行,为经济复苏提供了强劲动力。自 2012 年以来,数字经济的持续高速增长,使其成为中国经济的稳定器和加速器,有助于抵御外部冲击,推动经济结构优化和高质量发展。

这些数据和趋势表明,中国数字经济已经成为推动国家经济增长的关键力量。随着数字技术的不断进步和应用,以及政策的持续支持,预计中国数字经济将继续保持快速增长,为全球数字经济的发展贡献更多中国智慧和中国方案。这也为创业者和企业提供了广阔的市场空间和发展机遇。

4. 数字时代创业资源的可获得性和可替代性更高

数字技术的开放性和平台化降低了创业的门槛,使得创业者能够更容易地获取所需的资源,如云计算、大数据分析等。这些资源的可替代性也提高了,创业者可以根据自己的需求灵活选择合适的服务和技术。数字技术的开放性减少了创业者面临的风险,使他们更有信心去尝试和开发新的商业机会。平台型企业通过共享数字技术,进一步降低了市场进入和扩张的成本。云计算等技术服务支持中小企业更有效地创业,帮助它们进入全球市场并加强合作创新。这为中小企业提供了与大型企业竞争的机会,促进了市场的多元化。数字技术的关联性使得创业者能够以较低的成本与多样化的主体建立联系。这有助于创业网络的建立和深化,降低了资源获取的门槛。

在数字时代,创新过程变得更加融合和动态。数字技术与产业的结合催生了新的创业机会,如大数据、人工智能等领域的创业企业,它们通过提供数据服务和专业解决方案,成为数字经济时代的重要商业模式。随着产业数字化的推进,传统产业的各个环节都存在改进的空间,这为创业者提供了广阔的机会。数字创新不仅改变了产品开发和服务提供的方式,还推动了商业模式的创新。

3.4.2　数字时代的创业挑战

数字时代的创业面临着由数字技术基础设施带来的不确定性挑战。数字技术的可再编程性意味着平台可以轻易地修改其基础设施,这会对依赖这些平台的创业企业产生重大影响。例如,电商平台更改数据共享协议,可能会剥夺创业企业获取关键用户数据的能力,从而影响其业务模式和决策过程。数字技术的可再编程性促进了突破式创新,这虽然为创业企业提供了新的机会,但同时也增加了创业过程中的不确定性。这种不确定性导致企业难以预测市场变化,从而影响其长期生存和发展。数字技术的可供性使得平台所有者能够获取大量信息,创业企业则可能面临信息获取的局限性。这种信息不对称将导致平台所有者在竞争中占据优势,甚至可能通过收购等方式吞并创业企业,从而威胁到创业企业的生存。在数字生态系统中,创业企业往往依赖于平台提供的资源和服务。一旦平台政策发生变化，这些企业的生态位将会受到破坏，影响其市场地位和盈利能力。

数字技术的开放性和可编程性为创业企业带来了一系列挑战，这些挑战既包括资源获取和配置效率的问题，也涉及法律和道德层面。数字技术的开放性导致负面信息的快速传播，这将影响创业企业的声誉和投资者信心，从而阻碍资源的获取。同时，这种开放性也使得创业企业难以通过传统方式建立和维护竞争优势。由于数字内容的低成本复制和传播，创业企业难以有效地整合和利用内容创造者的资源。这导致企业难以形成差异化的产品和服务，影响其长期发展。数字技术的应用涉及个人隐私的收集和数据交易，这不仅触及道德底线，还将引发法律问题。

数字时代的创业环境呈现出跨界竞争和创新驱动的特点，这要求企业不断适应变化，寻求新的增长点。科技的快速发展和环境的复杂多变使得行业边界变得模糊，企业之间的竞争不再局限于单一领域。跨界合作成为常态，企业通过整合不同领域的资源和能力，为消费者提供更加丰富和便捷的服务。在数字时代，创新是企业生存和发展的关键。企业需要不断进行技术创新、管理创新和商业模式创新，以适应市场的变化和消费者的需求。在数字时代，低端创业面临着巨大的挑战。没有创新驱动，企业很难在竞争激烈的市场中脱颖而出，建立持久的竞争优势。

本章知识要点及关键词

知识要点

1. 创业机会是创业活动的核心，它为创业者提供了实现商业目标和创造价值的可能。
2. 创业机会具有客观性、偶然性、时效性、行业吸引力、不确定性的特征。
3. 新眼光调查鼓励创业者跳出传统思维框架，尝试从不同的角度看待问题。
4. 机会识别是创业者在与外部环境互动中发现并评估潜在商业机会的过程。
5. 创业机会识别的过程是一个动态且迭代的探索，我们可以将其分为三个主要阶段：机会搜寻、机会识别和机会评价。
6. 创业者的机会评估是评价原始创业机会转化为市场可接受的产品或服务的可行性。
7. 标准打分矩阵是一种评估创业机会的方法，它通过量化的方式帮助创业者和投资者对不同的创业项目进行比较，从而做出更科学的选择。
8. 数字技术与产业的结合催生了新的创业机会，通过提供数据服务和专业解决方案，成为数字经济时代的重要商业模式。

关键词

创业机会　创业机会识别　创业机会评估　数字创业机遇

思考题

1. 大多数研究创业的学者会关注创业者对创业机会的认知，这是为什么？
2. 简述创业机会的内涵与特征。
3. 如何进行创业机会识别？创业机会识别的方法有哪些？
4. 创业机会识别是一个过程吗？为什么？
5. 如何对创业机会进行评估和筛选？

6. 评估创业机会时，应当考虑哪几个方面的可能性？
7. 数字时代为人们带来了哪些新的创业机遇与挑战？

案例分析：丫米厨房的浮沉

2012 年初，波士顿大学硕士毕业不久的丁其骏入职喜马拉雅。2014 年底，任职产品经理的丁其骏带领喜马拉雅实现了用户数量1亿的突破，成为互联网圈的产品专家。在一次创业者训练营活动中，丁其骏在投资人的鼓励下决定开始创业。

受国家创业政策红利以及"共享经济"模式的影响，他最终决定进入共享家厨领域，开始撰写该项目的商业计划书，在资本市场上获得了400万元的投资，并在陆家嘴附近注册成立了上海庭味信息科技有限公司，从而开启了创业之路。在用户调研阶段，丁其骏等人在陆家嘴附近的地铁站、商场内、公司大厦门口和餐馆周围发放事先设计好的问卷，利用白领早晨上班和中午用餐的时间收集问卷。通过问卷分析，他们发现，80%以上的人表示更愿意吃家厨做的饭菜。为进一步测试共享家厨模式的可行性，丁其骏找了一位家厨吴叔在微信平台上试运营，并制作了宣传短片和传单，客户复购率高达60%左右。于是，丁其骏等人决定立即开发一款名为"丫米厨房"的共享家厨 App。2015 年 6 月 23 日，丫米厨房 App 正式上线，并获得了戈壁投资2000多万元的 A 轮融资。丁其骏等人不断升级软件功能并招募家厨，同时加大平台补贴力度。

上海历来是餐饮人的必争之地，其中规模比较大的两家共享家厨平台分别是"回家吃饭"和"觅食"。融资规模只有"回家吃饭"1/10 的丫米厨房在激烈的竞争中，从原本的行业老大变成了第二，"回家吃饭"迅速凭借资本的加持占据上海50%的市场份额。为了避免竞争对手进一步吞噬市场，丁其骏决定走出上海，加快丫米厨房的扩张速度。一方面，丁其骏创办的丫米厨房因为资质问题而被上海市食品药品监督管理局约谈；另一方面，投资人对共享家厨模式的政策风险存有担忧，丫米厨房因没人愿意投资而融资受限。初具规模的丫米厨房因平台客服态度、送餐时间、餐饮卫生等问题面临客户流失的困境。2016 年6月初，国家食品药品监督管理总局表示，不支持"家厨"类网络订餐平台，一夜之间，上海的共享家厨赛道彻底消失，丫米厨房也随之关闭。

资料来源：于晓宇，曹港，张威，等. 丫米厨房：如何科学验证创业机会？[A]. 中国管理案例共享中心案例库，2021.

于晓宇，王斌. 创业管理：数字时代的商机（数字教材版）[M]. 北京：中国人民大学出版社，2022：56-57.

思考题：

1. 根据案例资料，你认为创业机会是被"发现"的，还是被"创造"的？
2. 评价丁其骏选择开发该创业机会的合理性。
3. 从创业机会视角出发，分析丫米厨房失败的原因。
4. 如何正确认识数字时代创业环境的复杂性？如何提升大学生的创业机会识别能力？

创业者创业机会识别分析

1. 完成以下画布填写。(把自己的项目填写到画布里。)

2. 分别描述"价值主张"模块与"客户细分"模块的因果关系,并给予佐证。(分析因果逻辑,"因"与"果"要有佐证。)

3. "产品和服务"是如何缓释"痛点"的,且有没有替代的"产品和服务"。(供需平衡关系要给予描述。)

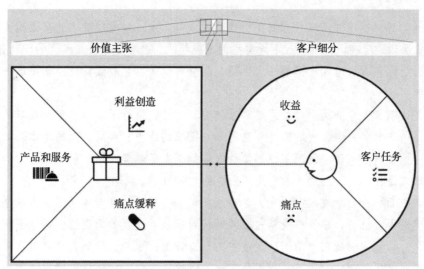

创业者创业机会识别分析

备注:解释图中的术语。例如,什么是痛点?(一定要有因果关系。)痛点有哪些?你的创新是如何缓解痛点,并且获得收益的?你一定要明白你的客户是谁,客户在什么样的场景中产生了痛点,他的收益是什么。缓解痛点过程中,你不能破坏收益属性。机会就是平衡这个图,即供需关系的焦点是核心逻辑。但凡能够形成焦点的地方,才叫作创业机会。

第 4 章

商业模式及数据驱动商业模式

【学习目标】

知识目标：能够清晰界定商业模式的内涵与本质；能够准确表述商业模式的核心构成要素；能够识别和分析不同类型的商业模式；能够复述商业模式的设计流程；能够引申创业商业模式选择的注意事项；能够辨别数字化商业模式与传统商业模式的区别。

能力目标：学会运用创新思维和系统分析方法，设计适合自己创业项目的商业模式；培养对客户需求的敏感性和满足客户需求的能力，形成"以民为本"的服务意识；提升对市场动态的洞察力，能够准确把握市场趋势；培养创新能力，能够在商业模式设计中融入创新元素，提高企业的竞争力。

素质目标：培育发展的眼光，学会从长远和全局的角度看待问题，为未来的挑战和机遇做好准备；理解商业模式在新时代对高质量发展的重要性，树立创新强国的理念，认识到创新在推动国家发展中的核心作用；深刻认识到在数字时代布局并推动商业模式创新的重要性，利用数字技术促进商业模式的创新性运用，为国家经济高质量发展贡献力量。

鑫鑫家居："厂二代"引领商业模式数字化转型

1994年12月26日，鑫鑫家居在永康市工商局获得营业执照。在父辈们趁着时代的春风创办企业的同年，鑫鑫家居创始人之子王总出生。王总的诞生为父辈的创业历程增添了奋斗动力。时光飞逝，制造行业日新月异的发展使得鑫鑫家居蒸蒸日上，成为一家集设计、研发、制造、贸易出口于一体的制造公司。与此同时，王总经过大学学习与社会历练逐渐成熟。2019年，王总回到父母身边，一心帮父母好好经营公司。

事不经历不知难，王总逐步熟悉公司业务时发现鑫鑫家居急需商业模式转型。随着居民生活水平提高、消费者需求转变，社会对鑫鑫家居商业模式的内容提出新要求。王总认为，当前的消费者愈发希望家居品厂家提供个性化商品，发掘消费者潜在个性化需求，主动打造引领市场潮流的产品。并且，王总发现之前以线下营销为主的商业模式结构存在不足，公司需开拓新的营销渠道，广泛连接消费者。另外，企业沟通效率低是鑫鑫家居商业模式中的治理短板，公司部门间及公司与外部企业间的沟通效率提升是提高商业模式治理效率的关键。仔细分析鑫鑫家居自身问题和外部环境后，王总毅然决定进行商业模式数字化转型。

2020年，鑫鑫家居开始通过电商平台改进产品定位，选择"小而美"的路径，瞄准国内外市场，直达消费者个性化需求。它将主要业务聚焦于"线上平台＋小而美爆品"，并与极速育品相结合进行产品打造。利用网络社交传播性，鑫鑫家居将产品与茶文化或咖啡文化结合以打造产品良好的文化属性，提高曝光率。在产品制造过程中，王总有意通过数字化手段对产品进行工艺改进。例如，引入精细化、智能化机器人生产玻璃制品，手法堪比经验丰富的老员工，以提高生产效率，改进产品质量。

鑫鑫家居依托电商平台赋能，对营销和运营方式也进行了数字化改造。2020年初，疫情导致线下渠道中断，王总更意识到线上渠道的重要性，尝试构建国内国际双循环线上营销体系。国际线上业务方面，王总带领团队接触阿里巴巴国际站，加大线上业务投入，与阿里巴巴国际站合作拿下了SKA（高级重点商家）。2020年末，鑫鑫家居国际站人员搭配已较齐全，工厂生产和平台销售的配合程度得到显著提高。运营方面，鑫鑫家居于2020年下半年设立专门运营团队负责平台运营流程，在使用平台之后客户流量翻倍，每年同期、每月同期较之前取得了20%～30%的增长。

对于内外部沟通效率低的问题，鑫鑫家居在2020年采用数字化工具提升沟通效率。王总力推ERP系统、小满CRM系统等工具进行数字化升级。老版ERP系统应用深度不够，只存在于销售部和工厂两个端口。通过系统升级改进，与旧版相比，新版ERP涵盖各个部门，在对流程线上化的过程中进行数据贯通，保证数据采集点精确到每个岗位、每台机器以及每个负责人。

从陌生到破局，在王总的带领下，鑫鑫家居于2022年构建起以数字化产品设计运营为基础的商业模式内容、多种数字化渠道支持的商业模式结构，以及以ERP数字化系统支撑的商业模式治理方式，达成商业模式数字化转型，实现业态转变、产品服务创新和生产运营优化。在公司选择入驻1688平台、深耕"小而美"发展模式后，客户流量翻倍。当前鑫鑫家居在天猫旗舰店成为"天猫必逛好店"，被收录于"干饭人的仪式感好店合集"，成功获得更多消费者的关注。

资料来源：刘和福，张晨儒，田宇鑫，等. 鑫鑫家居："厂二代"引领商业模式数字化转型[A]. 中国管理案例共享中心案例库，2024.

4.1 商业模式与商业模式设计工具

4.1.1 商业模式的内涵

商业模式（business model）是描述一个组织如何创造、传递和捕获价值的框架。它涵盖了企业的核心战略、运营方式、收入来源以及与客户、供应商、合作伙伴和其他利益相关者的关系。商业模式是企业实现其商业目标和盈利的基础，它指导企业如何运作以及在市场中找准定位。商业模式是彼此之间有着紧密内在联系并且相互依存、相互作用的完整体系。一套良好的商业模式不仅可以有效提高企业交易效率，降低交易成本，同时也有利于帮助企业明确边界，从而为其谋取利润提供支持。

就创业企业而言，商业模式涉及三个基本问题：如何为顾客创造价值？如何为企业创造价值？如何将价值在企业和顾客之间进行传递？

（1）如何为顾客创造价值？即顾客价值主张问题。顾客价值主张是指企业向顾客提供的独特价值，这种价值超越了产品本身的功能，满足了顾客更深层次的需求。它要求企业深入理解顾客的痛点，提供解决方案，使顾客在众多选择中倾向于选择自己的产品或服务。为了在竞争激烈的市场中脱颖而出，企业需要提供难以被竞争对手模仿的价值，这包括创新的设计、卓越的客户服务、独特的用户体验等。

通过增加顾客的转换成本，企业可以建立起顾客忠诚度，使顾客更倾向于持续购买。在某些情况下，企业可以通过提供高度个性化或高度依赖性的产品或服务，使顾客形成"成瘾性依赖"。例如，腾讯公司通过其音乐平台 QQ 音乐和社交应用微信，构建了一个庞大的数字媒体和社交生态系统。用户使用 QQ 音乐不仅仅能听歌，还能享受到丰富的音乐内容、社交互动以及与朋友分享音乐的乐趣。腾讯通过整合音乐、社交和内容分享，创造了一个用户黏性极高的平台。一旦用户开始使用 QQ 音乐和微信，他们往往会因为平台的便捷性和丰富的功能而难以转向其他服务。这种策略不仅增强了用户忠诚度，也为腾讯带来了稳定的收入流和市场竞争力。

顾客的购买行为背后往往隐藏着更深层次的需求。企业需要通过洞察这些需求，提供超出顾客预期的解决方案。例如，亚马逊（Amazon）通过 Prime 会员服务，不仅提供了快速的物流服务，还提供了包括视频流媒体、电子书阅读等多种增值服务。这种模式满足了顾客对于便捷购物和娱乐的多重需求，形成了强大的顾客价值主张，使得亚马逊在电商领域保持领先地位。

总之，为顾客创造价值是商业模式成功的关键。企业需要通过提供独特的价值主张，满足顾客的深层次需求，建立起难以模仿的竞争优势。

（2）如何为企业创造价值？实际上是企业价值主张问题，即在为顾客提供价值的同时又为自己创造价值。企业要想从创造的价值中获得价值，必须考虑以下问题。

收益模式。企业需要设计一个能够带来稳定收入的收益模式。这通常涉及产品定价策略、市场规模的扩大、提高顾客购买频率以及开发附加产品或服务。建立科学收益模式的关键在于找到合适的平衡点，既能吸引顾客，又能确保企业的利润。

成本结构决定了企业的运营效率和盈利能力。企业需要优化成本分配，包括固定成本和变动成本的管理，以及如何通过规模经济来降低单位成本。有效的成本控制可以帮助企业在竞争激烈的市场中保持优势。

利润模式是企业实现预期利润的具体策略。这包括确定每笔交易的净利目标，以及如何通过成本控制和收入增长来实现这一目标。利润模式需要与企业的长期战略相一致，确保可持续发展。

资源利用速度。企业需要高效地利用其资源，包括库存管理、固定资产的周转率以及整体资源的配置。这要求企业在追求增长的同时，保持资源的流动性和灵活性。

但必须明确，商业模式与盈利模式不同。商业模式是一个更广泛的概念，它涵盖了企业如何在市场上创造价值和捕获价值的全过程。盈利模式只是商业模式中的一个组成部分，专注于企业如何从其创造的价值中获得收益。例如，一家在线教育平台通过提供免费的基础课程来吸引用户，然后通过高级课程和个性化辅导服务来实现盈利。这里的商业模式包括用户获取、内容创作、平台运营等多个方面，盈利模式则专注于如何通过这些服务来实现收入。通过这种模式，企业不仅为顾客提供了价值，同时也为自己创造了持续的收入来源。

（3）如何将价值在企业和顾客之间进行传递？在企业与顾客之间传递价值是商业模式的核心环节，这要求企业不仅有清晰的顾客价值主张和企业价值主张，还需要具备相应的资源和能力来支持这些主张。通过创新和战略规划，企业可以建立起一个强大的商业模式，实现价值的持续创造和捕获。例如，中国的宁德时代（CATL）通过先进的电池技术和能源解决方案，为电动汽车和储能市场提供了高效、环保的能源存储产品。宁德时代的顾客价值主张在于提供高性能、安全且成本效益高的电池系统，满足客户对清洁能源和可持续发展的需求。企业价值主张则体现在通过技术创新和规模化生产降低成本，提高电池性能。为了支持这些价值主张，宁德时代持续投入研发，优化电池材料和制造工艺，建立了全球领先的电池生产基地，并与多家知名汽车制造商建立了合作关系。这些资源和能力的投入，使得宁德时代在全球电池行业中占据领先地位，并实现了持续的增长和盈利。

扩展阅读 4-1　生鲜超市商业模式比较

4.1.2　商业模式的要素

商业模式的核心目标是通过价值共创和共享，实现利益相关者之间的共赢。这涉及顾客、生产者和合作伙伴在产品的研发、生产、营销、交易和服务体验等各个阶段的紧密协作。根据不同的划分标准，商业模式的构成要素有所不同。

1. 商业模式的"三要素"观点

哈佛大学教授马克·约翰逊在 2010 年的著作《攫取商业机会：面向成长和革新的商业模式创新》中，提出了一个名为"三要素"（three-box）的商业模式分析框架。这个框架旨在为企业的创新、转型成长和革新提供一个清晰的指导路径，如图 4-1 所示。

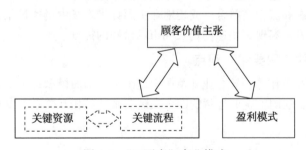

图 4-1　"三要素"商业模式

资料来源：Johnson M. Seizing the White Space: Business Model Innovation for Growth and Renewal[M]. Boston: Harvard Business Press, 2010: 24.

1）顾客价值主张

顾客价值主张是企业为顾客提供的独特价值，它解决了顾客的关键问题或满足了他们的核心需求，同时在价格上为顾客带来价值。在构建顾客价值主张时，企业需要深入洞察目标顾客群体的实际需求，并以此为基础设计产品或服务。

顾客价值主张是企业与顾客建立长期关系的基础。通过提供解决核心问题的产品或服务，企业不仅能够吸引和保留顾客，还能够在竞争激烈的市场中获得优势。企业应持续关注顾客的变化需求，不断创新和优化其价值主张，以实现持续的增长和成功。例如，亚马逊（Amazon）的顾客价值主张是通过提供广泛的商品选择、便捷的购物体验和快速的物流服务，来满足顾客对购物便利性和效率的需求。亚马逊通过其庞大的在线库存、用户友好的界面和高效的配送网络，成功地为顾客创造了价值，这也标志其在商业领域取得了显著成功。

2）盈利模式

盈利模式描述了企业如何通过其商业模式创造和捕获价值，从而为自身和股东带来回报。盈利模式通过收益模式、成本结构、目标单元盈余和资源周转率等关键变量来简化和优化盈利过程。例如，爱奇艺（iQIYI）的盈利模式是基于订阅服务来实现收入。用户通过支付月费或年费成为会员，享受无广告观影、高清视频内容以及独家原创节目。爱奇艺通过投资高质量的自制内容和购买版权，以及利用大数据和人工智能技术优化内容推荐，提升用户体验和用户黏性。此外，爱奇艺还通过广告收入、内容分发和IP衍生品等多种渠道实现盈利，形成了多元化的收入结构。

3）关键资源和关键流程

关键资源是企业用来实现其价值主张和盈利模式的基础要素。这些资源包括专业人才、专利技术、品牌声誉、资金、设备等。它们是企业独特竞争优势的来源，帮助企业在市场中提供与众不同的产品和服务。关键流程是企业内部的运作机制，包括生产、供应链管理、客户服务等。这些流程需要高效、稳定、可复制和可扩展，以确保企业能够持续地向顾客提供高质量的产品和服务。

当关键资源和关键流程与企业的顾客价值主张和盈利模式相协调时，它们共同构成了企业的核心竞争力。例如，瑞幸咖啡（Luckin Coffee）的关键资源包括强大的品牌影响力、高效的供应链管理和创新的商业模式；关键流程则包括其通过移动应用和在线平台实现的便捷订购系统，以及快速的配送服务，确保顾客能够在短时间内享受到高品质的咖啡。瑞幸咖啡通过这些资源和流程的整合，成功地在中国咖啡市场中迅速扩张，吸引了大量追求便捷和品质的消费者，实现了快速的增长和市场份额的提升。

2. 商业模式的"四要素"观点

加里·哈默尔在著作《领导企业变革》中提出了四构面模型，用于分析和设计企业的商业模式。这个模型强调了企业运营的四个关键要素及其相互关系，以及支撑这些要素的四大支撑因素。

1）四大构面

（1）核心战略。核心战略定义了企业的长期目标和竞争优势，是企业决策和行动的指导原则。核心战略的基本构成要素为企业使命陈述、产品/市场范围、差异化基础。使命陈述不仅阐述了企业的核心价值观和愿景，还指导企业如何为顾客、员工、社会和股东创造价值。产品/市场范围明确企业将提供哪些产品或服务，以及这些产品或服务将服务于哪些市场。这有助于企业集中资源，专注于最有可能成功的领域，同时避免资源分散。差异化基础描述企业如何在竞争激烈的市场中脱颖而出。差异化可以基于价格、品牌、质量、创新、客户服务等多个方面。差异化策略有助于企业建立独特的市场地位，吸引并保留顾客。

（2）战略资源。战略资源由核心能力和战略资产两部分组成。核心能力是企业内部的独特资源或能力，这些能力使企业在竞争中占据优势。它们通常与企业的核心竞争力相关，如创新能力、高效的供应链管理、卓越的客户服务等。核心能力对顾客价值有显著贡献，并且由于其独特性和难以模仿性,为企业提供长期竞争优势。战略资产是企业拥有的稀缺且有价值的资源,这些资源对企业的运营和市场地位至关重要。战略资产包括实体资产(如工厂、设备)、无形资产(如品牌、专利)、地理位置优势、顾客数据库、高素质的员工队伍以及与关键合作伙伴的独家合作关系等,这些资源支持企业实施其核心战略。

(3)顾客界面。顾客界面涉及企业如何与顾客互动,包括营销、销售和服务等,直接影响顾客体验和满意度。目标市场是企业选择服务的特定顾客群体,这些群体具有相似的需求、偏好或购买行为。企业通过市场细分和定位策略来确定目标市场,以便更有效地满足这些顾客的需求,并集中资源进行市场推广。销售实现与支持描述了企业如何将产品或服务传递给顾客,以及在销售过程中提供的支持。这包括选择合适的销售渠道(如直销、分销商、在线平台等),以及提供顾客服务(如售后支持、客户咨询等)。有效的销售实现与支持能够提升顾客满意度和忠诚度。定价结构反映了企业的收入模式和盈利目标。定价策略包括成本加成、价值定价、竞争定价等。合理的定价结构能够吸引顾客,同时确保企业实现预期的利润。

(4)价值网络。价值网络描述了企业与供应商、分销商、合作伙伴等外部实体的关系,这些关系对企业的价值创造和传递至关重要。供应商为企业提供了必要的原材料、零部件或服务。通过与供应商建立稳定的合作关系,企业可以确保供应链的效率和质量,降低成本,提高生产灵活性。合作伙伴包括为企业提供技术、市场、研发等支持的外部机构,如技术服务商、科研院所、咨询公司等。这些合作伙伴通过共享资源、知识和专长,帮助企业增强创新能力,拓展市场,提高运营效率。其他重要关系包括其他企业、社会团体、行业协会等。这些关系有助于企业更好地融入行业生态,提升品牌影响力,以及应对市场和政策变化。

2)三大桥梁

(1)顾客价值桥梁连接顾客界面和核心战略,确保企业的战略能够转化为顾客感知到的价值。

(2)资源配置桥梁连接核心战略和战略资源,确保资源的有效分配和利用,以支持战略目标。

(3)企业边界桥梁连接战略资源和价值网络,明确企业内部和外部的界限,优化资源配置和合作。

3)四大支撑因素

(1)效率衡量企业运营的效率,包括成本控制和流程优化。

(2)独特性评估企业产品或服务的独特性,以及这些独特性如何为顾客创造价值。

(3)确保企业的战略方向、资源配置、顾客接触点和价值链各环节之间的一致性,以促进协同效应的发挥。

(4)利润推进器识别和强化能够推动利润增长的关键因素,如定价策略、市场定位等。

哈默尔四构面模型强调,企业应通过调整这些构面和桥梁之间的关系,来优化商业模式,从而提高竞争力和盈利能力(见图4-2)。

3. 六要素模型

国内学者魏炜和朱武祥认为,商业模式是利益相关者的交易结构。商业模式将企业与各种利益相关者如供应商、顾客、合作伙伴以及企业内部的员工等紧密联系在一起。这种

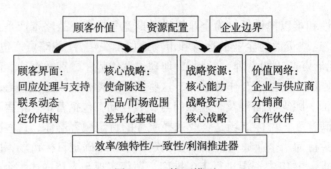

图 4-2　四构面模型

资料来源：陈国胜. 创新创业创意[M]. 国家行政学院出版社，2018.

结构不仅定义了企业如何与这些参与者进行互动，还决定了价值如何在这些互动中被创造和分配。因此，商业模式包括以下六个要素（见图 4-3）。

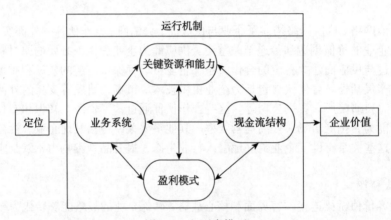

图 4-3　六要素模型

1）定位

定位是企业在市场中为自己设定的角色，它决定了企业如何满足不同利益相关者的需求。这些利益相关者包括内部员工、外部供应商、消费者、服务提供商等。企业通过不同的定位方式与利益相关者进行交易。这些方式包括直接销售、提供自助服务、开设体验店等。

企业在定位时需要考虑交易成本，这包括搜寻成本、讨价还价成本和执行成本。有效的定位策略可以降低这些成本，从而提高交易效率。例如，连锁模式通过增加销售点，减少了消费者的搜寻成本；中介模式通过集中谈判，降低了讨价还价成本；网上支付服务通过突破时间和地点限制，降低了执行成本；整体解决方案模式通过减少交易商家数量，同时降低了搜寻成本、讨价还价成本和执行成本。

企业在定位时会权衡交易价值与交易成本。如果交易价值高于成本，企业会选择该定位策略。反之，如果成本过高，企业会寻找其他方式来满足利益相关者的需求。

2）业务系统

业务系统涉及企业内部的业务流程、外部合作伙伴的角色以及与利益相关者的合作方式。业务系统包括企业为实现其定位所必需的所有业务环节，如研发、生产、营销、销售、客户服务等。在业务系统中,合作伙伴可能是供应商、分销商、技术提供商或其他服务提供商,通过与企业的合作,共同参与到价值创造和价值传递的过程中。业务系统还定义了企业与利益相关者之间的合作方式和交易内容。这包括合作模式(如合资、外包、特许经营等)、交易结构(如批发、零售、直销等)以及交易条件(如价格、支付方式、交付时间等)。企业围绕定位建立的业务系统,形成了一个价值网络,这个网络明确了顾客、供应商和其他合作伙伴在价值创造过程中的角色。价值网络有助于企业优化资源配置,提高运营效率,并形成企业的核心竞争力。

3)盈利模式

盈利模式是企业在特定业务系统中实现收入、分配成本和赚取利润的方式,它决定了企业与利益相关者之间的利益分配格局。良好的盈利模式能够在企业、顾客、供应商和合作伙伴之间实现利益的合理分配。这种分配有助于构建一个稳定且共赢的价值网络,促进各方的长期合作。收入结构和成本结构是盈利模式的关键部分。收入结构涉及企业如何从顾客那里获得收入以及收入的来源和规模。这包括销售产品、提供服务、收取租金、出售产品等。收入结构需要考虑顾客的支付意愿、支付能力以及企业的价值创造能力。成本结构与企业所提供的产品和服务、业务系统及其资源能力紧密相关。这包括直接成本(如原材料、人工)、间接成本(如管理费用)、固定成本(如设备折旧)和变动成本(如生产量增加时的成本变化)。

4)关键资源和能力

业务系统是企业实现其商业模式的具体活动和流程,关键资源和能力则是支持这些活动顺利进行的基础。关键资源和能力是企业在执行业务系统时所需的有形和无形资产、技术和专业技能。这些资源和能力是企业运营的核心,决定企业在市场中的竞争力和持续发展能力。关键资源和能力构成了企业商业模式的内在逻辑,它们是企业运营能力的核心,使得企业在竞争中脱颖而出。不同的商业模式对关键资源和能力的需求各不相同,这些资源和能力的配置与利用直接影响企业的业绩。即使是在同一行业,不同商业模式的企业也会有不同的关键资源和能力。例如,高档餐厅可能侧重于提供高品质的环境和服务,连锁快餐则强调标准化和快速服务,送餐服务则需要高效的物流和供应链管理。

5)现金流结构

现金流结构是衡量企业商业模式效率和投资价值的重要指标,它描述了企业在经营过程中现金的流入和流出情况。现金流结构包括企业的现金收入(如销售收入、投资收益等)和现金投资(如资本支出、运营成本等)。现金流的净额(现金收入减去现金投资)反映了企业的现金流动性和财务健康状况。现金流结构体现了企业在定位、业务系统、关键资源和能力,以及盈利模式等方面的特征。不同的商业模式会导致不同的现金流结构。例如,租赁模式和购买模式在现金流的时点和规模上存在显著差异,这影响了企业的资本需求和财务策略。一个稳定且增长的现金流结构通常意味着较高的投资价值,因为它能够为投资者提供可预测的回报。

6)企业价值

企业价值反映了企业未来能够产生的自由现金流的现值。这是评估商业模式成效的关键指标,也是投资者衡量企业吸引力的重要标准。企业价值是企业未来自由现金流的预期贴现值,它代表了企业作为一个整体的投资价值。这个价值考虑了企业的所有预期收益,减去未来现金流的风险和时间价值。

企业价值是商业模式的最终目标，它是企业定位、业务系统、关键资源和能力、盈利模式等所有要素的综合体现。企业的价值增长是商业模式成功的关键。企业的投资价值由其成长潜力、运营能力、效率和增长速度共同决定。一个具有强大成长空间、高效运营和快速增长的企业，其投资价值通常较高。企业价值是评判商业模式效果的重要标准。一个能够持续创造高价值的商业模式，能够吸引投资者，提高企业的市场竞争力，并推动企业持续发展。

4.1.3 商业模式设计的工具

商业模式是企业创造价值和实现盈利的整体框架，它涵盖了企业运营的各个方面。商业模式设计则是将这一框架具体化，明确企业如何通过一系列活动和资源配置来实现其商业目标。商业模式设计是将企业的商业理念转化为具体的行动计划，包括确定目标市场、明确价值主张、选择渠道策略、建立顾客关系、设定收入模式、配置核心资源、规划关键业务流程、确定合作伙伴关系以及成本控制等。奥斯特瓦德和皮尼厄提出的商业模式画布（见图4-4）是一个可视化工具，它通过九个关键要素帮助企业清晰地描绘和分析其商业模式。

图 4-4　商业模式画布

资料来源：亚历山大·奥斯特瓦德，伊夫·皮尼厄. 商业模式新生代[M]. 北京：机械工业出版社，2011：34.

1. 客户细分

客户细分能够帮助企业识别并聚焦最有价值的顾客群体，使企业能够更精确地了解和满足不同顾客群体的需求。通过细分，企业可以定制化其价值主张、渠道通路和客户关系，以更好地服务于特定的市场。客户细分的类型如下。

（1）大众市场：针对广泛的顾客群体，强调需求的共性，通过标准化的产品或服务来满足大多数顾客。

（2）利基市场：专注于满足特定细分市场的特定需求，通常在供应商和采购商之间建立紧密的关系。

（3）区隔化市场：识别并服务于具有不同需求的顾客群体，为每个群体提供略有差异的价值主张。

（4）多元化市场：企业经营多个业务，为不同需求的顾客群体提供多样化的价值主张。

（5）多边平台或多边市场：服务于多个相互依赖的顾客群体，通过平台连接不同群体，创造网络效应。

通过客户细分，企业可以更有效地分配资源，提高市场渗透率，增强顾客忠诚度，并最终实现更高的盈利能力。例如，亚马逊（Amazon）通过其多边平台模式，服务于消费者、第三方卖家、内容创作者等多个顾客群体。它为每个群体提供了定制化的服务，如为消费者提供便捷的购物体验，为第三方卖家提供销售平台，为内容创作者提供出版和分发服务。

字节跳动的"爆款秘诀"

字节跳动，自2012年成立以来，其业务已经遍布全球150多个国家和地区，员工数达11万多名，2021年的营收更是达到了580亿美元。字节跳动独特的商业模式是帮助其取得成功的关键因素。

首先是其不同于传统互联网企业的用户细分模式。字节跳动所使用的标签方式，不是按简单的层级来对目标用户进行分类，例如来自一线城市或者二线城市。其强调的是目标用户个体的特征识别与细分。字节跳动认为每个用户可以拥有多个不同且动态的特性标签，当企业使用这种特性标签去抓取不同的目标用户，而不是简单粗暴地对目标用户进行定性区分时，企业的价值主张就会更加精准地向用户传递。

字节跳动还采用了"三台一体"模式，即前台、中台与后台的结合，其特别强调了"大中台，小前台"的理念。字节跳动认为自身的竞争力不体现在具体的产品上，将产品作为一个面向用户且可视化的前台，而将自身的竞争力集中于中台，也就是产品背后的信息抓取与处理能力。字节跳动将产品定义为在特定场景与特定时间，为目标用户所提供的一个解决方案，而当公司的中台能力足够强大时，新产品的市场成功率就会得到大幅度的提升。如今字节跳动已经推出了像今日头条、抖音、西瓜视频等多个爆款产品，旗下的抖音更是估值高达750亿美元。

资料来源：吴伯凡. 字节跳动为什么能持续推出爆品[N]. 每周商业评论，2020-04-11.

2. 价值主张

价值主张是商业模式中描述企业如何为特定顾客群体创造价值的核心要素。它涉及企业提供的产品和服务如何满足顾客的需求，解决他们的问题，以及通过这些价值创造活动来吸引和保留顾客。价值主张包括企业提供给顾客的所有收益，这些收益可以是物质性的，如产品性能，也可以是体验性的，如顾客服务。价值主张需要明确地回答企业如何向顾客传递价值，以及这些价值如何满足顾客的具体需求。

扩展阅读 4-2 价值主张画布

价值创造可以通过多种方式实现，包括提供新颖的产品或服务、改善性能、定制化解决方案、优化顾客体验、强化品牌形象、提供价格优势、降低成本、减少风险、提高可达性和便利性等。一个有效的价值主张不仅能够吸引新顾客，还能够增强现有顾客的忠诚度，这将为企业带来持续的收入增长和业务扩展。

例如，中国小米公司的价值主张体现在其提供设计优雅、性能卓越的产品，以及卓越的用户体验上。小米通过高性价比的智能手机、智能家居设备和生态链产品，满足了消费者对智能科技产品的需求，同时通过MIUI操作系统和互联网服务，为用户提供了流畅且个性化的使用体验。小米的这种价值主张不仅吸引了大量追求性价比和创新技术的消费者，也成功塑造了其在智能硬件领域的品牌形象。

3. 渠道通路

渠道通路是商业模式中关于企业如何与顾客互动和传递价值主张的关键部分。它涉及顾客如何了解和购买企业的产品或服务，以及企业如何有效地将价值主张传递给目标市场。

渠道通路是企业与顾客之间的桥梁，它决定了顾客如何接触到企业的产品或服务。这些渠道可以是实体的，如实体店，也可以是虚拟的，如在线平台。企业需要根据顾客行为和自身资源来选择合适的渠道通路。这包括直销渠道（如企业自有的销售团队或网站）和间接渠道（如分销商、零售商）。企业还可以结合线上和线下渠道，以及传统和新兴渠道，以满足不同顾客群体的需求。

有效的渠道通路策略需要整合不同的渠道，确保顾客在任何接触点都能获得一致的体验。这要求企业对渠道进行有效管理，确保信息和资源在各个渠道之间流畅传递。企业应评估不同渠道的有效性和成本效益，以确定哪些渠道最能吸引和保留顾客。这涉及对渠道的投入产出比、顾客满意度和转化率的分析。例如，一家服装品牌会通过实体店铺、官方网站、社交媒体平台以及与时尚博主的合作来接触不同的顾客群体。通过这些渠道，品牌能够向顾客展示其新的款式，提供个性化的购物体验，并建立顾客对品牌的忠诚度。

4. 客户关系

客户关系是商业模式中描述企业如何与顾客建立和维护联系的要素，它对于提升顾客满意度、忠诚度和长期价值至关重要。客户关系决定了企业与顾客之间的互动方式，影响顾客的购买决策和品牌忠诚度。良好的客户关系可以提高顾客留存率，降低营销成本，并通过口碑营销吸引新顾客。客户关系类型如下。

（1）个人助理：提供个性化服务，通过呼叫中心、电子邮件等方式与顾客建立一对一的联系。

（2）专用个人助理：为重要顾客提供专属服务，如 VIP 客户经理，建立深度关系。

（3）自助服务：允许顾客通过自助平台完成交易，减少企业与顾客的直接互动。

（4）自动化服务：利用技术手段，如 CRM 系统，提供定制化服务，提高效率。

（5）社区：通过建立顾客社区，鼓励顾客之间的互动，增强品牌忠诚度。

（6）共同创造：邀请顾客参与产品开发和改进过程，共同创造价值。

不同的客户关系类型有不同的成本结构。企业需要评估每种关系类型的成本效益，确保资源的有效分配。企业应将客户关系策略与商业模式的其他部分（如价值主张、渠道通路等）整合，确保整体策略的一致性和协同效应。例如，一家高端酒店采用"专用个人助理"模式，为常客提供定制化服务，如专属礼宾服务和个性化客房设置。同时，酒店也通过在线社区，鼓励顾客分享体验，建立更广泛的品牌忠诚度。

5. 收入来源

收入来源是商业模式中描述企业如何从顾客那里获得收入的要素，它直接关系到企业的盈利能力和财务健康情况。稳定的收入来源确保企业能够通过提供价值来实现盈利，是企业持续运营和发展的基础。收入来源的类型如下。

（1）产品销售：通过销售实体产品获得收入，这是非常直接的收入方式。
（2）使用收费：为顾客提供服务并收取费用，如软件使用费。
（3）订阅收费：提供周期性的服务，顾客定期支付费用，如月度或年度订阅。
（4）租赁收费：将资产的使用权出租给顾客，如设备租赁。
（5）授权收费：将知识产权授权给顾客使用，收取授权费，如专利许可。
（6）经纪收费：作为中介，为交易双方提供服务并收取佣金，如房地产经纪。
（7）广告收费：通过展示广告内容获得收入，如在线广告平台。

企业需要根据其价值主张、顾客需求和市场条件来确定合适的收入来源。这涉及多种收入来源的组合，以实现收入最大化。企业应评估每种收入来源的盈利能力、成本结构和顾客支付意愿。这有助于企业优化其收入策略，确保收入来源的可持续性和盈利性。例如，一家软件公司通过销售软件许可证（产品销售）获得收入，同时提供云服务订阅（订阅收费），并通过广告（广告收费）来增加额外收入。这些收入来源共同构成公司的盈利模式。

6. 核心资源

核心资源是商业模式中支持企业创造价值、传递价值、建立顾客关系和实现收入的关键要素。核心资源是企业实现其商业模式的基础，它们使得企业能够执行关键业务活动，满足顾客需求，并最终实现盈利。核心资源的分类如下。

（1）实体资源：包括物理资产，如生产设施、办公空间、销售点和物流网络，这些资源对于实体产品的生产和分销至关重要。
（2）知识产权：涉及品牌、专利、版权、商标等，这些无形资产为企业提供了市场竞争力和法律保护。
（3）人力资源：包括员工的技能、知识和经验，特别是在技术密集型和创意驱动的行业中，人力资源是企业创新和执行战略的关键。
（4）金融资产：涉及资金、信贷额度和其他财务资源，这些资源支持企业的投资、运营和扩张。

企业需要根据其价值主张、渠道通路、客户关系和收入来源来确定所需的核心资源。例如，一家制药公司的核心资源包括先进的研发实验室（实体资源）、专利药物（知识产权）、专业的研发团队（人力资源）以及充足的研发资金（金融资产）。这些资源共同支持公司开发新药，保护其市场地位，并实现收入增长。

7. 关键业务

关键业务是商业模式中确保企业能够有效运作和实现其价值主张的核心活动。这些活动涉及产品制造、问题解决、平台管理等多个方面。关键业务活动能够确保企业创造和提供价值主张，有效接触市场，维护顾客关系，并从顾客那里获得收入。关键业务的类型如下。

（1）制造产品：涉及从原材料采购到成品制造的全过程，包括设计、生产、质量控制和物流等，是实体产品企业的核心业务。
（2）问题解决：提供定制化的解决方案，满足顾客的特定需求，这通常需要企业具备强大的信息处理能力、知识管理和持续的员工培训。
（3）平台/网络：管理在线平台或网络服务，包括提供技术支持、维护用户社区、推广平台等，对于基于平台的商业模式尤为重要。

企业需要根据其价值主张、渠道通路、客户关系和收入来源来确定和执行关键业务。这些业务活动应与企业的资源和能力相匹配，以确保商业模式的可行性和效率。例如，一家在线教育平台的关键业务包括开发高质量的课程内容（制造产品）、提供个性化学习路径（问题解决），以及维护和扩展其用户网络（平台/网络）。

8. 重要合作

重要合作关系能够帮助企业获取关键资源、执行关键业务活动，并共同开发新的市场机会。这种合作关系可以是战略性的，也可以是操作性的，旨在实现双方或多方的共赢。重要伙伴通过合作关系帮助企业优化资源配置、降低成本、扩大市场影响力并提高竞争力。重要合作的类型如下。

（1）战略联盟：非竞争者之间的合作关系，通常旨在共享资源、技术或市场，以实现共同的战略目标。

（2）战略合作：竞争者之间的合作，涉及技术共享、市场开发或供应链整合，以提高整体竞争力。

（3）合资企业：为了开发新业务或进入新市场建立的合作关系，双方共同投资并分享风险与收益。

（4）供应商关系：确保企业能够稳定获取所需的原材料、服务或技术，支持企业的生产和运营。

企业需要识别并选择那些能够提供关键资源和支持的关键伙伴。同时，企业应建立有效的管理机制，确保合作关系的顺利进行，实现预期的商业目标。例如，一家科技公司与软件开发商建立战略联盟，共同开发新技术；与竞争对手建立战略合作关系，共同开拓国际市场；与制造企业合资，生产新的硬件产品；与原材料供应商建立稳定的供应关系，确保生产不受原材料价格波动的影响。

9. 成本结构

成本结构是商业模式中描述企业运营成本的关键要素，它影响企业的盈利能力和市场竞争力。成本结构涉及企业在创造价值、提供价值、维护客户关系和执行关键业务活动过程中产生的所有成本。它包括固定成本（如设备投资、租金）和变动成本（如原材料、直接劳动）。成本结构的分类如下。

（1）成本驱动：这种模式侧重于降低成本，通过自动化和外包来实现成本效益最大化，通常与低价价值主张相结合。

（2）价值驱动：这种模式专注于创造高价值，提供增值服务和高度个性化的产品，通常与高端价值主张相结合。

企业需要识别和分析其商业模式中重要的成本，包括核心资源和关键业务的成本。这有助于企业优化资源配置，提高运营效率。例如，一家低成本航空公司会通过优化航线、采用单一机型和简化服务来降低固定成本，同时通过动态定价策略来管理变动成本。一家高端酒店可能会在豪华设施和个性化服务方面进行更多的投资，以创造独特的顾客体验。

商业模式画布是一个强大的工具，它帮助创业者和管理者通过可视化的方式理解和设计商业模式。它提供了一个框架，指导用户识别和描述商业模式的九个关键要素。商业模式设计不仅是一个流程，鼓励用户系统地思考每个要素如何支持整体商业模式，也是一个动态的迭代过程。创业企业应关注各个要素之间的相互关系和影响，确保商业模式能够适应市场变化，持续创新和优化。

4.1.4 商业模式设计的一般过程

商业模式设计涉及对企业战略、市场环境、资源和能力的综合分析，以及对商业模式各要素的精心构建。商业模式设计应与企业的战略愿景和使命相一致。商业模式设计分为四个阶段：构思设想阶段、实践探索阶段、检查评估阶段、修正提升阶段。

1. 构思设想阶段

构思设想阶段是商业模式设计的起始点，它涉及对潜在商业模式的初步思考和创意生成。

商业模式设计可以从模仿现有成功模式开始，借鉴国内外的商业模式，然后根据企业的具体情况进行调整和创新。这种方法相对容易实施，因为它基于已经被市场验证的模式，但可能缺乏原创性。另一种方法是进行颠覆性创新，即创造全新的商业模式，这需要更多的创意和勇气。这种方式虽然难度较大，但有可能带来市场的突破和变革。

在构思设想阶段，企业需要明确自己服务的细分市场以及如何通过产品或服务解决客户的问题。这要求企业进行市场调研和消费者心理分析以确保商业模式的可行性。当初步的商业模式构思完成后，企业可以通过制作产品原型或服务样本，与目标客户进行沟通，以验证其商业模式的实际意义。例如，一家初创的健康食品公司会首先研究市场上成功的健康食品品牌，了解它们的商业模式。然后，根据自己对健康食品市场的理解和目标客户的需求，设计一个独特的价值主张，如提供有机、无添加的零食。通过制作样品并与潜在客户交流，公司可以测试其产品是否符合市场需求，并根据反馈调整其商业模式。

2. 实践探索阶段

实践探索阶段涉及将构思的商业模式转化为实际的业务实践。在实践探索阶段，企业需要专注于其价值创造的核心，明确重要伙伴、关键业务和核心能力。这有助于确保企业能够有效地生产和提供产品与服务，实现价值创造。

产品设计应考虑三个层次：核心产品（基本功能）、形式产品（品质、款式、价格等）和附加产品（售后服务、咨询、送货等）。每个层次都对提升顾客价值至关重要。设计完成后，产品需要经过小规模测试、中试和批量生产等环节，以确保质量和市场接受度。这一过程有助于企业收集反馈，优化产品设计。实现销售是实践探索阶段的重要目标。企业需要关注客户的购买动机、需求紧迫性、购买便利性和支付能力。在销售前，企业应进行市场调研，从小规模市场开始，了解目标客户的需求。销售计划应详细规划，包括不同销售渠道和地域的市场划分。企业应先进行市场调研和品牌建设，然后再进行销售活动。这有助于提高销售效率，确保产品或服务能够满足市场需求。

例如，一家新成立的智能穿戴设备公司在实践探索阶段，首先会与重要伙伴（如技术供应商和分销商）建立合作关系，明确关键业务（如产品研发和市场推广）和核心能力（如技术创新和品牌建设）。在产品设计阶段，公司会关注核心功能、外观设计和附加服务，以提升顾客价值。产品测试完成后，公司会制订详细的销售计划，通过线上线下渠道进行市场推广，最终实现产品销售。

3. 检查评估阶段

检查评估阶段是商业模式设计过程中对初步实践结果进行深入分析的关键时期。在实践探索阶段之后，企业需要进一步验证商业模式的可行性。这包括检查商业模式的每个要素，特别是核心要素，确保它们能够有效地支持企业运营。企业在这一阶段应特别关注如何获取价值，即确保企业能够实现预期的利润。这涉及整合外部资源，以及确保价值链上的所有利益相关者都能从商业模式中获得合理的回报。

关注财务报表中的指标，如销售量、销售额、毛利润、净利润、固定成本和可变成本，对于评估商业模式的健康情况至关重要。企业需要确保其定价策略能够覆盖成本，实现盈利。对于风险投资者而言，他们关心的是创业项目是否具有扩展性，即生产和销售是否能够随着规模的扩大而增长。这要求企业在设计商业模式时就考虑其可扩展性。在检查评估阶段，企业应识别和评估潜在的风险，包括市场风险、财务风险、运营风险等，并制定相应的风险管理策略。例如，一家初创的在线教育平台在实践探索阶段会发现，尽管用户增长迅速，但盈利能力不足。在检查评估阶段，平台需要分析其成本结构，调整定价策略，同时寻找新的收入来源，如广告或增值服务。同时，平台还需要考虑如何通过技术优化来降低运营成本，提高效率。

4. 修正提升阶段

修正提升阶段是商业模式设计过程中对现有模式进行优化和完善的阶段。根据前一阶段的评估结果，企业需要对商业模式进行必要的修正，以提高其可行性和竞争力。这包括强化某些要素，消除或弱化其他要素，以更好地满足市场需求。

企业应进一步思考如何为客户提供独特的价值，确保商业模式中的创新和独到之处得到充分体现。这涉及对产品或服务的进一步定制化，以更好地满足目标客户的需求。企业应识别并减少那些客户不重视或不常用的功能，专注于提供核心价值。这种优化有助于降低成本，提高运营效率，并提升客户满意度。企业运营流程应根据价值创造的需要进行调整。这包括简化流程、提高自动化水平，以及优化资源配置，以支持商业模式的持续发展。企业需要明确其创新要素是否具有持续性，并考虑如何将这些创新转化为核心能力。

例如，一家提供在线健康咨询服务的初创公司在修正提升阶段会发现，尽管其服务受到欢迎，但客户对于某些复杂的诊断工具并不感兴趣。因此，公司决定简化这些工具，专注于提供更直观的健康建议和个性化的治疗方案。同时，公司还通过与医疗机构建立合作关系，来强化其服务的专业性，从而提升其核心能力。

4.2 创新驱动的商业模式

创新驱动战略是推动经济高质量发展的关键，它强调通过激发企业的创新意愿和能力，实现生产要素的优化配置和生产方式的革新。创新驱动战略旨在通过创新活动促进经济增长，提高产业竞争力，实现可持续发展。这一战略鼓励企业成为创新的主体，通过不断的技术创新和管理创新来推动社会进步。

4.2.1 技术创新

创新可以分为技术创新和非技术创新。技术创新涉及生产过程和产品改进，包括过程创新（如生产效率的提升）和产品创新（如新产品的开发）。非技术创新则包括市场创新（如新的营销策略）和组织创新（如管理结构的优化）。

1. 技术创新的内涵

技术创新是推动企业进步和经济发展的关键动力，它涉及新技术的创造和现有技术的改进。技术创新通常指在科学研究和技术知识基础上，开发新技术或改进现有技术的过程。技术创新包括创造新技术以及基于现有技术开发新产品或服务。技术创新不仅仅是技术本身的创造，还包括将这些技术转化为实际应用，通过市场推广和营销实现其价值。这是一个从研发到市场应用的完整过程。技术创新是企业获得竞争优势的重要途径，也是企业实现可持续发展的关键。

技术创新和产品创新虽然紧密相关，但它们有所区别。技术创新可能不直接导致产品创新，而产品创新可能依赖于技术创新，也可能涉及商业和设计创新。技术创新可能表现为成本降低、效率提升，而不一定改变产品本身。例如，通过改进生产工艺，企业可以在不改变产品的情况下提高生产效率。产品创新可能包含技术创新的成分，也可能涉及商业策略和设计创新。新的产品构想可能需要新技术来实现，新技术的诞生也可能催生全新的产品。例如，一家半导体公司通过技术创新开发出更高效的芯片制造工艺。这不直接改变芯片产品，但可以降低生产成本，提高产量。同时，这种技术创新也为开发新型智能设备提供基础，从而实现产品创新。

2. 技术创新的类型

Henderson 和 Clark 在 1990 年针对产品创新提出了技术创新分类框架。技术创新分为渐进性创新、根本性创新、架构式创新、模块化创新。

1）渐进性创新

渐进性创新是企业在现有技术基础上进行的连续、局部和程序性的改进，它不涉及对产品系统架构的根本性改变，而是通过微小调整来增强产品的核心价值。渐进性创新的特征如下。

（1）短周期性。渐进性创新适应了市场需求的快速变化，允许产品快速迭代更新。这种短周期的创新方式使企业能够迅速响应市场变化，及时调整策略。例如，快时尚品牌H&M、C&A、UR 等，通过快速设计和生产新款式，满足消费者对时尚的追求。

（2）连续性、累加性和递进性。渐进性创新通过在现有成熟技术上的持续改进，实现产品性能的提升。这种创新过程是累积性的，每一次改进都建立在前一次的基础上，形成了技术知识的传承。例如，丰田的精益生产方法，通过不断积累和完善生产流程，实现了效率的持续提升。

（3）开放性。渐进性创新鼓励企业内部的开放交流，通过创新平台促进知识共享和资源循环。这种开放性有助于提高创新资源的利用效率，形成创新共生系统。例如，企业内部的创新工作坊或跨部门项目团队，可以促进不同领域的专家共同参与创新过程。

（4）风险较低且可控性。由于渐进性创新通常涉及对现有技术的小幅调整，因此，风险相对较低，且更容易控制。企业可以在风险出现前或初期阶段进行调整，避免潜在的大规模损失。这种创新方式为企业提供了一种稳定的发展路径。

腾讯的渐进性创新

腾讯渐进性创新的案例数不胜数。维持快速迭代的渐进性创新，是腾讯产品持续成功的重要因素之一。从 QQ 第一个版本到现在，腾讯发布了数以百计版本，这其中当然有大的重构和功能的革新，但更多的是遍布在小版本中的渐进性创新。

腾讯是最早执行快速迭代微创新的互联网企业之一。正是这种微创新能力让它击败了 MSN、联众、盛大等众多的互联网巨头，获得强大的盈利能力。

从 2011 年 1 月推出到同年年底，微信在 1 年的时间里更新了 11 个版本，平均每个月迭代一个版本。1.0 版本仅有聊天功能，1.1 版本增加对手机通讯录的读取，1.2 版本打通腾讯微博，1.3 版本加入多人会话⋯⋯2.0 版本加入语音对讲功能。直到这个时候，腾讯才完成了对竞争对手的模仿和追赶，开始创新之路。

微信 2.5 版本率先引入查看附近的人，正是这个功能的推出，实现了对主要对手米聊的超越并带来用户大爆炸式增长。微信 3.0 版本率先加入漂流瓶和摇一摇功能，3.5 版本增加英文界面，全面进军海外市场。这个时候，国际市场上日本的 LINE 崛起，并且更早一步开始了对东南亚市场的占领。美国的社交巨头 Facebook 仍在梦中，What Sapp 仍在延续着当年 ICQ 的软件思维，向用户收取服务费。

微信 4.0 版本率先推出相册和朋友圈功能，4.2 版本增加视频聊天插件，4.3 版本增加语音搜索功能，4.5 版本增加多人实时聊天、语音提醒和根据对方发来的位置进行导航的功能。微信的社交平台功能日趋完善，并且一步步向移动智能助手的角色发展。必须说明的是，在视频聊天和智能语音搜索上，微信比 LINE 更早了一步，产品体验开始领先。LINE 的成功更多地在于明星营销策略和商业化生态系统的搭建上，产品创新体验上并无优势。微信 5.0 版本添加了表情商店和游戏中心，扫一扫功能全新升级，可以扫街景、扫条码、扫二维码、扫单词翻译、扫封面。微信支付体系打通，一个移动商业帝国的框架已经基本搭建完毕。

从全球来看，LINE 的商业化无疑更早获得成功，国际化的脚步也更快，但是腾讯最擅长的从来就是后来居上：只要方向正确，专注创新，奇迹总会发生。

资料来源：卢松松. 腾讯是怎样通过创新一步步登上王者之位的？[EB/OL]. http://usongsong.com/info/post/740.html.

2）根本性创新

根本性创新是一种彻底改变现有技术、产品、服务或工艺的创新，它涉及核心理念和架构的根本性变革。根本性创新往往颠覆了现有的技术轨道，引入全新的架构知识和系统连接方式。这种创新不仅对企业自身产生重大影响，还可能引发产业革命，改变经济社会活动和人类生活方式。

根本性创新表现为企业首次掌握并应用某项技术或产品，即使这项技术或产品在行业中已经存在。对于首次实现这一突破的企业来说，它具有根本性的意义。根本性创新能够打破行业技术壁垒，推动整个行业的发展。这种创新可能引发新的市场机会，重塑竞争格局。根本性创新往往与历史上的重大技术变革相联系，如蒸汽动力轮船对风力帆船的替代，这种变革不仅改变了运输方式，还促进了全球贸易和工业革命的发展。

例如，华为的 Mate X 系列折叠屏手机可以被视为一种根本性创新。它不仅采用了革命性的折叠屏幕技术，还集成了高性能的处理器和先进的摄像头系统，为用户提供了前所未有的移动设备体验。Mate X 系列的推出展示了华为在技术创新方面的实力，也推动了智能手机行业向更灵活、多功能的设备发展。这款产品的问世不仅对华为自身的品牌形象和市场地位产生了积极影响,也为消费者带来了全新的使用场景和生活方式,引领了折叠屏手机技术的潮流。

振华港机的突破性创新

20 世纪 90 年代初,港口大型集装箱装卸机械的生产全被国际制造业巨头把持,中国集装箱装卸用的全是"洋设备",关键的核心技术受制于人。

面对世界港机强手如林的激烈竞争,振华港机一靠科学技术,二靠自主创新,三靠新产品的核心竞争力,跨越了国际同行三四十年的发展进程,先后攻克了二十多项世界领先的新一代集装箱起重机关键技术,在可吊双 40 英尺集装箱起重机、双小车集装箱起重机、自动化装卸系统等产品方面取得了世界领先地位,颠覆了全球港口机械产业格局,现已成为全球最大的集装箱起重机制造商,连续多年居全球市场占有率的第一位。

双 40 英尺箱岸边集装箱起重机由振华港机自主研发,属世界首创。它可实现一次性吊两只 40 英尺或四只 20 英尺的集装箱,创造了令业界震惊的每小时起吊 104 标箱的世界纪录。目前普通集装箱起重机一般为每小时 50 标箱上下,这一研发使装卸效率提高 60%以上,被行业专家一致评价为 21 世纪岸边集装箱起重机的更新换代产品,受到国内外青睐。吊三只 40 英尺箱岸桥,是振华港机在双 40 英尺箱岸桥的基础上开发的又一集装箱起重机高效产品,可以进行单箱、双箱和三箱作业。与双 40 英尺箱岸桥相比,其装卸效率可提高 15%~20%。

振华港机突破性创新的取得途径为引进、快速消化吸收、开放式全面创新。振华港机不断吸收当代最高水平的电气驱动和电气控制技术。通过与德国西门子、瑞典 ABB、美国通用电气等世界一流的强手进行技术合作,它在短短几年内就实现了从全盘引进到消化吸收,再到二次创新,进而通过技术创新拥有自主知识产权的飞跃。

资料来源:何志文. 谁站在(中国制造品牌)的巅峰[EB/OL]. 品牌中国网, http://news.branden.com/pinpai-guancha/080417_128504 3.html.

陈劲, 郑刚. 创新管理: 赢得持续竞争优势[M]. 3 版. 北京: 北京大学出版社, 2016: 52-53.

3)架构式创新

架构式创新涉及对产品的核心概念和模块进行重组,但不涉及对元件本身或其核心理念的根本性改变。这种创新通过重新配置现有元件之间的关系,实现产品性能的提升或功能的增强。架构式创新改变了产品的核心概念和模块结构,但元件本身及其核心理念保持不变。这种创新侧重于优化元件之间的连接和协作方式。

架构式创新的核心在于现有元件关系的重新组合。通过调整元件的排列和连接,企业能够创造出新的产品特性或提升现有产品的性能。架构式创新可以被视为一种特殊的渐进性创新,因为它不涉及新技术的开发,而是通过对现有技术的优化来实现创新。架构式创新为企业提供了一条在不进行根本性技术变革的情况下,实现产品创新的路径。

例如,索尼在 20 世纪 50 年代开发的小型化晶体管收音机就是一个典型的架构式创新案例。索尼利用当时已有的调频装置、音箱和晶体管等元件,通过重新设计这些元件的组合方式,成功地制造出体积更小、便携性更强的收音机。

4)模块化创新

模块化创新是一种在保持系统架构知识不变的前提下,对产品中的某些模块或元件进行根本性改变的创新方式。这种创新侧重于对产品内部组件的重新设计或理念的颠覆,以实现性能提升或功能增强。模块化创新不涉及对整个产品系统架构的变革,而是专注于对特定模块或元件的创新。这意味着产品的整体结构和核心功能保持稳定,但某些关键部分得到了显著改进。

在模块化创新中,企业对产品中的某些元件进行重新设计,或者对这些元件的核心设计理念进行颠覆。这种改变带来性能的显著提升或引入全新的功能。中国的蔚来(NIO)ES8 电动汽车是一个模块化创新的典型例子。蔚来在保持电动汽车核心系统架构的基础上,对电池技术和智能充电解决方案进行了创新。ES8 采用了可更换电池的设计,这一创新不仅提高了充电的便利性,还通过电池租赁服务降低了用户的购车成本。这些创新举措使得蔚来 ES8 在续航里程、充电便利性和智能化服务方面领先于市场,推动了中国乃至全球电动汽车行业的发展。

模块化创新允许企业在不改变整体产品架构的情况下,灵活地对特定模块进行升级和优化。这种灵活性使得产品能够更容易地适应技术进步和市场变化,同时也为未来的创新提供了基础。模块化创新为企业提供了一种在现有技术框架内进行创新的有效途径。通过专注于关键模块的改进,企业可以在不进行大规模技术变革的情况下,实现产品的持续升级和市场竞争力的提升。

4.2.2 产品创新

1. 产品创新的内涵

产品创新是企业为了满足客户需求和市场变化而进行的一系列活动,它涉及对现有产品进行技术改进、品种更新以及成本优化。产品创新的出发点是市场需求,旨在提高产品的性能、功能和质量,以更好地满足客户的需求。企业通过市场调研和分析,识别客户的需求和市场的技术需求,以此为基础进行产品创新。这包括引入新技术、改进设计、优化材料使用等。

产品创新不仅仅是对现有产品的改进,还包括对全新产品或服务的概念化和市场推广。因此,企业需要有效地将创新理念转化为实际产品,并成功推向市场。在产品创新过程中,企业不仅需要进行技术创新,还需要融入艺术创造的元素,以提升产品的吸引力和竞争力,同时需要提升其技术、原材料、设备等关键因素,并能够熟练地应用新知识。

例如,华为公司在开发其旗舰智能手机系列,如 Mate 和 P 系列时,就展现了在技术和艺术设计上的创新。华为不仅在硬件技术上进行了突破,如引入先进的摄像头系统和强大的处理器,还在软件界面和用户体验设计上进行了精心打磨,创造出了一系列具有竞争力的智能手机。这些产品不仅满足了消费者对高性能移动设备的需求,还推动了整个智能手机行业的技术进步和设计趋势,特别是在摄影技术和 5G 通信技术方面。

2. 产品创新的特征

风险承担性。产品创新往往伴随着不确定性和风险。企业在创新过程中会面临技术挑战、市场接受度的不确定性以及投资回报的不稳定性。因此,企业需要有勇气承担这些风险,并持续投入资源以维持创新活动。

演变性。产品创新是一个动态的演变过程。新颖性是不断变化的,这意味着产品创新需要不断地进行改进和功能扩展。企业应保持灵活性,以便能够迅速适应市场和技术的变化,持续推出更新迭代的产品。

员工自信与交流。员工的自信和团队间的有效沟通是产品创新的重要推动力。企业应鼓励员工保持创新的热情,通过开放的沟通和协作,激发新的想法和解决方案。这种文化氛围有助于创新思维的产生和创新产品的开发。

3. 产品创新模式

根据企业进入市场的时间顺序,产品创新的模式大致分为两种:率先创新和模仿创新。

率先创新强调的是企业在某一领域或市场中首先实现技术或概念的突破,从而创造出全新的产品或服务。率先创新的企业往往需要承担较高的风险,因为它们需要投入大量的资源进行研发,并且没有现成的市场验证其产品的可行性。然而,一旦成功,这些企业能够获得市场的先发优势,包括品牌认知度、专利保护以及可能的市场垄断地位。例如,华为在 5G 技术领域的创新就是一个典型的率先创新案例。华为在 5G 通信技术的研发上投入了大量的资源,不仅在 5G 标准制定中发挥了重要作用,还推出了多款支持 5G 网络的智能手机和通信设备。这些产品和技术的推出,不仅推动了 5G 技术的商业化进程,而且在全球范围内树立了华为在 5G 领域的领导地位。

模仿创新是指企业在观察到市场上已有的成功产品后,通过分析和学习这些产品的成功要素,然后在此基础上进行改进和优化,开发出自己的产品。这种模式的风险相对较低,因为市场已经被验证,而且可以借鉴先行者的经验。模仿创新者通常会在价格、功能、设计或服务等方面寻求差异化,以吸引消费者。例如,小米在智能手机市场上的崛起就是典型的模仿创新的例子。在苹果推出 iPhone 并引领智能手机市场之后,小米在 2011 年推出了其首款智能手机——小米手机 1。小米借鉴了苹果在产品设计、用户体验和营销策略上的成功经验,同时在价格上采取了更为亲民的策略,迅速吸引了大量消费者。小米通过模仿苹果的简洁设计和用户界面,同时在硬件配置上进行优化,以及在软件上开发了 MIUI 操作系统,提供了丰富的定制化选项。这些都使得小米手机在市场上获得了竞争优势。

上述两种创新模式各有优势和挑战。率先创新可能带来巨大的市场回报,但同时也伴随着高风险和高成本。模仿创新则相对稳健,但可能难以获得市场的领导地位,且需要不断创新以维持竞争力。企业在选择创新模式时,需要根据自身的资源、市场定位和战略目标来决定。

4.2.3　商业模式创新

1. 商业模式创新的内涵

商业模式创新(business model innovation)是指企业为了在市场中获得竞争优势,对现有商业模式进行根本性的改变或创造全新的商业模式。这种创新涉及价值创造、价值传递、价值获取等核心商业活动的改变,以及这些活动背后的价值链和生态系统的重构。商业模式创新的内涵可以从以下几个方面来理解。

(1)经营框架的变革。商业模式创新是一个过程,企业通过这个过程中的计划性改变,探索新的商业模式架构设计。这包括改变产品或服务的提供方式、收入来源、成本结构、合作伙伴关系等。

(2)价值逻辑的转变。商业模式创新通过改变商业模式的组成部分来创造和获取新的价值。这涉及对客户需求的深入理解,以及如何通过新的产品、服务、技术或流程来满足这些需求。

（3）技术驱动的创新。数字技术如云计算、大数据、人工智能等，为商业模式创新提供了新的可能性。这些技术使得企业能够以更低的成本、更高的效率和更个性化的方式创造价值，同时也促进了新的交换机制和交易架构的形成。

（4）知识吸收与利用。企业的知识吸收能力对于商业模式创新至关重要。通过获取、吸收和利用新知识，企业能够更有效地解决问题，缩短产品开发周期，并探索新的商业模式。

（5）大数据分析。在动态变化的商业环境中，大数据分析能力成为提升企业竞争力的关键。通过对大量数据的分析，企业能够洞察市场趋势，预测消费者行为，从而实现商业模式的根本性创新。

例如，通过整合移动应用技术和共享经济模式，滴滴出行改变了传统出租车行业的运营方式，为用户提供了更加便捷和高效的出行服务。

商业模式创新涉及企业整体运营方式的根本性变革。它不仅仅是单一要素的调整，而是对企业如何创造价值、传递价值和获取价值的整体框架的重塑。这种创新可以由多种因素触发，包括市场需求的变化、技术的进步、竞争环境的演变等。商业模式创新的核心在于它能够为企业带来新的竞争优势，开辟新的市场空间，或者以更高效的方式满足现有市场的需求。诺基亚的例子很好地说明了商业模式创新的过程。在20世纪90年代，诺基亚从一家多元化的化工和橡胶公司转型为专注于移动通信设备的制造商。这一转型涉及了企业资源的重新配置、生产流程的优化、供应链的调整以及市场定位的重新定义。诺基亚通过这一战略转变，成功地抓住了移动通信行业的增长机遇，成为全球领先的手机制造商之一。

2. 商业模式创新的影响因素

商业模式创新是一个复杂的过程，受到多种内外因素的影响。以下是一些主要的影响因素。

（1）技术与市场是商业模式创新的重要外部驱动因素。新技术的出现，如互联网、人工智能、大数据等，为企业提供了新的工具和平台，使得商业模式创新成为可能。这些技术改变了信息的获取、处理和传递方式，以及产品和服务的生产、分销和消费模式。消费者需求的变化和新兴市场的出现为企业提供了新的商业机会。企业需要敏锐地捕捉这些变化，以便及时调整或创新商业模式以满足市场需求。

（2）管理者认知、实验与学习、组织结构以及组织能力是重要的内部因素。管理者在推动商业模式创新中扮演着至关重要的角色。他们需要具备敏锐的洞察力，能够识别和理解外部环境的变化，如技术进步、市场需求的演进以及竞争对手的动态。同时，管理者还需要对组织内部有深刻的认识，包括企业的资源、能力和文化，以便在这些基础上制定和实施创新战略。组织架构的灵活性是支持商业模式创新的关键。一个能够快速响应变化的组织结构可以有效地整合资源，避免资源在新旧业务模式之间的冲突。例如，谷歌的"20%时间"政策允许员工将20%的工作时间用于自己感兴趣的项目，这种灵活的工作方式催生了许多创新产品，如Gmail和Google News。组织能力，包括战略创新能力、资源配置能力和组织凝聚力，是实现商业模式创新的基础。战略创新能力使企业能够制订和执行有效的创新计划；资源配置能力确保企业能够将资源投入最有价值的创新项目中；组织凝聚力则有助于维持团队的士气和动力，确保创新过程的顺利进行。例如，华为在通信设备和智能手机市场的创新就是一个典型案例。华为的创新不仅体现在其创始人任正非的战略眼光上，还体现在公司对研发的持续投入和全球范围内的资源配置能力，以及其强大的组织凝聚力。

（3）商业模式创新面临的内部障碍对企业的发展构成了挑战。认知障碍，例如企业可能因为长期遵循某种价值创造和价值获取的逻辑，难以接受新的商业模式或市场变化。战略障碍，企业的战略目标可能与市场变化不同步，或者短期利益与长期发展目标发生冲突。操作障碍，例如资源分配不均、能力不足或流程僵化可能导致商业模式创新的实施困难。

商业模式创新是一个兼具动态性和过程性的创新活动，企业管理者亟须具备良好的信息素养及管理技巧，更好地引导企业在商业模式创新的道路上稳健前行，实现可持续发展。这不仅需要个人的努力，还需要企业层面的支持，包括建立创新友好的组织结构、提供必要的培训和资源，以及营造一个鼓励尝试和容忍失败的环境。

东方甄选的商业模式创新

在各大直播间"123 上链接"的吆喝声中，东方甄选以"知识分子风"的带货形式迅速成长为"直播界天花板"。在 20 天时间内，它的粉丝数量从 100 万到 2000 万，单日成交额从 300 多万元增长到 7000 多万元。从被迫转型到实现逆袭，东方甄选是如何成功识别转型机会的？它的商业模式是什么，有何创新之处？热度过后，风波来袭，它该如何应对？东方甄选又能否实现它的目标，成为中国高品质农产品缔造者，为我国乡村振兴添砖加瓦？2021 年 7 月 24 日，《关于进一步减轻义务教育阶段学生作业负担和校外培训负担的意见》（"双减"）明确指出，"坚持从严治理，全面规范校外培训行为"，教培行业迎来清算，此后股价大跌、被迫裁员，甚至濒临倒闭成了众多教育企业的现状，跨越教育行业数次周期的新东方也不外如是。之后不到三个月的时间，俞敏洪为新东方转型想好了新的发展方向。这条道路内生于其多年来一直关切和忧虑的议题，思考如何对农村提供重要的帮助。2021 年 9 月，新东方内部开始讨论转型直播带货。关于为何选择助农直播，俞敏洪给出了如下理由。其一，出于对农业的热爱。俞敏洪表示，"为什么我选择去做农产品？理由非常简单，我喜欢农业。我从 1 岁到 18 岁在农村长大，所有的农业产品只要在我家乡能种的，我全种过"。选择助农直播，俞敏洪希望能够为全国农民提供产品增值服务，做连接农民和消费者的值得信赖的平台。其二，做正确的事。"做正确的事，正确地做事。当助农直播成为俞敏洪和'东方甄选'努力的方向，那这件事，就被赋予了更为坚定的意义。"农业本是民生之本，在"乡村振兴，助农先行"的引领下，众多公司近年来都在相继投身农业建设。

2021 年 11 月 7 日，俞敏洪在抖音平台首次直播，宣布新东方的转型方向：成立农产品交易平台，自己将会和新东方的老师们一起，通过直播带货帮助农产品销售，也为消费者严选优质农产品。在教培行业，新东方以"将总数近 8 万套的闲置课桌椅捐献给农村孩子"为句点，完成了体面的退场；在直播电商行业，新东方以"东方甄选"为起点，发力直播电商。2021 年 12 月 28 日，东方甄选正式开播。2022 年 6 月初，东方甄选直播间出现了一位酷似"兵马俑"的陕西青年流利切换双语讲解着产品。彼时，东方甄选火爆出圈。

靠"知识带货"火爆的东方甄选，又一次靠创新出圈。除了按部就班的常规直播外，东方甄选又把直播间搬到了户外的果园、稻田里，在农业道路上的布局越来越深。2022年7月17日，东方甄选将直播间搬到了北京市平谷区的一个桃园，这是东方甄选的首场户外直播，带货农产品为桃子。当俞敏洪与"兵马俑"老师董宇辉出现在直播间后，直播间的最高同时在线人数超过了20万，1万单桃子则在开售后不到10分钟便售罄。此后，这个卖桃子的直播间画面变得十分魔幻：俞敏洪吃着桃子，董宇辉聊着诗词、人生和理想，只剩下观看直播的网友不断在弹幕中问："桃子怎么下架了""桃子怎么买不了了""桃子没了吗"……

资料来源：杜军，于帆，王宇航，等. 找准赛道利用优势：东方甄选的商业模式创新[A]. 中国管理案例共享中心案例库，2024.

4.3 创业商业模式选择

4.3.1 选择商业模式的方法

1. 标杆分析法

标杆分析法又称基准化分析法，是一种系统性的管理工具，它允许企业通过比较自身的业务流程、产品、服务、工作方法等与行业内最佳实践或领先企业的标准，以此来识别改进的机会。这种方法的核心在于通过学习和模仿最佳实践来提升自身的竞争力。通过标杆分析，企业不仅能够提升现有业务的效率和效果，还能够探索新的商业模式和增长机会。例如，腾讯通过学习国际社交媒体平台的运营策略，成功地将微信打造成一个集社交、支付、娱乐于一体的综合平台。

标杆分析法在企业商业模式的选择和变革中扮演着至关重要的角色。通过以下两个方面的标杆分析，企业可以更有效地进行战略规划和实施。一是竞争对手分析。企业通过分析竞争对手的商业模式、市场定位、产品或服务特点、客户关系管理、供应链效率等，了解竞争对手的优势和劣势，以及它们在市场中的表现。企业可以根据自身在这些方面的不足，制定相应的改进措施，以缩小与竞争对手的差距或超越它们。二是行业内外一流企业分析。研究一流企业的创新策略、技术应用、组织结构、企业文化等，通过借鉴行业内外最佳实践，获取创新的商业模式和管理方法。标杆分析法帮助企业实现商业模式与企业战略的紧密结合，推动企业持续创新和发展。

在企业准备采用标杆分析法选择和构建商业模式之前，首先需要进行深入的自我评估和市场分析。企业应明确自己的核心竞争力，这些可能是独特的产品特性、高效的运营流程或强大的品牌影响力。同时，企业也需要诚实地面对自身的弱点，比如成本结构、技术落后或市场响应速度慢等。分析市场中存在的增长机会，如新兴市场、技术变革或消费者行为的变化，识别可能对企业构成挑战的因素，如竞争对手的策略、政策变动或经济波动。其次，确定哪些业务流程对企业的成功至关重要，这些流程包括产品开发、供应链管理、客户服务等。基于这些关键环节，选择行业内表现最佳的企业作为标杆，这些企业可能在效率、创新或客户满意度等方面有显著优势。最后，收集本企业和标杆企业在选定环节的相关数据，进行对比分析，找出差距。基于分析结果，制定具体的改进措施，这些措施旨在缩小与标杆企业的差距。将改进措施付诸实践，确保所有相关团队都了解并参与到这一过程中。定期检查改进措施的实施情况，评估效果，并根据反馈进行调整。

2. 德尔菲法

德尔菲法（Delphi method），又称专家意见法，是一种结构化的专家咨询技术，它通过一系列匿名的问卷调查来收集和整合专家的意见，以达成对某一问题的共识。这种方法的核心在于，专家们在不知道其他专家意见的情况下，独立地对一系列问题提供自己的看法。在每一轮调查结束后，专家会收到关于他们意见的汇总信息，这有助于他们在下一轮中调整自己的回答。专家在提供意见时保持匿名，这有助于减少社会压力和群体思维，鼓励他们提供真实和独立的观点。通过多轮调查，德尔菲法能够量化专家意见的一致性，通常通过计算中位数、平均值等统计指标来确定最终的共识。

企业采用德尔菲法来优化或构建商业模式时，确实需要遵循一系列详细的步骤，以确保过程的有效性和结果的准确性。第一，企业需要清晰地定义其商业模式的各个组成部分，包括价值主张、客户细分、渠道、客户关系、收入流、关键资源、关键活动、关键合作伙伴和成本结构等。第二，根据商业模式的各个环节，设计问卷，确保问题具体、明确，能够引导专家深入分析每个环节的作用、价值和必要性。第三，选择对企业有深入了解的专家，无论是内部管理人员、高层管理者还是外部专家，确保他们具备所需的专业知识和经验。将问卷发放给专家小组，要求他们基于提供的资料和自身经验，对商业模式的每个环节进行分析，并提出改进建议。第四，收集专家的意见，进行汇总和分析，形成初步的共识。将这些信息反馈给专家小组，以便他们在下一轮调查中进行参考。通过多轮调查，企业逐步缩小专家意见的差异，直至达成较为一致的看法。每一轮都涉及对商业模式的进一步细化和调整。第五，在专家意见趋同后，企业组织实施者对收集到的信息进行综合处理，形成最终的商业模式决策建议。

根据德尔菲法得出的结论，企业可以开始实施新的商业模式，并在实施过程中持续评估其效果，确保与企业的战略目标和市场环境保持一致。

3. 利润库法

贝恩咨询公司的 Orit Gadiesh 和 James Gilbert 在 1998 年提出的"利润库"（profit pools）概念，为企业分析和战略规划提供了一个有力的工具。这个概念的核心思想是，在一个行业中，利润并不是均匀分布在整个价值链上的，而是集中在某些特定的环节。企业通过识别这些利润丰厚的环节，可以更有效地定位自己的业务，从而实现更高的盈利能力。利润库分析帮助企业理解行业内部的利润动态，避免盲目进入低利润环节，同时寻找和利用高利润环节的机会。通过这种分析，企业可以更精准地制定战略，优化资源分配，提高整体的竞争力和盈利能力。例如，华为（Huawei）通过控制关键的研发和创新环节，成功地在通信设备和智能手机行业中占据了利润库的显著份额。

利润库法可以被应用于企业内部的价值链分析，帮助管理者识别和优化内部流程，以提高效率和盈利能力。企业内部价值链是企业创造价值和成本发生的核心环节。通过分析这些环节，企业可以更好地理解自身的成本结构和利润来源。首先，企业需要识别和定义其内部价值链的各个环节，包括研发、生产、营销、销售、物流、客户服务等，并对每个内部环节进行成本和利润分析，确定每个环节对企业总利润的贡献度。这涉及对直接成本、间接成本、固定成本和变动成本的详细核算。其次，在分析的基础上，找出那些利润创造力低但成本消耗高的环节。这些环节可能是由流程不优化、资源配置不合理或技术落后等导致的效率低下。再次，针对识别出的低效环节，制定优化策略。这包括流程重组、技术升级、外包非核心业务、提高自动化水平等措施。最后,实施优化措施,并持续监控其效果。通过定期的内部审计和绩效评估,企业要确保优化措施能够带来预期的成本节约和效率提升。利润库法的应用是一个持续的过程。企业应不断回顾和更新内部价值链分析,以适应市场变化和内部条件的变化,确保持续的竞争力。

在商业模式的选择过程中,利润库法可以帮助企业确定哪些业务模式能够带来最大的利润。这涉及对不同商业模式成本结构、收入来源和盈利能力的评估。在商业模式内部,利润库法可以帮助企业确定哪些子模式(如产品线、服务类型等)最具盈利潜力。这有助于企业资源的合理分配,确保投资于最具有创造价值的领域。

4.3.2 商业模式选择

对于创业者来说,尽管已经掌握了商业模式设计的基本概念和方法,但在实际应用中,确实需要对所选商业模式进行深入评估,以确保其适应性和可行性。

1. 商业模式选择的原则

1)明确自身定位,选择正确的开始

创业者应明确自己的品牌定位和业务核心,这有助于在市场中建立独特的品牌形象,吸引目标客户群体。在确定业务方向后,创业者需要不断改进和扩展业务领域,以适应市场变化和客户需求。通过分析国际市场趋势,参加贸易展览,与行业专家交流,创业者能够更好地了解行业动态,发现新的商机。创业者选定的发展方向应与当前的商业计划保持一致,确保战略的连贯性和执行的有效性。创业者还需要制订明确的预算计划,合理分配资金,避免不必要的开支,确保企业在关键时期有足够的现金流。创业者还应对商业模式的风险进行评估,并制定应对策略,以减少潜在的财务风险。创业者应保持现实的盈利预期,避免过度乐观,确保商业模式的可行性和盈利能力。

2)识别市场机遇,设定正确的目标

创业者在挑选和设计商业模式时需要深入理解客户需求,并将这些需求作为创新和决策的重要依据,将客户的需求和期望置于商业模式设计的核心,确保产品和服务能够解决客户的实际问题。创业者需要通过市场调研、用户访谈、数据分析等方法,深入洞察客户的生活方式、工作习惯以及他们的担忧和愿望后,识别并确定不同客户群体的优先级,以便对资源进行有效分配和制定市场策略。在关注现有客户的同时,创业者应保持对新客户群体的敏感性,探索潜在市场和未被满足的需求,并根据客户反馈不断调整和优化。在追求创新的同时,创业者也要考虑产品的实用性和市场接受度,确保创新能够转化为实际的商业价值。

3)快速迭代,让产品匹配市场

在数字时代,创业者面临的环境充满了不确定性和快速变化。为了在这样的环境中成功,创业者需要采取一系列策略来加速初创企业的迭代过程,确保产品与市场的匹配,并提高成功概率。例如,采用敏捷开发方法,加快产品开发周期,允许团队快速响应市场变化和用户反馈;利用最小可行产品,创建最小可行产品,即包含核心功能的产品原型,快速推向市场并获得用户反馈,有助于在早期阶段验证产品概念,同时降低开发成本;利用数据分析工具来收集和分析用户行为数据,确保决策基于可验证的事实。这有助于创业者理解用户需求，优化产品特性，并指导市场策略，等等。通过这些策略，创业者可以在数字时代的高速变化中保持竞争力，快速迭代产品，实现与市场的紧密对接，从而提高初创企业的生存和发展概率。

4）即时转型，提高市场竞争力

在数字技术的推动下，市场和客户需求的个性化与定制化趋势日益明显，这对新创企业提出了新的挑战。为了适应这种快速变化的环境，创业者需要具备快速迭代和转型的能力，以便及时调整商业模式。创业转型是指企业在发展过程中的关键转折点，可能涉及产品、市场、商业模式等方面的重大调整。创业者需要对这些转型做好准备，以便在必要时迅速实施。在转型过程中，创业者需要与内部团队成员和外部利益相关者（如投资者、合作伙伴、客户）进行有效沟通，确保他们对转型的方向和目标有共同的理解和认同。创业者还应采取行动导向的方法，通过实践来探索新的商业模式。在这个过程中，试错是不可避免的。

例如，美团最初以团购服务起家，专注于为用户提供餐饮、电影票等本地生活服务的优惠信息。随着市场的发展和用户需求的变化，美团不断进行业务拓展和转型。美团首先将业务从团购扩展到外卖服务，推出了美团外卖，迅速占领了市场份额，并成为该领域的主要玩家之一。随后，美团进一步提供多元化的服务，包括酒店预订、旅游、电影票、打车（美团打车）等多个领域，形成了一个综合性的本地生活服务平台。美团通过技术创新，如大数据分析和人工智能，优化了其服务流程，提高了运营效率，同时也为用户提供了更加个性化的服务体验。美团在不断尝试新的商业模式和服务，如推出"美团买菜"等新业务，以适应消费者对于便捷生活服务的需求。面对竞争对手和市场变化时，美团能够快速调整策略，如在疫情防控期间推出无接触配送服务，以保障用户安全。通过这些转型和迭代，美团不仅在竞争激烈的市场中保持了领先地位，还成功地从一个单一的团购平台发展成为覆盖多个领域的综合性生活服务平台。

5）关注成长，避免发展困境

一个具有长期发展潜力的商业模式能够为企业带来持续的增长机会，帮助企业在竞争激烈的市场中保持领先地位。创业者在评估商业模式发展潜力时应考虑：第一，市场需求的持续性。分析目标市场的长期需求，确保所选商业模式能够满足未来消费者的需求，并且有持续增长的潜力。第二，评估商业模式的可扩展性，即企业能否在保持效率的同时，扩大业务规模，进入新的市场或增加新的产品和服务。第三，技术适应性。商业模式应具备适应新技术的能力，以便利用技术进步来提升服务质量和运营效率。考虑商业模式是否能够建立竞争壁垒，如专利技术、品牌忠诚度、网络效应等，以保护企业免受竞争对手的冲击。第四，盈利模式的多样性。一个多元化的盈利模式可以降低企业对单一收入来源的依赖，提高企业的抗风险能力。

6）保持创新，确保企业活力

商业模式的灵活性和适应性对于创业者来说至关重要，特别是在企业成长的不同阶段。创业者应不断探索新的创意和方法，保持业务的新鲜感和吸引力，以维持客户的兴趣和忠诚度；为企业设定清晰、具有挑战性的目标，激励团队追求卓越，实现更高的业绩；

鼓励员工持续学习和提升技能，为企业的创新和发展注入新的活力。同时，为员工提供成长和发展的机会，提高团队的整体能力。对于出现的机遇，如资金筹集或合作伙伴关系，创业者应进行仔细评估，确保这些机会与企业的长期战略相符合。在企业成长到一定阶段后，创业者应利用积累的资源，进一步推动企业的扩张和创新。随着企业的发展，创业者需要调整商业模式，以适应市场变化、客户需求和技术进步。

例如，腾讯最初以即时通信软件QQ起家，随后通过多元化战略，进入了游戏、社交媒体（如微信）、数字内容、在线广告、金融科技等多个领域。腾讯持续投资于技术创新，特别是在人工智能、大数据和云计算等领域，以保持其在科技行业的领先地位。腾讯通过构建一个庞大的生态系统，将旗下的各种服务和产品相互连接，为用户提供一站式的数字生活体验。腾讯还注重员工的职业发展和个人成长，提供培训和晋升机会，同时通过股权激励等措施，激发员工的创新精神和工作热情。腾讯在移动互联网兴起时，推出了微信并迅速占领了市场，成为全球最大的社交平台之一。腾讯的例子展示了中国企业通过不断的商业模式创新和战略调整，实现长期的可持续发展。

2. 选择商业模式的要点

在选择商业模式时，创业者确实需要考虑五个关键要点，以确保企业的成功和可持续性。

（1）能够在合理的时间内实现盈利。这不仅有助于企业的生存，也是吸引投资者和维持市场信心的重要因素。如果商业模式长时间无法盈利，创业者应审视其可行性并考虑必要的调整。

（2）自我保护机制。建立进入壁垒可以保护企业免受竞争对手的侵蚀。这包括专利保护、品牌忠诚度、独家分销协议、商业秘密以及市场先行者的优势。这些壁垒有助于维持企业的市场地位和利润率。

（3）启动和自启动能力。一个易于启动的商业模式可以减少创业初期的资源消耗，提高企业的生存率。自启动能力意味着商业模式能够在没有外部资金支持的情况下自我维持和发展。

（4）商业模式应具备灵活性，以便在市场环境变化时能够快速调整。过度依赖外部客户或合作伙伴会限制企业的自主性和应对市场变化的能力。

（5）财务退出策略。虽然不是所有创业者都寻求财务退出，但考虑这一可能性可以为企业提供更多的战略选择，这包括吸引风险投资、进行股权融资或最终出售给更大的企业。

选择商业模式时，创业者还应考虑市场需求、资源和能力、可持续性及风险管理。通过综合考虑这些要点，创业者设计出既符合市场趋势又具有长期发展潜力的商业模式，从而提高创业成功的概率。

4.4 数据驱动商业模式

在数字化时代，数据驱动的商业模式已经成为许多创业企业成功的关键因素。它利用数据分析和数字技术来优化决策过程，提高效率，增强用户体验，并创造新的收入来源。

数字化商业模式创新为企业提供了前所未有的发展机遇，同时也带来了新的挑战，如数据安全和隐私保护。

4.4.1 数字化商业模式创新的内涵

数字化商业模式创新（digital business model innovation）是指企业在数字化时代为了适应市场变化和客户需求，通过整合数字技术来重塑其创造价值、传递价值和获取价值的方式。这种创新可以带来全新的商业模式，为企业带来竞争优势和增长机会。技术和业务是数字化商业模式创新的两个核心要素。根据数字化商业模式创新中技术和业务的不同平衡态，数字化商业模式创新分为技术驱动型数字化商业模式创新和业务驱动型数字化商业模式创新。[①]

技术驱动型数字化商业模式创新强调的是企业通过内部研发或集成的数字技术来推动商业模式的变革。这种创新通常发生在技术创业领域，其中技术本身是企业核心竞争力的来源。企业依赖于其在特定技术领域的专长，如人工智能、机器学习、区块链、物联网等，这些技术为商业模式提供了新的可能性。随着技术的发展，企业需要调整其商业模式的各个要素，如价值主张、客户关系、收入流、成本结构等，以最大化技术的价值。这种创新模式常见于初创企业，它们通常在成立之初就以技术创新为出发点，寻求通过技术突破来解决特定问题或满足市场需求。

业务驱动型数字化商业模式创新侧重于通过调整业务逻辑和流程来优化商业模式，同时利用外部的数字技术来增强这些调整效果。这种创新模式在平台型企业中尤为常见，因为这些企业通常依赖于连接不同的市场参与者，并通过提供平台服务来创造价值。企业首先识别业务流程中的改进点，然后通过调整这些流程来提高效率、降低成本或创造新的收入来源。企业利用现有的数字技术，如云计算、大数据分析、移动应用开发等，来支持业务逻辑的调整和创新。这种创新模式适用于那些创建或运营在线平台的企业，这些平台可以是电子商务、社交媒体、共享经济或其他类型的市场连接者。

虽然技术驱动型和业务驱动型数字化商业模式创新在创新过程中的侧重点和实施顺序上有所不同，但它们共同推动了企业向数字化转型。技术驱动型数字化商业模式创新中，技术创新是推动变革的主要动力，企业通过技术突破来创造新的市场机会或改进现有产品。业务驱动型数字化商业模式创新中，企业首先识别业务流程中的问题或改进机会，然后寻找合适的数字技术来解决这些问题或利用这些机会。因此，业务逻辑的调整是其创新的起点，企业通过优化业务流程来提高效率、降低成本或增强客户体验。

4.4.2 数据驱动商业模式创新的重要性

1. 数字化商业模式创新驱动创业已成为我国数字经济发展的关键动力

新兴的数字技术催生了共享经济、平台经济等新的商业模式，这些模式通过连接不同的市场参与者，创造了新的市场机会和价值。数字经济中的增长往往遵循经济学家约瑟

---

① 张帅. 创业企业数字化商业模式创新的过程与路径研究[D]. 大连：大连理工大学，2022.

夫·熊彼特（Joseph Schumpeter）提出的创造性破坏理论，即通过创新来不断淘汰旧的生产方式，推动经济的持续增长。数字化商业模式创新为创业者提供了新的工具和平台，使他们能够快速进入市场，测试新想法，并实现规模化发展。企业通过数字化转型，不仅能够提高现有产品和服务的价值，还能够创造全新的价值，如通过数据分析提供个性化推荐、通过物联网实现智能管理等。数字化商业模式创新已经成为推动经济增长和创业活动的重要力量。它不仅改变了企业如何创造价值和获取利润，也为消费者带来了更多的选择和更好的体验。

2. 技术和业务相互融合丰富了创业企业数字化商业模式创新的多样性

数字技术为创业企业提供了构建竞争优势的新途径，特别是在数字化商业模式创新方面。这种创新不仅关注于业务流程的优化，还强调技术与业务的深度融合，以实现更高效的价值创造和传递。例如，蚂蚁金服通过持续投入数字技术研发，保持在移动支付领域的技术领先地位。这种技术驱动的创新使得蚂蚁金服能够不断优化其支付平台，提供更加安全、便捷的支付体验。通过技术迭代，蚂蚁金服将移动支付技术嵌入更多应用模块中，如金融理财、生活服务等，从而覆盖更广泛的业务场景，增强用户体验。韩都衣舍通过调整其业务逻辑，采用阿米巴模式进行价值创造。这种模式允许企业内部形成多个小型、灵活的业务单元，以快速响应市场变化。韩都衣舍利用成熟的电商平台和数字分析工具，实现线上业务的高效运营。这种业务驱动的创新使得企业能够更好地理解消费者需求，提供个性化的产品，并通过数据分析优化库存管理和营销策略。

3. 数字环境的高动态性给创业企业数字化商业模式创新带来严峻挑战

数字环境的高动态性为创业企业进行数字化商业模式创新带来了多方面的挑战。具体表现如下：第一，新技术的快速出现和迭代要求企业不断更新技术，以保持产品和服务的竞争力。这不仅需要持续进行研发投入，还需要企业具备快速学习和适应新技术的能力。第二，用户需求和偏好的快速变化迫使企业必须能够迅速调整其产品或服务，以满足市场的即时需求。这要求企业具备高度的市场敏感性和快速响应机制。第三，数字化降低了市场进入壁垒，导致竞争更加激烈。创业企业需要不断创新和优化商业模式，以在众多竞争者中脱颖而出。第四，在数字化商业模式中，数据安全和用户隐私保护成为关键问题。企业必须确保其数据处理和存储符合法律法规，并保护用户数据不受侵犯。第五，在资源有限的情况下，如何平衡短期收益和长期战略投资，以及在技术创新和市场拓展之间分配资源，是创业企业面临的重大挑战。数字化商业模式涉及复杂的供应链和物流管理，尤其是在跨境电商和即时配送等领域，企业需要有效管理这些复杂性的环节，以确保服务的高效和可靠。

本章知识要点及关键词

知识要点

1. 商业模式是描述一个组织如何创造、传递和捕获价值的框架。
2. 商业模式的核心目标是通过价值共创和共享，实现利益相关者之间的共赢。

3. 商业模式设计是将企业的商业理念转化为具体的行动计划，包括确定目标市场、明确价值主张、选择渠道策略、建立顾客关系、设定收入模式、配置核心资源、规划关键业务流程、确定合作伙伴关系以及成本控制等。

4. 商业模式设计分为四个阶段：构思设想阶段、实践探索阶段、检查评估阶段、修正提升阶段。

5. 价值主张是商业模式中描述企业如何为特定顾客群体创造价值的核心要素。

6. 收入来源是商业模式中描述企业如何从顾客那里获得收入的要素，它直接关系到企业的盈利能力和财务健康情况。

7. 创新驱动战略是推动经济高质量发展的关键，它强调通过激发企业的创新意愿和能力，实现生产要素的优化配置和生产方式的革新。

8. 商业模式创新指企业为了在市场中获得竞争优势，对现有商业模式进行根本性的改变或创造全新的商业模式。

9. 数字化商业模式创新是指企业在数字化时代为了适应市场变化和客户需求，通过整合数字技术来重塑其创造价值、传递价值和获取价值的方式。

关键词

商业模式　商业模式设计　商业模式画布　价值主张　创新驱动　商业模式创新　数据驱动　数字化商业模式创新

思考题

1. 商业模式的内涵和要素是什么？
2. 如何进行商业模式设计？商业模式设计流程由哪几个阶段构成？
3. 商业模式解决的关键问题有哪些？
4. 什么是影响商业模式创新的重要因素？
5. 如何进行创业商业模式选择？商业模式选择的原则是什么？
6. 数据驱动的商业模式创新和传统的商业模式创新之间的区别是什么？
7. 读完本章，你认为企业有了好的商业模式就能够成功吗？

数字背景下的商业模式创新

技术变革和社会转型推动了创业潮，也形成了各式各样的商业模式。你能用商业模式的九要素来设计一种相对完整的商业模式吗？之后按照商业模式设计原则及流程，验证该商业模式在现实中是否真的行得通。

商业模式画布

班级分组，请每个团队应用商业模式画布评估市场上一个流行的App的商业模式，并通过PPT的形式将自己团队的思路呈现出来。

（1）参照模板将团队的分析在相应位置体现出来，这将形成企业特有的商业模式。
（2）讨论画布中每个要素的变化如何影响其他要素的构造。
（3）展示团队商业模式画布的构成和逻辑，其他同学可以提问。

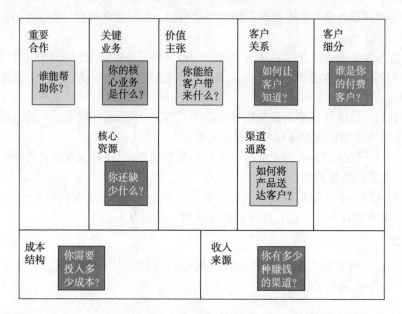

资料来源：刘志阳，林嵩，路江涌. 创新创业基础[M]. 北京：机械工业出版社，2021：134.

第 3 篇

创业者和创业团队

第 5 章

创业者素养与能力

【学习目标】

　　知识目标：能够表述创业思维的概念、构成要素及特征；能够提炼创业精神在创业过程中的重要作用；能够归纳创业者所具备的个人特质；能够解释创业者价值观和商业伦理的内涵；能够识别创业者需要具备的独特技能和素质；能够理解创业企业的社会责任和创业伦理。

　　能力目标：运用创新和解决问题的思维模式，提升识别和利用创业机会的能力；通过实践和学习提高运用伦理原则进行创业决策的能力；培养敏锐的观察力和分析力，以便在日常生活中发现潜在的创业机会；积极投身创业学习并参与相关的活动和项目，以实践经验提升创业能力。

　　素质目标：形成对"大众创业、万众创新"的时代认同，培养和提高创造力自信；理解创业思维与创业行为在新时代对我国经济社会高质量发展的重要作用，激发创业激情；以立德树人为根本目标，在创业过程中建立正确的个人价值观和企业价值观，拥有正确的社会责任；将商业伦理教育与课程思政融合，更好地深化社会主义核心价值观；强化社会责任和使命担当，树立正确的价值观，深刻理解习近平新时代中国特色社会主义思想的核心价值。

张伟：创业者的思维

　　张伟，一位曾在时尚界深耕多年的资深编辑，凭借其对女性消费者心理和时尚趋势的深刻洞察，于 2018 年创立了"衣尚"这一创新的时尚电商平台。张伟的创业之路，不仅是对市场需求的敏锐捕捉，更是对个人职业经历和资源的高效整合。

　　在创业初期，张伟面临着激烈的市场竞争和资源有限的双重挑战。然而，他凭借在时尚杂志工作期间积累的丰富经验和人脉资源，成功地构建了一个由专业时尚顾问组成的团队。这些顾问不仅具备深厚的时尚知识，还擅长通过智能推荐系统为用户量身定制搭配方案，极大地提升了购物体验。

　　张伟深知，女性消费者在追求时尚的同时，也渴望便捷和个性化的服务。因此，"衣尚"平台不仅提供了风格测试和一对一咨询，还创新性地推出了"衣尚盒子"试穿服务。这一服务允许用户在家中就能试穿精选的服装，极大地节省了她们的时间，同时也降低了购物的不确定性。

2019年春季，张伟的"衣尚盒子"试穿服务一经推出，便迅速在女性消费者中引起了轰动。用户们纷纷在社交媒体上分享自己的试穿体验，这种口碑传播效应极大地提升了"衣尚"的品牌知名度。张伟的这一创新举措，不仅解决了女性消费者的核心痛点，也展现了他在创业过程中的领导力和前瞻性思维。

到了2020年，张伟的"衣尚"平台已经吸引了超过10万的注册用户，并且成功获得了知名风险投资机构的青睐。这一成就的背后，是张伟对市场趋势的精准把握，以及他对用户体验的不懈追求。他始终坚持，创业不仅仅是商业行为，更是一种生活态度和美学理念的传递。张伟的故事，再次证明了创业者在创业过程中的重要性。他们的创新思维、领导力和对市场的深刻理解，是推动企业成功的关键因素。

资料来源：根据网络资料编写。

5.1 创业者的思维模式

5.1.1 创业思维

1. 因果逻辑与效果逻辑

面对未来的不确定性，创业者和管理者需要采取有效的决策策略。因果逻辑和效果逻辑是两种不同的思维模式，它们可以帮助创业者在不确定性中做出更明智的选择。

因果逻辑，也称预测逻辑，是一种基于过去经验和数据来预测未来事件的思维方式。它的核心在于认为存在一种可识别的因果关系，即某些因素（原因）会导致特定的结果（效果）。在商业决策中，这种逻辑鼓励决策者通过分析历史数据和趋势来预测市场变化，从而制定策略以控制风险。然而，现实世界中的不确定性因素众多，包括市场动态、技术革新、政策变动等，这些因素往往难以预测，导致因果关系变得复杂和不稳定。在这种情况下，过度依赖因果逻辑进行决策可能会遇到以下问题。

（1）预测失准：由于外部环境的快速变化，过去的经验可能无法准确预测未来，决策失误。

（2）过度依赖历史数据：决策者可能会忽视新兴趋势和创新机会，因为这些在历史数据中找不到对应。

（3）应对策略僵化：过分关注预测和控制风险导致决策过程变得僵化，缺乏灵活性和创新。

例如，一家企业基于过去几年的销售数据预测，认为某产品销量在未来一年内将保持稳定的增长。然而，如果市场突然出现新的竞争对手，或者消费者偏好发生重大变化，那么这种基于因果逻辑的预测就可能失准，企业需要迅速调整策略以应对这些变化。

效果逻辑：又称非预测逻辑，强调在不确定性环境下，创业者如何通过利用现有资源和能力以及与利益相关者的互动，来创造和把握机会。与传统的因果逻辑不同，效果逻辑不依赖于对市场和环境的精确预测，而是通过实际行动来探索和塑造未来。效果逻辑的核心要点包括以下方面。

（1）手段导向：创业者从自己拥有的资源（如技能、知识、人脉等）出发，而不是从预设的目标出发。

（2）合作伙伴关系：创业者积极寻找和建立与利益相关者的合作关系，这些合作伙伴愿意共同参与并为创业项目贡献资源。

（3）连续行动：未来是通过一系列连续的、适应性的行动来创造的，而不是通过一次性的计划和预测。

（4）控制而非预测：效果逻辑强调对过程的控制，而非对未来结果的精确预测。创业者通过灵活调整策略来应对不断变化的环境。

例如，一个创业者拥有一定的编程技能和对市场趋势的理解。他不会一开始就制订一个详细的商业计划，而是首先创建一个最小可行产品（MVP），然后通过与潜在客户、投资者和其他创业者的互动来测试市场反应。根据反馈，他会调整产品特性、商业模式或营销策略。在这个过程中，创业者不断地通过行动来探索和创造机会，而不是试图预测市场将如何发展。通过这种方式，创业者能够更好地适应市场变化，并在实践中找到成功的路径。

因果逻辑和效果逻辑在创业活动中的指导作用产生了不同的行为模式和步骤。因果逻辑强调对市场和客户需求的预测，以及基于这些预测来规划和执行创业活动；效果逻辑更侧重于利用现有资源和能力，通过与利益相关者的互动来探索和创造机会，而不是依赖对市场的预测。无论是采用因果逻辑还是效果逻辑，创业者都需要具备灵活性和适应性，以便在不断变化的市场环境中找到成功的道路。

2. 效果逻辑下的创业思维

在创业初期，面对高度不确定的市场环境，创业者往往难以通过传统的因果逻辑（即基于预测和计划的方法）来制定决策。因果逻辑依赖于对未来的准确预测，这在变化迅速和不可预测的商业环境中往往难以实现。相反，效果逻辑提供了一种更加适应不确定性的决策框架，它强调从创业者现有的资源和能力出发，通过实际行动来探索和创造机会。根据效果逻辑的基本观点，创业思维大致包含以下五种。

1）创业思维1："飞机导航员"思维

"飞机导航员"思维强调创业者在面对不确定性时，应该像飞机导航员一样，通过不断调整和控制来引导未来的方向，而不是依赖于对未来的精确预测。这种思维方式要求创业者积极参与到创业过程中，通过与他人的互动和合作，以及对资源的有效利用，来塑造和影响未来的结果。

在实际的创业活动中，创业者会遇到不同的情况，每种情况都要求不同的策略和行动。

（1）资源掌控度高，未来结果可预测。在这种情况下，创业者可以利用自己对资源的控制力，采取创新的方法来开展创业活动。他们可以制订明确的计划，并利用自己的知识和技能来实现目标。

（2）资源掌控度高，未来结果不可预测。即使创业者对自己的资源有较高的控制度，但如果未来结果难以预测，他们应该保持开放的心态，愿意接受变化，并准备好随时调整策略。这种"随遇而安"的态度有助于创业者面对未知时保持灵活性。

（3）资源掌控度低，未来结果部分可见。在资源有限且未来结果部分可见的情况下，创业者需要更加谨慎地选择合作伙伴和利益相关者。他们应该寻找那些能够提供支持和资源的人，以弥补自身资源的不足，并共同推动项目向前发展。

"飞机导航员"思维的核心在于，创业者通过主动的行动和策略选择，而不是被动地依赖预测，来影响和控制创业过程。这种思维方式鼓励创业者在不确定性中寻找机会，通过不断学习和适应，实现目标。

2）创业思维2："手中鸟"思维

"手中鸟"思维强调创业者在创业时应该从自己现有的资源和能力出发，而不是从预设的目标开始。这种思维方式要求创业者首先识别和评估自己拥有的资源，包括个人特质、知识、技能以及社交网络，这些都是创业过程中的"手中鸟"。

（1）"我是谁"：创业者需要了解自己的个人特质和能力，这包括他们的技能、经验、教育背景以及对市场的理解和洞察力。

（2）"我知道什么"：创业者应该清楚自己的知识储备，包括专业知识、行业经验以及对市场趋势的把握。这些知识可以帮助创业者在创业过程中做出更明智的决策。

（3）"我认识谁"：创业者需要识别和利用自己的社会联系，这些联系可能包括潜在的合作伙伴、投资者、客户和顾问。

在"手中鸟"思维的指导下，创业者会像下班回家的主妇一样，根据手头的资源（食材）来创造（宵夜），而不是像餐厅大厨那样提前计划好每一道菜的原料。这意味着创业者会根据现有条件灵活调整策略，而不是固守一个计划。这种思维方式鼓励创业者在有限的资源下发挥创造力，通过实际行动来逐步实现更高层次的目标。

3）创业思维3："可承受损失"思维

"可承受损失"思维要求创业者在评估创业项目时，重点关注的不是预期的收益，而是在项目失败时能够承受的最大损失。这种思维方式鼓励创业者在有限的资源和能力范围内，勇于尝试和探索，即使面对不确定性和潜在的风险。

在实际操作中，这意味着创业者在投入资源（如资金、时间、精力等）之前，会先设定一个损失的阈值，即他们愿意接受的最坏情况。这个阈值不仅包括财务损失，还可能涉及其他非财务因素，如个人声誉、知识产权的潜在损失，以及个人情感和心理健康等。

例如，一个创业者决定投入一定的资金开发一个新产品。在"可承受损失"的思维下，他会评估如果产品失败，他愿意损失多少资金，而不会对个人财务状况造成严重影响。他也会考虑如果项目失败，他是否愿意接受的负面评价和职业发展上的暂时停滞。一旦设定了这个损失阈值，创业者就可以在这个范围内大胆尝试，即使项目最终未能成功，也不会对他造成不可挽回的损害。随着创业过程的推进，创业者会根据项目的进展和市场反馈调整这个损失阈值。如果项目显示出积极的信号，他们会愿意承担更大的风险；相反，如果项目进展不顺，他们会选择减少投入，以降低潜在的损失。

4）创业思维4："疯狂的被单"思维

"疯狂的被单"思维借鉴了印度被单制作过程中的多样性和创造性。在这个过程中，不同的原材料和图案被随机地添加到被单上，形成了独一无二的设计。这种思维在创业中体现为创业者不拘泥于传统的竞争分析，而是专注于建立和维护与利益相关者的关系，通过这些关系来共同创造和实现目标。在创业实践中，这种思维鼓励创业者：

（1）构建战略联盟。创业者不是单打独斗，而是寻找愿意共同投入资源的合作伙伴。这些合作伙伴包括投资者、供应商、客户、顾问等。通过与这些利益相关者建立联盟，创业者可以共享资源、知识和市场渠道。

（2）动态调整目标。随着新的利益相关者加入，创业项目的目标和方向可能会发生变化。创业者需要灵活地调整自己的商业计划，以适应这些变化，确保项目能够持续发展。

（3）共创价值。创业者与利益相关者共同工作，不仅为了实现各自的目标，还为了创造更大的价值。这种合作精神有助于在不确定性中找到新的机会，并推动项目向前发展。

例如，一个创业者想要开发一款新的健康食品，他可能首先与营养学家合作，确保产品的营养科学性；然后与制造商建立联系，确保生产过程的可行性；接着与零售商和分销商建立联盟，以便产品能够顺利进入市场。在这个过程中，创业者会根据合作伙伴的反馈和市场反应，不断调整产品配方、包装设计或营销策略。随着项目的推进，可能会有新的投资者加入，提供资金支持，或者有新的分销渠道愿意合作。这将要求创业者重新评估并调整项目的整体战略。通过这种"疯狂的被单"式的合作和创新，创业者能够将各种资源和能力整合在一起，形成独特的产品和市场定位。

5）创业思维5："柠檬汁"思维

"柠檬汁"思维是一种鼓励创业者积极面对和利用意外事件的创业心态，即当遇到不利情况时，应该像对待柠檬一样，将其转化为有益的东西，比如制作柠檬汁。在创业过程中，这种思维意味着创业者应该具备将挑战和不确定性转化为机遇的能力。在实际创业活动中，这种思维的应用包括：

（1）积极应对变化。面对政策变动、市场需求变化或其他不可预见的外部因素时，创业者应该迅速调整策略，寻找新的机会点。

（2）创新和适应。当遇到技术突破、竞争对手的行动或其他意外情况时，创业者可以通过创新来适应这些变化，比如开发新的产品或服务，或者改进现有的商业模式。

（3）利用意外发现。在研发过程中，可能会有意外的发现，这些发现可能指向新的市场或技术方向。创业者应该敏锐地捕捉这些发现，并将其转化为商业价值。

例如，一家初创公司在开发一款健康追踪应用时，意外发现用户对心理健康监测功能有强烈需求。尽管这并非他们最初的产品定位，但公司决定利用这一发现，迅速开发并推出相关功能，最终这一新功能成为产品的一个亮点，吸引了大量用户，为公司带来了额外的收入和市场份额。

创业思维是一种积极主动的心态和方法论，它帮助创业者在面对不确定性和挑战时，能够识别并抓住机会，不断调整和优化自己的创业路径。面对问题和挑战，创业思维促使创业者寻找创新的解决方案，而不是抱怨或逃避。这种思维方式强调创造性思维和实践能力的结合。创业思维强调从失败中学习，将每一次尝试视为成长的机会。

5.1.2 创业思维构成要素

爱尔兰等（Ireland et al., 2003）提出的创业思维模型强调创业思维对于个体在不确定环境中识别和利用机会的重要性。这种思维模式不仅适用于创业者，也适用于任何希望在职业生涯中保持成长和创新的个体。根据他们的研究，创业思维主要包括以下四个要素。

1. 识别创业机会

识别创业机会是创业思维的关键组成部分，它要求创业者具备敏锐的洞察力和对市场动态的深刻理解。在数字时代，这种能力尤为重要，因为技术进步和全球化带来了前所未有的变化速度和复杂性。创业思维在识别机会方面体现为趋势分析、技术创新、社会变革、政策导向、跨界融合等。在数字时代，创业者需要不断学习和适应新技术，利用数据分析和市场研究工具更准确地识别和评估机会。同时，他们还需要具备快速响应市场变化的能力，以便在竞争激烈的环境中抓住机遇。通过这些方式，创业者可以利用创业思维在不断变化的世界中找到成功的路径。

2. 创业警觉

创业警觉（entrepreneurial alertness）是创业者在面对市场和环境变化时，能够迅速察觉并识别潜在商业机会的能力。这种能力使得创业者能够在竞争激烈的市场中脱颖而出，抓住那些可能被他人忽视的机会。创业警觉与创业机会识别紧密相关，是影响创业成效的关键因素之一。例如，一位创业者注意到某个社区缺乏便捷的健康食品供应，这使得他产生了开设一家健康食品店的想法。通过市场调研，他发现这一需求确实存在，并且有足够的潜在客户。凭借创业警觉，这位创业者不仅识别了机会，还迅速行动，开设了店铺，满足了市场需求，从而提高了创业成功的概率。

3. 实物期权逻辑

实物期权逻辑（real option logic）在创业决策中的应用，为创业者提供了一种在不确定性环境中评估和管理风险的新视角。这种逻辑借鉴了金融领域期权的概念，将其应用于商业决策，特别是创业投资。实物期权逻辑在创业过程中的应用如下。

（1）评估不确定性。创业者在面对不确定性时，可以通过实物期权逻辑来评估不同商业机会的价值。这类似于购买一个期权，赋予创业者在未来某个时间点以特定条件执行或放弃某个决策的权利。

（2）分阶段投资。创业者可以通过分阶段投资来降低风险。初始的少量投资相当于购买了一个期权，它允许创业者在获得更多信息后决定是否继续投资。这种策略有助于创业者在不确定性降低时做出更明智的决策。

（3）动态决策。实物期权逻辑鼓励创业者根据市场和环境的变化动态调整策略。这意味着创业者需要持续监控市场动态，评估新信息，并据此调整他们的投资计划。

（4）价值最大化。通过实物期权逻辑，创业者可以更有效地利用有限资源，避免在不确定的项目上过度投资，从而实现资源的最优配置和价值最大化。

例如，一个创业者发现了一个有潜力的新技术应用领域。他会先进行小规模的市场测试，这相当于购买了一个期权。如果测试结果积极，创业者可以选择继续投资，扩大项目规模；如果结果不尽如人意，他可以选择放弃，从而避免更大的损失。

4. 创业框架

将创业思维应用于创业框架可以显著提升企业在财务绩效方面的潜力。这种框架应该贯穿整个创业过程，确保所有资源分配决策都得到充分的考虑和重视。

（1）设立并共享目标。创业者需要利用创业思维来明确和设定企业的财务目标。这些目标应该是具体、可衡量的，并且与企业的长期愿景相一致。一旦目标确定，所有利益相关者都应了解这些目标，以及如何通过创业活动来实现它们。

（2）创建机会登记册。企业创建一个系统来记录所有识别到的创业机会。这个机会登记册详细记录每个机会的详细信息，并在企业内部共享，以便所有部门和团队都能访问。

这样，即使某个部门无法直接开发某个机会，其他具备相关能力的部门也可以利用这些信息来最大化机会的价值。

（3）时机选择。在确定了创业机会后，创业者需要评估并选择最佳的开发和实施时机。这涉及对外部市场环境的深入分析以及对企业内部资源和能力的评估。只有在外部条件和内部能力相匹配时，创业者才会采取行动，以确保资源的有效利用和创业活动的成功率。

通过这样的创业框架，企业能够系统地管理创业过程，确保每个机会都得到充分的考虑，从而提高整体的创业效率和成功率。这种框架鼓励跨部门合作，促进知识共享，并且帮助企业在不断变化的市场环境中保持灵活性和竞争力。

5.1.3 创业思维特征和学习技巧

1. 创业思维特征

（1）突破性。创业思维的突破性体现在创业者能够洞察到传统思维模式之外的创新点，从而找到解决问题的新方法。江南春，作为分众传媒的创始人，通过观察日常生活中的一个细节——电梯门上的小广告，洞察到了一个被忽视的广告空间。这个发现让他意识到，楼宇电梯口这个高流量、高关注度的地点，具有巨大的广告潜力。江南春的创业思维突破了传统的广告投放模式。他没有局限于传统的广告媒介，而是创新性地将广告屏幕安装在电梯旁，创造了一种全新的广告形式。这种模式不仅为广告商提供了一个高效触达目标受众的平台，也为分众传媒公司带来了巨大的商业成功。

（2）新颖性。通过独特的视角思考问题、解决问题。例如，一个牙膏公司经历了十年的营业额稳步增长后，在第十一年遭遇了增长停滞。面对这一挑战，一位年轻的经理提出了一个创新的解决方案，他建议将牙膏管的开口直径增加 1 毫米。这个建议背后的逻辑是，消费者在刷牙时通常会挤出相同长度的牙膏，而开口的扩大会导致每次挤出的牙膏量增加。这样，即使消费者的行为模式没有改变，他们每天使用的牙膏量也会因为开口的扩大而增加，从而间接提高了牙膏的消耗速度。这个看似简单的改变，实际上对消费者的使用习惯产生了显著影响，导致牙膏的日均消耗量增加。结果，这一策略成功地刺激了销售，使得公司的营业额在实施后的一年内实现了 32% 的增长。这个案例展示了创新思维在商业策略中的重要性，即使是微小的调整，只要能够精准地抓住消费者行为的微妙变化，也能带来巨大的商业效益。

（3）灵活性。灵活性鼓励创业者跳出传统思维的框架，以创新和适应性的方式解决问题。美国艾士隆公司董事长布希耐在公司面临市场疲软的困境时并没有遵循常规的营销策略，而是通过一次偶然的观察，发现了孩子们对丑陋昆虫的喜爱。这一发现激发了他的灵感，他意识到市场上可能存在对非传统、非主流审美产品的需求。布希耐的灵活性思维体现在他能够迅速将这一观察转化为实际行动。他没有被传统玩具市场的主流审美所束缚，而是大胆地推出了一系列"丑陋玩具"。这些玩具的设计打破了常规，以独特的方式吸引了消费者的注意力，满足了市场对新鲜感和差异化产品的需求。结果，这些玩具不仅成功吸引了消费者，还引发了一场市场热潮，为艾士隆公司带来了显著的经济效益。这个故事展示了灵活性思维的力量，它能够帮助创业者在竞争激烈的市场中找到新的机会，通过创新的方式满足消费者的需求，从而实现企业的突破和发展。

（4）求异性。求异不是盲目标新立异，而是实事求是地寻求新的解决问题的办法和思路。王老吉为了避免与百事可乐等大型饮料品牌在传统渠道上的直接竞争，在传统营销渠道的基础上，同时进入了餐饮店、酒吧等场所，开辟了一条独特的发展路径。王老吉成功地在饮料行业中创造了自己的市场定位，避免了与行业巨头的直接竞争，还开辟了新的增长点，实现了品牌的快速增长和市场扩张。

2. 学习创业思维的主要技巧

创业思维方式的培养可以通过不同的途径和方法来实现。

（1）善于倾听。培养同理心：尝试站在他人的角度思考问题，理解他们的需求和挑战；保持开放心态：在对话中保持耐心，不要急于打断或下结论，给予他人充分的表达空间；积极反馈：通过点头、眼神接触等方式，让对方知道你在认真听，并对他们的话感兴趣；提问和澄清：通过提问来深入了解对方的观点，确保你完全理解他们的意思。

（2）学会专注。设定明确目标：为自己设定清晰、具体的目标，这有助于集中精力和资源；识别并减少干扰因素，如关闭不必要的通知，创造一个有利于专注的工作环境；使用时间管理技巧，如番茄工作法，来提高专注力和效率。

（3）学会思考。在商业环境中，思考能力可以帮助创业者分析市场趋势、解决问题、制定创新决策。尤其是在信息不完全的情况下，理性思考有助于创业者权衡利弊，做出最佳决策。只有学会思考，才能找到市场的空白点和满足顾客需求的思路。

（4）善于发现"抱怨"。发现"抱怨"背后的商机是创业者识别市场机会的重要途径。抱怨往往反映了消费者未被满足的需求，这些需求正是创业者可以利用的创新点。创业者将消费者的抱怨转化为创新的动力，不仅解决了消费者的问题，也为自身带来了新的商业机会。这种以用户为中心的思维方式，有助于创业者在竞争激烈的市场中找到独特的定位，并实现可持续发展。

5.2 创 业 精 神

5.2.1 创业精神的内涵

管理学经典著作对创业精神的描述，强调了创新在创业过程中的核心地位。这种观点认为，创业不仅仅是为了追求经济利益，更是一种创造性的活动，旨在通过创新来解决现有问题，满足新的需求，从而为社会创造价值。创业精神体现为一个完整的创新过程，从识别市场机会（机会识别）到创造新服务或产品（创新实施），再到将这些新服务或产品推向市场（市场开发）。创业精神强调以顾客为中心，通过深入了解和满足顾客的需求来驱动创新。这种顾客导向的思维有助于确保创业活动能够产生实际的市场价值。创业精神鼓励持续的学习和改进，创业者需要不断地评估市场反馈，调整策略，以确保其服务或产品能够持续满足顾客的期望。

创业精神是创业者内在素质的综合体现，它涵盖了创业者的思想观念、个性特点、意志力以及行为习惯。这种精神可以从三个维度来理解。

（1）哲学层面：创业精神表现为创业者的创业思维和观念。这包括他们对创业本质的理解、对市场机会的洞察力以及对商业逻辑的理性分析。哲学层面的创业精神是创业者面对商业决策时的思考基础，它指导创业者如何构建和评估商业理念。

（2）心理层面：创业精神体现为创业者的个性特质和心理状态。这涉及创业者的自信、韧性、抗压能力以及面对失败时的恢复力。心理层面的创业精神是创业者面对挑战和逆境时保持积极态度和持续动力的关键。

（3）行为层面：创业精神通过创业者的实际行动和工作风格表现出来。这包括他们的领导能力、团队协作、决策效率以及对细节的关注。行为层面的创业精神直接影响到创业者如何将理念转化为实际的商业成果。

创业精神在创业的不同阶段起着至关重要的作用。它不仅影响创业者的行为和决策，也是推动创业项目发展的关键因素。创业精神在不同阶段的具体体现如下。

创业前期：创业精神激发创业者对新想法和新机会的好奇心，促使他们探索和追求潜在的商业机会。面对创业的不确定性和挑战时，创业精神帮助创业者保持决心和毅力，即使在困难面前也不轻易放弃。创业精神促使创业者进行深入的市场调研和自我评估，确保他们的创业计划是基于实际的市场需求和自身的能力。创业精神影响创业者如何评估和选择创业项目，帮助他们确定清晰的业务方向和目标，以及对创业过程的态度。

创业过程中：创业精神鼓励创业者不断寻求新的解决方案，推动产品和服务的创新，以适应市场的变化和满足消费者的需求。在创业的各个阶段，创业精神帮助创业者做出符合企业价值观和长远目标的决策，确保企业的可持续发展。创业精神强调诚信、责任感和专业精神，引导创业者在商业实践中保持高标准的道德和行为准则。面对创业过程中的挑战，创业精神是激励创业者持续努力、积极应对困难的动力源泉，帮助他们实现既定的创业目标。

在创业的整个过程中，创业精神是创业者内在动力的源泉。它不仅影响创业者个人的成长，也是推动企业成长和市场创新的重要力量。

扩展阅读 5-1　创业精神五要素

5.2.2　创业精神的作用

1. 是创业者面对挑战时的核心动力

创业精神是推动创业者和创新者在面对挑战时坚持不懈、勇于尝试的核心动力。在创业的征途上，人们不可避免地会遇到各种挫折和障碍。正是这种精神，使创业者能够在逆境中寻找突破，以创新的思维和坚定的意志克服困难，不断探索解决问题的新途径。在这个过程中，创业者不仅能够解决眼前的问题，还能够深化和强化自己的创业精神，使其成为推动事业发展的持续动力。随着经验的积累和实践的深入，创业者的创业精神将得到进一步的锻炼和提升。这不仅有助于个人成长，也是企业成功的关键因素。通过不断努力和挑战，创业者能够将创业精神转化为实际的成果，从而实现企业的持续发展和繁荣。

2. 促进创业活动实现经济价值

在中国经济进入新常态的背景下，创业精神的重要性愈发凸显。这一时期，中国经济正从高速增长转向高质量发展，创新驱动和结构优化成为经济发展的新动力。创业精神在这一转变中扮演着关键角色，创业精神推动创业者通过创新和创业活动，开发新技术、新产品和新服务，有助于经济结构的优化和升级，促进传统产业的转型。创业活动是创造就业的重要途径。新企业的成立和成长，可以为社会提供大量就业机会，缓解就业压力。创业精神鼓励创业者不断探索和实践，推动科技创新，这是推动经济持续健康发展的关键因素。创业精神激发社会活力，促进社会资源的有效配置，提高社会整体的创新能力和竞争力。

3. 有效推动创业活动

发扬创业精神的创业者和创新者能够在社会中扮演重要角色。他们通过自己的努力和才能，不仅推动了经济的发展，也为社会带来了积极的变化。创业者利用自己的专业知识和技能，开发出能够解决实际问题的产品和服务，满足市场需求，提升社会效率。通过不断创新，创业者推动科技进步和产业升级，引领行业发展，为社会带来新的经济增长点。创业者通过提供更好的产品和服务，改善人们的生活质量，使人们的生活更加便捷、舒适和丰富。许多创业者在追求商业成功的同时，也承担起社会责任，通过慈善、环保、教育等公益活动，积极回馈社会。

5.2.3 创业精神的培育

1. 学习创业知识和创业技能

创业精神的培养和提升是一个持续的过程，需要创业者不断学习和实践。创业者应该通过系统的理论学习，掌握创业的基本知识和技能，包括市场分析、财务管理、团队建设、法律知识等。理论知识与实际创业活动相结合，通过实践操作来巩固和深化学习成果。实践是检验真理的唯一标准，也是提升创业能力的有效途径。创业者需要保持好奇心和学习热情，通过阅读、研讨会、在线课程等方式，不断更新知识和技能；参加专门的创业教育培训课程，如创业计划书撰写、商业模式设计、创新思维训练等，这些课程可以帮助创业者更深入地理解创业过程；研究成功的创业案例，分析其成功的因素和失败的教训，从中吸取经验，为自己的创业活动提供参考。

2. 主动参与创新创业实践活动

创业精神的培养需要通过实践来不断强化。政府、教育机构和企业可以合作建立创业实践基地，如创业孵化器、加速器等，为创业者提供一个模拟真实商业环境的平台，让他们能够在实践中学习和成长，通过产学研合作，将学术研究、产业实践和创业教育相结合，为创业者提供从理论到实践的全方位支持。这种模式可以帮助创业者更好地理解市场需求，将创新成果转化为实际应用；为创业者提供创业见习和实习机会，让他们在有经验的创业者或企业家的指导下，亲身体验创业过程，学习创业技能；组织创业竞赛、黑客马拉松等活动，鼓励创业者在有限的时间内提出创新的商业想法，并将其转化为可行的商业计划。这些活动可以激发创业者的创造力和团队协作能力。

3. 借鉴成功经验

他人的创业行为和成长经验对创业者来说是一种宝贵的资源。通过学习这些案例，创业者可以获得宝贵的知识和灵感，为自己的创业之路提供指导。通过分析国内外成功的创业案例，创业者可以了解创业过程中的关键决策、挑战应对以及创新策略。这些案例可以帮助创业者建立正确的创业观念，明确自己的创业目标，并激发他们的创业热情；将各行各业的创业典型作为学习的榜样，通过"引进来"的方式，邀请成功创业者分享经验，以及采取"走出去"的方式,让创业者亲身体验不同行业和市场的创业环境,从而拓宽视野,增强创业精神;聘请具有丰富创业经验的教师或导师,他们可以将自己的实战经验融入教学中,这种现身说法的方式能够使创业者更加直观地理解创业过程,为创业者提供实际操作的指导和建议,增强学习效果;建立创业社群,鼓励创业者之间的交流和合作。在社群中,创业者可以分享经验、讨论问题、互相学习、共同成长。

4. 优化创业环境

高校作为培养未来社会精英的重要基地,对于激发和培育大学生的创业精神和创新能力具有不可替代的作用。学校可以通过校园广播、电视、校刊校报等媒体平台,宣传创业的重要性和成功案例,树立创业榜样,激发学生的创业兴趣和热情;定期邀请成功创业者、行业专家和企业高管来校举办讲座和参加研讨会,分享他们的创业经历和市场洞察,帮助学生了解创业的实际操作和挑战;组织各类创业竞赛,如创新创业大赛、商业模拟挑战赛等,鼓励学生将创意转化为具体的商业计划,并在实践中锻炼团队协作和项目管理的能力;建立创业实践基地,如创业孵化器、创新实验室等,为学生提供实际创业的平台,让他们在校园内就能体验创业过程;利用校友资源,建立校友导师制度,让校友成为学生的创业导师,提供一对一的指导和支持。

5.3 成为创业者

5.3.1 创业者的内涵

创业者指的是那些参与创业活动、创立并经营新企业的人。在不同的语境中,它有两层含义:一是作为已经建立并领导现有企业的"企业家";二是作为新企业的"创始人",即那些正在创立或刚刚创立新公司的人。经济学家约瑟夫·熊彼特将创业者视为"创新者",他们有能力识别并提供新的、更有效的产品、服务或流程,以创造利润。在欧美,创业者通常被定义为那些组织和管理业务活动、愿意承担与之相关风险的个体。他们可能是独立创业者,也可能是企业内部的创新者。国内学者则进一步强调,创业者是那些能够识别信息、资源、机会或技术,并利用这些发现通过特定平台或载体创造更多财富和价值,实现个人追求或目标的人。与普通人相比,创业者的心理特点如下。

(1)高瞻远瞩。创业者往往具备更广阔的视野,能够预见未来的趋势和发展方向。他们能够洞察市场变化,发现新的商机和需求,避免盲目跟风。

(2)洞察力。创业者拥有敏锐的观察力,能够从复杂的现象中识别出本质问题。他们能够在日常生活中发现潜在的商业机会,并把握市场先机。

(3)创新能力。创业者的核心特质之一是创新精神。他们不断寻求改进现有产品、服务或流程的方法,甚至进行颠覆性的创新。创业者是变革的推动者和实践者。

(4)进取心。创业者通常具有强烈的进取精神。他们不满足于现状,追求更高的成就。这种精神驱使他们不断学习、探索,并勇于挑战未知领域。

(5)成就动机。创业者追求个人成就,希望得到认可、尊重和成功。他们设定目标,并致力于实现这些目标,以满足自己的成就需求。

(6)专注力。成功的创业者能够在关键机遇上集中精力,而不是将注意力分散在资源、结构或策略上。他们以目标为导向，有效地利用机遇来发挥自己的优势。

（7）风险承受。创业者在面对风险时表现出更强的承受能力。他们通过创造性的方法来降低风险，并在风险可控的情况下勇于尝试。

（8）情绪化与创造力。创业者往往充满热情，具有艺术家般的想象力和创造力。他们能够将个人的情感和创意融入产品和企业文化中，创造出独特的价值。

（9）自主性。创业者具有高度的自主性。他们独立思考，形成自己的见解，并自主决策。这种自主性使他们在追求目标时更加坚定和有效。

5.3.2 创业者的类型

1. 以创业目的划分

1）生存型创业者

生存型创业者是指那些出于生存压力或对现有就业状况不满而选择创业的个体。这类创业者通常面临着就业市场的挑战，如下岗、失业、土地流失或对现有工作的不满意等。他们可能没有其他更好的就业选择，创业成为一种生存手段。在中国，生存型创业者构成一个庞大的群体。据清华大学的研究，约有90%的创业者属于这一类别。生存型创业者面临的主要挑战包括资金短缺、市场竞争激烈、缺乏创新和长期发展规划等。大部分人只做商贸，很少有人做实业（大多是小规模的加工业）。生存型创业规模较小，但它们在解决就业、促进地方经济发展方面发挥着重要作用。一些生存型创业者随着业务的发展，也可能成长为大中型公司。

2）变现型创业者

变现型创业者通常具有特定的背景和资源，他们利用在政府机关、国有企业或民营企业中积累的权力、人脉和市场关系等无形资产，转型为创业者，将这些资源转化为经济利益。这类创业者的行为在特定历史时期和社会背景下较为常见，尤其是在经济体制转型期间。变现型创业者在政府机关或企业管理层工作期间，积累了丰富的人脉资源和市场信息，这些资源在创业时可以转化为竞争优势。这类创业者在认为时机成熟时选择创业，利用已有的资源快速进入市场，实现资源的变现。变现型创业者在市场竞争中可能采取一些非市场化的手段，利用过去的权力和关系网络来获取资源与市场份额。这种行为会对市场经济的公平性和透明度产生负面影响，导致市场不公平现象的出现，影响正常的市场秩序。

3）主动型创业者

主动型创业者是指那些出于个人意愿和对商业机会的追求而选择创业的人。他们通常具有明确的目标和动机，主动寻求创业机会，而不是被动地为了生存或其他原因。主动型创业者可以分为两种类型：一是盲动型创业者。这类创业者对创业充满激情，对未来充满乐观，有时甚至可能过于自信。他们愿意承担较高的风险，将创业视为一次冒险，有时可能表现出赌徒心态。在创业准备阶段，盲动型创业者可能没有进行充分的市场调研和风险评估，容易受到冲动的驱动。二是冷静型创业者。这类创业者在创业前会进行详细的市场分析和风险评估，对成功和失败的概率有清晰的认识。冷静型创业者在创业之前，会确保自己具备必要的资源、技能和知识，以提高成功的可能性。他们倾向于采取更加稳健的策略，避免不必要的风险，确保创业活动的可持续性和长期发展。主动型创业者的创业活动是自我驱动的，他们通过自己的努力和智慧，试图在市场中找到自己的位置，实现个人价值和为社会做出贡献。

壹号土猪创始人：从生存创业到主动创业

1985 年，陆步轩以高出录取线 100 多分的成绩被北京大学录取。毕业后，他被分配到西安本地的一家柴油厂。不受重视且没有编制的陆步轩，在浑浑噩噩过了四年后，决心下海创业。他先后办过造纸厂、化工厂，甚至开了一家小商店，但这些项目没有一个成功的。为了生计，他只好在菜市场开了一家猪肉铺。妻子因此跟他离婚，陆步轩也认为自己"给北大抹黑了"。2003 年，媒体竞相报道"北大屠夫"事件，舆论认为陆步轩"大材小用"、"枉费北大栽培"，一时间负面评价如潮。之后，陆步轩告别了猪肉铺，成为长安区档案局的一名公务员。2009 年，陆步轩接受了北大校友——一位身价过亿的"北大屠夫"陈生的邀请，又一次在猪肉行业里创业。他们创办了屠夫学校，打造了猪肉电商品牌（天地壹号、天地土猪、壹号土猪等品牌），缔造了他们的电商猪肉王国。2015 年，天地壹号成功挂牌新三板，市值达 108 亿元。如今，陆步轩已经成为一个"网红"。2019 年高考前夕，他在线下店铺切肉递肉，闻风而来的家长一大早就排起了声势浩大的长队。大家认为买北大学子卖的猪肉，能够给参加高考的学生带来好运。

资料来源：李巍，吴朝彦. 创业基础（数字教材版）[M]. 北京：中国人民大学出版社，2021：33.

2. 以创业驱动因素为依据划分

1）机会拉动型创业者

机会拉动型创业者是指那些被市场机遇所吸引，并且有强烈愿望去抓住这些机遇以实现个人目标和愿景的创业者。他们通常能够识别并利用市场中的潜在机会，将创新想法转化为实际的商业项目，并建立起有效的盈利模式。这类创业者在企业成立之初就具备前瞻性，能够为企业制定长远的发展战略，并随着企业的成长不断调整和优化这些战略。

例如，李彦宏在道·琼斯工作期间，虽然拥有稳定的职位和期权，但他看到了中国互联网市场的巨大潜力。他决定放弃这些，选择回国创业，这体现了他对市场机遇的把握。回国后，他利用自己的专业知识和对市场的深刻理解，结合国内优秀的技术人才，成功创立了百度。百度的成立和发展，不仅实现了李彦宏的个人愿景，也为中国互联网行业的发展做出了重要贡献。这个例子展示了机会拉动型创业者如何通过识别和利用市场机会，实现个人和企业的双重成功。

2）热情驱动型创业者

热情驱动型创业者是指那些由内在的热情和梦想驱动，渴望通过创业实现个人目标的个体。他们的创业动机通常源于对自主、创新和财务成功的追求。他们通常有明确的创业动机，这些动机可能包括：渴望摆脱传统职业的束缚，追求能够自己做主的工作环境，实现个人的职业自由；有创新的想法或独特的解决方案，他们希望通过创业将这些创意付诸实践，实现个人的职业抱负；追求通过创业获得经济上的成功，他们希望通过自己的努力获得比现有工作更高的收入和财富积累。尽管在创业初期，他们可能会面临来自现有职业的挑战和限制，但这些创业者通常会积极寻找机会，克服困难，最终建立起自己的企业。

例如，在创立腾讯之前，马化腾曾在一家通信公司工作，但他对互联网技术充满热情，并预见到即时通信软件的巨大潜力。他的创业动机是希望通过技术创新，为用户提供便捷的在线沟通工具，同时也推动中国互联网行业的发展。马化腾在创业初期面临着资金和市场挑战，但他凭借对产品的深刻理解和对用户体验的极致追求，成功推出了 QQ 这款即时通信软件。随着 QQ 的流行，腾讯逐渐发展成为中国最大的互联网综合服务提供商之一，其业务涵盖社交、游戏、数字内容、在线广告等多个领域。马化腾的故事体现了热情驱动型创业者如何通过持续的技术创新和对市场需求的敏锐洞察，将一个小型创业公司发展成为全球知名的科技巨头。

扩展阅读 5-2　创业者的神话与现实

5.3.3　创业能力

创业能力是创业者在创业过程中所展现出来的一系列技能和素质，这些能力对于创业成功至关重要。

1. 创业能力的内涵

创新能力是个体在面对问题和挑战时，能够运用已有的知识和理论，通过创造性思维和实践行动，产生新的想法、方法或产品的能力。这种能力是人类智慧和创造力的体现，对于推动科技进步、社会发展和经济增长具有重要作用。创新能力的四个核心组成部分为创新意识、创新思维、创新技能和创新人格。

1989 年，联合国教育、科学及文化组织（UNESCO）在曼谷会议上提出了创业素质能力框架，强调个人在创业过程中所需的一系列关键能力。这些能力包括创造力和创造精神、学习能力、技术能力、团队合作精神、问题解决能力、信息收集能力、敏锐的洞察力、研究和完成项目的能力、环境适应能力和奉献精神等。

2. 创业能力的构成要素

1）创新思维能力

创新思维能力是指个体在面对问题和挑战时，能够产生新颖、独特和有效解决方案的能力。这种能力是推动个人和组织发展的重要动力，尤其在快速变化的现代社会，创新思维被视为一种宝贵的资源。创新思维能力的内在要素主要有知识、非逻辑思维能力及逻辑思维能力。

（1）知识。知识是创新思维的基础，它为个体提供了思考和创造的原材料。知识储备的丰富程度直接影响思维的深度和广度。一个知识面广的人在面对问题时，能够从多个角度进行分析，更容易产生创新的想法。知识使个体能够理解问题的复杂性，并找到解决问题的有效方法。这种能力在创业过程中尤为重要，因为创业者需要不断应对各种挑战。专业知识和跨学科知识可以帮助创业者在特定领域发现新的商业机会，或者在现有业务中引入创新元素。对于追求高层次创新的个体，如科学家、哲学家等，深厚的专业知识是必不可少的。例如，爱因斯坦的相对论是基于他对物理学的深入理解提出的。

（2）非逻辑思维能力。非逻辑思维在创新和创造性思考中扮演着至关重要的角色。它超越了传统的逻辑推理，允许我们探索未知领域，提出新的观点和解决方案。非逻辑思维像雷达一样，帮助我们捕捉到那些常规逻辑难以触及的未知对象和概念。它能够激发人们产生新思想，这些思想往往超越了现有知识体系，为创新提供了基础。非逻辑思维产生的初步假设和猜想，即使不总是正确的，也是创新过程中不可或缺的一部分。它们为进一步的探索和验证提供了起点。非逻辑思维包括形象思维和直觉思维，这些思维方式能够帮助个体在没有明确逻辑路径的情况下，通过直观感受和内在联系来解决问题。

（3）逻辑思维能力。逻辑思维能力是个体在思考和解决问题时所运用的一种理性思维过程，它包括一系列分析和推理的技能。逻辑思维能力使创业者能够系统地分析问题，识别问题的核心，从而更有效地解决问题。面对复杂多变的市场环境时，逻辑思维能力帮助创业者进行合理的判断和决策，确保决策的科学性和有效性。通过逻辑思维，创业者可以更好地理解市场动态，分析消费者行为，预测市场趋势，从而制定出符合市场需求的策略。逻辑思维能力还体现在能够清晰、有条理地表达自己的思想和观点，这对于与团队成员、投资者和客户沟通至关重要。虽然非逻辑思维能力有助于提出新思想，但逻辑思维能力能使这些新思想经过合理的论证和验证，确保其可行性和科学性。

2）非智力因素

非智力因素是一个涵盖除了智力以外的多种心理、生理和环境因素的综合概念。在更狭义的定义中，非智力因素特指那些直接影响个体认知过程的心理要素，如动机、兴趣、情感、意志和性格。这些因素虽然不直接参与信息处理或知识获取，但它们在个体的认知和行为中扮演着至关重要的角色。

在中国学者的研究中，非智力因素被视为影响智力活动效果的关键心理因素。这些因素相互作用，共同影响个体的学习、工作和创新能力。

非智力因素在创新创业过程中发挥着多重作用。

（1）动力作用：激发创业者的热情和积极性，推动他们追求创新和成功。

（2）定向作用：帮助创业者确定目标和方向，如根据个人兴趣选择创业领域。

（3）引导作用：在决策过程中提供指导，如基于价值观选择可持续发展的商业模式。

（4）维持作用：面对挫折时，如资金短缺或市场波动，非智力因素帮助创业者保持积极的心态。

（5）调节作用：在高压环境下，如竞争激烈的市场，非智力因素帮助创业者管理情绪，保持冷静。

（6）强化作用：通过不断实践和学习，非智力因素可以增强个体的适应性和学习能力。

3）创新创业实践能力

创新创业实践能力是个体在实际创业过程中展现出来的解决问题、实现目标的能力。这种能力不仅包括智力因素，如分析、判断、决策等，还涉及非智力因素，如动机、兴趣、情感、意志和性格等。实践能力要求个体能够有效地分析问题，提出解决方案，并将其付诸实践。对于大学生来说，这意味着将所学知识应用于实际项目，通过实践来验证和完善理论。创业者需要在社会环境中找到自己的位置，这要求他们具备良好的人际交往能力、沟通能力和团队协作能力。自我管理能力，包括时间管理、情绪管理和压力管理等，能够帮助创业者在快节奏和高压力的创业环境中保持高效和稳定。

华为创始人任正非的创业故事

任正非说过,他下海创立华为纯属出于无奈。1988 年,在解决生活压力和创出一番新天地的双重动力之下,任正非创办了华为,启动资金 2 万元,业务是销售通信设备。任正非能在 43 岁的"高龄"勇敢创业,源于他对通信设备的精通。任正非 19 岁考上重庆建筑工程学院(现已并入重庆大学),牢记父亲的叮嘱:"记住,知识就是力量,别人不学,你要学,不要随大流。"他苦修数学、哲学,并自学了三门外语。奠定事业基础的计算机、数字技术、自动控制等技术,也是他在这个时期开始入门的。

后来,任正非入伍当通信兵,参与一项军事通信系统工程时取得多项技术发明创造,两次填补国家空白。33 岁时,他还因技术突出成就被选为代表,到北京参加全国科学大会。

最初两年,华为主要是代销中国香港地区的一种 HAX 交换机,靠价格差获利。代销是一种既无风险又能获利的方式。经过两年的摸爬滚打,公司财务有了好转。不过,任正非没有拿辛辛苦苦赚来的钱去改善生活,而是投到经营中,华为很快就进入了发展的轨道。众所周知,任正非在华为内部提倡"狼性"文化。他认为狼是企业学习的榜样,"狼性"永远不会过时。"华为发展的历史,其实就是一部不断从虎口夺食的历史。他面对的是老虎,所以每时每刻不能懈怠。"一名华为内部员工说。

华为进军美国,就是一场经典的"虎口夺食战"。当年,华为刚进入美国市场,在数据通信领域处于绝对领导地位的思科公司就开始阻击。2003 年 1 月 23 日,思科正式起诉华为以及华为美国分公司,理由是后者对其公司的产品进行了仿制,侵犯其知识产权。面对思科的打压,任正非一边在美国聘请律师应诉,一边着手结盟思科在美国的"死对头"3Com 公司。2003 年 3 月,华为和当时已进入衰退期的 3Com 公司宣布成立合资公司——"华为三康",3Com 公司的 CEO 专程作证——华为没有侵犯思科的知识产权。任正非在诉讼最关键时刻使出的合纵连横奇招,瞬间令思科的围剿土崩瓦解。最终,双方达成和解。从此,华为在美国的扩张没有了"拦路虎"。

毋庸置疑,任正非超乎常人的谋略和视野,是华为成功的主要因素。华为与 IBM 的合作就彰显了这一点。

2007 年年初,任正非致信 IBM 公司 CEO,希望 IBM 公司派出财务人员,帮助华为实现财务管理模式的转型。当然,华为将支付巨额费用。为什么要雇用 IBM?因为任正非注意到,虽然华为销售收入保持高速增长,净利润却逐年下降,他甚至不知道一个单子接下来是否会赚钱。尽管从 2000 年开始华为公司的财务部门已经参与成本核算,但是公司还是缺乏前瞻性的预算管理——中国绝大部分企业很难做到这点,但这却是跨国企业擅长的。

不久,华为公司正式启动了 IFS(集成财务转型)项目。与此同时,IBM 正式把华为公司升级为事业部客户——在其全球几十家事业部客户中,华为是唯一一家中国企业。单纯从这层意义上来说,任正非的眼光超出了其他国内企业。

IFS 项目给华为培养了数千名合格的财务总监,他们把规范的财务流程植入华为公司的运营流程,实现了收入与利润的平衡发展。这也是近几年华为虽然营收增长放缓,但利润增长仍然不错的重要原因。

任正非说,当年是硬着头皮才坚持下来的,即使一开始已经知道电信业"最难干",因为产品太标准,小公司疲于追赶新标准。他说:"不努力往前跑就是破产,我们没有什么退路,只有坚持到现在。我们根本跟不上电信发展的速度。"

当被问及华为成功的秘密时,任正非的答案是:华为没有秘密,任何人都可以学。华为没什么背景,没什么依靠,也没什么资源,唯有努力工作才可能获得机会。

资料来源:https://zhuanlan.zhihu.com/p/442670492。

3. 创业能力的类型

1)创新能力

创新能力是推动创业和企业发展的核心动力,它涉及多个层面的创新活动。创新包括产品与技术的创新、观念与思维的创新、经营模式的创新等。

(1)产品与技术的创新。产品与技术的创新是创业成功的关键因素之一,它可以帮助创业者在竞争激烈的市场中获得优势。通过技术创新,创业者能够开发出独特的产品或服务,满足消费者的需求,甚至创造新的市场需求。成功的创业者往往掌握一项或多项专业技能,或者拥有专利技术。这些技能和专利是他们创新的基石,可以帮助他们开发出具有竞争力的产品。

律普曼的故事是一个典型的产品创新案例。律普曼有一天在作画时,不小心出了个失误,须用橡皮把它擦掉。他找了好久才找到橡皮,但是等他找到橡皮并擦完想继续作画时又找不到铅笔了。这使他非常生气,于是产生了制作一支既能作画又带有橡皮的铅笔的想法。他用一块薄铁皮,将橡皮和铅笔连接在一起。他的创新思维解决了一个看似微不足道但普遍存在的问题,即在绘画过程中频繁切换铅笔和橡皮的不便。通过将两者结合,他创造了一个全新的产品——带橡皮的铅笔。这项创新不仅解决了实际问题,而且在市场上取得了巨大成功,展示了产品创新的巨大潜力。

(2)观念与思维的创新。观念与思维的创新是指在思维模式、经营理念、管理策略等方面进行创新,以适应和引领市场的变化。这种创新能够帮助企业打破常规,发现新的商业机会,提升竞争力。在线教育平台 VIPKid 在教育领域引入了在线学习、远程教育、教学模式等新观念和新技术,为学生提供了个性化的学习体验,也助力教师以灵活性和多样化的方式在互联网时代工作。VIPKid 的例子展示了观念创新如何改变教育行业。通过引入在线教育和个性化学习体验,VIPKid 不仅为学生提供了更加便捷和高效的学习方式,也为教师提供了新的工作机会。这种创新不仅提升了教育服务的质量,也为公司带来了显著的商业成功。

(3)经营模式的创新。经营模式的创新是企业为了适应市场变化、提高竞争力和实现可持续发展而进行的一系列商业活动和流程的变革。这种创新可以从根本上改变企业的运作方式,为企业带来新的增长点。经营模式的创新不仅要求企业在内部管理上进行优化,还需要企业在外部环境中寻求新的合作机会和市场定位。这种创新可以帮助企业更好地适应市场变化,提高市场响应速度,增强企业的核心竞争力。

例如,华为的松山湖供应链物流中心采用射频(RF)、电子标签拣货系统(PTL)、货到人挑选(GTP)、旋转式传送带(Carrousel)等多种先进技术,实现了物料接收、存储、挑选、齐套、配送的一体化。这种智慧物流系统不仅提高了华为自身的物流效率，还通过华为云服务，为全球客户提供了先进的智慧物流解决方案，帮助他们实现物流过程的数字化、资源规划的智能化和实物履行的自动化。这个例子展示了中国企业通过物流系统和云计算服务的创新，不仅提升了自身的运营效率，还为合作伙伴和整个行业带来了价值，实现了内外结合的经营模式创新。

2）学习能力

学习能力对于创业者来说至关重要，尤其是在知识经济时代，技术革新和信息爆炸使得知识和技能的更新换代速度加快。创业者需要具备快速学习新知识、新技能的能力，以便在不断变化的市场环境中保持竞争力。

例如，华为为了提高服务效率并降低成本，采取了一系列措施来建立一个"学习的生态系统"。通过全球培训中心（华为大学）和在线学习平台，它为员工、合作伙伴以及客户提供了丰富的培训资源。这些资源不仅包括技术知识，还涵盖了项目管理、领导力发展等多个领域。通过这种方式，华为不仅提升了内部员工的专业技能，还帮助合作伙伴和客户提高了自身的技术能力与业务水平。

3）把握机会的能力

把握机会的能力涉及对市场趋势的敏锐洞察、对潜在商业机会的快速识别，以及将这些机会转化为实际行动的能力。在众多的商业机会中，创业者需要能够迅速识别哪些是真正有潜力的项目，哪些可能只是短暂的热潮。对于每一个潜在的商业创意，创业者需要进行深入的市场调研、技术分析和财务评估，以确保创意的可行性和盈利潜力。创业者不仅要有分析问题的能力，还要有将分析结果转化为实际行动的决心和执行力。创业者需要具备对市场发展方向的敏感性，能够预见未来的趋势，而不是仅仅依赖现有的经济分析。这要求创业者具备前瞻性思维和创新精神。

例如，诺基亚在 21 世纪初是全球最大的手机制造商，以其耐用的硬件和创新的设计著称。当智能手机市场开始转向全触屏技术时，诺基亚坚持使用全键盘手机，未能及时适应市场变化。2007 年，苹果公司推出了 iPhone，以其革命性的全触屏界面和用户友好的操作系统迅速占领市场，诺基亚的市场份额急剧下滑。诺基亚的保守策略导致了其在智能手机市场的失败，最终在 2013 年将手机业务出售给了微软。这个案例强调了企业在面对技术革新和市场变化时，必须具备灵活性和前瞻性。企业需要不断投资研发，保持创新，并且愿意在必要时进行战略调整，以适应不断变化的市场需求。

4）规避风险的能力

规避风险的能力是创业者在面对不确定性时，采取有效措施来降低潜在损失和不利影响的能力。创业者需要能够识别潜在的风险，包括市场风险、财务风险、技术风险等，这是规避风险的第一步。还要对识别出的风险进行评估，确定其可能的影响程度和发生概率，以便制定应对策略。通过制定预防措施，如多元化投资、建立应急计划、进行市场调研等，创业者降低风险发生的可能性。

例如，面对全球市场的不确定性和监管挑战，字节跳动采取了一系列策略来规避风险。字节跳动持续投资于人工智能（AI）和机器学习技术，以优化其内容推荐算法，提高用户体验。这些技术的应用使得平台能够更精准地推送内容，从而吸引和留住用户。为了分散风险，字节跳动在全球范围内拓展业务，进入多个国家和地区。这不仅包括 TikTok 的国际市场，还包括其他产品如 Helo（印度市场）等，以减少对单一市场的依赖。面对不同国家的监管要求，字节跳动积极调整产品和服务，以确保合规。在美国市场，TikTok 采取了一系列措施，包括设立透明中心，允许外部专家审查其内容审核过程，以及与美国公司合作，以确保数据安全。字节跳动在不同市场采取本地化策略，与当地企业和政府合作，以更好地融入当地文化和市场环境。这种策略有助于建立信任，减少潜在的政治和文化冲突。通过这些措施，字节跳动不仅成功规避了市场和监管风险，还实现了快速的全球扩张，成为全球最有价值的初创公司之一。

5）领导组织与激励能力

领导组织与激励能力涉及如何有效地管理团队，激发员工的潜力，以及建立一个高效、和谐的工作环境。创业者需要为公司设定明确的目标和愿景，这有助于团队成员理解他们的工作方向和意义；制订实际可行的计划，确保团队成员了解并参与到计划的实施过程中；识别团队成员的优势和特长，合理分配任务，让每个人都能在适合自己的岗位上发挥最大效能；建立有效的激励机制，包括物质奖励和精神激励，以提高员工的工作积极性和忠诚度；给予员工一定的自主权，让他们在决策过程中发挥作用，这有助于提高员工的责任感和归属感；建立一个基于信任和尊重的工作环境，鼓励开放沟通，允许员工提出意见和建议；确保员工的基本福利得到满足，如合理的薪酬、良好的工作环境和生活条件，以及职业发展机会。

例如，海底捞的领导层采取了一系列措施来确保员工感到被重视和被尊重。如将员工视为家庭成员，提供高于行业标准的薪酬和福利，确保员工的基本生活需求得到满足；为员工提供良好的居住环境，如在正规社区安排住宿，并由专人负责日常起居，从而保障员工的生活质量；通过赋予员工更多的自主权，让他们在服务过程中能够根据顾客需求快速做出反应，这不仅提高了工作效率，也增强了员工的责任感和归属感；鼓励员工在面对挑战时勇于尝试，即使失败也能得到理解和支持，这种文化有助于建立团队间的信任，促进共同成长；为员工提供持续的培训和发展机会，帮助他们提升个人技能，实现职业发展，从而激发员工的潜力和创造力。通过这些策略，海底捞不仅提升了员工的满意度和忠诚度，还营造了一个积极向上的工作环境。

6）计划与决策能力

计划与决策能力要求创业者在面对复杂多变的市场环境时，能够迅速而准确地做出判断和选择。创业者需要具备创新思维，能够从多个角度审视问题，并提出新颖的解决方案。在制订计划和做出决策时，创业者应考虑各种可能的因素和结果，确保决策的全面性和深度。对已做出的决策保持积极的态度，避免不必要的怀疑和犹豫，这有助于提高执行力。创业者在决策时需要果断，一旦决定，就全力以赴地执行，不拖延。同时，对决策的执行情况进行持续监控，以便及时发现问题并进行调整。

例如，王兴在 2011 年提出了一个关于互联网发展趋势的理论框架，这个框架被称为"四纵三横"。在这个理论中，"四纵"代表了互联网用户需求的四个主要发展方向，包括获取信息、沟通互动、娱乐和商务；"三横"代表了推动互联网技术变革的三个关键领域，分别是搜索技术、社会化网络（即社交网络）和移动互联网。王兴认为，团购业务是连接商务、社交网络和移动互联网这三个"横"的典型案例。团购模式利用了移动互联网的便捷性，通过社交网络的传播效应，为用户提供了一种新的商务体验，即通过集体购买来享受优惠。这种模式的成功实施，催生了美团这样的大型互联网平台。它不仅在团购领域取得了显著成就，还扩展到了更广泛的本地生活服务领域。这个理论框架不仅帮助王兴和美团团队理解了互联网的发展趋势，而且指导了他们在业务发展和战略规划上的决策，使得美团能够在竞争激烈的市场中找到自己的定位，并最终成为行业的领导者。

7）交际和沟通能力

新创企业在市场中往往扮演着"市场侵入者"的角色，这意味着它们需要在已经存在的市场中找到自己的位置，或者创造新的市场空间。在这个过程中，社交活动和交际能力对于创业者来说至关重要。社交能力可以帮助创业者在各种社交场合建立联系，这些联系包括潜在的投资者、合作伙伴、行业专家、媒体人士等。通过这些联系，创业者可以获取宝贵的信息，如行业趋势、潜在的商业机会、技术发展等，同时也能够建立起信任关系，这对于新创企业的信誉和品牌建设至关重要。

沟通能力分为内部沟通和外部沟通两个方面。一是内部沟通。创业者需要与团队成员保持良好的沟通，这有助于确保团队成员了解公司的目标和方向，同时也能够鼓励他们提出自己的想法和建议。有效的内部沟通可以增强员工的参与感和归属感，激发他们的创造力和工作热情。及时的沟通还能够消除误解，预防和解决内部冲突，确保团队的和谐与高效运作。二是外部沟通。与客户、供应商、投资者和其他外部利益相关者的沟通同样重要。了解客户的需求和反馈可以帮助创业者优化产品及服务，提升客户满意度。同时，通过与外部世界的沟通，创业者可以及时掌握市场动态，包括竞争对手的动向、行业政策变化等。

4. 创业能力的训练与培养

创业者的某些素质和能力可以通过后天的努力来培养和提升。蒂蒙斯教授在他的研究中提到了创业者可以通过训练来强化的态度和行为。[①②]

（1）责任感与决心。很强的责任感与决心是创业者成功的关键特质。这些特质体现在创业者对企业的承诺、对个人目标的追求，以及面对困难时的坚持上。创业者对自己的创业项目有着深刻的承诺，这种承诺不仅仅是口头上的，而是通过实际行动来体现。这包括将个人的时间、精力和资源投入企业中，意味着要做出个人牺牲；面对创业过程中的挑战和失败，创业者需要有坚定的决心，不轻易放弃。这种决心帮助他们在逆境中找到解决问题的方法，持续推动企业向前发展。创业者往往需要在个人生活和财务上做出牺牲，这包括减少个人消费、接受较低的薪水、牺牲休闲时间，甚至是在家庭生活中做出调整，以便能够全身心投入创业项目中。

（2）领导力。成功的创业者能够通过个人魅力、专业知识、经验和信任来影响他人，而不仅仅依赖于职位赋予的权力。创业者需要具备解决团队内部和外部冲突的能力，包括理解各方立场、找到共同点以及制订有效的解决方案；创业者需要能够清晰地传达自己的想法和愿景，同时说服他人接受和支持这些想法；创业者需要能够理解和管理自己的情绪，同时也要能够感知和影响他人的情绪，这对于建立团队凝聚力和维护良好的人际关系至关重要；创业者需要能够适应不断变化的环境，灵活调整策略和计划，以应对市场的不确定性。在关键时刻，创业者需要能够做出明智的决策，并在必要时坚持自己的立场，即使这

---

① 埃里克·莱斯. 精益创业：新创企业的成长思维[M]. 吴彤, 译. 北京: 中信出版社, 2012.
② 杰弗里·蒂蒙斯, 小斯蒂芬·斯皮内利. 创业学案例[M]. 周伟民, 吕长春, 译. 北京: 人民邮电出版社, 2005: 159-165.

可能会引起争议。

（3）执着于创业机会。这种执着体现在创业者对市场动态的敏锐洞察力和对潜在商业机会的持续追求上。成功的创业者对市场有着深刻的理解和对新趋势的敏感性，这使他们能够在竞争激烈的市场中发现并抓住有利的商机。创业者能够进行深入的市场研究，分析潜在的风险和回报以及考虑资源的可用性，评估商业机会，区分哪些创意具有实际的商业价值，哪些只是一时的灵感。

（4）对风险、模糊和不确定性的容忍度。这是创业者必备的心理素质。在创业过程中，这些特质帮助创业者面对挑战时保持冷静和坚定。成功的创业者能够识别潜在的风险，通过制订周密的计划和策略，以及准备应对计划来管理和减轻这些风险。即使面对困难和挑战，创业者也能保持积极乐观的心态。成功的创业者能够将压力转化为动力，将挑战视为成长和学习的机会，通过有效的时间管理和资源分配，确保团队能够在压力下保持高效运作。

（5）创造、自我依赖和适应能力。成功的创业者具有强烈的创造欲望，他们不满足于现状，总是寻求新的方法和解决方案来改进产品、服务或商业模式。这种创新精神推动他们不断探索和尝试，以保持企业的活力和增长。面对挑战和问题，创业者不仅能识别问题，而且能够迅速找到有效的解决方案，确保企业顺利运行。创业者面对变化时能够快速调整策略，从失败中吸取教训，并在必要时改变方向，以适应市场和环境的变化。他们将这些经历视为成长的机会，而不是终点，从而保持持续前进的动力。

（6）超越别人的动机。成功的创业者通常受到内在的强烈愿望和激情所驱动，他们追求的不仅仅是外在的奖励如金钱或社会地位，而是内在的满足感和成就感。他们设定高标准，不断挑战自己，以实现那些具有挑战性的目标。创业者的动机往往与个人成就紧密相关。创业者被创新和创造的过程所吸引，他们渴望通过自己的智慧和努力，创造出有价值的产品和服务。他们享受从无到有创建企业的过程，以及在这个过程中所获得的成就感。

5.4 创业者价值观与创业伦理

5.4.1 创业者价值观

1. 创业者价值观的内涵

张进辅教授提出的"创业者价值观"概念，为理解创业者在创业过程中的决策和行为提供了一个心理学和价值观的框架。创业者价值观是创业主体以自己的需要为基础，对创业目标重要性的认识，以及在创业时采取的行为方式的判断和选择的标准，指导和调节着人们的创业目标和创业行为。该定义描述了创业者价值观结构的三个基本成分，即创业价值目标、创业价值手段、创业价值评价。

（1）创业价值目标是创业者在创业过程中追求的最终目的，反映了他们的价值观和理想。这些目标可能是经济上的成功、社会影响、技术创新、个人成长，以及其他个人或社会价值的实现。创业价值目标为创业者提供了方向和动力，帮助他们在面对选择时保持一致性和专注。

（2）创业价值手段涉及创业者认为哪些行为和方法对于实现他们的创业目标是有价值

的，包括对资源分配、决策过程、团队管理、市场策略等方面的选择。创业价值手段体现了创业者的策略和行动计划，是他们实现目标的具体途径。

（3）在创业过程中，创业者需要不断评估自己的行为和决策是否有效，以及这些行为是否符合他们的价值观和目标。创业价值评价是一个持续的过程，它帮助创业者识别成功和失败的原因，从而调整策略、优化实践，确保创业活动的价值最大化。

2. 价值观的作用

企业价值观体现了企业的基本信念和行为准则，是企业的一种精神元素。它既指导企业的整体行为，也约束个体的行为，对企业生存和发展至关重要。价值观在企业中的作用主要体现在以下方面，具体如图 5-1 所示。

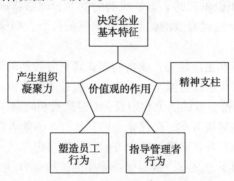

图 5-1　价值观的作用

资料来源：于晓宇，王斌. 创业管理：数字时代的商机[M]. 数字教材版. 北京：中国人民大学出版社，2022：121.

1）决定企业基本特征

企业的基本特征和存在方式在很大程度上由其价值观所决定。在社会的不同发展阶段，人们会形成一种普遍认同的核心价值观念，这种价值观念被称为"本位价值"。本位价值是社会成员进行价值判断时的基准，其他价值观念往往需要与本位价值相对照，以确定其重要性。企业会根据自身的特点和创业者的价值观形成独特的本位价值观。这种价值观不仅塑造了企业的文化，也指导着企业的战略选择和日常运营。创业者的价值观在企业成立之初就深深植根于企业的 DNA 中，它影响着企业的决策过程、员工行为以及与外部世界的互动。

例如，如果一家企业将社会责任作为其本位价值观，那么在面对利润与社会责任之间的冲突时，它会优先考虑社会责任，即使这意味着牺牲部分短期利润。这样的选择不仅反映了企业的价值观，也塑造了其长期的发展路径。通过这种方式，企业的价值观成为它在市场中的独特标识，帮助企业在竞争中脱颖而出，同时也为社会带来积极的影响。

2）精神支柱

价值观构成了企业的软实力，它是企业精神文化的核心，对企业的生存和发展起着至关重要的作用。企业价值观为企业提供了一种精神上的支撑，它在员工心中树立了一种信念，使他们能够在面对挑战时保持坚定和积极的态度。企业价值观为企业领导者和员工提供了在各种情境下做出决策的准则。这些价值观帮助员工理解企业的目标和期望，从而在日常工作中做出符合企业利益的选择。一旦企业价值观得到广泛认同并深入人心，它就具有了长期稳定性。这种稳定性有助于企业在快速变化的市场环境中保持一致性和连续性。企业价值观可以跨越世代，成为员工共同的信念。这种信念的力量能够激励员工，使他们感到工作不仅仅是为了生计，更是为了实现更高的目标。当员工的个人价值观与企业的价值观相一致时，他们更有可能全身心地投入工作中，将个人的职业发展与企业的成功紧密联系在一起。

3）指导管理者行为

价值观对管理者行为的指导作用体现在决策制定过程中。管理者面对各种选择时，会首先考虑这些选择是否与企业的核心价值观相契合。价值观为企业设定了行为的边界，确保决策过程不会偏离企业的根本目标和原则。在评估潜在决策的风险和收益时，价值观帮助管理者识别哪些风险是企业愿意承担的，哪些是应当避免的。例如，如果企业强调社会责任，那么对环境有害的决策会被视为高风险，即使它们在短期内可能带来经济利益。价值观为管理者提供了道德判断的框架。在处理道德困境时，管理者会依据企业的价值观来决定哪些行为是可接受的，哪些是不可接受的。价值观确保管理者的决策与企业的整体战略保持一致。这有助于企业在长期发展中保持方向感，避免因短期利益而损害长期目标。

4）塑造员工行为

价值观在企业中对员工行为的导向和规范作用是多方面的。它通过塑造企业文化和氛围，潜移默化地影响员工的行为和决策。企业价值观为员工提供了一套行为准则，指导他们在日常工作中如何行事。这些准则帮助员工理解企业期望他们如何表现，以及面对道德和伦理问题时应如何选择。共享的价值观有助于员工面对复杂问题时形成共识。这种共识减少了决策过程中的冲突，提高了团队协作的效率。当员工的个人价值观与企业的价值观相契合时，他们更能感到自己的工作有意义，从而产生更强的工作动力和忠诚度。价值观的内化使得员工能够自我管理，即使在没有直接监督的情况下，也能按照企业的期望行事。这种自我管理减少了对硬性管理手段的依赖，降低了管理成本。

5）产生组织凝聚力

组织凝聚力源于组织成员对企业价值观的认同和接受。当员工认同企业的价值观时，他们更能围绕共同的目标团结起来。这种目标的一致性有助于集中资源和努力，提高工作效率和取得更好的成果。凝聚力强的组织能够促进团队成员之间的有效沟通和协作。员工愿意分享信息、支持彼此，并共同解决问题。共享的价值观能够激发员工的内在动机，使他们更加投入工作。员工感到自己的工作有意义，这不仅提高了工作满意度，也增强了他们对企业的忠诚度。在一个凝聚力强的组织中，员工更愿意尝试新的想法和方法。这种开放和鼓励创新的环境，有助于企业发现新的商业机会，保持竞争优势。

5.4.2 创业企业社会责任

在当前鼓励创业和创新的社会背景下，创业企业在推动经济增长和缓解就业压力方面发挥了重要作用。然而，企业在追求经济效益的同时，也必须承担起相应的社会责任。企业忽视社会责任不仅可能导致法律风险和经济损失，还将损害企业的声誉和品牌价值，影响其长期发展。因此，企业在追求利润的同时，应将社会责任融入其核心战略和日常运营中，通过负责任的行为来赢得公众的信任和尊重，实现可持续发展。

1. 创业企业社会责任的定义

创业企业社会责任（CSR）的重要性在不断增强，尽管其具体内涵尚未有一个统一的定义，但学者们已经从多个角度对其进行了探讨和理解。

从社会公民角色的视角，谢尔顿（Sheldon）[1]强调了企业作为社会公民的角色，认为企业应该关注并满足产业内外相关人员的需求，这包括履行道德义务和增进社区福利。这种观点将企业置于社会结构中，要求其在追求经济利益的同时，也要考虑对社会的贡献。刘柏和卢家锐（2018）[2]进一步强调，无论企业的大小和发展阶段如何，都应像普通公民一样承担社会责任和义务。这意味着企业在经营活动中应遵循社会规范，尊重和保护环境，关心员工福利，以及为社会提供价值。塞提（Sethi，1975）[3]将CSR视为一个动态过程，强调企业应承担的义务、社会责任意识以及对社会变化的响应。这意味着CSR不仅仅是遵守法律，更是企业在社会规范和价值观指导下的主动行为，以及对未来社会需求的预见和适应。中国企业家调查系统将创业企业社会责任与创业伦理联系起来，认为创业伦理是指导企业行为的内在标准，包括创新、就业创造等。这表明创业企业在成立之初就应该将伦理和社会责任融入其核心价值和运营实践中。本书借鉴冉戎等学者的研究[4]，将创业企业社会责任界定为初创企业在追求自身生存和发展的同时，积极承担对内部和外部利益相关者的社会责任，以实现企业自身的可持续发展与经济社会的和谐发展。

2. 创业企业社会责任的重要性

2020年7月21日，习近平总书记在企业家座谈会上强调：只有真诚回报社会、切实履行社会责任的企业家，才能真正得到社会认可，才是符合时代要求的企业家。企业社会责任的履行，对企业绩效、企业竞争力和社会利益均有重要作用。

（1）企业通过履行社会责任可以增强消费者对其营销宣传中所塑造形象的信任。消费者在接收企业的营销信息时，会主动分析和评估这些信息，而不仅仅是被动接受。他们更倾向于通过企业的实际行动来评估其真实性，而不仅仅是企业的宣传言辞。例如，一家服装品牌在广告中宣称其产品是环保和可持续的，如果消费者随后发现该品牌实际上在生产过程中使用了不环保的材料或方法，那么即使其产品质量高，消费者的信任也会受损，品牌形象会受到负面影响。相反，如果消费者了解到该品牌确实采取了减少环境影响的措施，如使用有机棉或回收材料，那么他们更有可能相信品牌所传达的环保信息，并对其产生积极的评价。

（2）企业履行社会责任不仅能够提升消费者的信任和好感，还能够向其他利益相关者传递积极的信息，从而在更广泛的层面增强企业的声誉。当企业采取环保措施，如减少废物排放、使用可再生能源或参与植树造林等活动时，这些行为不仅能够提升公众对企业环保形象的认知，还可能获得政府的支持和认可。例如，某汽车制造商投资研发电动汽车，

---

[1] Sethi S P. Dimensions of corporate social performance: An analytic framework[J]. California Management Review, 1975, 17(3): 58-64.

[2] 刘柏，卢家锐. "好公民"还是"好演员"：企业社会责任行为异象研究——基于企业业绩预告视角[J]. 财经研究，2018, 44(5): 97-108.

[3] Shane S, Venkataraman S. The promise of entrepreneurship as a field research[J]. Academy of Management Review, 2000, 25(1): 217-226.

[4] 冉戎，王欣源，杨笑然. 元宇宙与创业企业社会责任：行动困境、过程重构与未来方向[J]. 外国经济与管理，2023, 45(7): 36-52.

不仅能够减少对环境的影响,还可能获得政府的税收优惠和补贴。企业通过创造就业机会、支付公平的工资和提供良好的工作环境,可以赢得员工的忠诚和投资者的信任。企业通过参与慈善捐赠、支持教育和社区发展等社会活动,可以向社会公众展示其良好的企业公民形象。

(3)正式制度的嵌入对于新创企业来说,不仅提升了其在法律和行业规范下的合法性,还增加了它们在社会中的可见度。这种可见度的提升使得企业更加受到公众的关注,同时也增加了公众对企业的期望。为了满足这些期望,新创企业需要更加积极地遵循社会规范,并在公众认知中建立合法性。例如,一家新创的环保科技公司在遵守环保法规的同时,主动参与社区清洁活动,并将部分利润用于支持当地的环保项目。这样的行为不仅增强了政府、投资者和消费者对公司的信任,也使得公司在社会中树立了积极的品牌形象。通过这种方式,公司不仅融入了社会的共同价值观,而且其行为也得到了社会规范的认可。此外,正式制度的嵌入还可能带来资源、信息和政策上的支持,这些都有助于新创企业提高运营效率和市场竞争力。

(4)企业履行社会责任不仅体现了其对社会的承诺,还能为企业带来人才管理和品牌建设方面的优势。当企业积极履行社会责任时,员工往往会感到自豪和满足,因为他们的工作不仅为企业创造了价值,也为社会做出了贡献。这种认同感可以提高员工的忠诚度和工作积极性。例如,一家科技公司通过支持教育项目,帮助提升偏远地区的教育水平。这种举措不仅改善了当地社区,也让员工感受到自己的工作对社会有积极影响,从而提高了员工的满意度和留存率。一个具有社会责任感的企业环境鼓励员工思考如何通过创新来解决社会问题,这可以激发员工的创造力和创新精神。企业的社会责任感有助于塑造积极的品牌形象,提高公众对企业的认可度和信任。

(5)企业履行社会责任不仅有助于企业自身的可持续发展,还能够在更广泛的层面促进经济、社会和环境的和谐发展。企业通过承担社会责任,可以在追求经济效益的同时,关注社会福祉和环境保护。这种平衡发展有助于实现长期的经济增长和稳定的社会环境。企业可以通过其社会责任实践,支持政府在教育、就业、健康和环境保护等领域的政策目标。企业通过招聘和培训弱势群体成员,不仅为他们提供了就业机会,还增强了他们的社会参与感和自我价值感。例如,一家金融服务公司推出了针对残障人士的就业计划,通过提供定制化的培训和工作机会,帮助他们融入职场,提高了他们的生活质量和社会地位。

3. 构建创业企业社会责任

1)培养履行社会责任的意识

创业企业在成立初期往往将重点放在解决生存和发展问题上,这导致它们在社会责任方面的投入不足。为了激发创业企业主动承担社会责任,可以采取以下策略:通过内部培训和教育,让创业企业的员工了解社会责任的重要性。例如,可以组织团队学习那些因忽视社会责任而导致品牌受损、法律诉讼或市场信任丧失的案例,从而认识到履行社会责任的长远价值。将社会责任理念融入企业文化和价值观中,使其成为企业决策和日常运营的一部分。这可以通过制定明确的社会责任政策、设立社会责任目标等方式实现。通过公开透明地展示企业在社会责任方面的努力和成果,创业者可以增强公众对企业的信任,同时也能激励员工为实现这些目标而努力。

2）构建完善的管理体系

企业应重视社会责任领域的人才培养，与高等教育机构合作，开发相关课程和培训项目，以培养具有社会责任意识的专业人才。这样的人才能够理解并推动企业在社会责任方面的战略和实践，从而提升整个团队对社会责任的认识和执行能力。企业应建立一套激励机制，以鼓励员工积极参与社会责任活动。这可以通过提供物质奖励（如奖金、额外休假等）或非物质激励（如公开表彰、职业发展机会等）来实现。这样的激励措施能够激发员工的积极性，使他们更愿意为社会做出贡献。企业需要建立一个有效的监督和评估机制，以确保社会责任实践得到持续的执行和改进。这包括制定明确的社会责任目标、监测实施过程、评估结果，并根据反馈进行调整。通过这三个体系的相互配合，创业企业不仅能够培养员工的社会责任意识，还能够确保社会责任实践得到有效执行，从而在追求经济效益的同时，实现对社会和环境的积极贡献。

5.4.3 创业伦理与数字伦理

1. 创业伦理

戴维·麦克利兰（David McClelland）在1973年提出了创业伦理的概念，强调在竞争激烈和压力巨大的商业环境中，创业者需要面对并解决特殊的伦理问题。琼斯和瑞恩（Jones & Ryan，1997）将创业伦理定义为创业者所持有的合理或可接受的规定，以及创业行为应遵循的道德规范。这些规范指导创业者如何在商业实践中做出道德上正确的选择。创业与伦理的辩证统一观点认为，创业过程本身蕴含着道德行为，社会伦理道德规范是创业活动顺利进行和长期发展的基础。这意味着创业者在追求商业成功的同时，也应承担起相应的道德责任。创业伦理强调，在创业过程中，不仅要追求经济利益，还要考虑行为的道德合理性，确保企业的活动对社会和环境负责。这种理念有助于企业建立良好的社会形象，赢得消费者和利益相关者的信任，也有助于企业的可持续发展。

创业伦理关注的是创业者在创业过程中的动机和行为，强调在追求商业成功的同时，也要确保这些动机和行为遵循道德原则和社会规范。创业伦理要求创业者在开始创业时，其动机应基于正当和道德的理由，而不仅仅是为了个人利益。这意味着创业者应该考虑其创业活动对社会的积极影响，以及如何通过创业来实现社会价值。创业过程中，创业者的行为应该体现出诚实、公正和责任感，包括在商业交易中保持诚信，尊重员工权益，以及面对伦理困境时做出正确的道德判断。创业伦理鼓励创业者建立和维护一套符合社会道德标准的价值观，并在此基础上形成一套行为准则。这些准则指导创业者在面对各种商业决策时，如何做出既有利于企业又符合道德规范的选择。

2. 数字伦理

数字伦理强调在数字化时代，企业和个人在开发、应用和管理数字技术时应遵循的道德和行为准则。这些准则旨在确保技术进步与人类福祉和社会公正相协调。创业企业往往在技术创新的浪潮之后涌现，它们的创新活动依赖于科技进步。然而，这些技术进步的同时也引发了伦理上的考量。它们在享受技术带来的机遇时，也必须面对以下伦理挑战。

1）道德标准模糊化

道德标准模糊化是指在新技术快速发展的背景下，现有的道德和法律规范难以完全适应新的技术应用场景，导致在某些情况下，对于什么是正确的行为或决策缺乏明确的指导。

创业企业在利用这些新技术时,将会面临道德判断上的困境,尤其是在涉及个人隐私、数据安全和算法公正性等方面。

例如,一家创业企业开发了一款基于人工智能的社交媒体分析工具,该工具能够分析用户在社交媒体上的行为模式,从而为广告商提供精准营销建议。在这个过程中,企业可能会收集和处理大量用户的个人数据。尽管企业已经采取了加密和匿名化处理,但仍然可能存在道德上的争议。比如用户是否充分了解并同意了他们的数据被用于这样的分析,以及这些分析结果是否可能被用于侵犯用户隐私或进行歧视性营销。

2)社会公平与科技发展的平衡

技术进步会加剧社会不平等,创业企业需要在推动创新的同时,考虑如何确保所有社会成员都能公平地受益于技术发展。这包括确保技术产品和服务不会加剧数字鸿沟,以及如何通过技术促进社会包容性。随着数字技术的快速发展,那些能够接触到和使用这些技术的人群会获得更多的机遇,那些无法接触或负担不起这些技术的人群则可能被边缘化。创业企业应考虑如何通过技术促进社会包容性,确保不同背景、能力和需求的人群都能从技术进步中受益。这涉及为残疾人士设计无障碍技术,或者为低收入群体提供经济实惠的技术解决方案。在数据驱动的创新中,企业需要确保数据的收集、处理和分析过程公平、透明,避免算法偏见导致的歧视问题。

3)数据隐私与安全

在数字化时代,数据隐私和安全是创业企业必须严肃对待的重要议题。随着企业越来越多地依赖用户数据来提供个性化服务和优化业务流程,保护这些数据免受未经授权访问和滥用变得至关重要。创业企业在处理用户数据时,应遵循透明原则,明确告知用户数据的使用目的、收集范围以及如何存储和保护这些数据。用户应有权知道自己的数据如何被使用,以及在何种情况下可以访问或删除。企业应实施严格的数据安全措施,包括使用加密技术保护数据传输,定期进行安全审计,以及在发生数据泄露时能够迅速响应并采取措施。企业应培养一种尊重用户隐私和数据安全的企业文化,确保所有员工都了解并遵守数据保护的最佳实践。

4)透明度与责任

在人工智能和自动化技术日益普及的背景下,创业企业在应用这些技术时面临着确保决策过程透明度和明确责任归属的挑战。随着人工智能和自动化系统在决策中扮演越来越重要的角色,企业需要确保这些系统的工作原理对用户和利益相关者是可解释的。这意味着企业应提供足够的信息,让用户了解人工智能是如何做出决策的,以及这些决策背后的数据和算法。在人工智能和自动化技术导致错误或意外后果的情况下,企业需要有明确的机制来确定责任归属,并在出现问题时承担相应的责任。创业企业应建立内部监管框架,确保人工智能和自动化系统的开发与部署遵循道德和法律标准,同时在出现问题时能够迅速采取行动。

5)可持续发展

可持续发展要求创业企业在追求商业成功的同时,也要关注其业务活动对环境和社会的长期影响。这意味着企业需要采取一系列措施,以减少对自然资源的消耗,降低对环境的负面影响,并促进经济、社会和环境的和谐发展。创业企业在追求经济效益的同时,应考虑其活动对环境的影响,努力实现可持续发展。这包括采用环保材料、减少能源消耗和碳排放，以及推动循环经济。企业应选择那些对环境影响较小的材料，或者可再生、可回收的材料，以减少生产过程中的废物和污染。企业应通过提高能效、使用可再生能源和优化生产流程来降低能源消耗，减少温室气体排放。企业应设计易于回收和再利用的产品，鼓励循环使用资源，减少废物产生。

6）人工智能伦理

人工智能伦理关注的是在人工智能技术的开发和应用过程中，如何确保这些技术遵循道德和伦理标准，以维护公平、正义和人类的利益。企业应确保人工智能系统的决策过程不带有偏见，能够公平地对待所有用户。这涉及算法的设计，需要避免因数据集的偏差或算法的不完善而出现的歧视性结果。企业需要采取措施防止人工智能技术被用于不道德的目的，如监控、操纵或侵犯个人隐私。人工智能系统的工作原理和决策过程应该是透明的，用户和监管机构能够理解人工智能是如何做出决策的。在人工智能系统出现问题时，企业应明确责任归属，并采取相应的补救措施。

本章知识要点及关键词

知识要点

1. 因果逻辑，也称为预测逻辑，是一种基于过去经验和数据来预测未来事件的思维方式。

2. 效果逻辑，又称为非预测逻辑，强调在不确定性环境下，创业者如何通过利用现有资源和能力以及与利益相关者的互动，来创造和把握机会。

3. "手中鸟"思维强调创业者在创业时应该从自己现有的资源和能力出发，而不是从预设的目标开始。

4. 创业思维包括识别创业机会、创业警觉、实物期权逻辑及创业框架四个要素。

5. 创业思维具有突破性、新颖性、灵活性、求异性的特征。

6. 创业精神是创业者内在素质的综合体现，它涵盖了创业者的思想观念、个性特点、意志力以及行为习惯。

7. 创业者指的是那些参与创业活动、创立并经营新企业的人。

8. 创业者价值观是创业主体以自己的需要为基础，对创业目标重要性的认识和在创业时采取的行为方式的判断和选择的标准，指导和调节着人们的创业目标和创业行为。

关键词

创业思维　创业精神　创业能力　创业者价值观　创业伦理　创业企业社会责任　数字伦理

思考题

1. 如何培养创业思维模式？
2. 与非（低）创业思维比较，创业思维在面对机会和困境时有什么优势？
3. 创业者是一个特殊群体吗？创业者与商人有什么区别？
4. 创业者需要具备什么能力和素质？如何训练和培养创业能力？
5. 你认为一家成功企业的价值观应该是怎样的？由谁来决定？

6. 创业者企业为什么需要遵循社会责任和社会伦理?
7. 数字时代,企业面临哪些新的数字伦理挑战?

创业者素质自我评定

填写"创业者素质自我测评表"对自身的创业能力进行测评,从而评估自身是否具有创业能力。判断哪些素质相较他人具有优势,哪些素质需要培养和提升,如何提升创业者能力素质。

能力要素	素质释义	评	分				评价结果
1.成就导向动力	有努力工作实现个人目标的欲望,并表现为积极主动	5	4	3	2	1	
2.竞争意识	愿意参与竞争,主动接受挑战,并努力成为胜利者	5	4	3	2	1	
3.冒险精神	敢于冒险,同时又有勇气面对风险与失败	5	4	3	2	1	
4.人际理解与体谅	了解别人言行、态度的原因,善于倾听并帮助别人	5	4	3	2	1	
5.价值观引领	通常以价值观来引导和影响团队,其行为方式也集中体现组织所倡导的价值观	5	4	3	2	1	
6.说服能力	能够通过劝服别人,让他人明白自己的观点,并使对方对自己的观点感兴趣	5	4	3	2	1	
7.关系建立能力	保持经常的社会性接触。在工作之外经常与同事或顾客发展友好的个人关系,甚至家庭接触,扩大关系网	5	4	3	2	1	
8.决策力/个人视野	具有广阔的视野,能够在复杂的、不确定的或是极度危险的情况下及时做出决策,决策的结果从更深远或是更长期的角度看有利于企业的成功	5	4	3	2	1	
9.组织能力	有能力安排好自己的工作与生活,且使工作任务与信息条理化、逻辑清晰	5	4	3	2	1	
10.创新与变革能力	能够预测五年甚至十年后的形势并创造机会或避开问题,总是能够创造性地解决各种问题	5	4	3	2	1	
11.诚信正直	诚实守信,并坚持实事求是、以诚待人,行为表现出高尚的职业道德	5	4	3	2	1	
12.自信心	相信自己能够完成计划中的任务,并能够通过分析自己的行为来看清失败,在工作中予以改正	5	4	3	2	1	
13.纪律性	坚持自己的做事原则,严于律己,并表现为具有较强的自控能力	5	4	3	2	1	
14.毅力	明确自己的目标,并为之坚持不懈,即使遇到任何困难	5	4	3	2	1	
15.适应能力	能够适应各种环境的变化,具备应付各种新情况的能力,且能创造性地提出问题的解决方案	5	4	3	2	1	

资料来源:何建湘.创业者实战手册[M].北京:中国人民大学出版社,2015.

第 6 章

创业团队

【学习目标】

知识目标：能够掌握创业团队的内涵；能够辨别创业团队与一般团队的区别；能够凝练数智时代创业团队特征；能够解释创业团队的角色构成；能够剖析创业团队组建的风险。

能力目标：培养识别和利用团队成员多样性的能力；培养将理论知识与实际问题相结合的能力，以推动经济社会的高质量发展；锻炼领导能力，包括激励团队成员、设定明确目标和指导团队前进的方向；培养团队协作精神，学会在团队中扮演不同角色，促进成员间的协同工作；提高决策能力，能够评估不同的方案，并选择最佳行动路径。

素质目标：深化对"人类命运共同体"理念的理解，认识到个人和集体利益的联系，培养全球视野和国际合作的能力；强化责任感和使命感，培养在面对挑战时勇于担当的精神，以及为社会和人民创造美好生活的意愿；理解并实践互利共赢的原则，学会在竞争与合作中寻求平衡，实现可持续发展；培养服务社会、奉献社会的意识，利用团队力量解决社会问题，提升社会福祉。

腾讯"创新引擎"的团队建设

2023 年 11 月，在深圳腾讯总部和创新实验室内，一场名为"创新引擎"的团队建设活动正在紧张而有序地展开。这是腾讯为了应对互联网行业的快速变化和激烈的市场竞争，特别策划的一次旨在提升团队创新能力和协作效率的活动。

活动从 11 月 18 日开始，持续至 11 月 20 日。在这三天里，腾讯的员工被分成多个跨部门团队，他们将围绕"社交网络""在线教育""数字健康"等关键领域，进行深入的项目策划和原型开发。每个团队都面临着一个共同的任务：提出并实现一个能够解决实际业务问题的创新解决方案。

腾讯的高层领导参与了这次活动。他们不仅提供了战略指导，还与团队成员一起深入讨论，确保每个团队的创新点都能得到充分的资源支持。这种高层的参与和支持，极大地激发了员工的积极性和创造力。

在团队建设游戏和创新工作坊中，员工通过团队合作，学会了如何更有效地沟通和协作。模拟产品发布的环节更是让团队成员体验到了从概念到实践的全过程，这对于提升他们的执行力和创新能力至关重要。

活动结束后，腾讯成功孵化了多个具有潜力的创新项目。这些项目不仅展示了员工的创新才能，也为公司开辟了新的增长点。员工们表示，通过这次活动，他们学会了如何从用户的角度出发，提出更具创新性的解决方案。

为了持续推动这种创新精神，腾讯决定将"创新引擎"活动作为年度常规项目，每年都会举办。同时，公司还设立了"创新基金"，为员工的创新项目提供必要的资金和技术支持。这些措施不仅加深了团队建设与企业文化的融合，也为腾讯在全球市场中竞争力的提升奠定了坚实的基础。

在团队管理和建设方面，腾讯实施了"开放沟通"政策，鼓励员工向上级直接反馈意见和建议。同时，通过"成长伙伴计划"，新员工能够快速融入团队并提升技能。这些措施不仅增强了员工的归属感，也提高了团队的整体效能，使腾讯在未来的创新道路上能够持续前进。

资料来源：根据网络资料编写。

6.1 创业团队的内涵

6.1.1 创业团队的定义

创业者是创业过程中的发起者和领导者，他们通常拥有创新的想法、愿景和驱动力，负责制定企业的发展方向和战略。然而，一个人的力量是有限的，成功的创业往往需要一个团队的支持和协作。创业团队是由一群具有不同技能、经验和背景的人组成的集体，他们共同致力于实现创业的愿景。团队成员包括联合创始人、关键员工、顾问和其他利益相关者。美国考夫曼基金会的创始人考夫曼提出的三大创业原则（待人如己、共享财富、回馈社会）强调了创业成功不仅仅是个人英雄主义的体现，更是团队合作和社会责任的结晶。投资家在评估创业项目时，会特别关注创业团队是否能够体现这些原则。我们可以从以下四个方面解读创业团队概念。

1. 创业团队成员有共同的目标

团队成员必须对创业项目的目标有清晰的认识和坚定的信念。只有当所有成员都朝着同一个方向努力时，团队才能发挥出最大的潜力。缺乏共同目标的团队，即使成员能力再强，也难以形成有效的合作和协同效应。团队成员应共享相似的价值观和工作原则，这有助于在决策和行动时保持一致性，减少内部冲突。价值观的一致性是团队文化的核心，能够增强团队成员之间的信任感和归属感。团队与群体的主要区别在于成员之间的协作和目标一致性。团队成员为了共同的目标而努力，而群体成员可能只是聚集在一起，但缺乏共同的目标和行动计划。

例如，在一个由多个独立设计师组成的工作室中，尽管每个人都有自己的设计理念，但如果他们没有共同的市场定位和品牌愿景，那么只能被视为一个群体，而不是一个团队。相反，如果他们能够就品牌定位达成共识，并围绕这一定位共同创作，那么就形成了一个真正的团队。

2. 创业团队成员能够创造价值

创业团队的价值创造过程指的是团队成员利用其专业知识和技能,通过实际行动将创意和知识转化为市场上可销售的产品或服务,从而实现经济效益。团队通过有效的商业模式和市场策略,将这些知识和技能转化为经济收益。团队需要建立一套高效的管理体系,包括组织结构、流程优化和资源配置,以支持团队成员高效工作,确保项目顺利进行。通过成功的市场推广和产品销售,团队能够吸引更多的投资者关注,增加企业的市场价值,实现投资的增值。

3. 创业团队成员共同承担风险和获取收益

创业团队的每个成员都应该对团队的愿景和目标有共同的理解和承诺。这种承诺促使团队成员在面对挑战时能够团结一致、共同努力,确保团队目标的实现。创业团队和工作团体之间有本质上的区别。与工作团体相比,创业团队更强调集体行动和协作。团队成员之间的合作不仅仅是为了完成各自的任务,更是为了实现团队的整体目标。这种合作往往能够产生超出个体努力总和的效果。在创业团队中,成员们往往愿意为团队的整体成果承担责任,即使这可能超出了他们个人职责的范围。这种超越个人目标的责任感是创业团队成功的关键因素。创业团队的成员通常会分享团队努力带来的成果,这种共享增值的理念鼓励团队成员为了共同的利益而工作,而不是仅仅为了个人的利益。工作团体更侧重于个人目标的实现,创业团队则强调团队目标的优先。在工作团体中,成员只对自己的工作成果负责,而在创业团队中,每个成员都对整个团队的成功负有责任。

例如,在一个创业团队中,如果市场部门的成员发现产品开发存在问题,他们会主动与开发团队沟通并协助解决问题,即使这并非他们的直接职责。这种跨部门的协作有助于团队更快地解决问题,提高效率,最终实现创业目标。在一个工作团体中,成员只会专注于自己的任务,并不会主动介入其他部门的问题。

4. 创业团队成员的技能互补

一个高效的创业团队应该由具备不同专长和背景的成员组成,这样团队才能在面对多样化的挑战时展现出更强的适应性和创新能力。在创业过程中,团队成员应具备多样化的技能和知识,以便在产品开发、市场分析、财务管理、客户服务等方面形成合力。这种互补性有助于团队在面对复杂问题时能够从多个角度进行思考,提高解决问题的效率。当团队成员的技能互补时,他们可以相互学习、相互支持,共同推动项目向前发展。这种协同效应能够激发团队的创造力,提高工作效率,从而实现团队整体性能的最大化。如果团队成员的技能和知识重叠,会导致资源浪费和内部竞争,限制团队的发展潜力。互补的技能则有助于避免这种情况,确保每个成员都能在适合自己的领域发挥最大潜力。

6.1.2 创业团队的构成要素

创业团队需要具备五个重要的构成要素,分别为目标(purpose)、人员(people)、定位(place)、权限(power)、计划(plan),称为创业团队要素 5P 模型。

1. 目标

创业团队的核心是共同的目标,这个目标定义了团队存在的意义和追求的方向。创业团队的每个成员都应该对团队的最终目标有共同的理解和承诺。这个目标是团队凝聚力的源泉，它激励团队成员共同努力，应对创业过程中的挑战。团队的目标通常与创业的初衷紧密相关，反映了团队希望实现的社会价值或商业价值。这个目标指导着团队的战略规划和日常决策。团队的目标应该与企业的长远愿景和战略规划相一致，从而确保团队的每一步行动都朝着实现企业愿景的方向前进。

2. 人员

在创业团队的所有资源中，人力资源是最具有活力和创造力的部分。团队成员的专业知识、技能和经验是实现创业目标的基础。通过合理的人员分工，企业可以确保团队的高效运作和项目的顺利进行。例如，一个创业团队由创始人（负责战略规划）、技术专家（负责产品开发）、市场营销人员（负责市场推广）和财务分析师（负责资金管理）组成。每个成员都在其专业领域内发挥作用，共同推动项目向前发展。创业团队应根据每个成员的特长和能力进行分工，以最大化团队的整体效能。这意味着团队成员应该在他们最擅长和最感兴趣的领域工作，从而提高工作效率和创新能力。创业团队的成功不仅依赖于个体出色的能力，还依赖于团队成员之间的有效协作和互补。

3. 定位

在创业团队的构建和发展过程中，精准定位是确保团队高效运作和实现目标的关键。定位具体包括以下两层含义。

创业团队的定位。创业团队在企业创建和成长过程中扮演核心角色，负责制定战略、推动创新、管理日常运营，并确保团队朝着既定目标前进。团队成员的选择和决策通常由创始人或核心团队成员负责，他们需要确保团队成员具备实现目标所需的技能和经验。创业团队最终对投资者、客户、员工以及社会负责，需要确保企业的可持续发展，同时对社会和环境产生积极影响。团队激励可以通过股权激励、绩效奖金、职业发展机会等方式实现，以激发团队成员的积极性和创造力。

团队成员的定位。团队成员在创业过程中扮演不同的角色，如策略制定者、执行者或协调者。这些角色应根据成员的技能、兴趣和团队需求来确定。成员可以通过直接投资、技能投入或共同管理等方式参与创业。这决定了他们在团队中的所有权和决策权。创业实体可以采取合伙企业或公司制企业的形式，这将影响团队成员的责任、权利和义务。

4. 权限

创业团队的权限是指团队在执行任务和做出决策时被赋予的职责和权力范围。权限决定了团队在特定任务和决策过程中的职责和自主性。团队的权限通常包括对资源的分配、项目的执行、策略的制定以及日常运营的管理。团队的类型（如技术团队、市场团队等）和目标（如产品开发、市场扩张等）会影响其权限的设定。例如，一个专注于技术创新的团队可能需要更多的自主权来探索新技术，一个市场导向的团队则需要更多的权限来快速响应市场变化。新创组织的规模和结构也会影响团队的权限。在小型或初创企业中，团队需要承担更广泛的职责，领导者更倾向于集中权力以快速决策。在大型组织中，权限会更加分散，以适应复杂的管理结构。领导者的权力与团队的发展阶段密切相关。在团队成立初期，领导者需要拥有较大的权力来指导团队和推动项目。随着团队的成长，领导者会逐步将权力下放给团队成员，以提高团队的自主性和创新能力。

5. 计划

创业团队的计划应包括明确的角色分工和资源分配,确保每个成员都清楚自己的职责和如何为实现团队目标做出贡献。计划应详细到足以指导团队成员的日常行动,包括短期任务和长期目标。创业过程充满不确定性,因此,团队需要一个灵活的计划来应对可能出现的挑战。计划不仅是行动的蓝图,也是团队遇到困难时的指南针,帮助团队保持方向和动力。例如,在产品开发过程中,如果市场反馈显示某个功能需求需要调整,团队应能够根据计划中的应变策略迅速做出反应,调整产品设计,而不是盲目地继续原计划。这样的计划有助于团队面对变化时保持敏捷和适应性。通过制订和遵循详细的计划,创业团队可以确保每个成员都朝着共同的目标努力,同时在遇到挑战时能够迅速调整策略,保持团队的稳定和效率。

6.1.3 创业团队的行动原则

1. 创业机会为线索

创业机会是创业过程中的起点,它决定了创业项目的性质和潜在的挑战。当创业机会涉及高不确定性和高价值创造潜力时,创业过程往往更加复杂和充满挑战。在这种情况下,理性地组建团队变得尤为重要,因为团队需要具备多样化的技能和经验来应对不确定性,实现价值创造。面对高不确定性的创业机会时,团队成员的专业互补性是关键。在不确定性较低、价值创造潜力一般的创业机会中,团队成员之间的协作和信任更为重要。在这种情况下,团队成员需要紧密合作,共同推动项目前进。

2. 凝聚力为核心

凝聚力体现了团队成员之间的紧密联系和共同目标。在创业团队中,每个成员的角色和贡献都是相互关联的。团队的成功依赖于每个成员的不懈努力,个人的成功也与团队的整体优秀表现紧密相连。例如,一个软件开发团队中的设计师、开发人员和测试工程师需要紧密合作,确保软件产品的高质量和按时交付。任何一环的失误都可能影响整个项目的进度和质量。团队成员共享一个目标,即企业的成功。这个目标激励着成员们共同努力,克服困难,实现团队愿景。团队成员意识到,个人的成功和失败都与团队的整体利益息息相关。个人的行为不仅影响自己的利益,也会影响其他成员和整个企业的利益。

3. 合作精神为纽带

具有成长潜力的企业往往拥有一个能够协同工作的团队。这种协同合作能力使得团队能够集中力量解决复杂问题,共同推动企业向前发展。优秀的创业团队通过相互配合,帮助成员分担任务,从而提高工作效率。这种合作精神有助于减轻个体的压力,使团队能够更专注于创新和提高工作质量。团队中的领导者和资深成员通过自己的行为树立榜样,鼓励团队成员展现出高度的合作精神和专业素养。通过奖励制度,团队可以激励成员展现出更好的合作精神。这些奖励可以是物质的,如奖金或晋升机会,也可以是精神的,如公开表彰或额外休假。

4. 完整性为基础

完整性是创业团队在决策和执行任务时必须遵循的基本原则,它要求团队在追求目标的同时,确保所有相关利益得到平衡和尊重。完成任务时,团队应始终将工作质量放在首位，确保产品和服务达到既定标准，满足客户需求。例如，一个软件开发团队在开发新应用时，应确保代码的稳定性和安全性，即使这意味着需要投入更多的时间和资源。团队应关注员工的身心健康，提供良好的工作环境和合理的工作安排，以防止过度劳累和出现职业病。在面临艰难选择时，团队应从更广阔的视角出发，权衡顾客、公司和价值创造等多方面的利益，避免单一的功利主义思维。团队在决策时不应只关注个人或部门的利益，而应考虑整个组织和所有利益相关者的需求。

5. 长远目标为导向

明确的长远目标是创业团队成功的关键导向，它要求团队成员具备持续的敬业精神和对企业未来发展的承诺。一个敬业的团队会全身心投入企业的长远发展中，他们理解并接受成功往往需要时间和持续努力，而不是寻求快速的短期利益。例如，一个致力于研发创新医疗设备的团队，会在数年的时间里专注于产品的研发和测试，即使这意味着在初期可能面临资金压力和市场不确定性。团队成员在面对挑战和困难时，应保持对长远目标的忠诚，这种坚持是企业持续成长和最终成功的关键。企业应避免那些只关注短期利益的行为，如过度追求快速盈利或忽视长期战略规划，这些行为可能会损害企业的长期健康。团队成员应认识到，成功往往需要持续奋斗和不懈努力。

6. 价值创造为动力

创业团队的目标是通过创新和努力，实现价值的增长。这不仅包括为客户提供更好的产品或服务，也包括为供应商、投资者和其他利益相关者创造更多的机会和收益。例如，一个创业团队开发了一款新的环保材料，这种材料不仅满足了市场需求，提高了客户满意度，也为供应商提供了新的销售渠道，同时给投资者带来了可观的回报。对于创业团队来说，企业的整体成功和持续增长是衡量团队努力成果的关键指标。这包括市场份额的扩大、品牌影响力的提升以及财务表现的改善。创业团队强调的是集体的成功而非个人利益。

7. 公正性为准绳

尽管法律和道德没有强制规定创业者必须公平分配收益，但成功的创业者往往认识到，与团队成员共同分享成功果实的重要性。这种分享精神能够增强团队的凝聚力和忠诚度。例如，一家初创公司会实施股权激励计划，让关键员工和团队成员在公司成长过程中获得股份，从而将个人利益与公司利益关联在一起。奖酬和股权计划的设计应与员工的贡献、业绩和成果紧密相关。这意味着员工的努力和成就将直接影响他们的经济回报。面对意外情况或不公平现象时，团队应能够灵活调整奖励机制，确保每个成员都能得到公正的对待。

中国共产党："史上最伟大的创业团队"

历史的发展是由无数创业史累积而成的。中国共产党的光辉历程、社会主义在中国的跨越式行进，就是一部开天辟地的创业史、从未停歇不断再创业的奋斗史。作为中国近代以来最伟大的创业团队，中国共产党在成立之初，就立下以马克思主义、共产主义挽救民族危亡的伟大志向。多年来，中国共产党筚路蓝缕、风雨兼程，带领人民不断铸就民族复兴的伟大业绩。

这个创业团队历经 28 年的艰难求索、浴血奋战——走过两万五千里长征路，赢得十四年抗日持久战，摧枯拉朽地解放了全中国；造就了一支党领导的战无不胜的人民军队，闯出了一条符合中国实际的正确革命道路，形成了普遍真理和具体实践相结合的中国化马克思主义，打下了人民当家作主的红色江山。

这个创业团队面对百废待兴、百业待举的历史考卷，铭记"两个务必"，带领四万万人民再创业，在古老的中国土地上建立起了从未有过的社会主义政治制度、经济制度，在旧中国一穷二白的烂摊子上建立起了独立的、比较完整的工业体系和国民经济体系。当代中国的一切发展进步从此有了根本政治前提、制度基础和经济基础。

这个创业团队合乎时代潮流、顺应人民意愿、勇于改革开放，进行了使中国大踏步赶上时代的又一次再创业，不仅带来了每个人、每个家庭的改变，也使整个社会、整个国家经历了新的革命。中国特色社会主义道路由此开创，中国特色社会主义理论体系由此形成，中国的社会主义现代化建设从此走上了持续发展的快车道。

如今，这个创业团队在以习近平同志为核心的党中央坚强领导下，把引领中华民族实现伟大复兴的历史使命扛在肩上，踏上了新时代再创业的壮丽征程，解决了许多长期想解决而没有解决的难题，办成了许多过去想办而没有办成的大事。如今党和国家事业取得历史性成就，发生历史性变革，实现了从"赶上时代"到"引领时代"的伟大跨越，中华民族比历史上任何时期都更接近伟大复兴的目标。

在中国共产党成立百年之际，回望这部波澜壮阔的"创业史"，通过探寻其成功之道，我们更加明晰前行的方向，更加懂得如何沿着成功的道路走下去。唯有不忘初心，方可告慰历史、告慰先辈，方可赢得民心、赢得时代，方可善作善成、一往无前。

资料来源：李巍，吴朝彦. 创业基础[M]. 数字教材版. 北京：中国人民大学出版社，2021：51-52.

6.1.4 数字时代的创业团队

1. 数字创业团队的定义

数字技术的应用在推动经济社会的数字化转型中发挥了重要作用，并对创业过程产生了深远的影响。在数字创业时代，创业团队的概念和运作方式发生了显著变化。数字创业团队是在数字经济时代，由一群具备数字技术专长和创新精神的个体组成的团队。他们的核心任务是运用大数据分析、人工智能、云计算等前沿技术，来识别、开发和实现数字时代的创业机会。这些团队专注于创造和提供创新的数字产品或服务，如移动应用、在线教育平台和电子商务解决方案，旨在通过这些产品和服务满足现代消费者的需求，并在市场中获得竞争优势。数字创业团队具有高度的灵活性和效率，团队成员能够通过在线协作工具、虚拟会议和远程工作等方式，克服地理和时间的限制，实现快速决策和执行。他们强调持续创新，紧跟技术发展的步伐，以确保产品和服务能够适应市场的快速变化。这种创新驱动的团队文化有助于数字创业团队在数字经济的浪潮中保持领先地位，为用户提供价值，并为企业带来持续的增长和成功。

数字创业团队的出现标志着创业领域的新趋势，他们通过深度融合数字技术，不仅改变了创业的方式，也为经济社会的数字化转型提供了新的动力。

2. 数字创业团队的特征

1）技术驱动

数字创业团队的成员通常具备深厚的技术专业知识，这使他们能够熟练地运用编程、算法设计、机器学习等数字技术来解决商业难题。他们不仅能够紧跟技术发展的步伐，还将这些技术应用于创新的产品开发和服务设计，从而开拓新的市场空间。例如，团队会集成人工智能功能来增强产品的交互性和个性化体验，或者采用云计算平台来提高运营效率并降低成本。

这些团队以技术为核心，能够迅速捕捉市场动态，采用敏捷的开发方法来快速迭代产品，确保其始终保持竞争力。团队成员还精通数据分析，能够通过深入分析用户数据来洞察市场动向，为团队提供决策依据，帮助企业在激烈的市场竞争中做出更明智的选择。

2）创新导向

数字创业团队的核心特征是其对创新的不懈追求。这些团队致力于在产品设计、服务提供和商业模式上进行创新，以适应数字市场的快速变化。他们通过不断探索新思路和实践新方法，力求打破传统框架，满足市场的新需求。为了保持竞争力，数字创业团队展现出高度的适应性，能够迅速响应市场和技术的变化，采用灵活的运营策略来调整产品和服务。他们将用户需求置于首位，通过创新手段提升用户体验，解决用户的实际问题，从而在市场中确立优势。

这些团队不满足于单一领域的创新，而是积极寻求跨行业的融合，将不同领域的技术和理念相融合，开发出创新的解决方案。他们鼓励团队成员大胆尝试新想法，即使遭遇失败，也视之为学习和成长的机会。这种试错文化促进了团队在创新道路上的持续进步。

3）敏捷性

数字创业团队的敏捷性体现在其对市场变化的快速反应能力和高效的产品开发流程。团队成员具备敏锐的市场洞察力，能够及时捕捉到市场趋势和用户反馈，这使得他们能够迅速调整产品方向和服务策略，确保产品与市场需求保持同步。在产品开发方面，团队采用敏捷开发方法，如 Scrum 或 Kanban，这些方法允许团队以短周期（冲刺或迭代）进行工作。这种模式提高了开发效率，减少了资源浪费，并增强了开发过程的透明度。产品开发被视为一个持续的迭代过程，团队在每个迭代周期结束时都会评估进度，根据反馈进行必要的调整，以确保产品持续改进并更好地满足用户需求。

敏捷方法还强调早期识别风险。通过快速试错和持续调整，团队能够有效降低项目失败的风险，提高项目成功率。团队成员能够跨功能协作，打破了传统的部门界限，促进信息流通，加快决策速度。

敏捷团队鼓励客户参与产品开发过程，通过持续的沟通和反馈，确保产品方向与客户期望保持一致。这种以客户为中心的方法有助于缩短产品从概念到市场的周期，使团队能够快速响应市场变化，推出新功能和产品，从而在竞争激烈的市场中保持领先地位。

4）数据驱动决策

数字创业团队积极收集和分析来自用户行为、市场活动和业务运营的各种数据，以获得深入的洞察力。团队通过分析市场数据，能够识别潜在的市场机会和风险，从而制定有效的市场进入和扩张策略，利用用户反馈和行为数据来指导产品的设计和功能开发，确保产品能够满足用户的实际需求。团队通过分析业务指标，能够发现运营中的瓶颈和低效环节，进而采取措施优化流程，提高整体效率。数据驱动的决策过程提高了决策的透明度，团队成员可以基于共同的数据基础进行讨论和决策，减少主观偏见。团队通过持续监控数据，不断评估决策效果，并根据结果进行调整，实现持续的业务优化。

5）用户中心

用户中心是数字创业团队的核心理念，它要求团队始终将用户的需求和体验放在首位。团队通过收集和分析用户的反馈以及行为数据，深入理解用户的需求和偏好。基于这些洞察，团队设计和开发产品时，会确保功能和界面直观、易用，内容和交互符合用户的期望。同时，团队还会不断监测用户使用产品的情况，通过迭代更新来解决用户遇到的问题，进一步提升用户体验。这种以用户为中心的方法有助于建立用户信任，增强用户黏性，并推动产品和服务的持续创新。

6）跨界合作

跨界合作是数字创业团队创新和发展的重要推动力。在这种合作模式下，团队成员虽然来自不同的专业背景，但他们共同协作，将各自的专业知识和技能融合在一起。这种多元化的团队结构促进了思想的碰撞和知识的交流，激发出新的创意和创新解决方案。

通过跨界合作，数字创业团队能够创造出更具竞争力的产品和服务，推动企业的多元化发展，实现在快速变化的市场中持续创新和成功。

6.2 创业团队的组建

6.2.1 组建创业团队的条件

1. 正确的团队理念

正确的团队理念强调成员之间的相互依赖和有共同的目标。这种理念认为团队成员应该像一个命运共同体一样，共同分享成功带来的收益，同时也共同承担可能的风险。这种理念的实施可以带来以下积极效果。

（1）凝聚力。团队凝聚力是团队成员之间相互吸引、团结一致的力量，它是影响团队稳定和高效运作的关键因素。在一个具有正确团队理念的环境中，成员相信他们共同构成了一个命运共同体，这意味着他们共享成功的喜悦和共担挑战的艰辛。这种理念促使成员们在追求共同目标时更加紧密地合作，形成强大的凝聚力。

凝聚力的增强有助于提高团队成员之间的信任水平和支持力度，使他们更愿意分享信息、协作解决问题，并在面对困难时相互扶持。这种团结一致的氛围不仅能够激发团队的创造力和创新能力，还能够提高团队的整体表现，使团队在竞争激烈的环境中更具竞争力。

（2）诚实正直。在正确的团队理念指导下，诚实正直的价值观被强调和推崇，这有助于促进团队成员之间建立信任和尊重，从而形成一个团结协作的工作环境。缺乏诚实和正直可能导致团队内部出现信任危机，成员之间的隔阂增加，削弱团队的整体效能。当团队成员无法真诚地相互沟通和协作时，团队的凝聚力和执行力都会受到影响，这不利于团队目标的实现。同时，正直的个人品质对于维护团队的道德标准和企业形象至关重要。如果团队成员不能坚守正直，可能会因为追求个人利益而损害客户利益。这不仅会破坏客户关系，还会对企业的长期发展和价值创造产生负面影响。

（3）承诺价值创造。承诺价值创造是团队成员基于共同的价值观和目标，致力于通过团队合作实现更大的整体利益，包括顾客价值提升、供应商合作共赢、利益相关者共享、团队成员共同成长、企业价值创造。在正确团队理念的引导下，每个成员都认识到他们的工作不仅关乎个人利益，更是为了整个团队和企业的共同发展。这种集体的努力和承诺有助于形成一种积极向上的团队文化，激励成员们为实现团队的长远目标而不懈努力，从而拓宽企业的发展前景。

2. 明确的发展目标

团队的组建是为了实现共同的目标或使命，这些目标是团队成员共同努力的方向，也是激励团队克服困难、取得成功的关键动力。正如孙子所言："上下同欲者，胜。"这意味着，只有当团队成员对目标有共同的认同和追求时，团队才能发挥出最大的潜力。

例如，湖州南浔建丰米业有限公司，这家由农民大学生创办的企业，自成立之初就设定了一个明确的目标：通过品牌化、科技化和集约化的方式，开辟粮食加工的新路径。为了实现这一目标，公司采取了一系列战略举措：①基础设施与资源优化。公司首先在完善配套设施和优化资源配置上加大投资，通过引进先进的加工设备和技术，提高生产效率和产品质量，同时扩大生产规模，以支持集约化发展。②管理规范化。在生产管理方面，公司明确责任分工，提升管理水平，确保生产流程的高效运作。同时，公司注重生态营销和企业形象，强调生产环境的改善，以实现经济效益与环境保护的双重目标。③响应国家政策。公司积极响应国家关于"三农"问题的号召，通过改革经营理念，加强与农村的合作，推动农村经济发展，实现共赢。通过这些措施，湖州南浔建丰米业有限公司不仅提升了自身的竞争力，也为农村地区的可持续发展做出了贡献。最终，公司成功实现了其既定目标，成为一个集品牌化、科技化、集约化于一体的现代粮食加工企业。这个案例展示了共同目标对于团队成功的重要性，以及团队如何通过明确的战略规划和持续努力来实现这一目标。

3. 统一的管理机制

在新创企业中，建立统一的管理机制对于妥善处理团队内部的利益关系至关重要。由于创业初期资金有限，设计一个有效的报酬体系尤为关键。这个体系需要能够吸引人才，同时确保报酬水平与员工的贡献成正比，且不会因为团队规模的扩大而降低。

（1）治理层面：这涉及企业的所有权和控制权问题。在合伙关系中，所有团队成员都被视为企业的共同所有者，共同参与管理决策；在雇佣关系中，通常有一个明确的领导者或老板。治理规则需要明确这些关系，确保权力和责任的平衡。

（2）文化层面：企业文化是解决价值认同和行为规范的关键。企业章程和用工合同定义了经济契约，但在这些契约无法完全覆盖的情况下，企业文化契约起到了补充作用。企业文化应强调共同的价值观和行为准则，以促进团队成员之间的和谐与合作。

（3）管理层面：这包括确保团队运作的基本原则，如平等原则（确保所有成员在制度面前享有同等权利）、服从原则（下级需服从上级的指挥）和等级原则（明确指挥链，避免越级指挥或请示）。这些原则有助于维护团队的秩序和效率。

通过这三个层面的管理规则，创业团队能够建立起一个公平又高效的管理体系，确保团队在追求共同目标的过程中保持稳定和高效。

6.2.2 组建创业团队的步骤

组建创业团队是一个系统的过程。创业者有了创业想法后,可以遵循以下步骤来构建。

(1)撰写创业计划书。创业者需要明确自己的创业愿景和目标,通过撰写创业计划书来梳理思路,明确业务模式、市场定位、财务预测等关键信息。这不仅有助于创业者自身对项目有更清晰的认识,也为后续寻找合作伙伴提供了详细的蓝图。

(2)进行自我分析。创业者应进行深入的自我评估,包括自身的优势、劣势、性格特点、技能、知识背景、人际关系和资金状况。这可以通过 SWOT 分析(strengths、weaknesses、opportunities、threats)来完成,以确保对自己有一个全面而真实的了解。

(3)确定合作模式。基于自我分析的结果,创业者可以确定适合自己的合作形式,比如是选择合伙人还是雇用员工。选择合伙人时,应寻找那些能够弥补自身不足,与自己形成互补的人选。

(4)寻找合作伙伴。创业者可以通过多种渠道寻找合作伙伴,如媒体广告、个人网络、行业活动、社交媒体等。在这个过程中,创业者需要明确表达自己的创业愿景和对合作伙伴的期望。

(5)深入沟通与协商。在找到潜在的合作伙伴后,双方需要就创业计划、职责分配、股权结构等关键问题进行深入的沟通。这一阶段的目的是确保双方对合作有共同的理解和期望,避免未来出现误解和冲突。

(6)达成合作协议。在充分沟通的基础上,双方应就合作的具体条款达成一致,并形成书面协议。这包括股权分配、决策机制、利润分配、退出机制等,确保所有合作细节都有明确的法律约束。

通过这些步骤,创业者可以建立起一个结构合理、目标一致的创业团队,为实现创业目标打下坚实的基础。

携程四君子

1999 年,互联网热潮席卷整个世界,随着智能手机普及出现了创业潮。不管是地铁车厢、街头巷尾还是酒吧、茶馆,总能听见大家说要建个网站。季琦和梁建章也有了做一个网站的想法。

季琦是个普通农民家庭的孩子。考到上海交通大学之后,他没有走常规的职业路线,而是受到了当时经商潮流的感召,成为一个卖计算机的专业户。20 世纪 90 年代初期,正是计算机在我国普及的开端。季琦也成为计算机普及大潮中交大校园里骑着三轮车配送计算机、做计算机生意的一员,且很快在几个月就攒了几万元钱。

梁建章从小就有一个著名的称号:大头神童。13 岁那年,他就利用计算机写了一个作诗的程序,被上海电视台报道;15 岁的时候,他跳过高中,直接进入复旦大学少年班。一年后,他考入佐治亚理工学院学习计算机,很快就读到了硕士。后来,他顺利地进入了美国甲骨文公司工作。

按照德鲁克对公司核心团队架构的解读,早早就开始创业的季琦是开创者和行动者,而内敛、沉稳、理性又总爱用数字说话的梁建章是思想者。这两个人虽然背景不同,但对一件事有着高度的共识，那就是互联网最大的机会应该是在中国。

在有了创立一家网站的想法后，在那个风险投资还不盛行的时代，他们的第一反应是应该再找一个有资金的人。这时候，他们想起了一个共同好友沈南鹏。他是季琦的大学同届，又和梁建章在美国相识。

比起另外两个人，沈南鹏的背景毫不逊色。他中学的时候就获得过全国数学竞赛一等奖，后来进入了上海交通大学应用数学系学习，毕业后又考入美国哥伦比亚大学数学系。但很快他就觉得自己并没有真正的数学天赋，更多是靠刻苦地做题和训练取得的成绩。于是，沈南鹏很快从哥伦比亚大学数学系退学，不久后就出现在了耶鲁大学的商学院里。毕业之后，他成为我国最早一批进入美国华尔街的金融从业者，在花旗银行开启了他的职业生涯。沈南鹏在美国也早就感受到了互联网来临的大潮，所以季琦和梁建章找到他的时候，他就迅速答应了一起创建公司的提议。

于是，梁建章和季琦各出了20万元，各占股30%，沈南鹏出资60万元，占股40%，携程旅游网就这么成立了。

季琦、梁建章和沈南鹏组队之后，他们迅速意识到虽然团队中的三个人性格和背景都非常互补，但团队里缺一个真正懂旅游的人。

范敏就是他们的答案。1965年出生的他是四个人里面年纪最大，也是最低调的。他也是上海交通大学的学生。研究生毕业后，他加入了上海的老牌国企新亚集团，逐渐成长为新亚集团旗下上海大陆饭店的总经理。

一次偶然的机会，季琦听说了范敏这个人，发现他从上海交大毕业，做过旅行社，还在瑞士进修过酒店管理，觉得这就是他们要找的人。经过无数次的软磨硬泡，范敏心里的激情终于被唤醒，答应一起参与这次创业。至此，携程创业团队搭建完成。

"携程四君子"还有个小故事。

如果你现在去问顶级的投资人和最好的创业者，他们都会告诉你一个道理：兼职创业是绝对不能成功的，但携程恰恰违反了这个规律。

从1999年年中成立到2000年3月拿到第二笔450万美元融资的这段时间，真正全职创业的只有季琦一个人，其他三个人都是兼职的身份。当时沈南鹏正在国际投行运作上亿美元的项目，梁建章则在跨国公司担任高管，范敏在国企里有着稳定的工作与家庭生活。季琦并没有对这种情况太介意，而是心甘情愿地担任起了开路先锋的责任。季琦说过："对于他们来讲，创业就是下海。我自己就在'海'里，没什么可失去的。所以这个开路先锋，就应该我来做。"

后来，公司走出了初创期，需要更加精细化管理的时候，季琦在2001年又自动让位给了更加细腻、理性，更懂得现代企业管理的梁建章。2006年，这样的故事又发生了一次，梁建章主动隐退，范敏开始执掌携程的帅印。

携程每次关键性的权力更迭都显得异常平静，而且携程也很早就开始了规范的企业管理：很早就建立了符合上市公司标准的薪酬委员会，还雇用了大量的会计把公司的账目做得非常清晰，同时合伙人之间的股权与利益也非常明确。可以说，从上到下，携程的成功像是设计出来的一次完美计划。

最后一点更值得敬佩。携程的四位创始人，即季琦、梁建章、范敏、沈南鹏，不但聚在一起做出了一家成功的公司，在公司成功之后的生活也非常精彩。季琦后来又创办了汉庭，到现在已经发展成国内领先的华住酒店集团了；梁建章创业成功之后去美国斯坦福大学攻读了经济学博士学位，师从诺贝尔经济学奖获得者Gary Becker，在人口学方面有着很深的造诣；范敏一直成功地带领携程成长，直到梁建章回来后重新担任 CEO 执掌携程；沈南鹏则成为我国最成功的风险投资人之一，也是全世界最好的 VC 红杉资本中国区的掌门。

资料来源：智生活. 玩业务团队一起沟通开始[EB/OL].[2020-02-10]. https://baijiahao.baidu.com/s?id=1581050916806355659&wfr=spider&for=pc.

6.2.3 组建创业团队的风险

在创业团队的组建过程中，确实存在多种风险，这些风险对企业的稳定性和发展产生负面影响，甚至导致创业失败。

1. 盲目照搬成功的组建模式

创业团队的组建可以根据不同的驱动因素分为三种主要模式：关系驱动、要素驱动和价值驱动。每种模式都有其特定的优势和潜在风险，选择适合的模式对企业的成功至关重要。

（1）关系驱动模式。这种模式下，团队通常由创业领导者社交圈内的成员组成，成员之间的合作基于共同的经验、友谊或兴趣。因为成员间的信任和默契，这种团队往往具有较高的稳定性。然而，过度依赖个人关系导致团队在决策和资源分配上受到限制，尤其是当关系远近亲疏影响决策时，会阻碍团队的发展。

（2）要素驱动模式。这种模式下，团队成员根据各自在创意、资源和操作技能等方面的贡献来组建，成员间的地位相对平等。这种模式在西方文化中较为常见，特别是在互联网创业领域。如果团队成员能够顺利磨合，可以快速推动企业成长。但如果磨合不顺利，缺乏传统的层级结构来解决冲突，可能会导致团队解散。

（3）价值驱动模式。这种模式的团队成员将创业视为实现个人价值的途径，他们通常具有较强的使命感和成功欲望。虽然这种团队可能在追求共同目标时表现出高度的凝聚力，但一旦成员间出现分歧，由于缺乏妥协的空间，可能会迅速分裂。

在组建创业团队时，创业者应考虑自身的文化背景、团队目标和市场环境，选择适合的模式。同时，创业者需要意识到每种模式都有其局限性，采取相应的策略来降低潜在风险，如建立有效的沟通机制、制定明确的团队规则和决策流程，以及培养团队成员之间的相互尊重和理解。

2. 团队成员选择具有随意性和偶然性

创业团队的组建过程往往需要将个体的能力和专长有效地整合，形成强大的团队合力，并维持这种合力。在创业初期，由于资源和经验的限制，团队成员的选择可能存在一定的随意性和偶然性。这导致团队在角色配置上不够均衡，例如，缺乏某些关键角色，或者某些角色的成员过多，造成角色重叠。这种不均衡会影响团队的效率和协作，甚至在团队发展过程中引发矛盾和冲突。

3. 缺乏明确且一致的团队目标

在创业团队的早期阶段，明确且一致的团队目标对于确保团队成员共同努力至关重要。一个清晰的愿景和经营理念能够激励团队成员，为他们提供共同的方向和动力。然而，因为初始目标不够具体，或者成员对于创业的动机和目的理解不一，创业初期的团队面临目标设定的挑战。

即使创业领导者有明确的目标，也需要确保这些目标被所有团队成员理解和接受。随着创业过程的深入和外部环境的变化，团队需要对目标进行调整以适应新的情况。在这一过程中，如果团队成员之间出现分歧，或者个人目标与团队目标不一致，这将导致团队内部矛盾，甚至威胁到团队的稳定和存续。

4. 激励机制尤其是利润分配方式不完善

在创业企业的早期阶段，由于业务尚未稳定，团队成员的角色和贡献往往难以精确评估，因此，企业可能会采取一种较为平等的利润分配方式，以确保团队的凝聚力和动力。这种做法在短期内有助于维持团队的和谐与合作，但随着企业的成长和盈利能力的增强，这种平均主义的分配方式会变得不再适用。

随着企业的发展，团队成员的贡献开始显现出明显的差异，这时候，如果继续沿用初期的分配方案，会导致那些贡献更大的成员感到不公平，从而影响团队士气和动力。为了避免这种情况，创业企业需要建立一个更加精细化和动态的利益分配机制，以确保每个成员的努力都能得到合理的回报。

6.2.4 创业团队组建的风险控制

1. 选择合适的团队成员

构建一个优势互补的创业团队对于确保团队的稳定性和降低团队组建风险至关重要。在创业初期，团队规模应保持适中，以确保高效运作和快速决策。在选拔团队成员时，应注重成员之间的能力互补，以确保团队能够覆盖创业成功所需的关键角色。同时，成员的专业技能和经验水平应保持相对均衡，以避免能力差异过大导致的沟通和协作障碍。

团队成员在理解项目、沟通表达、执行力、社会资源利用以及创新思维等方面应具备相似的能力水平，以此确保团队在面对挑战时能够顺畅协作。此外，创业激情对于团队成员同样重要。在初创期，团队成员往往需要承担超出常规的工作量，如果缺乏创业热情和对项目成功的信心，会导致工作效率低下，甚至阻碍团队工作的进展。因此，选择那些对创业充满热情、愿意为共同目标付出努力的成员，对于维持团队的积极氛围和推动项目进展至关重要。

2. 确定清晰的创业目标

团队成员需要通过实践不断总结经验教训，共同发展出一套创业理念，明确团队的共同愿景。这个愿景应当成为团队努力的方向，激励成员积极投入工作，明确自己的职责，并与团队其他成员有效沟通和协作，充分发挥各自的专长。

为了确保团队目标的有效性，这些目标必须具体、明确，并且能够体现团队成员的共同利益，与他们的价值观相契合。这样的目标设定有助于所有成员对团队的方向有清晰的认识，从而更好地激发他们的积极性和创造力。同时，目标的设定应当是现实可达的，既不过于雄心勃勃以至于难以实现，也不应过于保守以免缺乏挑战性。此外，随着市场环境和组织状况的变化，团队目标应当具备灵活性，能够适时进行调整，以保持团队的竞争力和适应性。

3. 制定有效的激励机制

有效的团队激励机制建立在对团队成员利益需求的准确理解之上。由于个体差异，团队成员对于利益的追求包括物质回报、职业发展、个人成就等多个方面。因此，创业团队的领导者需要通过深入沟通，了解并识别每位成员的核心需求，以便设计出符合这些需求的激励计划。

在设计利润分配体系时，要确保分配方案能够公正地反映每位成员对企业的贡献。这不仅仅是基于短期业绩，而是要综合考虑成员在整个创业过程中的长期投入和努力。分配机制应当具备灵活性，能够适应团队成员需求的变化，并根据企业发展的不同阶段进行调整。

具体来说，激励措施包括股权激励、绩效奖金、工资增长、职业晋升机会、技能培训等。多元化激励体系不仅能够满足成员的物质需求，还能促进个人成长和职业发展，从而增强团队的凝聚力和动力。

6.3 创业团队的运行

6.3.1 创业团队管理面临的问题

在创业初期，团队成员往往因为共同的梦想和对成功的渴望而紧密团结在一起，展现出极高的承诺和无私的奉献。然而，随着时间的推移和企业的发展，团队内部可能会逐渐出现一些管理问题。

1. 团队核心领导的确定

成功的创业团队需要一个强有力的领导者来引领方向和做出关键决策。这个领导者，通常被称为团队的核心或主导者，负责在团队内部建立权威，确保决策的效率和团队的凝聚力。作为一起创业的所有创业者，谁是主导者？谁来做最后的决策？当发生冲突或彼此意见不一致时，由谁来仲裁决定？这些问题都指向了团队主导者。团队领导者的角色不仅仅是做出决策，更重要的是具备创业者的远见和品质，能够激励团队成员，促进团队协作，以及在必要时有效地调解冲突。他们需要具备出色的人际交往能力，以便在团队成员之间建立信任，确保团队目标的一致性，并在团队发展过程中不断提升团队的整体能力，以适应不断变化的市场和业务需求。

2. 信任问题

信任是影响创业团队成功的关键因素之一。在创业初期，团队成员之间的紧密合作和相互信任往往能够带来显著的成果。然而，随着企业的成长、团队规模的扩大，以及成员角色和责任的变化，原有的信任关系会受到挑战。这种变化可能导致团队成员之间的沟通和协作出现问题，从而影响团队的整体表现和企业的持续发展。

3. 日常冲突问题

在创业团队中，成员对创业构想的执着和对个人地位的保护导致团队决策和冲突解决的困难。这种现象会阻碍团队的创新和效率，影响企业的健康发展。

4. 团队成员间的利益分配问题

股权分配是创业团队中一个关键且敏感的问题，它直接关系到团队成员的激励机制和企业的长期发展。在创业初期，平均分配股权是一种简单的做法，但这会导致后续的管理和决策问题，因为股权分配应当反映每个成员的实际贡献和对未来企业增长的承诺。

此外，在企业发展过程中，新进入企业的主要技术骨干和高级管理人员如何获得合理的股权，也是创业企业发展中要考虑的关键问题。

6.3.2 创业团队的管理

在创业初期，团队的稳定性和凝聚力对于企业的成长至关重要。为了有效管理和化解内部风险，创业者需要采取一系列措施来组织、发展和凝聚团队。

1. 人员管理

1）创业团队成员的选择

在创业过程中，选择合适的团队成员对于团队的成功至关重要。创业者在决定是否需要合伙人时，应首先明确合作的目的是获取精神支持、资金投入，还是弥补自己在某些领域的不足。在选择团队成员时，应重点考虑以下四个方面。

（1）互补性。组建一个优势互补的团队，意味着成员之间在知识、资源、技能、市场洞察力、销售能力或技术专长等方面能够相互补充。这样的团队能够更有效地利用每个成员的长处，避免单一技能或视角导致的局限性。例如，一个由技术人员主导的团队可能会过于关注产品开发而忽视市场需求，一个由市场人员主导的团队可能缺乏对技术趋势的理解。通过确保团队成员的多样性，人们可以提高团队的整体效能和市场适应性。

（2）团队规模。团队的规模应适中，以确保高效运作。过小的团队无法充分利用团队的力量，过大的团队则可能导致沟通不畅和凝聚力下降。理想的团队规模应能够平衡成员间的协作与个体的独立工作，以实现最佳的工作效率。

（3）共同愿景。合伙人应有共同的事业预期，并对此充满热情。这种共同的目标感能够激励团队成员共同努力，推动企业向既定目标前进。

（4）合伙人品质。选择合伙人时，应考虑其诚信、责任感、合作能力和创业素质。一个值得信赖、有担当的合伙人是团队成功的基石。此外，合伙人应具备良好的沟通和协作能力，能够与创业者形成默契的合作关系。团队成员的性格和思维方式也应多样化，以便在决策过程中能够提供不同的视角和建议，促进创新和问题解决。

2）团队核心领导的确定

一个团队的战斗力往往取决于其核心领导人的领导力和影响力。这位核心人物以其个人魅力和威望，成为团队的精神支柱和战略决策的关键。正如马云、马化腾、柳传志和俞敏洪等行业领袖那样，他们通过自己的领导力，激励并引领团队，推动企业发展。

核心领导人在团队中扮演着至关重要的角色。他们能够迅速解决团队内部的分歧，确保重大决策得到有效执行。他们的凝聚力有助于维持团队的紧密结构和强大的向心力，确保团队成员的能力与企业的发展需求相匹配，并确保团队成员对共同的目标有清晰的认识。此外，核心领导人还负责制定团队的行动纲领和行为准则，指导团队成员高效协作，提升团队的整体效能。他们应该将企业的利益置于个人利益之上，避免个人利益损害团和企业的整体利益。同时,核心领导人应保持谦逊,不独占荣誉,而是与团队成员共同分享成功,展现出谨慎和自我约束的品质。

3)创业团队的角色定位

在创业团队中,确立核心领导人之后,企业需要明确团队成员的角色和职责。这样确保团队运作的高效性和避免职责的重叠或遗漏。贝尔宾的团队角色理论提供了一个框架,用于理解团队成员在组织中扮演的不同角色。这些角色包括协调者、实干家、监督者、创新者、完成者、推进者、信息者、凝聚者和专家。通过这样的角色分配,企业可以确保每个成员在团队都能在适合自己技能和兴趣的领域发挥作用,从而提高团队的整体效率和创造力。一个多元化且平衡的团队结构有助于提高团队的适应性和创新能力,使团队能够更有效地应对挑战,实现共同的目标。

2. 精神的培育

团队精神是个体与集体在共同目标基础上的融合,它能够激发出超越个体能力总和的整体效能,形成一种协同效应。为了培养和强化团队精神,创业企业可以采取以下关键措施。

(1)明确并强化团队目标。企业需要设定清晰、具体的目标,这些目标应当能够激励团队成员共同努力。目标的设定应当科学、合理,并且要确保每个员工都能理解并认同这些目标。通过将整体目标分解为各个部门和个人的具体任务,企业可以确保每个成员都明确自己的责任和贡献,从而将个人工作与企业的总体目标紧密联系起来。这种目标导向的方法有助于增强团队的凝聚力和执行力。

(2)培育共同的企业价值观。价值观是团队精神的核心,它既是激励团队成员的动力,也是约束行为的准则。企业领导层需要树立正确的价值观,并将其融入企业文化中,通过不断沟通和实践,使这些价值观成为员工的内在信念。当团队成员共享相同的价值观时,他们更有可能形成一致的行为准则,增强团队的认同感和凝聚力。

(3)提升团队领导者自身的影响力。团队领导者作为团队的灵魂人物,其个人魅力、威望以及领导能力对团队精神的形成至关重要。领导者应具备良好的人格品质、深厚的知识背景、丰富的经验以及出色的决策能力。他们需要通过严于律己、以身作则,以及公平公正地对待团队成员,来赢得团队的信任和尊重,从而增强团队的凝聚力和战斗力。

(4)激发团队成员的参与热情。团队成员的积极参与是团队精神的重要组成部分。为了鼓励成员全身心投入,团队应明确每个成员的责任,并赋予他们一定的决策权,使他们能够对团队的管理和发展方向提出建议。这种参与感和责任感有助于将个人目标与团队目标相结合,形成利益和命运共同体。

(5)培养共同的危机和忧患意识。在不断变化的市场环境中,危机和忧患意识是团队保持警觉和动力的重要来源。团队应认识到,即使在最成功的企业中,也存在潜在的风险和挑战。通过培养这种意识,团队可以更好地应对未来的不确定性,保持竞争力。

(6)建立良好的协调机制和经常性的沟通机制。沟通是团队成员之间信息和思想交流的桥梁,它有助于确保团队成员对共同目标有清晰的认识,并在行动上保持一致。良好的沟通能够促进团队成员之间的理解和信任,特别是在遇到分歧和冲突时,及时沟通可以帮助团队成员找到共同点,解决分歧。协调是确保团队成员在行动上达成一致的关键。通过协调,团队可以整合不同成员的专长和资源,形成合力,有效地推进项目和任务。在团队发展过程中，协调机制可以帮助团队成员明确各自的角色和责任，确保团队运作的高效性。为了实现有效的沟通和协调，团队应建立正式和非正式的沟通渠道，鼓励开放和诚实的对话，包括定期的团队会议、一对一的沟通会谈，以及鼓励团队成员在日常工作中主动分享信息和反馈。同时，团队应培养一种文化，即在遇到问题时主动寻求解决方案，而不是回避冲突。

3. 制度管理

创业团队通过建立完善的制度体系有效地管理和激励团队成员，确保团队目标的实现。这个制度体系通常包括约束制度和激励制度，具体可以从以下三个方面进行构建和管理。

1）产权安排制度

对于创业团队来说，在团队成立初期就建立明确的产权制度有助于清晰界定团队成员之间的权益，确保利益分配的合理性，从而有效预防和解决潜在的冲突。产权制度涵盖了财产的所有权、占有权、支配权、使用权、收益权和处置权，是经济所有制关系在法律层面的具体体现。

产权制度的功能主要体现在：

（1）激励功能：明确界定产权，可以激励团队成员更加积极地投入工作，因为他们的努力能够直接转化为个人收益。

（2）约束功能：产权制度为团队成员的行为设定了边界，确保他们的行为不会损害团队或其他成员的利益。

（3）资源配置功能：产权的流动性使得资源能够根据市场信号和团队需求进行有效分配，提高资源利用效率。

（4）协调功能：产权制度有助于协调团队内部以及与外部环境的关系，确保团队运作的和谐与顺畅。

通过建立和维护这样的产权制度，创业团队不仅能够确保团队成员的合法权益得到保障，还能够促进团队的稳定发展和维护市场经济秩序。

2）绩效评估制度

为了确保创业团队高效运作，团队需要建立一套全面的评估体系和激励机制，这些机制旨在提升创业团队整体的表现。评估体系和激励机制应当围绕以下几个核心目标来设计。

（1）促进团队业绩。评估体系应旨在提升团队的整体工作表现，让团队成员清楚地了解团队的进展和未来的工作方向。

（2）鼓励个人成长。通过评估激励团队成员提升个人能力，不断进步，并在团队中发挥更大的作用。

（3）促进团队沟通。评估过程应鼓励成员之间的开放沟通，以便更好地理解彼此的贡献和需求，从而纠正行动上的偏差。

（4）培养责任感。评估体系应强化团队成员的责任感和担当，确保每个人都能为团队的成功贡献力量。

基于这些目标，创业团队可以建立以下评估体系。

（1）团队内部评议。实施团队成员之间的互评机制，让成员相互评估对方的贡献。这种评议应包括自我评估和团队负责人的评估。在这一过程中，团队负责人应以平等的态度与成员沟通，确保评估结果公正、透明。

扩展阅读 6-1 创业团队：找对人就成功了 90%

（2）用户满意度调查。通过外部用户的反馈来评估团队的工作表现，有助于团队了解市场的真实需求和用户满意度，从而调整策略和改进服务。

（3）员工层评估。让企业内部员工对创业团队的工作进行评估，从内部视角帮助团队了解内部流程和协作效率。

3）报酬合理分配制度

在创业企业的发展初期，建立一个公平且具有激励性的报酬分配制度至关重要。这样的制度应当基于团队成员在整个企业生命周期中的业绩表现，并且采用多元化的激励手段，如月薪、股票期权、红利和额外福利等，体现个人的贡献和业绩变化。

（1）树立共享财富的理念。创业团队的领导者应当培养一种文化，让所有成员都相信他们的努力和贡献将得到相应的回报。这意味着团队成员应共同参与到报酬制度的制定过程中，确保制度能够公平地反映每个人的责任、承担的风险以及相应的贡献。

（2）平衡企业、团队与个人目标。在制定报酬制度时，需要综合考虑企业的整体战略目标、团队的具体目标以及个人的职业发展需求。领导者应通过与团队成员的深入沟通，了解他们的利益需求，从而设计出能够满足不同成员期望的激励措施。

（3）制定规范的报酬分配流程，确保报酬分配制度的制定和实施过程透明、公正。制度应具有一定的灵活性，能够适应团队成员的不同需求，包括物质激励（如股权、工资、奖金）和非物质激励（如个人成长机会、技能培训等）。同时，制度应能够根据团队发展和成员期望的变化进行适时调整。

4. 团队的调整融合

创业团队的完美组合往往不是在企业创立之初就能立即形成的，而是随着企业的成长和经验积累逐渐发展和完善的。在团队运作的过程中，初始阶段存在的人员配置、制度设计和职责分配等方面的问题会逐渐显现。面对这些问题，团队需要不断地进行调整和融合，以适应企业发展的实际需求。

团队调整和融合是一个持续的动态过程，它要求团队在面对问题时能够及时识别并采取措施。这一过程的核心是确保团队成员之间保持频繁且有效的沟通，以便更好地协调工作，解决问题，共同推动团队向前发展。

本章知识要点及关键词

知识要点

1. 创业团队是由一群具有不同技能、经验和背景的人组成的集体，他们共同致力于实现创业者的愿景。团队成员包括联合创始人、关键员工、顾问和其他利益相关者。

2. 创业团队需要具备五个重要的团队组成要素——目标、人员、定位、权限、计划。

3. 数字创业团队是在数字经济时代，由一群具备数字技术专长和创新精神的个体组成的团队。

4. 团队凝聚力是团队成员之间相互吸引、团结一致的力量，它是影响团队稳定和高效运作的关键因素。

5. 承诺价值创造是团队成员基于共同的价值观和目标，致力于通过团队合作实现更大的整体利益，包括顾客价值提升、供应商合作共赢、利益相关者共享、团队成员共同成长、企业价值创造。

6. 创业团队通过建立完善的制度体系有效地管理和激励团队成员，确保团队目标的实现。这个制度体系通常包括约束制度和激励制度。

7. 数字创业团队的敏捷性体现在其对市场变化的快速反应能力和高效的产品开发流程。

8. 为了确保创业团队高效运作，团队需要建立一套全面的评估体系和激励机制，这些机制旨在提升创业团队整体的表现。

关键词

创业团队　数字创业团队　跨界合作　风险控制　创业团队管理

思考题

1. 什么是创业团队？创业团队通常包括哪些成员？
2. 为什么风险投资家特别重视创业团队？
3. 组建创业团队只是为了找到志同道合的人吗？
4. 数字创业团队与一般创业团队之间有什么区别？
5. 组建创业团队需要注意哪些问题？
6. 创业团队的领导者发挥什么作用？你认为创业团队领导者应该具备哪些素质？
7. 组建创业团队过程中可能会面临哪些风险？如何对这些风险加以控制？

古典名著中创业团队的探讨

《水浒传》《三国演义》《西游记》等古典文学作品包含了许多关于团队组建、角色分配、冲突处理和团队发展的故事，分析这些故事中的团队，提炼出团队组建及团队管理的关键要素和普遍规律。

分析典型创业团队的机遇及挑战

为了深入了解不同类型企业创业团队的组建和管理规律，我们可以通过实地访谈或网络途径搜集关于BAT（百度、阿里巴巴、腾讯）、TMD（今日头条、美团、滴滴出行）、PKQ（拼多多、快手、趣头条）等企业的资料。比较这些团队在不同成长阶段的组建过程、成员角色、冲突解决机制以及团队演化，提炼出创业团队管理的一般规律并分析未来创业团队领导者面临的机遇和挑战。

第4篇

创业实践篇

第 7 章

创业资源获取与整合

【学习目标】

知识目标：能够表述创业资源的内涵、作用及类型；能够掌握创业资源获取的途径；能够明确创业网络的基本分类；能够辨析创业网络与资源获取的关系；学会如何有效地利用创业网络，来获取和整合创业所需的各种资源。

能力目标：能够识别和解决创业过程中遇到的具体问题，提升将创业理论知识应用于创业实践的能力；学会如何评估资源价值、如何进行有效谈判以及如何将资源优化配置以支持创业项目，提高在资源获取和整合方面的能力；能够适应创业新趋势，学会建立和维护一个有利于创业成功的网络，提升利用现有资源进行创新实践的能力。

素质目标：培养数字经济时代利用新技术、新模式进行创新创业的意识；培养敢于尝试新事物、勇于面对挑战，具备持续创新和改进的能力；培养网络意识，能够利用网络平台和工具进行有效沟通、协作和资源整合。

李华借助资源创业

李华，一位25岁的大学生。面对毕业后的就业压力，他决定利用自己的专业知识和对健康饮食的热情，开启一段创业之旅。他注意到，尽管健康饮食的概念日益流行，但在他生活的城市，健康快餐的选择却寥寥无几。李华意识到，这是一个巨大的市场空白，也是他创业的机会。

在一次偶然的机会中，李华发现了位于城市郊区的一家小型有机农场。农场主老张因为缺乏有效的销售渠道，面临着产品滞销的困境。李华与老张进行了深入的交谈，提出了一个合作计划：他将以市场价的八折购买农场的有机蔬菜和水果，用于制作健康快餐。老张被李华的热情和创新的想法打动，同意了这个合作。

接着，李华将目光投向了学校附近的"时光咖啡馆"。这家咖啡馆因为位置偏僻，客流量一直不高。李华向咖啡馆的老板——一位名叫赵敏的年轻女性，提出了一个大胆的合作方案：咖啡馆提供场地和设备，李华则负责运营健康快餐业务，并承诺在三个月内至少吸引500名新顾客到来。赵敏被李华的计划所吸引，决定尝试这个合作。

为了确保快餐的营养均衡，李华联系了学校的资深营养学张教授，邀请他为快餐提供专业的营养搭配建议。张教授对李华的项目表示支持,并在社交媒体上为他的快餐品牌"绿意轻食"进行了宣传。此外,李华还与学校健身俱乐部的会长——一位名叫刘强的体育系学生,达成了合作协议。李华为俱乐部成员提供特别优惠,以此吸引更多追求健康生活方式的顾客。

在李华的努力下,"绿意轻食"在2019年5月正式开业。开业当天,咖啡馆内座无虚席,许多学生和上班族被新鲜、健康的快餐所吸引。在接下来的几个月里,李华的快餐业务迅速走红,咖啡馆的客流量翻了一番,老张的农场产品也有了稳定的销售渠道。到2019年底,李华的"绿意轻食"已经实现月均收入超过10万元,并且在学校周边区域建立了良好的口碑。

李华的故事激励了许多年轻人,他用自己的行动证明,即使在资源有限的情况下,通过创新思维和资源整合,也能够实现创业梦想。他的成功也印证了牛根生的观点:创业资源的整合是通往成功的关键。李华没有等待条件成熟,而是积极行动,利用身边的资源,最终实现了自己的创业目标。

资料来源:根据网络资料编写。

7.1 创业资源

创业资源是创业过程中不可或缺的要素,它们是创业者用来实现商业目标、推动企业成长和创新的基础。这些资源不仅为创业企业提供了必要的支持,还帮助创业者应对市场变化、降低风险并提高竞争力。

7.1.1 创业资源的含义

1. 创业资源

根据资源基础理论(resource-based theory,RBT),创业资源是指创业者或创业企业在创业过程中所拥有的或能够支配的,用于发掘和利用创业机会、创造社会经济价值的有形和无形要素的集合。这些资源包括资金、技术、人才、市场信息、社会网络、知识产权等,它们在创业活动中发挥着关键作用。创业资源的重要性不仅体现在资源的积累上,还体现在如何通过资源的协调和组合来支持企业获取和维持竞争优势。因此,创业活动本质上是一个资源整合和配置的过程。通过这一过程,创业者能够将资源转化为创新的产品或服务,推动企业成长和市场发展。

依据创业资源与创业活动的紧密程度,我们可以从狭义角度和广义角度理解创业资源。狭义的创业资源指的是那些直接参与并推动创业活动的核心要素,这些要素对于创业企业的日常运营和成长至关重要,具体包括技术专利、人力资本、金融资产等;广义的创业资源则涵盖了更广泛的要素集合,这些要素虽然不直接参与企业的日常运作,但对创业活动有着间接的支持和影响作用,具体包括政策支持、创业氛围、社会认同等。在本书中,我们主要关注狭义上的创业资源,即那些直接影响创业活动和企业成长的要素。这些资源的获取、管理和优化是创业者成功的关键性影响因素。

2. 创业资源在创业过程中的作用

创业资源在创业的两个关键阶段——机会识别和企业成长中发挥着至关重要的作用。

在机会识别阶段，创业资源是创业者识别和评估潜在商业机会的基础。这些资源包括市场洞察力、行业知识、技术专长以及初步的资金支持。例如，一个拥有深厚行业背景的创业者更容易发现市场缺口，而一个拥有强大技术背景的创业者能够识别技术创新带来的新机会。这些资源帮助创业者评估机会的可行性，并决定是否值得投入资源去追求这些机会。

在企业成长阶段，创业资源的作用进一步显现。创业者需要不断从外部获取新的资源，如资金、人才、市场渠道等，同时对已获取的资源进行有效整合。资源整合不仅仅是资源的简单叠加，而是通过创新的组合和配置，创造出独特的价值。例如，一个初创企业通过整合其研发团队的创新能力、市场团队的营销策略和供应链资源，开发出一款创新产品，从而在市场上获得竞争优势。此外，丰富的创业资源还能够帮助企业在实施战略时更加灵活，及时调整方向，确保企业沿着正确的路径发展。

总之，拥有优质的创业资源是创业企业成功的关键。在机会识别阶段，它们帮助创业者发现并把握机会；在企业成长阶段，它们支持企业的战略实施，促进资源的最大化利用，形成企业的核心竞争力。有效的资源整合和利用，是创业企业实现持续成长和市场成功的关键。

7.1.2 创业资源的类型

创业资源可以根据多种标准进行分类，以便让人们更好地理解和管理这些资源。按照来源分类，创业资源分为自有资源和外部资源；按照形态分类，分为有形资源和无形资源；按照作用分类，分为生产型资源和工具型资源；按照价值分类，分为核心资源和非核心资源等。在本书中，我们根据资源的性质进一步细分为以下六种类型，以便更深入地探讨它们在创业过程中的作用和价值。

1. 物质资源

物质资源是有形的资产，对于创业活动至关重要。它们分为两类：生产型物质资源，如土地、厂房、生产设备和原材料，是生产过程的基础；辅助型物质资源，如办公空间和设施，支持企业的日常运营。这些资源为企业提供必要的物理基础，使生产和运作成为可能。

2. 财务资源

财务资源是创业资金的来源，包括现金、投资和股权等。由于新创企业往往缺乏抵押物，从外部获取资金较为困难。因此，创业者通常依赖个人储蓄、家庭支持和朋友圈的资助。财务资源是确保创业项目得以实施和持续运营的经济保障。

3. 人力资源

人力资源是创业企业的核心，包括创业者和团队成员的知识、经验、技能以及社会网络。这些智力资本对于企业的战略制定、决策和执行至关重要。高素质的员工，如技术人员、营销专家和专业工人，对于推动企业成长和创新具有决定性作用。

4. 技术资源

技术资源涵盖工艺流程、制造方法、专用生产设备等多个层面。这些资源包括基于自然科学和实践经验的技术知识，以及将这些知识应用于生产的工具和设备。技术资源还包括管理和组织生产系统的知识，这对于提高效率和适应现代生产需求至关重要。与人力资源不同，技术资源通常与物质资源相结合，可以通过法律途径保护，成为企业的无形资产。

5. 品牌资源

品牌资源是一种无形资产，它涵盖了创业者及其团队的社会声誉、信用和影响力。良好的品牌资源可以吸引投资者的关注，增加企业获得资金的机会。品牌信誉可以作为企业质量的保证，品牌资源可以增强顾客对企业产品或服务的信任，使企业更容易进入市场，从而促进销售和形成忠诚度。强大的品牌资源使企业更容易与其他企业建立合作关系，形成战略联盟。

品牌资源的形成和积累是一个长期过程，它依赖于创业者和团队的持续努力，以及对市场和顾客需求的深刻理解。

6. 组织资源

组织资源是指企业内部的管理体系和文化，包括组织结构、作业流程、工作规范和质量系统。这些资源的有效组织，确保了企业的高效运作和内部协调，是企业成功的关键因素。组织资源的建立和优化需要创业者或团队的精心设计和不断调整，同时也需要适应外部环境的变化和不断学习成功经验。

创业过程本质上是新企业的形成和发展，组织资源对于创业企业来说具有标志性意义，它体现了企业的内在价值和发展潜力。在创业过程中，优质的组织资源可以为员工提供一个高效的工作环境，同时也可以为企业文化的培养提供富有养分的土壤。

创业资源是创业企业成长和发展的基石。这些资源各自具有独特的特性和价值，它们相互补充、相互促进，共同构成影响企业成功的多维支持体系（见图7-1）。

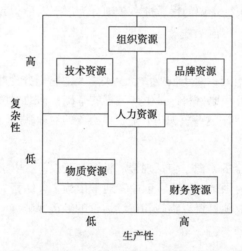

图7-1　创业资源的类型与特性

资料来源：Brush C，Greene P，Hart M. From initial idea to unique advantage: The entrepreneurial challenge of constructing a resource base[J]. Academy of Management Executive, 2001,15 (1): 64-78.

陈熠舟的创业历程

陈熠舟是一位"95后"创业者，她创业的初衷是研发智慧教育平台，让更多的孩子享受到优质教育资源。这一想法也得到了学校老师的认可。2016年2月，她在学校支持下注册成立了学校首个教育创业公司，注册资金100万元，凭借自主研发的3项智慧教育双师技术国家专利开始了教育创业。现在，她已拥有两家教育创业公司，平台拥有2000多个学生用户，她也晋级2016年国际青年科技创业大赛全球总决赛，获得2016年中国教育信息化大学生创新创业大赛一等奖（全国第二名）。与此同时，她还在校内建立起了在线勤工助学基地，为学校的贫困学子提供勤工助学岗位。

陈熠舟在原先专利平台的基础上，又主持研发了"智慧云"公益平台。2016年7月，她带领团队远赴广西中越边境的希望小学，开展了为期一个月的支教。同年8月，她又带领团队前往贵州遵义继续开拓，探索建立"智慧双师型"在线支教模式。2017年2月和3月，她的团队分别赴青海可可西里、青海果洛及南海三沙的学校搭建在线支教基地。

目前，团队已搭建了包括广西首个"在线希望小学"在内的4个实践基地，相隔几千公里的在线支教成为现实。她坚持每周都参与在线支教，已累计为边区孩子上课200余节。她还通过书信交流、电话沟通、社会实践等多种形式，帮助那里的孩子。如今，她已加入中国青少年儿童发展基金会专项行动和社会公益团队合作搭建"中国乡村儿童联合公益平台"。此次公益行动致力于解决偏远山区孩子上学问题，已募集善款500余万元，通过在线授课形式，为路途遥远的中小学生提供可移动、智能化的教室。截至2017年10月，他们已在贵州、新疆、湖北等5个试点地区开展项目工作，其中湖北的基地初步落成，每个教室可容纳80～100人。

作为大学生，我们在寻找创业资源、寻求创业项目的时候，可结合自身所处环境、所学专业，利用好学校、政府提供的平台和资源，让自己的创业梦想一步步地更接近现实。

资料来源：http://zqb.cyolcom/html/2018-05/08/nw.D110000zggnb 20180508_1-T02.htm。

7.2 资源获取与创业网络

7.2.1 创业资源获取的途径

在创业资源的获取过程中，企业通常依赖市场交易和非市场交易两种主要途径。在市场经济体系中，多数创业资源可以通过市场机制来获取，例如通过购买、租赁或合作等方式来获取所需的物质资源、财务资源和技术资源。市场交易为企业提供了一个相对透明和高效的资源配置平台，使得资源的供需双方能够基于价格信号进行交易。

然而，由于资源的异质性、多样性和分散性，市场交易并不总是能够满足所有企业的需求。某些资源可能因为其独特性或稀缺性而难以在市场上找到合适的交易对象，或者交易成本过高。此外，企业对于资源的特定效用期望可能超出了市场交易的范围，例如对于特定技术、专业知识或战略合作伙伴的需求。在这种情况下，非市场交易成为创业企业获取资源的另一种重要途径。

1. 市场交易方式

在创业资源的获取中，市场机制提供了多种途径，主要包括资源购买、战略联盟和资源并购。

资源购买是非常直接和常见的资源获取方式，涉及在市场中购买所需的物质资源、技术资源和人力资源。例如，创业企业购买土地使用权来建设厂房，或者购买先进的生产设备来提高生产效率。此外,企业也可能通过招聘具有专业技能的技术人员和经验丰富的市场销售人员来增强团队实力。对于难以直接购买的无形资源,如专业知识和经验,企业可以通过购买相关的物质资源(如研发工具)或人力资源(如招聘具有特定技能的人才)来间接获取。

战略联盟:当企业面临难以独立获取的资源时,可以通过与其他组织建立战略联盟来共同开发。这种合作方式允许企业共享合作伙伴的资源,如专业技术和经验。例如,一家初创的生物技术公司可以与大学实验室建立联盟,利用实验室的研究成果和设备开展研发,而自己无须再投入大量资金建立研发设施。战略联盟的成功依赖于双方有共同的利益目标,并能够就资源的价值和使用达成一致。

资源并购是一种通过资本运作将外部资源纳入企业内部的方式。并购可以帮助企业快速进入新市场或获取关键资源,加速发展。例如,一家软件公司可以通过收购拥有特定技术的小公司,迅速获得该技术并扩大市场份额。资源并购的关键在于被并购资源与企业现有业务具有高度的协同效应,并且能够实现资源的有效整合。

2. 非市场交易方式

在创业资源的获取中,非市场交易方式主要通过资源吸引和资源积累两种途径来实现。这些方法允许创业企业在不完全依赖市场交易的情况下,有效地整合和利用资源。

资源吸引依赖于创业者或团队的个人魅力、创业项目的吸引力以及团队的声誉。通过展示创业愿景、市场潜力和团队实力,创业者可以吸引外部资源的投入。例如,一家初创的环保科技公司通过展示其创新的环保技术解决方案,吸引投资者的资金支持,或者通过团队在行业内的声誉,吸引有经验的技术人才加入。

资源积累涉及企业内部资源的培育和增长。企业可以通过自建基础设施、内部研发、员工培训和产品销售等方式,逐步积累所需的资源。例如,一家新成立的软件开发公司首先在共享办公空间工作,随着业务增长,逐步投资建设自己的办公环境;同时,通过内部培训提升员工技能,或者通过销售软件产品积累资金,用于未来的扩张和研发。

在实际应用中,创业企业往往需要结合市场交易和非市场交易的方式来获取资源。例如,一家初创的电子商务平台可以通过市场交易购买服务器和软件服务,同时通过资源吸引投资者的资金和行业专家的指导。这种多元化的资源获取策略有助于企业更灵活地应对市场变化,降低风险并提高长期成功的可能性。研究表明,采用多种资源获取方式的创业企业在持续经营方面具有更高的成功率。

7.2.2 创业网络的内涵与类型

1. 创业网络的内涵

创业网络是由创业者及其新创企业所构建的社会关系网络,它涵盖了个人层面的联系和组织层面的合作。创业网络对于新创企业的发展至关重要,在创业过程中扮演着多重角色。

(1)机会识别与创造。创业网络可以帮助创业者发现新的商业机会。通过与行业内的专家、潜在客户、供应商和其他创业者的交流,创业者可以获得宝贵的市场信息和行业洞察,从而激发新的创意,形成新的业务模式。

(2）合法性获取。新创企业往往面临合法性不足的问题。可以通过创业网络中的成员，如行业领袖、投资者和顾问的支持和认可，帮助企业建立信誉，从而更容易获得市场和投资者的信任。

(3）资源获取。创业网络是获取资源的重要渠道，包括资金、技术、人才等。例如，通过与风险投资家建立联系，创业者可以获得必要的资金支持；与行业专家合作，可以获取关键的技术支持；与供应商和分销商建立关系，可以确保供应链的稳定。

(4）融资渠道。创业网络中的银行家、投资者和金融机构可以为新创企业提供融资渠道，帮助企业解决资金短缺问题。同时，网络中的信用关系也有助于企业在融资过程中获得更优惠的条件。

(5）促进成长。创业网络不仅有助于资源的获取，还能通过共享最佳实践、经验交流等方式，帮助企业快速成长。例如，加入行业协会或创业孵化器，企业可以获得行业指导、培训和网络活动，这些都有助于企业提升运营效率和市场竞争力。

总之，创业网络是新创企业面对"新进入缺陷"时的重要支持系统。它通过提供信息、资源和信用，帮助企业克服成长过程中的挑战，实现可持续发展。例如，一家初创的科技企业通过参加行业会议和创业论坛，不仅能够展示其产品，还能与潜在的投资者和合作伙伴建立联系，从而加速其市场扩张和资金筹集。

2. 创业网络的类型

在中国创业环境中，创业网络提供了关键的资源和信息支持。创业网络主要分为以下两类。

1）个体关系和商业关系

个体关系基于创业者的个人社交圈，包括家庭成员、朋友、同学、前同事等。这些关系在创业初期尤为重要，因为它们往往提供了最初的信任基础和支持。例如，一位创业者通过朋友介绍获得潜在的投资者，或者从亲戚那里获得创业初期所需的资金支持。

商业关系涉及与创业者有直接商业往来的各方，如供应商、合作伙伴、客户、竞争对手以及中介机构。良好的商业关系对企业的成功至关重要。例如，与供应商建立稳固的关系，可以确保原材料的质量和供应的稳定性，从而保障生产效率；与客户保持良好的沟通和服务质量，可以提高客户满意度和忠诚度，增加复购率；与竞争对手保持开放的沟通，有时可以转化为合作机会，共同开发市场或分享资源，减少不必要的竞争损耗。

在实际应用中，创业者应积极构建和维护这两类关系。例如，通过参加行业展会、加入商会或创业社群，人们可以拓展商业关系网络；通过社交媒体和线下聚会等方式，人们可以加强与个体关系的联系。这些网络不仅有助于资源的获取，还能够为企业提供市场洞察、技术支持和合作机会，有助于企业的快速成长和市场竞争力的提升。

2）正式网络和非正式网络

在创业的不同阶段，创业者获取信息和资源的网络类型会有所变化。在创业初期，创业者通常依赖非正式网络，这些网络由个人关系构成，如朋友、家庭成员和邻居等，他们提供的信息和支持支撑着创业项目的启动。随着企业的成长，创业者开始更多地依赖正式网络，这些网络包括银行、会计、法律顾问、供应商、政府机构等，获得它们提供的专业的商业信息和服务。

非正式网络基于个人信任和亲密关系，如亲戚、朋友和同事。在创业初期，这些关系可以提供启动资金、市场信息、潜在客户等关键资源。

随着企业的发展，创业者需要更专业的支持和服务，这时正式网络的作用就变得尤为重要。政府部门可以提供政策指导和资金支持，中介机构如会计师和律师可以提供专业的财务和法律咨询，供应商和分销商确保了产品供应链的稳定。例如，一家初创企业通过行业协会了解到新的行业动态，或者通过政府的创业扶持计划获得税收优惠。

在实际创业中，创业者应充分利用这两种网络的优势。非正式网络在创业初期为创业者提供了必要的支持和信任基础，正式网络则在企业成长阶段提供了专业化的服务和资源。例如，一家新成立的科技公司在初期通过创始人的大学同学网络获得技术支持，在后期则通过与政府科技部门的合作，获得研发资金和市场推广的机会。通过这样的策略，创业者可以在不同阶段都能获得适合企业发展的资源和信息。

3. 创业网络与资源获取的关系

创业网络的结构特征对新创企业获取资源的能力有着显著影响。这主要体现在网络强度、网络规模和网络多样性三个方面。

1）创业网络强度与资源获取

网络强度在创业资源获取中扮演着核心角色，尤其是那些建立在深厚信任和频繁互动基础上的强关系网络。创业网络为创业者提供了一个可靠的信息交流平台，使得关于创业者的能力和企业的技术及市场潜力等关键信息，能够被准确传达给潜在的资源提供者。这种信息的透明度有助于外部投资者和合作伙伴对新创企业进行更有效的评估，减少了他们在资源投入前的不确定性和风险，从而降低了资源获取的成本。

例如，一个创业者通过与行业内资深人士建立的强关系网络获得了关于市场趋势的内部信息，这些信息可以推动商业策略的制定和吸引投资者。同时，这种网络中的成员通常会对创业者的行为进行监督，任何不诚信的行为都可能迅速在网络中传播，从而影响企业的声誉。这种监督机制有效地抑制了机会主义行为，保护了企业的长期利益。此外，强关系网络中的成员更倾向于相互信任，这使得创业者更愿意分享敏感的技术和产品信息，促进知识的共享和资源的互补，为新创企业的创新和发展创造条件。

2）创业网络规模与资源获取

网络规模，即创业者能够接触到的资源所有者的数量，它也影响着资源的获取。一个广泛的网络可以为新创企业提供更多的资源选择和合作机会，增加企业获取所需资源的可能性。

技术与人力资源。与大学和科研机构建立联系，企业可以更容易地获取新的科研成果和技术人才。例如，一家初创的人工智能公司通过与知名大学的计算机科学系合作，获得新的算法研究支持，并吸引优秀的毕业生加入团队。

资金资源。与银行、个人投资者和风险投资机构建立联系，企业能够更容易地获得资金支持。例如，一家生物医药初创企业通过与风险投资基金合作，获得必要的研发资金，加速产品从实验室到市场的转化过程。

市场资源。与客户、供应商和大型企业建立联系，可以帮助企业拓展市场渠道和分销网络。例如，一家新兴的服装品牌通过与大型电商平台合作，迅速扩大其产品的在线销售渠道，提高市场曝光度。

人才招募。通过广泛的网络关系，创业者可以更有效地发现和吸引所需的人才。例如，一位创业者通过行业会议和专业社群,了解到行业内的优秀人才,然后通过直接接触或推荐的方式,成功招募这些人才加入团队。

总之,一个规模较大的创业网络为企业提供了多元化的资源平台,使得企业能够在技术、资金、市场和人才等方面获得更全面的支持。这种网络的扩展性不仅有助于企业满足当前的资源需求,也为未来的增长和创新奠定了坚实的基础。

3)创业网络多样性与资源获取

网络多样性,即网络中资源所有者背景和领域的多样性。网络多样性有助于新创企业获取异质性资源。一个多样化的网络可以帮助企业接触到不同领域的知识和技术,促进创新,并降低对单一资源的依赖。在创业的不同阶段,网络多样性对资源获取有着积极的影响。

初创阶段:在企业刚刚起步时,网络多样性有助于企业获取关键的知识资源和资金支持。例如,一家初创的软件开发公司通过与不同行业的顾问、投资者和潜在客户建立联系,来获取市场洞察、资金注入以及技术反馈。

早期成长阶段:随着企业的成长,创业者积累了一定的经验,企业管理开始规范化。在这个阶段,企业需要更广泛的信息渠道和多样化的资源来支持其成长战略。例如,一家初创的环保科技公司在成长初期需要从多个渠道获取资金、市场信息和技术合作,这时一个包含不同行业专家、投资者和行业合作伙伴的多样化网络就显得尤为重要。

为了适应这种需求,创业者需要从依赖深度嵌入的强关系网络,转向构建一个规模更大、异质性更高、联系更稀疏的网络。这意味着创业者应该积极寻找并建立新的联系,以增加网络的多样性。例如,一家初创企业通过参加行业论坛、加入商会或创业孵化器,来接触新的行业专家、投资者和潜在合作伙伴,从而拓宽其资源获取的渠道。

扩展阅读 7-1 创业企业为什么要选择步步为营策略

7.3 创业拼凑与资源整合

7.3.1 创业拼凑的内涵与策略

1. 创业拼凑的内涵

创业者推动创业活动和发现商机方面的能力,很大程度上取决于他们获取、整合和有效利用资源的能力。在创业初期,资源往往有限,但优秀的创业者能够通过创新手段,将有限的资源转化为竞争优势,从而推动企业发展。创业者首先需要识别和最大化利用自己手头上的资源。在资源不足的情况下,创业者需要通过创造性的方式,将不同的资源组合起来,形成新的解决方案。随着企业的成长,创业者可以利用已有资源来吸引更多的外部资源,实现资源的放大效应。在初创期,资源的拼凑更为常见,而在企业成长到一定阶段后,创业者则需要更多地发挥资源的杠杆效应,通过战略性的资源配置,推动企业快速成长。

资源拼凑是创业者在资源有限的情况下,通过创新方法最大化利用现有资源的一种策略。这种策略要求创业者跳出传统的资源分析框架,以新视角重新评估资源的价值,并采取行动来优化资源的使用。资源拼凑主要涉及两个核心方面。

（1）将就使用，持续提升。这指的是创业企业在现有资源条件下开展业务，并随着资源的逐步改善，不断为这些资源注入新元素，以提升其价值。例如，一家初创的软件开发公司在有限的预算下开发出基础版本的应用程序，然后随着技术进步和用户反馈，逐步迭代产品，增加新功能，提升用户体验。这种持续的改进过程体现了企业通过持续修补策略来开发和利用现有资源。

（2）老树新花，全新应用。这涉及创业企业打破常规，以创新的方式重新利用现有资源，从而创造出新的价值。例如，一家环保初创企业发现，通过将废弃的塑料瓶转化为时尚背包，不仅解决了废弃物处理问题，还创造了新的市场需求。这种创新的应用方式展示了如何通过新方法来开发资源的潜在价值。

资源拼凑理论在创业实践中发展出三个核心概念，这些概念共同描绘了创业者如何在资源有限的情况下，通过创新和适应性策略来推动企业成长。

凑合利用。凑合利用是指创业者在资源有限的情况下，通过创新思维，将现有资源用于新的目的，开发新的商机。这种策略强调的是资源的多功能性和灵活性，以及创业者面对资源不足时的应变能力。例如，一家初创企业使用开源软件来开发产品原型，而不是使用昂贵的商业软件，从而在预算有限的情况下快速验证市场概念。

突破资源约束。创业者在面对资源、环境或制度的限制时，积极寻找方法来克服这些约束，实现创业目标。这种精神体现了创业者的创新意识和持续创造价值的能力。例如，面对资金短缺，创业者可以通过众筹或与投资者建立合作关系来筹集资金，而不是完全依赖传统的银行贷款。

即兴创作。在资源拼凑的过程中，创业者需要具备即兴发挥的能力。这意味着在决策和行动中展现出创造性，能够灵活应对不断变化的环境。例如，当市场条件突然变化时，创业者需要迅速调整产品策略，利用现有资源来适应新的市场需求。

资源拼凑理论强调的是在资源有限的条件下，创业者通过创新和适应性策略来解决问题、开发新商机，并创造出独特的价值。

2. 资源拼凑策略

根据创业企业拼凑的程度和广度，我们可以将资源拼凑策略分为全面拼凑和选择拼凑两种类型。

全面拼凑策略是指创业者在企业运营的各个方面，如物质资源、人力资源、技术资源、制度规范和市场拓展等，持续采用拼凑方法，即使在企业现金流稳定后也不停止这种做法。这种策略可能会导致企业在内部管理和外部市场拓展上遇到挑战。

全面拼凑策略的特点包括：

（1）资源利用的碎片化。企业倾向于收集和储存各种零碎的工具、材料和二手物品，而不是投资高质量的资源。

（2）依赖个人技能。企业过分依赖创业者或员工的个人技术、能力和经验，而不是建立标准化的流程和工艺。

（3）忽视行业标准。企业不遵循行业规范和规章制度，这将影响产品的质量和服务的标准。

（4）角色灵活性。在社会网络中，企业不拘泥于传统的客户、供应商、员工等角色划分，而是根据需要灵活调整，这可能会导致一种"互动强化模式"。

(5)存在市场定位问题。长期依赖拼凑策略导致企业被市场定位为"拼凑型企业",这限制了企业吸引新客户和进入新市场的能力,从而阻碍了企业的长期发展。

例如,一家初创的家具制造企业在初期通过回收旧木材和二手工具来降低成本,但随着企业的成长,这种策略会导致产品质量不稳定,难以满足日益增长的市场需求。同时,企业因为缺乏标准化的生产流程而难以扩大规模。这种定位一旦形成,企业难以吸引对品质有要求的高端客户,从而限制了其市场拓展和利润增长。为了实现可持续发展,企业需要在保持创新和灵活性的同时,逐步建立和完善内部管理与外部市场的标准流程。

选择拼凑策略是一种更为审慎的资源开发方法。与全面拼凑策略相比,它要求创业企业在拼凑资源时有所取舍,专注于特定的资源领域,以实现更有效的资源利用和企业成长。创业企业在拼凑资源时,会根据自身的战略目标和市场需求,有针对性地选择一种或几种关键资源进行优化和整合。例如,一家专注于技术创新的初创企业会将精力集中在技术研发上,通过与高校或研究机构合作,获取新的科研成果,而不是在所有资源上都进行拼凑。

选择拼凑策略强调在资源紧缺的创业初期采用拼凑手段,随着企业的成长和资源的积累,逐步减少对拼凑的依赖。通过这种策略,创业企业能够在保持灵活性的同时,避免资源拼凑带来的长期负面影响,如资源利用效率低下、产品质量不稳定等问题。

迅雷创业早期的资源拼凑

2002年,程浩和邹胜龙共同创立了一家初创公司,专注于开发电子邮件的分布式存储系统。然而,随着市场变化,他们很快意识到这一领域的潜力并不如预期。经历了几个月的困境后,他们决定转变方向。程浩注意到,尽管互联网的五大应用(门户、邮箱、搜索、即时通信和下载)中,下载服务尚未有主流提供商,但用户对于大文件下载的需求却日益增长。基于这一洞察,他们决定开发迅雷,一款基于网格原理的高速下载工具。

迅雷的开发过程中,程浩和团队专注于提升下载速度,牺牲了对产品细节的打磨。尽管早期版本存在缺陷,但迅雷凭借其显著的速度优势迅速在市场上获得了关注。为了扩大用户基础,迅雷投入了大量资金进行市场推广,但效果并不理想。

关键时刻,程浩通过个人关系联系到了金山软件的总裁雷军。迅雷的下载速度在金山的测试中表现出色,达到了其他工具的20倍。这一成就促使金山决定推荐其游戏用户使用迅雷下载游戏客户端。随后,迅雷迅速与多家网络游戏公司达成合作,用户量在短时间内实现了爆炸性增长。在用户基数达到一定规模后,迅雷通过广告、软件捆绑和按效果付费的竞价排名广告等多种渠道实现了盈利。

随着用户群体的扩大,迅雷不断推出新版本,修复了软件漏洞,提升了用户体验。

资料来源:根据网上资料整理而成。

迅雷的创业故事是一种典型的将就策略,即在资源有限的情况下,通过快速推出具有明显优势的产品来占领市场。迅雷的创始人程浩和邹胜龙在面对产品初期的不完善时,并没有选择完美主义,而是将重点放在了满足用户的核心需求——下载速度上。这种策略使得迅雷在竞争激烈的市场中迅速脱颖而出,尽管产品存在缺陷。

迅雷与金山软件的合作是资源拼凑的另一个典型例子。双方通过资源共享,实现了互利共赢。金山软件利用迅雷的高速下载技术，为用户提供了更便捷的游戏体验；迅雷则借助金山的庞大用户基础，迅速扩大了自己的用户群体。这种合作模式不仅为双方创造了价值，也为迅雷提供了一个展示技术实力的平台，同时为迅雷后续的产品改进和市场拓展奠定了基础。

然而，如果迅雷持续推出存在缺陷的产品，会损害其品牌形象，影响长期发展。因此，迅雷在获得市场认可后，积极推出新版本，修复软件漏洞，逐步将原本质量不高的资源提升到符合行业标准。这一转变不仅提升了用户体验，也帮助迅雷建立了良好的企业形象，为其持续发展和市场扩张打下了坚实的基础。通过这种策略，迅雷成功地将初期的"将就"行为转化为长期的竞争优势。

资源拼凑策略是创业企业在面临资源限制时采取的一种灵活的资源管理方法，它允许企业在特定条件下创造性地利用有限资源来推动业务发展。这种策略的核心在于适应性和灵活性，要求企业能够根据资源状况的变化和市场环境的演变，进行适时的调整。

7.3.2　创业资源整合的内涵、影响因素、基本模式和策略

1. 创业资源整合的内涵

创业资源整合是指创业企业在追求成长和发展过程中，通过策略性地管理和运用外部资源以满足其业务需求的过程。这一过程强调的是对新资源的获取和利用，而非仅仅依赖现有的资源存量。创业资源整合的关键在于通过与外部利益相关者的互动，实现资源的最大化利用，以支持企业的创新和发展。

为了有效地进行资源整合，创业企业应遵循以下原则。

（1）广泛搜寻。积极寻找并识别潜在的资源提供者，包括投资者、合作伙伴、供应商、客户等，以拓宽资源获取的渠道。

（2）利益对齐。深入了解各方的利益诉求，寻找共同点，确保资源整合能够为所有参与者带来价值。

（3）共赢合作。建立基于共赢的合作模式，确保所有参与方都能从资源整合中获得利益，从而增强合作的稳定性和持续性。

（4）沟通与共识。通过有效的沟通，所有利益相关者对资源整合的目标和过程有共同的理解，减少误解和冲突，提高合作效率。

（5）信任建立。在资源整合过程中，建立和维护信任关系至关重要。信任可以降低交易成本，促进更深层次的合作，为长期发展奠定基础。

2. 创业资源整合的影响因素

创业资源整合是创业企业为了促进自身发展而积极吸引和利用外部资源的过程。这一过程的成功与否受到多种内外部因素的影响。

1）创业者或创业团队的综合素质

在创业过程中，创业者和团队的素质对于资源整合至关重要。投资者在评估投资机会时，往往会首先关注创业者和团队的能力与潜力。创业者的过往经历和专业知识对于资源整合具有显著影响。那些具有成功职业履历和行业经验（如担任大型企业的高级职业经理人）的人，或曾经创业成功的二次创业者或连续创业者，在创业过程中更容易得到外部资源的支持。例如，一位曾在科技行业担任高级管理职位的创业者，凭借其丰富的行业知识

和管理经验,更有可能吸引投资者和合作伙伴的信任,从而获得资金和资源。一个多元化且具有互补技能的团队能够更有效地整合资源。创业团队成员在个性特征与专业背景方面具有匹配性,并且拥有默契的合作经验,使创业团队具有创造力和执行力,从而能够得到外部资源提供者的认可。例如,一个由技术专家、市场营销人员和财务分析师组成的团队,能够共同应对创业过程中的各种挑战,提高资源整合效率。这种团队的协同作用能够增强其在谈判中的议价能力,吸引更多的外部资源。

2)创业企业的独特优势

创业企业的独特优势是其在市场竞争中脱颖而出的关键,这些优势体现在创新的产品、创新的商业模式或是强大的人才团队上。这些优势为创业企业提供了在资源获取和整合过程中的竞争优势。从交易的角度看,创业资源整合是创业企业与外部资源提供者的交易沟通与协商过程,是双方互通有无、各取所需的过程。创业企业拥有的独特优势能够增强其在资源整合谈判和交涉过程中的议价能力,扩大整合创业资源时的选择余地。

如果创业企业拥有独特的技术或专利,这将成为其吸引投资者和合作伙伴的强大力量。例如,一家专注于开发可持续能源解决方案的初创公司,凭借其创新的太阳能技术,能够吸引环保意识强的投资者和寻求绿色能源解决方案的企业。创业企业如果能够提出一种新的商业模式,有效地解决市场问题或满足未被满足的需求,这同样能够提升其在资源整合中的吸引力。例如,一家采用订阅制模式提供个性化健康饮食计划的初创公司,能够吸引追求健康生活方式的消费者和寻求创新营销策略的品牌。一个由行业专家和经验丰富的专业人士组成的团队,能够为创业企业提供强大的执行力和创新能力。一家由前科技巨头公司高管领衔的人工智能初创团队,凭借其在行业内的深厚背景和人脉,更容易与行业领导者建立合作关系,获取关键资源。

3)创业企业的发展潜力

创业企业的增长潜力是评估其未来成功的关键指标,这直接影响着外部投资者和资源提供者的投资决策。一个具有高增长潜力的企业能够激发投资者的信心,从而促进资源的有效整合。

增长潜力与投资回报。企业的成长潜力越大,投资者预期的回报率就越高,这激励他们更积极地投入资源。例如,一家在新兴市场中占据领先地位的初创科技公司,由于其创新产品和技术展现出巨大的市场扩张潜力,这吸引了风险投资的关注,为企业提供了大量的资金支持。

风险与持续性。尽管创业过程充满风险,但那些展现出强大发展潜力的企业能够在面临挑战时,更容易获得投资者的支持。例如,一家在教育科技领域提供创新在线学习平台的初创企业,即使在市场波动期间,也能凭借其独特的教育模式和用户基础,说服投资者继续投资,确保企业能够持续发展。

4)政府政策及行业环境

政府的发展战略和行业政策对创业企业的吸引力和资源获取能力有着显著影响。这些政策为创业企业提供了方向指引,同时也为外部资源的投入发出了信号。政府的政策支持和资金投入往往能够为特定领域的创业企业提供强有力的支持。例如,政府推动的数字经济发展战略,为从事人工智能、云计算和大数据分析的创业企业提供了发展机遇,这些企业因此更容易获得政府资助和投资者的关注。随着技术的快速发展,新的行业趋势不断涌现，为创业企业提供了新的增长点。例如，随着 5G 技术的普及，物联网和智能设备领域的创业项目会吸引更多的投资。新兴的市场模式和消费趋势也为创业企业提供了"风口"。例如，随着直播电商的兴起，专注于提供直播技术和平台支持的创业企业会受到投资者的青睐，因为它们能够抓住这一新兴市场的机遇。

3. 创业资源整合的基本模式

根据创业动机、市场机会以及初始资源的不同，资源整合可以采取不同的模式。

1）技术驱动型资源整合模式

技术驱动型资源整合模式强调创业企业以技术创新为核心，通过独特的技术资产来吸引和集聚其他资源。这种模式下，创业者或团队通常拥有一项或多项关键技术，这些技术具有转化为市场产品的巨大潜力，从而成为吸引外部资源的"磁石"。例如，一位在可再生能源领域拥有突破性研究成果的科学家，计划将这些研究成果转化为商业产品。尽管这位科学家在技术开发方面具有深厚的背景，但在资金筹集和市场推广方面缺乏经验。为了实现这一目标，科学家可以利用其技术优势，吸引风险投资机构和创业基金的投资，同时招募具有商业头脑和市场经验的团队成员，共同推动技术的商业化进程。

技术驱动型资源整合模式的关键在于，创业者或团队的技术资源必须具有明确的市场应用前景和经济价值。一旦市场认识到这些技术的潜在价值，创业者便能够吸引投资者、专业人才和其他关键资源，共同推动创业项目的发展。这种模式不仅能够加速技术创新的商业化进程，还能够为创业企业带来持续的竞争优势。

2）资金驱动型资源整合模式

资金驱动型资源整合模式依赖于创业者或团队在创业初期就拥有充足的资金。这使得他们能够通过投资和市场交易来吸引和获取其他关键资源，以支持企业的成立和发展。例如，一位成功的企业家在房地产行业积累了丰厚的资本后，决定进军高科技领域。由于缺乏相关技术背景和行业经验，他通过市场调研，发现了 3D 打印技术的市场潜力。凭借雄厚的资金实力，这位企业家能够购买关键的 3D 打印技术专利，投资先进的制造设备，并从行业内招募经验丰富的技术专家和管理团队，从而快速建立起一家新的高科技企业。

资金驱动型资源整合模式的优势在于，资金的充裕为创业者提供了快速获取技术和人才的途径，有助于缩短创业周期，加速企业的成长。然而，这也要求创业者具备敏锐的市场洞察力，能够准确把握市场动态，并具有强大的资源配置能力，以确保资源在企业的不同发展阶段得到合理利用。随着企业的成长，创业者需要不断调整资源配置策略，以适应市场变化和满足企业发展的新需求。

3）人力资本驱动型资源整合模式

人力资本驱动型资源整合模式侧重于创业者或团队的个人能力和专业经验，这些因素成为吸引其他资源的关键。这种模式常见于那些拥有丰富行业知识和管理技能的职业经理人，他们在创业时能够利用自己的人力资本来获取必要的资源。例如，一位在金融行业工作多年的资深经理，凭借其在风险管理、市场分析和团队领导方面的专业技能以及在行业内建立的良好声誉，决定创办一家金融科技公司。这位经理不仅能够凭借自己的专业知识和经验吸引投资者的关注，还能够利用其广泛的社会网络，招募行业内的优秀人才，共同推动新企业的成立和发展。

在这种模式下，创业者的人力资本包括：

（1）专业技能和经验。创业者在特定领域的深厚知识和实践经验，使他们能够有效地识别市场机会，制定战略，并有效推动企业运营。

（2）社会声誉。创业者的职业背景和个人品质，如在行业内的领导地位、道德操守和职业操守，为他们赢得了同行和潜在合作伙伴的信任与尊重。

人力资本驱动型资源整合模式的成功依赖创业者能够将个人的专业技能和声誉转化为吸引资金、技术和人才的能力，从而为创业项目提供坚实的基础。

4. 创业资源整合的策略

对于初创企业来说，由于资源有限，如何有效地整合所需资源是一个关键挑战。以下四种策略帮助创业者在资源有限的情况下实现资源整合。

1）挖掘闲置资源再利用

在创业过程中，创业者可能会发现，尽管手头拥有多种资源，但并非所有资源都能被充分利用。这些未被充分利用的资源，无论是有形的（如闲置空间、设备）还是无形的（如技能、信息、资金），都构成了潜在的闲置资源。这些资源的闲置往往是由市场信息不对称，供需双方难以有效匹配造成的。

为了激活这些闲置资源，创业者可以采用共享经济模式，通过互联网平台将供给和需求进行有效对接。例如，Ebay——在线拍卖平台通过提供一个交易市场，让个人和企业能够出售或购买闲置物品，从而实现资源的再利用。在中国，寄得网作为一家领先的闲置资源交易服务平台，专注于为用户提供一站式的消费后市场解决方案，包括资产优化、营销管理、增值服务等。通过在线寄卖和线下智慧物流模式，寄得网帮助用户管理和销售闲置物品，同时也为企业提供了新的销售渠道和品牌推广机会。通过这样的平台，创业者不仅能够为自己的闲置资源找到新的用途，还能发现和利用他人的闲置资源，从而实现资源的最大化利用。

2）"借力"

在创业和商业实践中，"借力"是一种智慧，它指的是通过与他人合作，利用外部资源来实现自己的目标。这种策略体现了三个关键的杠杆思维。

（1）寻求成功者的帮助。当你想要完成某个目标时，寻找那些已经实现类似成就的人，他们的经验和资源可以为你提供宝贵的支持。

（2）寻找志同道合的合作伙伴。在执行项目时，与有共同愿景的人合作，可以集合多方力量，共同推动项目成功。

（3）分享成功。当你已经取得一定的成就，帮助那些有相同目标的人，这样不仅能够扩大你的影响力，还能巩固你的市场地位。

然而，仅仅有这些杠杆思维还不够，还需要找到合适的"借力点"，即让别人愿意借给你资源的原因。这通常涉及两个方面：一是给对方提供足够的利益，使他们觉得借出资源是值得的；二是让对方意识到不借出资源可能会带来损失。例如，英国大英图书馆在面临搬迁难题时，通过一个巧妙的策略，成功地借助了公众的力量。图书馆在报纸上发布广告，允许市民免费借阅10本书。这吸引了大量市民前来借书，而归还书籍时，他们自然会将书还到新馆。这样，图书馆不仅节省了搬迁费用，还巧妙地借用公众的参与完成了搬迁任务。在商业世界中，这种策略同样适用。例如，一家初创企业通过与行业领导者建立合作关系，利用对方的品牌和市场渠道来推广自己的产品，从而在没有大量营销预算的情况下迅速扩大市场影响力。通过这种方式，初创企业能够实现快速成长，合作伙伴也能从中获得新的客户和收入来源。

3）"依附"

在创业过程中，依靠外部资源和品牌力量是一种常见的策略，被称为"依附"。这种策略的核心思想是在自身实力尚弱时，通过依附已有的成功企业或品牌，来获得保护和支持，从而促进自身的成长和发展。当然，依靠的前提是必须合理合法，不然就会有侵权风险。常见的依靠策略有以下四种。

（1）内部创业。内部创业是一种企业内部的创业模式，它允许有创业精神的员工在公司的支持下，承担特定的业务项目或内容，进行创新尝试，并与企业共享成果。这种模式通常在企业主营业务稳定后出现，旨在探索新的业务领域或对现有业务进行补充。内部创业不仅满足了员工的创业愿望，还激发了企业内部的创新精神，有助于改善员工激励机制和分配体系，实现员工与企业的共同成长。与独立创业相比，内部创业者可以利用企业现有的资金、设备和人才资源，这大大降低了创业门槛和风险。同时，由于对企业环境的熟悉，内部创业者在资金管理、市场推广等方面面临的挑战较小。在企业内部创业，即使项目失败，创业者所承担的责任和心理压力相对较小，这有助于提高创业成功的可能性。对于创新项目，企业的品牌背书可以增加项目的可信度；对于补充性项目，企业可以利用现有客户基础为新项目引流。

例如，"腾讯创新实验室"就是一个内部创业的实践例子。在这个实验室中，员工可以利用部分工作时间探索新的技术和产品，这些项目可能与腾讯的核心业务不完全相关。这种鼓励创新的文化催生了多个成功的产品和服务，如微信小程序。内部创业不仅丰富了腾讯的业务生态，也为用户带来了便利。内部创业机制也推动腾讯能够持续创新技术，从而保持在互联网行业的竞争力。

（2）配套创业。配套创业是一种依附行业领军企业的创业模式。初创公司通过为这些大企业提供特定的服务或产品，来实现自身的发展。这种模式允许小型企业在大企业的生态系统中找到自己的定位，从而获得稳定的业务和成长空间。配套企业通常拥有自己的核心技术，它们在大企业的供应链中扮演关键角色，提供专业化的服务或产品。这种依赖关系使得配套企业能够在大企业的庇护下成长，同时保持自身的独立性和创新能力。与大企业的合作往往采取多层次的承包关系，形成一种金字塔式的生产结构。这种结构使得中小企业能够通过与大企业的紧密合作，实现规模经济，提升自身的市场竞争力。

例如，在中国，许多电子配件制造商为苹果、华为等大型科技公司提供零部件。这些配套企业通过专注某一领域的技术创新，为大企业提供高质量的产品，从而在激烈的市场竞争中找到了自己的生存之道。这种合作不仅为大企业带来了成本效益，也为配套企业提供了稳定的订单和发展空间。

（3）连锁加盟。连锁加盟为缺乏经验的创业者提供了一个相对低风险的商业机会。通过加盟，创业者可以利用总部的品牌、产品、技术和运营经验，快速启动自己的业务。加盟商可以使用总部的知名品牌，建立市场信任，吸引顾客，并且减少初期的市场推广成本。总部通常会提供详细的运营手册和培训，帮助加盟商掌握店铺管理技巧，保证服务质量和运营效率。加盟商还可以享受总部的集中采购和配送服务，从而降低成本，并保证产品质量和供应的稳定性。总部还会为加盟商的员工提供专业培训，使他们能够达到一致的服务标准。同时，加盟商还可以获得总部在市场营销、财务管理等方面的支持。加盟模式允许创业者与总部共同分担风险。特别是在市场波动或经济不确定性时期，总部的支持可以为加盟商提供额外的安全网。

以中国的快餐连锁品牌"真功夫"为例，这是一个成功的连锁加盟模式。创业者通过加盟真功夫，可以借助其强大的品牌效应和标准化的运营流程，迅速建立自己的快餐店。真功夫总部提供包括选址、装修、设备采购、员工培训、产品研发、市场推广等一系列支持，使得加盟商快速上手并顺利运营。这种模式不仅帮助"真功夫"实现了全国范围内的快速扩张，也为加盟商提供了一个相对低风险的创业平台，让他们能够分享品牌成长带来的收益。

（4）"王妃原理"。"王妃原理"在创业领域指的是通过与高价值资源的合作，提升自身项目的价值和市场地位。这种策略类似于通过与知名品牌或有影响力的个人合作，来增强自己项目的吸引力和市场竞争力。创业者需要精准识别并选择那些能够显著提升项目价值的外部资源。这要求创业者具备敏锐的市场洞察力和战略眼光。例如，一家初创的服装品牌通过与知名设计师合作，推出限量系列，从而提升品牌形象和产品价值。这种合作不仅能够吸引消费者的注意，还能提高产品的销售价格。在科技领域，初创企业可以通过与行业技术领导者的合作，将先进技术应用到自己的产品中，从而在市场中获得竞争优势。通过与高价值资源的结合，创业项目可以在市场中获得更高的定位，吸引更多的投资者和消费者。

在实施这些"依附"策略时，创业者需要注意合法合规，避免侵犯他人的知识产权。例如，五粮液诉"九粮液"侵权案就是一个警示，提醒创业者在依靠名牌时必须谨慎行事，确保自己的行为不会触犯法律。

4）"换我所需"

创业者在启动和扩展业务时需要整合各种资源，包括资金、技术、人才和市场渠道等。家庭成员因为与创业者的利益紧密相连，且作为创业者的亲密支持网络，往往愿意在资源上提供帮助。这种基于共同利益的合作为创业者提供了一个相对稳定和低成本的资源获取渠道。为了有效地整合资源，创业者需要构建一个清晰的利益共享机制。这通常包括明确各方的角色、责任和预期回报。例如，如果家庭成员提供资金支持，他们可能期望在公司成长后获得一定的股权或分红。这样的机制有助于确保所有参与者都能从创业成功中获益，同时也为创业者提供了充足的动力去实现目标。

成功的创业者擅长利用杠杆效应，即通过少量的投入（如自己的资源或时间）来撬动更多的外部资源。这可以通过与合作伙伴建立战略联盟、与供应商协商优惠条件，或者通过众筹等方式实现。例如，一个初创公司通过提供股权激励来吸引关键人才，或者与大型企业建立合作关系，以获取市场准入和技术支持。

在利用预期收益进行资源交换时，创业者需要通过详细的商业计划和路演来展示其商业模式的可行性和盈利潜力。例如，一个科技初创公司会向潜在投资者展示其产品的市场调研、技术优势和预期的增长曲线，以此来证明投资的价值。通过这种方式，创业者可以吸引投资者的资金支持，同时保留对公司的控制权。

总之，创业者在资源整合时，应该注重建立公平、透明且具有吸引力的利益分配机制，同时通过有效的沟通和论证来增强各方的信心，促进资源的高效利用和创业目标的实现。

创业思维与资源拼凑下沙家邦如何"勇闯天涯"

赵宏茂是"70后",一个土生土长的三明市沙县人。母亲是沙县小吃最早的从业者之一,制作的扁肉等小吃令人赞不绝口,曾获得当地小吃比赛冠军。母亲的小吃店开在国道附近,口碑不错,南来北往的食客络绎不绝。放学之后,寒暑假期间,赵宏茂和他的兄弟们总会在母亲的店里打杂,帮忙制作食品……赵宏茂渐渐对自己家乡的小吃产生了热爱,日日夜夜,耳濡目染,儿时的回忆在赵宏茂的心中种下种子,为未来沙家邦的诞生埋下了伏笔。

2003年,赵宏茂开了一家沙县小吃,后来转给了亲戚。2006年,赵宏茂来到广州,接下一个亲戚的门店。然而,现实无比残酷,门店转让费花了16万元,加上生意不如意,赵宏茂自身独立经营经验有所欠缺,没有真正了解到消费者需要什么样的沙县小吃等多种原因,导致门店经营无比辛苦。

受到的挫折和险阻并没有使赵宏茂停下脚步。他和妻子定下"卧薪尝胆"三年之约,三年之内,要改变自己,学会如何经营。三年来,赵宏茂每天工作时间超过十二个小时,睡眠时间不足五个小时。其余时间都用来研究产品,研究连锁餐饮业的市场,研究"味千拉面""真功夫"等餐饮连锁店的经营方式,并经常向别的老板请教取经。赵宏茂在讲到这三年的经历时,表现得云淡风轻:"除了工作学习之外,三天两头跑去(别的门店)看,去研究,去找老板聊天,很有收获。广式茶点、炖品精细的制作,提升了我的眼界。"

经过三年的卧薪尝胆和一番市场调研,2009年8月,赵宏茂回到了福州,着手筹办新店。沙家邦的创立,投入了近20万元的资金,其间并不是一帆风顺:他们碰见过装修公司工头携款潜逃的变故,也有过设计公司因为没有经验而提高LOGO设计费的经历……然而在众人的努力下,"沙家邦"这一品牌及第一家门店——宁化店终于成立了。

赵宏茂说过:"每种美食都需要一张名片,沙县小吃也要有自己的LOGO。"以"沙家邦"作为名字意义深刻:"沙",代表着沙县小吃以及沙县小吃纯正、淳朴的饮食文化,沙家邦要做最纯正的沙县小吃;"家"字不仅可以与后面的"邦"字衔接,代表着沙家邦要做出味道可口、多种多样的食物,还可以代表着沙家邦要做一家真正符合百姓要求,能够将沙县小吃传承百年的小吃店的目标。

赵宏茂和他的沙家邦不断追求精致。从自身出发,先让沙家邦变得"精致",然后让顾客从走入门店直到就餐后离开门店时,也能感觉到自己在一个精致的环境里吃了精致的一餐。几年来的荣誉、遍布全国各地两百多家的门店,以及顾客的好评、赞许和回头率,都说明了赵宏茂的远见和成功。

与传统门店经营不同,沙家邦门店经营坚持直营管理,店长是沙家邦的合作伙伴,平均持有80%的股份,有的甚至达到100%的股份。赵宏茂说:"沙家邦没有限制店长股份比例,他们有'感觉'就好。让员工做大股东,公司做小股东。"这样大大减少了公司扩张门店的运营成本,同时实现了"帮助创业伙伴实现有店、有房、有车,过上有品质的生活"的价值使命。

为了优化战略,让企业多方面发展,沙家邦开发了自己的线上销售平台——沙家优品,还发展了社区便利店。为了持续获得新鲜血液,沙家邦成立了餐饮天使基金公司,专门投资餐饮行业具有前景的优秀项目,并设置了餐饮创业人才孵化器,双管齐下大力培养餐饮行业创业人才,发掘有潜力的创业项目。

从 2010 年到 2018 年,从 1 到 350+,沙县小吃在全国的知名度有目共睹。虽然无法与肯德基、麦当劳等快餐行业巨头相比,但是沙家邦力争做纯正的沙县小吃,采取特色的沙县小吃发展战略,在资源有限的情况下利用有限资源不断发展自己的思维是值得推广借鉴的。

资料来源:坚瑞,胡涛,戴春晓,等. 创业思维与资源拼凑下沙家邦如何"勇闯天涯"[A]. 中国管理案例共享中心案例库,2018.

本章知识要点及关键词

知识要点

1. 创业资源是创业者或创业企业在创业过程中所拥有的或能够支配的,用于发掘、利用创业机会并创造社会经济价值的有形和无形要素的集合。

2. 创业资源获取的途径主要有市场交易和非市场交易两种。

3. 创业网络是由创业者及其新创企业所构建的社会关系网络。

4. 资源拼凑是创业者在资源有限的情况下,通过创新方法最大化利用现有资源的一种策略。

5. 创业资源整合是指创业企业在追求成长和发展过程中,通过策略性地管理和运用外部资源以满足其业务需求的过程。

6. 根据创业企业拼凑的程度和广度,我们可以将资源拼凑策略分为全面拼凑和选择拼凑两种类型。

7. 选择拼凑策略要求创业企业在拼凑资源时有所取舍,专注于特定的资源领域,以实现更有效的资源利用和企业成长。

8. 资源整合的本质在于通过交换和共享资源,实现双方或多方的共同增值,即通过合作创造出比各自独立行动更大的价值。

关键词

创业资源　创业网络　资源获取　资源拼凑　资源整合

思考题

1. 什么是创业资源?创业资源主要有哪些类型?
2. 创业者一般会拥有哪些资源?创业者为什么经常受到资源匮乏的约束?
3. 创业者如何利用好有限的自有资源?
4. 创业者获取创业资源的途径有哪些?
5. 自有资源与资源拼凑之间存在什么异同?
6. 人们常说创业是白手起家、无中生有,对此你怎么看?
7. 资源拼凑和资源整合的区别是什么?

创业团队核心资源分析

核心资源是构成企业商业模式的关键要素，它们是企业创造和提供价值、接触市场、建立客户关系以及实现盈利的基础。这些资源可以是企业自有的，也可以是通过合作伙伴获得的。不同的商业模式对核心资源的需求各有侧重。每种商业模式都需要核心资源，这些资源使得企业能够创造并提供价值主张、接触市场、与客户细分群体建立关系并赚取收入。为了更好地理解这一点，请你通过实地访谈或网络途径，搜集BAT（百度、阿里、腾讯）、TMD（头条、美团、滴滴）、PKQ（拼多多、快手、趣头条）这三类企业的资料，分析其创业团队核心资源的构成及价值。

核心资源构成要素

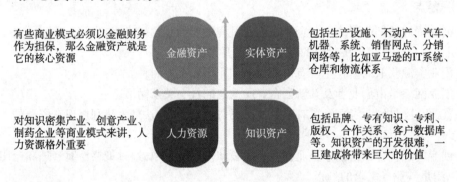

闲置资源整合

寻找身边闲置的资源，将分散的资源通过有效的管理和策略，使其发挥最大效能。在小组讨论中，可以围绕识别资源、需求分析、资源匹配、合作与共享、创新利用、风险评估等方面来探讨资源整合的方式、方法，并掌握实际操作中的关键步骤和技巧。

第 8 章 创业融资

【学习目标】

知识目标：能够表述创业融资的内涵、作用；熟悉创业融资的主要渠道并掌握各种融资渠道的优缺点；能够辨析数字金融的类型；能够凝练数字金融对创业活动的影响。

能力目标：能够把握行业发展方向，准确评估创业项目的市场潜力，提升市场洞察力；能够制订合理的财务计划，提升财务规划能力；能够有效地表达自己的想法，展示创业项目的价值，并在投资者谈判中争取到有利的条件，提升沟通与谈判技巧。

素质目标：培养创新思维与创新能力，能够勇于探索和善于利用新兴的数字金融工具；培养沟通协调能力，具备与投资者、银行、政府机构等有效沟通的能力，以及在多方利益中协调平衡的能力；培养团队协作意识，协调团队成员共同推进融资计划的实施；树立伦理道德意识，在融资过程中坚持诚信原则，建立良好的创业企业形象和信誉。

字节跳动融资之路

2012 年，张一鸣在北京的一间小公寓里，与合伙人梁汝波、张楠等人共同创立了字节跳动。张一鸣，这位年轻的程序员，凭借在搜索引擎和推荐算法领域的深厚背景，以及对移动互联网趋势的敏锐洞察，带领团队开发出了今日头条。这款应用利用先进的机器学习技术，为用户提供个性化的新闻内容推荐，迅速在用户中获得了极高的口碑。

今日头条的启动资金主要来自张一鸣的个人积蓄，以及合伙人的资金投入，总计约 200 万元人民币。这一阶段，张一鸣的个人投入与对产品质量的执着追求，为公司的早期发展奠定了坚实的基础。

2013 年，字节跳动迎来了首轮融资，融资额达到了 1000 万元人民币。这轮融资由红杉资本中国领投，IDG 资本、晨兴资本等知名投资机构跟投。红杉资本的合伙人沈南鹏，以其在互联网领域的丰富经验和资源，为字节跳动提供了宝贵的指导和支持。这笔资金帮助字节跳动优化了其核心的推荐算法，提升了用户体验，并加速了市场扩张。

2014 年，字节跳动的 B 轮融资规模达到了 1 亿美元，由今日资本领投，腾讯、红杉资本等继续跟投。今日资本的创始人徐新,以其对移动互联网的深刻理解和投资眼光,为字节跳动的多元化战略提供了重要支持。在这一年,字节跳动推出了短视频平台"抖音",即后来的国际版 TikTok。这一平台迅速在全球范围内获得了巨大的成功。

2016 年,字节跳动完成了 C 轮融资,融资额高达 10 亿美元。这轮融资由红杉资本、海纳亚洲、建银国际等机构参与,字节跳动的估值达到了 110 亿美元。这一轮融资进一步巩固了字节跳动在内容分发领域的领导地位,并为其后续的全球化战略提供了充足的资金支持。

2018 年,字节跳动的 D 轮融资达到了 30 亿美元,估值飙升至 750 亿美元。这轮融资由软银愿景基金领投,其他投资者包括 KKR、春华资本等。软银集团的创始人孙正义以其在全球科技投资领域的远见卓识,对字节跳动的未来发展充满信心。这轮融资标志着字节跳动正式迈入全球科技巨头的行列,其产品如 TikTok 在全球范围内的影响力不断扩大。

字节跳动的融资历程,不仅展示了张一鸣和他的团队的创业精神与技术创新能力,也体现了中国互联网企业在全球舞台上的竞争力。随着公司的不断壮大,字节跳动继续在内容创作、人工智能、云计算等领域进行深入探索,致力于为用户提供更加丰富和个性化的数字体验。

资料来源:根据网络公开资料编写。

8.1 创业融资概述

8.1.1 创业融资的定义

资金对于创业企业至关重要,尤其是在创业初期,企业面临较高的不确定性和风险,且往往缺乏足够的资产作为抵押。这导致传统的投资机构和银行在提供资金支持时持谨慎态度。因此,能否有效地筹集资金,不仅关系到创业企业能否在竞争激烈的市场中立足,更是能否推动企业持续发展和实现进一步扩张的关键因素。

所谓创业融资,是指创业者为了实现商业创意并推动企业发展,通过精心规划和决策,从不同的资金提供者那里筹集必要的资本。这个过程包括对企业的资金需求进行精确评估,并根据企业的特定情况,权衡各种融资途径的利弊,选择合适的融资策略。

8.1.2 创业融资的重要性

新创企业在成长初期,资金是其生存和发展的关键。在产品或服务尚未产生稳定现金流之前,企业需要资金来支持多个方面的运营活动。创业融资的重要性可以从以下三个方面来理解。

1. 资金作为企业生命线

资金为企业提供必要的资源,以维持日常运营并推动业务发展。对于新创企业,资金为各个业务活动提供了动力。缺乏充足的资金,企业将难以维持基本运作,更难以实现创新和扩张。例如,一家致力于开发新能源技术的初创公司,在其产品从概念阶段到市场推广的过程中,需要资金来购买研发设备,雇用专业人才,进行市场调研,以及建立销售渠道。这些活动都需要资金的支持，以确保企业能够持续前进，最终实现商业化和盈利。如果资金链出现问题，企业将面临停滞甚至破产的风险。

2. 融资降低运营风险

通过合理的融资策略，新创企业可以降低财务风险。在初创阶段，企业通常缺乏稳定的收入流和成熟的商业模式，此时，寻求天使投资或政府补贴是较为理想的选择。天使投资者通常愿意在企业早期阶段提供资金支持，他们往往对企业的长期潜力感兴趣，并且可能提供额外的指导和资源。政府补贴则针对特定行业或创新项目提供资金，这些资金通常附带较少的股权要求，可以让企业在不牺牲过多控制权的情况下获得资金。

随着企业进入成长阶段，其商业模式和市场定位逐渐明确，此时可以考虑风险投资（VC）或银行贷款。风险投资可以为企业提供大量资金，帮助企业加速扩张，同时风险投资者的网络和经验也能为企业提供宝贵的支持。银行贷款则提供了一种相对稳定的资金来源，尤其是在企业有了一定的收入和资产后，可以作为其长期资金计划的一部分。

例如，一家初创的在线教育平台在成立初期，可以通过众筹或天使投资来筹集启动资金，用于开发课程内容和建立在线教学平台。随着用户基础的增长和收入的稳定，企业会寻求风险投资来扩大市场覆盖范围，或者申请银行贷款来优化运营效率。这样的融资策略不仅有助于企业在不同阶段平衡风险和回报，还能保证企业获得可持续的资金流。

3. 融资促进可持续发展

通过精心规划和执行融资策略，企业能够在保证资金安全的同时，为未来的增长和扩张创造条件。合理的融资不仅能够满足当前的资金需求，还能够优化资本结构，降低财务风险，从而为企业的长期发展奠定坚实基础。

在企业的不同发展阶段，融资策略的选择应与企业的实际情况和战略目标相匹配。例如，一家初创的可再生能源公司在初期可能面临高昂的研发成本和市场不确定性。在这种情况下，选择政府补贴或与行业相关的风险投资基金合作，可以使企业在不牺牲过多股权的情况下获得必要的资金支持。这样的融资方式不仅降低了财务负担，还为企业带来了行业专家的指导和市场资源，加速了产品研发和市场渗透。

8.1.3 创业融资难的原因

创业融资困难是创业者在创业过程中遇到的普遍问题，它主要可以归结为以下三个关键因素。

1. 新创企业存在众多不确定性

新创企业由于其初创阶段的特性面临着较高的不确定性，这在多个层面影响着融资过程。首先，新创企业往往缺乏稳定的收入流和成熟的市场地位，这使得它们的财务状况和市场前景难以预测。这种不确定性增加了投资者投资失败的可能性，成为一个重要的风险因素。例如，一家开发新型医疗设备的初创公司，尽管其产品具有创新性，但由于尚未获得市场验证和监管批准，其商业化进程存在不确定性，这将导致投资者在决定是否投资时更加谨慎。其次，新创企业的不确定性还体现在其技术、产品开发和商业模式的可行性上。这些不确定性因素使得投资者在评估投资回报时面临挑战。例如，一家基于人工智能的数据分析公司，虽然技术先进，但市场接受度和盈利模式尚未明确，这使得投资者在考虑投资时需要更详细的尽职调查和风险评估。

此外,由于不确定性,新创企业在与投资者谈判融资条款时可能会遇到更多困难。投资者会要求更多的风险缓解措施,如优先股、回购条款或对公司决策的控制权,这些条件会增加融资的复杂性和成本。

2. 创业企业和资金提供者之间的信息不对称

在创业融资过程中,信息不对称是一个普遍存在的问题,主要体现在三个方面。一是创业者通常对自己的业务有更深入的了解,包括创意、技术细节、商业模式、团队能力、产品特性以及市场定位等,投资者则缺乏对这些细节的深入了解,导致创业者在信息上占据优势。二是为了保护核心竞争力和避免商业机密泄露,创业者会选择性地披露信息,尤其是进入门槛低的行业的创业者。创业者对创业信息的隐藏增加了投资者对信息甄别的时间和成本,使其在有限信息的条件下难以判断项目优劣,从而影响其投资决策。例如,一家研发新型生物医药的初创企业会对其研发过程和专利技术保持高度保密,这使得投资者难以全面评估企业的技术和市场潜力。三是新创企业往往缺乏公开的财务和经营记录,这使得投资者难以通过传统手段评估企业的财务状况和运营效率。例如,一家刚成立的软件开发公司可能还没有完整的财务报表,这增加了投资者评估其财务健康状况和盈利能力的难度。

3. 融资机制不完善

完善的融资机制需要覆盖企业从初创到成熟各个阶段的资金需求。一个健全的融资体系不仅依赖于政府的支持,还应包括多元化的资金来源,如社会资本、风险投资、银行贷款等。自中国政府提出"双创"政策以来,人们的创业环境和融资渠道有了显著改善,但仍存在一些需要改进的地方。一是政府支持的局限性。政府提供的创业基金和专项资金虽然为创业者提供了一定的支持,但存在门槛较高、覆盖面不广的问题。例如,某些政府基金只针对特定行业或地区,这限制了其他领域的创业企业获得资金的机会。二是创业基金的地域和行业偏好。创业基金存在地域和行业偏好,这导致一些创业企业难以获得资金支持。例如,一家专注于农业技术创新的初创公司发现,尽管其项目具有潜力,但由于缺乏与政府基金的直接联系,也难以获得必要的资金支持。三是金融机构的信贷政策。银行等金融机构在向创业企业提供贷款时,可能会因为风险控制而设置较高的门槛,如要求有形资产抵押或严格的信用评级。这使得许多小型创业企业难以获得贷款。

8.1.4 创业融资的过程

1. 做好融资前的准备

为了提高融资成功的概率,创业企业在寻求资金支持之前需要做好周密的准备工作。一是创业者应深入了解融资的各个阶段,包括融资前准备,与投资者接触、谈判和签订协议等阶段,以便在整个过程中做出明智的决策。二是建立个人信用。创业者应确保自己的信用状况良好,这包括及时偿还贷款、保持良好的财务记录等。三是积累人脉资源。建立广泛的社交网络,可以帮助创业者接触到潜在的投资者和合作伙伴。参加行业活动、加入创业社群和利用社交媒体平台都是积累人脉的有效途径。四是评估资金需求。创业者需要准确估算启动和运营企业所需的资金,包括初始投资、运营成本和预期的增长资金。这有助于确定融资规模和制订合理的融资计划。五是熟悉融资渠道。了解不同的融资渠道,以及它们各自的优缺点,可以帮助创业者选择适合自己企业的融资方式。六是编写创业计划书。一份详尽且有说服力的创业计划书是吸引投资者的关键。创业者应掌握如何编写清晰、逻辑性强的计划书，展示企业的商业模式、市场分析、财务预测和增长潜力。七是提高谈判技巧。在融资谈判中，创业者需要具备良好的沟通和谈判技巧，以便在保护企业利益的同时，与投资者达成共识。

通过这些准备工作，创业者可以更有效地与投资者沟通，展示企业的潜力和价值，从而提高融资的成功率。这也有助于创业者在融资过程中保持清晰的方向，确保企业能够获得必要的资金支持。

2. 计算创业所需资金

在创业过程中，合理规划资金需求是确保企业健康发展的关键。创业者在筹集资金时，需要平衡资金的需求量和成本，以及资金使用带来的潜在收益。

创业者首先需要确定启动企业所需的初始资金，包括购买设备、租赁办公空间、注册公司、市场调研等一次性支出。除了初始投资，还需要估算企业在初期没有收入或收入不足以覆盖成本期间的运营成本，如员工工资、租金、水电费、原材料采购等费用。创业者应预测企业在不同阶段的收入情况，并计算出现金流。这有助于确定企业在何时能够实现自给自足，以及在此之前需要多少资金来维持运营。在计算资金需求时，应预留一部分应急资金以应对不可预见的风险，如市场变动、供应链中断等。创业者还应考虑资金的成本，包括利息、股权稀释等。在筹集资金时，创业者应选择成本效益最高的融资方式。

根据上述分析，创业者应制订一个详细的融资计划，明确资金的用途、所需筹集的金额以及预期的回报。企业运营过程中，创业者应持续监控资金使用情况，并根据实际情况调整融资计划。

3. 编写创业计划书

创业计划书是创业者向潜在投资者、合作伙伴和利益相关者展示其商业理念和运营策略的重要文件。它是对创业项目全面分析和规划的成果，涵盖了从产品开发到市场定位、从财务预测到风险管理的各个方面。编写创业计划书不仅是为了融资，更是一个自我审视和完善商业计划的过程。通过这个过程，创业者可以更清晰地理解自己的业务模式，评估项目的可行性，并为未来的成功奠定坚实的基础。

4. 确定融资渠道

确定了创业企业的资金需求之后，创业者需要评估和选择合适的融资渠道。这一过程涉及对不同融资方式的深入分析，包括它们的潜在优势和劣势，以及这些方式如何影响企业的长期发展和创业者对企业的控制权。

5. 展开融资谈判

确定了融资渠道后，创业者需要与潜在投资者进行有效的沟通和谈判，以确保融资成功。创业者应深入了解自己的创业项目，包括市场定位、商业模式、竞争优势、财务状况等。同时，要对投资者可能关心的问题进行预测，并准备充分的数据和论据来支持自己的观点。在谈判中，创业者需要展现出自己对项目的信心和热情。这种积极的态度可以感染投资者，增强他们对项目成功的信心。在陈述项目时，创业者应抓住关键点，清晰地传达项目的潜力和价值，避免冗长和复杂的解释，确保信息简洁、有力。在谈判过程中，创业者应保持逻辑清晰，有条理地展示项目的各个方面，包括市场分析、财务预测、风险评估等，以便投资者能够快速理解并评估项目。在谈判前，创业者可以向有经验的人士（如财务顾问、法律顾问或行业专家）寻求建议，以确保谈判策略的合理性和有效性。谈判过程中，创业者应保持开放和灵活的态度，对投资者的反馈和建议给予充分的考虑，并适时调整自己的策略。

研究生彭斌和他的无人机融资故事

彭斌是一名研究生，所学专业为计算机。毕业后，他本可以留在大城市工作，但因为热爱无人机产品的研发，决定留在荆州创业。为了实现创业梦想，他带领创业团队加大研发力度，使产品的性能和质量日渐稳定和成熟。眼看着产品就要投入市场了，但企业面临着巨大资金压力。因为无人机研发费用高，人力成本也很大，为此，彭斌选择了在社会上寻找资金支持。为了申请到科技扶持基金，彭斌亲自为评审专家演示他的无人机产品，得到了专家的赞许，科技局的扶持基金很快到位。此外，他还通过各地举办的各种创业计划大赛以及天使投资基金拿到了很多的扶持资金。他的故事也被当地的报纸、电视媒体广泛报道，产品知名度越来越高。目前，企业已基本上走入佳境，资金充裕。谈到一路走来的融资经历，彭斌说，"其实，有时候想起来，融资也并不是想象中的那么难。目前国家创业环境这么好，创业融资的途径还是很多的，关键是要做好自己，重点做好以下三个方面的工作：一是企业要有很好的产品和研发能力。投资者愿意投资你的一个重要原因，就是你的产品有特色，有卖点。因此，我在为投资者介绍产品时，一定会多介绍一些我们产品比较特殊的功能，有时候也会放一段无人机的视频，吸引投资者的注意。二是要有一份好的创业计划书。创业计划书是创业者向外融资时所必须具备的文件，一份优质的创业计划书可大大提高项目融资的可能性。为了写一份好的计划书，我们有时候会请专家来把关。一般新创企业的计划书需要包括用户需求、产品功能、市场空间、竞争分析、发展策略、团队建设、资金用途和还款计划等，每一个部分都非常重要。好的创业计划书会为企业融资顺利铺路，而编撰创业计划书的过程也是企业审视、分析自身及产品的好机会。三是多参加一些创业竞赛活动。当前，各种创业竞赛活动非常多，有人社部门举办的，有共青团举办的，有科技部门举办的，也有教育部门举办的。此外，社会上也有许多团体举办的各种创业竞赛活动。这些活动我们都积极参加，有时候会得到丰厚的奖金，即使没获奖，我们知道了自己的不足，顺便提高自己企业的知名度，也是一种很大的收获。"

资料来源：http://finance.eastmoney.com/a/201910121258662659.html。

8.2 创业融资渠道

创业者在筹资时应该考虑多种可能的资金来源，以确保能够满足企业在不同发展阶段的资金需求。

8.2.1 私人资本融资

在创业初期，当企业尚未建立起足够的信用记录和市场地位时，传统的金融机构如银行可能难以提供必要的资金支持。在这种情况下,创业者往往需要依赖私人资本来启动和维持企业的运营。私人资本融资的主要形式包括以下三种。

1. 自我融资

自我融资是指创业者将个人资金投入新创企业。这是一种双重策略,既是一种对商业潜力的自信表达,也是一种策略性的资本配置。首先,通过将个人资金注入企业,创业者能够在公司持有较大比例的股份,这在商业成功时能够带来显著的财务回报。这种直接的经济激励是许多创业者选择自我融资的重要原因。其次,自我融资也是一种强有力的信号传递机制。当创业者用自己的资金来支持企业时,就向潜在的外部投资者展示了他们对项目的信心和承诺。这种信心的展示减少了投资者对创业者动机和项目可行性的疑虑。这种信号有助于缓解信息不对称问题,使得外部投资者更愿意参与到企业的融资中来。

然而,自我融资并非万能的。创业者的个人资金通常有限,对于新创企业来说,这些资金可能只是九牛一毛。在企业成长和扩张的过程中,往往需要更多的外部资金来支持研发、市场推广、团队建设等关键活动。因此,自我融资更多地被视为一种启动资金,而非长期的融资策略。创业者需要在自我融资的基础上,积极寻求外部投资者的支持。

2. 亲朋好友融资

在创业早期阶段,创业者面临资金短缺时,亲朋好友往往会成为重要的资金来源。创业者由于缺乏足够的抵押资产或市场信誉,正规的金融机构不愿意提供贷款,而亲朋好友基于信任和对创业者能力的认可愿意提供资金支持。这种融资方式在中国许多地区如温州较为常见,它体现了一种基于社区和家庭网络的融资模式。

在利用亲朋好友的资金进行创业时,创业者需要清楚地界定资金的性质,是作为债务(债权性资金)还是作为投资(股权性资金)。这种界定对于未来的收益分配和风险承担至关重要。例如,如果是债权融资,创业者需要承诺在一定时间内偿还本金及利息;如果是股权融资,亲朋好友则成为企业的股东,享有企业的所有权和未来的收益分配权。

为了保障所有相关方的利益和风险得到妥善管理,创业者在融资时应该与资金提供者进行充分的沟通,包括详细说明企业的商业模式、市场前景、预期的盈利能力以及潜在的风险。通过这种方式,创业者可以提高透明度,使得亲朋好友能够基于充足的信息做出投资决策。同时,一旦企业运营过程中出现问题,它可以减少误解和纠纷,维护良好的人际关系。

3. 天使投资

天使投资是一种早期的、非正式的创业资金支持方式,通常由个人投资者或非正式投资机构提供给具有创新理念的初创企业或项目。这种投资形式强调的是投资者对创业者的信任和对项目潜力的认可,而不仅仅是对产品或市场的评估。天使投资者不仅提供资金,还可能提供宝贵的行业经验、人脉资源和指导,这对于初创企业的成长至关重要。

天使投资具有三个显著的特点。

(1)直接权益投资。天使投资者通常以股权或债权的形式直接投资于企业,这意味着他们将与企业共同承担风险,并在企业成功时分享收益。

(2)全方位支持。除了资金,天使投资者还可能提供战略指导、市场接入、技术支持等,帮助创业者克服创业初期的挑战。

(3)资金到位迅速。天使投资的流程相对简单,决策迅速,资金可以在较短时间内到位,这对于急需资金的初创企业来说是一个巨大的优势。

在评估投资机会时,天使投资者往往更加关注创业者的个人特质,如热情、诚信、专业知识、领导力和过往的创业经历。他们相信,一个优秀的创业者能够引领企业克服困难,实现成功。天使投资者通常分为两类:一类是已经成功的创业者,他们希望通过投资帮助新一代创业者实现梦想;另一类是企业高管或学术界的专家,他们拥有丰富的行业知识和资源,希望通过投资来支持创新和创业精神。

总的来说,天使投资是一种基于信任和共同价值观的投资方式,它不仅为初创企业提供了必要的资金,还为创业者提供了成长和发展的宝贵资源。这种投资关系往往建立在双方相互理解和长期合作的基础上,旨在共同推动企业的成长和成功。

8.2.2 机构融资

1. 银行贷款

银行贷款是一种常见的企业融资方式,它涉及银行向企业提供资金,并约定在未来的某个时间点归还本金及支付利息。这种融资方式对于企业来说有独特的优势和挑战。

银行贷款主要有四个优点。

(1)资金快速到位。企业可以直接从银行获得资金,流程通常较为简单,有助于企业生产的快速启动或扩大。

(2)利息税前扣除。企业支付的利息通常可以在计算税前利润时扣除,这有助于降低企业税负,从而减少筹资成本。

(3)提高管理水平。银行在放贷前会对企业的财务状况和经营计划进行严格审查,这有助于企业识别并降低潜在的经营风险。

(4)财务杠杆效应。当企业的息税前利润超过无差别点时,通过借款可以增加企业的盈利能力,实现财务杠杆效应。

然而,银行贷款也存在一些缺点。

(1)财务压力。企业需要承担固定的利息支出和还款计划,这在经济不景气时会增加财务压力。

(2)经营限制。企业在获得贷款时需要接受银行的一系列条件,这可能会限制企业的经营自由度。

(3)资本金比例限制。企业能够借款的金额受到其资本金比例的限制,这限制了企业根据实际需求进行融资的能力。

对于创业企业而言,尽管银行贷款是理想的融资方式,但由于创业企业通常缺乏足够的资产作为抵押,以及没有稳定的现金流和良好的信用记录,因此,获得银行贷款相对困难。不过,一些银行为了响应政策支持创业,推出了针对创业企业的创新融资产品,如知识产权质押贷款、文化创意企业贷款、存货质押贷款等。这些产品降低了创业企业的融资门槛,可以帮助他们更容易地获得资金支持。这些创新信贷产品体现了银行对创业企业的支持态度,同时也为创业企业提供了更多的融资选择。

2. 风险投资

风险投资(venture capital),又称创业投资,是一种专门针对具有高成长潜力的初创企业或中小企业的投资方式。它的核心在于为这些企业提供资金支持,并通过参与企业的管理和发展过程,帮助它们成长,最终在企业成熟或市场估值上升时,通过出售股份实现资本增值。

风险投资的特点可以概括为以下三点。

(1) 股权投资。风险投资通常以购买企业的股份为主要形式,这意味着投资者与企业共享未来的收益,同时也共同承担风险。

(2) 长期投资。风险投资的周期较长,投资者通常寻求在企业达到一定成熟度后,通过股权转让实现收益。这通常是一个中长期的投资过程。

(3) 增值服务。风险投资不仅仅是资金的投入,还包括对企业的管理和战略指导。投资者会参与企业的决策过程,并提供市场、技术、管理等方面的支持,以促进企业的成长。

风险投资家与创业者的目标有所不同。风险投资家关注的是投资的安全性和潜在的高回报,他们会仔细评估项目的市场潜力、团队能力以及产品的创新性。为了确保投资的成功,风险投资商会对众多项目进行严格的筛选,只有少数项目能够获得投资。

对于寻求风险投资的创业者来说,他们需要准备详尽的商业计划书,展示企业的愿景、市场定位、竞争优势以及财务预测。风险投资商会对这些计划进行深入分析,以确定是否符合他们的投资标准。在这个过程中,创业者需要展现出对市场的深刻理解、对产品的坚定信心以及对团队的领导能力。这些都是风险投资家做出投资决策时考虑的重要因素。

3. 首次公开募股

首次公开募股(IPO)是企业将其股份公开发行给公众投资者,并在证券交易所上市的过程。这一过程涉及将公司资本划分为等额股份,通过公开发行股票来筹集资金,这些资金成为公司的注册资本。股票发行价格超过面值的部分计入资本公积。

上市融资为企业提供了一系列优势,具体如下。

(1) 持续的融资能力。企业上市后,可以通过多种方式(如配股、增发、可转债等)持续筹集资金,支持业务发展。

(2) 稳定的融资平台。与依赖银行贷款相比,上市公司的融资渠道更为多样化,财务风险分散,更能应对宏观经济波动。

(3) 多样化的融资手段。上市公司可以利用股权和债务等多种融资工具,为大股东提供融资便利。

(4) 降低融资成本。上市公司通常能以较低的利率获得银行贷款,因为其信用评级和市场地位较高。

(5) 规模化发展。上市可以帮助企业通过并购等方式实现快速扩张,获取更多资金支持。

然而,上市融资也存在一些潜在的缺点。

(1) 控制权分散。新股东的加入导致原有股东对公司的控制力减弱。

(2) 存在高昂的资本成本。股票融资没有财务杠杆效应,股利支付不具有税前扣除的优势。

(3) 存在上市成本和监管压力。上市过程涉及高额的中介费用,且企业需遵守更严格的信息披露和监管要求。

对于创业企业而言,成功上市需要综合考虑多个因素,包括企业控制人的意愿、行业特性、业务模式和市场地位。企业应选择在行业上升周期和自身高速成长阶段上市,以获得市场的青睐。企业还需要进行充分的上市准备,包括聘请专业中介机构进行尽职调查,梳理业务和财务状况,确保符合上市要求。这是一个复杂且专业的过程,通常需要投资银行等专业机构的协助。

4. 政府项目

政府支持的项目旨在通过财政资金的投入,促进特定领域的经济发展和社会进步。这些项目通常专注于那些市场机制难以有效发挥作用的领域,如社会公益服务、公共基础设施建设、农业农村发展、生态环境保护等。《政府投资条例》的实施,强调了政府投资在引导民间资本、优化投资结构、促进资源配置效率,以及实现经济、社会和生态效益统一中的重要作用。

政府投资不仅能够直接为这些领域提供资金支持,还能够通过示范效应吸引更多的社会资本参与,从而激发整个社会的投资活力。在经济低迷时期,政府的投资项目可以作为经济刺激措施,通过引导和支持,帮助市场恢复活力,促进经济增长。

创业活动对于创新、就业和经济发展具有显著的推动作用,使得政府加大了对创业活动的支持。各级政府设立了多种政府基金如科技创新基金、政府创业基金和专项基金等支持创业者和初创企业。这些基金的优势在于它们通常不以营利为目的,而是旨在促进社会和经济的整体发展。创业者可以利用这些基金,不必担心投资方的信用风险。同时,由于政府资金的性质,这些投资往往不需要创业者支付利息,可以显著降低创业的财务负担。

政府支持的项目和基金为初创企业和特定领域的发展提供了重要的资金和政策支持,有助于创设一个更加健康、平衡和可持续的经济发展环境。

探迹科技:科学合理的融资

探迹科技成立于 2016 年,是一家定位于以大数据和人工智能技术为驱动的智能销售服务提供商,主要为大中小型企业提供从线索挖掘、商机触达、客户管理到成单分析的全流程智能销售解决方案,以降低客户的销售成本,提升销售效率。探迹科技的独特技术资源使其在成立之初就获得了天使轮融资。

初步融资的成功为探迹科技的后续发展奠定了基础。它以"打造商业连接平台"为公司愿景,以"让天下没有难做的销售"为公司使命,以"成就客户、创新进取、正直诚信、团队合作、激情奋斗"的价值观为指导,一步一个脚印,获得了大量投资者的青睐。它 2017 年获得 Pre-A 轮融资,2018 年获得阿里巴巴、启明创投联合投资的 4000 万元 A 轮融资。2020 年 7 月,探迹科技获得由红杉资本领投、启明创投跟投的 1.2 亿元 B 轮融资。红杉资本中国基金董事总经理翟佳表示:"To B 领域正成为中国市场越来越重要的增长点,传统 To B 销售模式已经逐渐到达天花板,智能销售将成为企业发展的突破点。在国外,通过大数据赋能销售主动获客的商业模式已被成功验证。由此可见,探迹科技的发展潜力更加可观。"启明创投合伙人叶冠泰表示:"启明创投非常看好国内 SaaS 行业未来几年的投资机会,尤其看好像探迹科技这样的以'大数据+AI 驱动',帮助企业做商业决策的 SaaS 2.0 产品公司。主动获客是 To B 企业增长的核心引擎,高效地完成销售业绩是每家 To B 产品公司重中之重的目标。探迹科技通过智能销售 SaaS 平台,利用 AI 和大数据对客户做精准的线索搜索和推荐,让销售人员能够有效地缩短销售周期和提高效率,是启明创投持续看好的企业。"

对于未来规划,探迹科技创始人兼CEO黎展表示,探迹科技一方面会回归商业本质,以产品和服务驱动业务持续发展;另一方面,将利用融资资金继续夯实技术基础,广泛吸纳人才,巩固竞争优势。

资料来源:于晓宇,王斌.创业管理:数字时代的商机(数字教材版)[M].北京:中国人民大学出版社,2022:188.

8.3 创业融资方式选择的影响因素

创业者在融资时需要考虑多种因素,以确保资金的合理配置和企业的长期健康发展。影响创业融资方式选择的主要因素有以下四个方面。

8.3.1 创业所处阶段

创业融资需求呈现出明显的阶段性特征,每个阶段的融资需求、风险承受能力和融资渠道的选择都有所不同。创业者需要根据企业所处的发展阶段,合理规划融资策略,以确保资金的有效利用和企业的稳健发展。

在种子期和启动期,企业通常面临较大的不确定性,此时的资金需求主要用于验证商业模式和初步市场推广。由于缺乏稳定的现金流和信用记录,创业者往往依赖自我融资、亲朋好友的支持或寻求天使投资者的资金。进入成长期后,企业开始建立市场地位,资金需求增加,以用于扩大生产规模和提高运营效率。在成长期初期,由于现金流尚未稳定,创业者继续依赖股权融资,如风险投资(VC)或私募股权投资(PE)。例如,一家快速成长的电子商务平台会吸引风险投资来支持其市场扩张计划。在成长期后期,随着企业信用的提升和资产的积累,创业者可以转向银行贷款、发行债券等债务融资方式。

当企业进入成熟期,其财务状况和市场地位更加稳固,可以通过公开发行股票(IPO)或债券来筹集大量资金。此时,创业者也可以考虑通过股权转让、管理层收购(MBO)等方式退出,实现资本增值。例如,一家已经上市的科技公司的创始人可能会选择在股价高位时出售部分股份,或者通过MBO将公司私有化,以实现个人财富的最大化。

在整个融资过程中,创业者需要不断评估企业的财务状况、市场环境和融资成本,以确保融资策略与企业的发展阶段相匹配,同时平衡风险和回报。

8.3.2 新创企业特征

创业企业的资本结构对其融资需求有着直接的影响,不同的行业特性和企业阶段决定了其选择的融资方式。在高科技产业或拥有独特商业创意的企业中,由于其高风险和高收益的特性,创业者通常需要寻求股权融资。这种方式允许创业者在不立即偿还债务的情况下吸引投资者的资金,同时投资者通过持有公司的股份来分享未来的收益。例如,一家开发新型生物医药技术的初创公司,可能会吸引风险投资(VC)或天使投资者的资金,以支持其研发和市场推广。

相比之下，传统产业的企业，如制造业或零售业，由于其经营模式相对成熟，风险较低，预期收益也较为稳定，因此更适合通过债权融资来筹集资金。这类企业可以向银行申请贷款，或者发行债券，利用财务杠杆来扩大生产规模。例如，一家成熟的家具制造企业通过银行贷款来购买新的生产设备，以提高生产效率。

然而，在实际操作中，许多新创企业在成立初期往往缺乏足够的信用记录和抵押资产，难以满足银行或投资者的要求。在这种情况下，创业者可能需要依赖个人储蓄、亲朋好友的支持，或者通过众筹平台来筹集启动资金。一旦企业能够展示其产品或服务的市场潜力，比如通过获得初步的销售数据或客户反馈，它们就更有可能吸引外部投资者的关注，从而获得债务融资或股权融资的机会（见表8-1）。

表 8-1　新创企业特征与融资类型[1]的匹配

创业企业类型	新创企业特征	适当的融资类型
高风险、预期收益不确定	• 弱小的现金流 • 高负债率 • 低、中等成长 • 未经证明的管理层	个人资金、向亲朋好友融资
低风险、预期收益易预测	• 一般是传统产业 • 强大的现金流 • 低负债率 • 优秀的管理层 • 良好的资产负债表	债务融资
高风险、预期收益较高	• 独特的商业创意 • 高成长 • 利基市场 • 得到证明的管理层	权益融资

8.3.3　融资成本

融资成本是企业在筹集资金过程中必须承担的费用，它直接影响企业的财务状况和盈利能力。不同的融资渠道如债务融资和股权融资，其成本结构和影响因素各有不同。

债务融资的成本主要体现在利息支出上，这是企业使用借款资金必须支付的固定费用。债务融资的利息通常与市场利率挂钩，支付周期明确，金额固定。为了降低整体融资成本，企业可以通过多元化的债务融资渠道，如银行贷款、发行债券等，进行资金的组合和搭配，以期获得更低的利率和拥有更灵活的还款计划。例如，一家制造业企业会选择与多家银行谈判，以争取更低的贷款利率，或者通过发行企业债券来分散融资风险。

股权融资则涉及企业所有权的分配。投资者通过购买企业的股份，成为企业的股东，从而分享企业的未来收益。股权融资不需要定期支付利息，但投资者会要求一定的管理参与权，这将影响创业者对企业的控制。例如，一家初创科技公司在获得风险投资时，可能会被要求设立董事会席位，让投资者参与重大决策。随着融资轮次的增加，创业者的股权比例会逐渐减少，从而影响其在企业中的决策权。

---

[1] 布鲁斯·巴林格，杜安·爱尔兰. 创业管理：成功创建新企业[M]. 薛红志，等译，北京：机械工业出版社，2009.

在实际运营中，过高的融资成本会削弱企业的盈利能力，甚至阻碍企业的成长。因此，创业企业在融资时需要权衡投资回报与融资成本，寻找一个既能满足资金需求又能保持合理成本的融资方案。例如，一家快速发展的电子商务平台会选择在初期通过股权融资来快速扩张市场。而在市场地位稳固后，它会转向债务融资来降低成本，同时保持对企业的控制权。

8.3.4 创业者对控制权的态度

创业者面需要在"保持对企业的控制权"与"追求企业快速增长和高价值"之间做出权衡。这种选择反映了创业者的个人价值观和对企业未来发展的愿景。

对于那些希望保持对企业完全控制的创业者来说，他们倾向于选择债务融资，因为这种方式不会稀释他们的股权，从而保持对企业的绝对控制。然而，债务融资通常需要定期偿还本金和利息，这会给企业带来财务压力，尤其是在现金流紧张的情况下。相反，那些愿意为了企业的快速成长和潜在的高回报而牺牲一定控制权的创业者，会选择股权融资。通过引入外部投资者，企业可以获得更多的资金和资源，加速发展。但这也意味着创业者需要与投资者分享企业的所有权和决策权，甚至在某些情况下，创业者的角色会从 CEO 转变为顾问或董事会成员。

哈佛大学教授诺姆·沃瑟曼（Noam Wasserman）的研究强调了这种选择的重要性。他指出，创业者在"富翁"和"国王"之间的选择，实际上是在个人财富积累与对企业控制权之间的权衡。例如，一家初创科技公司的创始人选择接受风险投资，以换取资金支持和市场扩张，这会使公司价值大幅提升，但同时也导致创始人在公司中的权力和影响力减弱。另一位创始人更倾向于保持对企业的完全控制，即使公司的成长速度和市场估值可能不如前

扩展阅读 8-1　融资演示的八个技巧

者。最终，做出哪个选择取决于创业者的个人目标和对企业未来的规划。如果创业者的主要目标是实现个人财富最大化，那么成为"富翁"是更好的选择。如果创业者更看重企业的长期发展和个人在企业中的领导地位，那么保持"国王"的角色更符合他们的期望。

8.4　数字金融与创业活动

8.4.1　数字金融对创业活动的支持

大数据、云计算、区块链和人工智能等技术的融合，正在重塑金融业务的运作方式，为创业活动提供了强大的支持。数字金融的发展不仅优化了传统金融服务，还极大地提高了创业主体获取金融服务的便利性和效率，满足了创业者多样化的金融需求。

在宏观层面，数字金融通过提供更加便捷和高效的金融服务，有效激发了区域创业活力。它降低了创业门槛，使得更多的个体和团队能够更容易地启动和扩展他们的商业计划。这种活跃度的提升，有助于形成创新驱动的经济增长模式，促进经济结构的优化升级。在微观层面，数字金融对城乡居民创业的激励作用显著。数字金融作为一种创新的金融服务

模式，不仅补充了传统金融服务的不足，还通过提高服务效率和质量，对高质量创业产生了积极影响。它为创业者提供了更加灵活和个性化的金融解决方案，支持了创新和创业精神，为经济的可持续发展注入了新的活力。

1. 拓宽金融服务的覆盖广度

数字金融通过整合现代科技，特别是互联网和移动通信技术，显著扩展了金融服务的地理和人口覆盖范围，从而提高了创业主体获取金融服务的便利性和可能性。在传统金融体系中，由于物理网点的建设和维护成本较高，金融服务往往难以触及经济欠发达地区，这限制了当地创业者获取资金和支持的机会。然而，数字金融的出现打破了这一局限，无论用户身处何地。它通过在线平台和移动应用，使得金融服务变得触手可及。

这种技术驱动的金融服务模式降低了创业的门槛，使得创业者能够更容易地接触到资金和投资机会。例如，众筹平台允许创业者向广大网络用户展示他们的商业计划，吸引投资者的支持；网络借贷平台则通过匹配投资者和借款人，为创业者提供了一种新的融资途径。这些平台不仅降低了融资成本，还提高了资金的流动性，帮助创业者在关键时刻获得必要的资金支持，减少了因资金链断裂而失败的风险。

数字金融还通过提供定制化的金融产品和服务，满足创业者在不同发展阶段的需求，从而提高创业活动的活跃度。这种支持不仅激励了更多有创业意愿的个体投身创业实践，还有助于推动整个社会的创新和经济发展，特别是在促进高质量创业和实现可持续发展方面发挥了积极作用。

2. 增加金融服务的使用深度

在传统金融体系中，创业者往往面临产品选择有限、服务不够灵活的问题，这限制了他们的多样化金融需求。数字金融通过应用创新技术，如大数据分析、云计算和人工智能，推动了金融服务的创新，提供了包括数字征信、数字信贷、数字投资和数字保险等多种产品和服务。这些创新服务不仅覆盖了企业从创立到成长的各个阶段，还为创业者提供了更加精准和高效的金融解决方案。例如，网络借贷平台能够提供比传统银行更高的信贷额度，同时降低了融资成本，这对于资金需求较大的创业者来说是一个巨大的优势。互联网小额保险则能够根据创业者的具体风险状况定制保险产品，以帮助他们有效管理风险，提高企业的存活率和成功率。

数字金融的这些发展不仅满足了创业者在资金、风险管理等方面的多样化需求，还通过提供更加便捷、灵活的服务降低了创业的门槛，激发了市场活力，促进了创业精神的传播。

3. 提高金融服务的数字化程度

在传统金融模式下，金融服务的提供往往伴随着复杂的流程、高昂的费用和低效的操作，这些问题限制了创业者获取资金和支持的速度与效率。数字金融利用先进的技术手段如移动互联网、大数据分析和区块链技术，实现了服务的快速响应和低成本运作。这种数字化转型使得金融服务更加便捷，创业者可以通过移动设备轻松访问各种金融产品和服务，无须经过烦琐的审批流程。例如，数字信贷服务能够快速评估信用风险并提供贷款，数字支付平台则简化了交易过程，降低了交易成本。这些改进不仅降低了创业者使用金融服务的成本，还提高了资金的流动性，使得创业者能够更灵活地应对市场变化。

此外，数字金融通过大数据和人工智能技术，提高了风险评估的准确性，帮助投资者更有效地识别有潜力的创业项目,实现资金的精准投放。创业者也能够通过数字平台获取实时的市场信息,快速做出创业决策,抓住商机。这种信息的透明化和决策的高效化不仅提高了创业成功率,也为高质量创业提供了有力支持。

4. 数字金融作为一种金融基础设施为创新提供了基础,从而增加了创业机会

数字金融通过技术革新,降低了市场进入壁垒,激发了商业模式的变革,从而为创业者开辟了新的商业领域和增长点。互联网技术的应用,特别是数字金融平台,显著降低了消费者在信息搜寻、评估和交易过程中的成本。这种成本的降低使得消费者能够更便捷地获取商品和服务,同时也为商家提供了新的销售渠道和市场拓展机会。数字金融平台,如支付宝,不仅促进了电子商务的蓬勃发展,还推动了传统商业模式的数字化转型,使得线上线下的融合成为可能。

在数字金融的支持下,新的商业模式不断涌现,如网约车服务、共享单车、农村电商等。这些创新不仅改变了人们的生活方式,也为创业者提供了丰富的创业机会。数字支付技术的普及,使得资金流转更加便捷,为新创企业提供了必要的资金支持,降低了创业门槛,促进了创业活动的繁荣。

数字金融还通过提供数据分析、风险管理等增值服务,帮助创业者更好地理解市场动态,优化运营策略,提高竞争力。这些服务不仅增强了创业项目的成功率,也为整个经济的创新驱动发展注入了新的活力。

8.4.2 数字时代的创业融资方式

1. 网络借贷

网络借贷作为互联网金融领域的一个关键分支,近年来经历了迅猛的增长。它允许借贷双方通过在线平台进行小额、无抵押的贷款交易。这种模式的核心在于网络平台充当中介角色,提供信息交流、信用评估等服务,使得借贷双方能够在虚拟空间中直接对接,完成资金的借贷过程。网络借贷的兴起,实际上是将传统的民间借贷活动与互联网技术相结合,形成一种新型的合法化借贷方式。

网络借贷主要分为两大类:P2P(peer-to-peer)网络借贷和网络小额贷款。P2P网络借贷指个人与个人之间的直接借贷,而网络小额贷款则是由互联网企业通过其旗下的小额贷款公司向个人或小微企业提供的贷款服务。这两种形式都利用了互联网的便捷性和高效性,简化了传统借贷流程,降低了交易成本,提高了资金的流动性。

网络借贷的兴起,不仅为个人和小微企业提供了新的融资渠道,也为投资者提供了多样化的投资选择。它通过技术手段解决了传统金融体系中的信息不对称问题,提高了信用评估的准确性,从而降低了借贷风险。同时,网络借贷的灵活性和便捷性也使得资金能够更快地流向有需求的领域,激发了经济活力,鼓励了创新。

然而,网络借贷也面临着监管挑战,包括风险管理、信息安全和市场透明度等问题。为了确保网络借贷市场的健康发展,国家需要建立健全监管框架,加强对借贷双方的保护,同时提高市场参与者的金融素养,保证资金安全和投资回报。

2. 网络众筹

众筹作为一种创新的融资方式,允许创业者通过互联网向公众展示他们的商业计划,并以捐赠或投资的形式筹集资金（见表 8-2）。这种模式最初主要依赖个人的社交网络来获得资金，但随着时间的推移，它已经发展成为一个更加系统化和专业化的过程，涵盖了从早期捐赠到后期股权融资的多种形式。众筹不仅降低了创业的门槛，还为创业者提供了一种新的资金来源。特别是在创业初期，它可以帮助创业者在没有传统融资渠道的情况下启动项目。

表 8-2 各种众筹方式的特点与优缺点

众筹类型	商业模式	特 点	优 点	缺 点
捐赠	捐赠众筹	投资者对项目或公司进行无偿捐赠	没有风险	捐赠者不要求回报；难以募集大量资本
	回报众筹	投资者对项目或公司进行投资，获得产品或低风险服务	低风险	回报低；产品或服务若没有吸引力，很难募集到资本
投资	股权众筹	投资者对项目或公司进行投资，获得一定比例的股权	能够分享企业未来收益；高回报	高风险，法律不完善
	债权众筹	投资者以债权的形式对项目或公司进行投资，未来获取利息收益并收回本金	利息提前约定；破产时的债权人保护	可能排在其他有限求偿人之后；由于初创企业的高风险，其失败率并不比股权性投资低
	收益性众筹	不常见的众筹模式，项目发起人将某一商品、服务未来销售收入的一定比例作为回报，以吸引众多投资者参与	潜在收益很大，但回报率已根据利率提前确定，风险和收益低于股权众筹，但高于债权众筹	风险与股权投资相当，但收益比它低

资料来源：斯晓夫，吴晓波，陈凌，等．创业管理：理论与实践[M]．杭州：浙江大学出版社，2016.

随着互联网众筹的全球普及，创业者现在有机会接触到更广泛的投资者群体。这不仅为他们的项目提供了资金支持，还带来了国际合作和市场拓展的机会。众筹平台通过展示项目，让创业者以低成本的方式测试市场反应，实现快速试错。这对于创业项目的成长至关重要。

众筹平台的运作模式基于互联网技术，它利用了数字经济的高效、低门槛和开放性特点，为创业者和投资者提供了一个快速匹配需求的平台。在这个平台上，创业者可以详细描述他们的项目，设定筹款目标，并承诺在项目成功后给予投资者一定的回报。投资者则根据自己的偏好和对项目的信心进行投资。众筹平台的多样性吸引了不同背景的创业者和投资者，这直接提高了项目融资的成功率。

总的来说，众筹为创业者提供了一个全新的融资和市场验证平台。它不仅促进了创新创业，还推动了金融资源的更有效分配。通过众筹，创业者能够以更低的成本和更高的效率接触到潜在的投资者，投资者则有机会参与到他们感兴趣的项目中，共同推动创新和经济发展。

3．移动支付

移动支付，作为一种基于移动设备的支付方式，通过无线通信技术如短信、HTTP、WAP 或 NFC 等完成商品和服务的交易，实现了货币价值的转移。这种支付方式的主要特点包括账户管理的便捷性、资金账户的安全性、移动设备的便携性以及服务的综合性。

账户管理的便捷性体现在用户可以随时随地通过移动设备查询账户信息、进行转账和修改密码等操作。资金账户的安全性得益于移动支付采用的智能卡芯片,提供了比传统磁条卡更高的安全级别。移动设备的便携性使得用户可以随时随地完成支付,服务的综合性则意味着移动支付不仅支持电子商务,还能满足日常小额支付和门禁考勤等多种需求。

对于创业企业而言,移动支付带来了显著的积极影响。

(1)它降低了金融交易成本,使得金融服务更加普及。这对于传统金融服务难以覆盖的地区尤为重要。移动支付通过电子货币的形式,简化了支付流程,降低了交易成本,为创业企业提供了更加便捷的融资渠道。

(2)移动支付提高了工商业项目的经营效率。它迎合了现代消费者的支付习惯,同时为商家节省了成本。例如,商家无须投资昂贵的POS机,减少了运营成本。此外,移动支付还通过提高金融服务的可能性,减轻了信贷约束对创业的抑制作用。创业者可以通过移动支付积累信用积分,从而更容易获得小额贷款,降低了创业门槛。

(3)移动支付降低了创业成本,促进了企业创新和家庭主动创业。创业者可以利用电子商务将产品和服务推向全球市场,拓宽客户资源。同时,创业者之间的网络集群效应有助于资源共享和优化配置,进一步推动了创业活动的发展。

综上所述,移动支付作为一种现代支付工具,不仅为消费者带来了便利,也为创业企业提供了新的机遇,降低了创业门槛,提高了经营效率,促进了创新和市场拓展。

京东金融诞生的背后

数字技术时代的到来,使得中国金融科技巨头们纷纷寻求自身的转型升级之路。与背靠阿里巴巴的蚂蚁集团及依靠"微信红包"起家的腾讯金融科技不同,京东科技在电商规模体量较小的前提下,主要专注于为金融机构、商户、企业与政府等提供数字化解决方案。

企业的稳定生长离不开资金流源源不断地循环注入。无论是京东商城,还是商城内的企业商户,都需要大量的资金。京东商城建设物流系统的成本很高,容易导致资金链无法快速转动。此外,京东商城的大部分商户是中小企业,他们更容易出现资金缺口,资金链更容易断裂。当平台商户因资金问题无法持续经营时,必然影响整个供应链的正常运转。资金流关系到京东商城上游商家的经营问题,商户的稳定经营又是京东自身资金流的重要来源。如何保持资金的快速流转,维持资金链的稳定运行呢?

在京东自身业务模式的基础上,经过多次讨论,一个思路逐渐清晰起来。何不利用平台自身的优势,与银行进行合作,共同为平台上的优质商户提供服务呢?京东作为处于供应链核心的大型企业,具有规模优势,供应链上下游商户在交易中产生了大量的应收账款,于是,京东就用这些应收账款为商户盘活资金,逐渐形成了应收账款融资模式。在这种模式下,供应商与京东之间发生的应收账款被存入银行。当京东与供应商达成采购意向时,供应商按照合同规定将货物转移给京东。京东开具收据,供应商根据应收账款入账。供应商随后用应收账款作为抵押,向银行申请贷款。审查相关信息后,银行与供应商签署融资协议并发放贷款。京东集团实施供应链融资在促进自身发展的同时带动了整个供应链的发展,实现了共赢的局面。一方面,企业商户将积压在仓库的存货作为质押标的物,使存货在短时间内变现,从而简化了融资流程;另一方面,金融机构可以利用京东平台,更加有效地实时监控融资企业的业务，降低了其坏账风险。京东集团作为核心企业，实施供应链融资，不仅是京东发展过程中的创新之举，也有利于促进整个集团高质量地发展。

京东金融为京东商城供应链各环节全面提供金融服务。在其所构建的供应链金融生态圈里，主要可以分为 B 端和 C 端两种业务。B 端主要是面向京东商城的供应商和第三方平台的卖家，提供京保贝等服务，其资金主要来源于合作银行与信贷产品打包或资产证券化。C 端则主要面向京东商城消费者，提供京东白条等服务，同时涉及销售理财、众筹等金融服务，从而增强客户依赖度和活跃度。从小贷、众筹到消费金融，从支付到票据，从财富管理到资产证券化，京东金融形成了整体化的生态布局。

资料来源：杨昌辉，崔杨玉，何丽君，等. 京东金融的战略升级之路：从"钱袋子"到"科技平台" [A]. 中国管理案例共享中心案例库，2021.

本章知识要点及关键词

知识要点

1. 创业融资是指创业者为了实现商业创意并推动企业发展，通过精心规划和决策，从不同的资金提供者那里筹集必要的资本。

2. 天使投资是一种早期的、非正式的创业资金支持方式，通常由个人投资者或非正式投资机构提供给具有创新理念的初创企业或项目。

3. 风险投资是一种专门针对具有高成长潜力的初创企业或中小企业的投资方式。

4. 首次公开募股（IPO）是企业将其股份公开发行给公众投资者，并在证券交易所上市的过程。

5. 网络借贷的核心在于网络平台充当中介角色，提供信息交流、信用评估等服务，使得借贷双方能够在虚拟空间中直接对接，完成资金的借贷过程。

6. 众筹作为一种创新的融资方式，允许创业者通过互联网向公众展示他们的商业计划，并以投资或捐赠的形式筹集资金。

7. 移动支付为创业企业提供了新的机遇，降低了创业门槛，提高了经营效率，促进了创新和市场拓展。

8. 数字金融的发展不仅优化了传统金融服务，还极大地提高了创业主体获取金融服务的便利性和效率，满足了创业者多样化的金融需求。

关键词

创业融资　天使投资　首次公开募股　数字金融　网络借贷　众筹

思考题

1. 创业融资的含义是什么？为什么需要进行创业融资？
2. 创业企业如何进行融资？
3. 创业企业融资困难的主要原因有哪些？
4. 选择不同融资方式的影响因素是什么？
5. 天使投资人更加看重哪些方面？
6. 众筹融资有哪些优点和不足？创业者应该如何应对上市融资的风险？

7. 数字技术与金融业务的深度融合为企业创业活动带来了哪些影响？

案例分析：李想的理想

2020年7月30日晚，李想创立的理想汽车在纳斯达克挂牌上市，理想汽车成为继蔚来之后第二家在美国上市的中国新能源车企。公司在首次公开募股和同时进行的私募中总筹资额为14.7亿美元，估值超97亿美元。这是自2018年3月爱奇艺在纳斯达克进行的24亿美元IPO以来，中国在美国的最大一宗IPO。

估值暴涨路径

根据公开数据，理想汽车是李想在2015年7月创立的新能源汽车公司。公司稍早前被命名为"车和家"，注册资本约7.3亿元，李想本人出资约43370.565万元。2016年5月，车和家（理想汽车前身）宣布A轮融资金额约7.8亿元，由利欧股份领投，源码资本、常州武进产业基金、明势资本等机构跟投，此时公司估值为30亿元。2017年9月，理想汽车完成A+轮融资，融资金额为6.2亿元，由利欧股份以自有资金1亿元领投，梅花创投、源码资本、明势资本等机构跟投，此外还包括创始人李想在内的12名投资人共同出资。此次融资以后，利欧股份总共持有理想汽车9.995%的股权，李想在该轮融资后持股降至37.73%。

2017年10月，理想汽车完成Pre-B轮融资，融资金额达数千万元，由Star VC领投，中金甲子、山行资本等机构跟投。

2018年3月，理想汽车完成B轮融资，融资金额为30亿元，由经纬中国和首钢基金旗下新能源基金领投，老股东银泰集团、源码资本、蓝驰创投、明势资本、泛城资本等机构跟投。加上此前的天使轮和A轮融资，理想汽车成立两年半以来共累计获得融资57.55亿元。

2019年8月，理想汽车宣布完成5.3亿美元C轮融资。本轮融资由美团创始人王兴个人以近3亿美元领投，经纬中国、字节跳动等机构跟投，李想个人投资近1亿美元，此时公司估值约为29.3亿美元。

2020年6月，理想汽车完成D轮融资，融资金额为5.5亿美元。其中美团领投5亿美元，李想个人跟投剩余5000万美元中的3000万美元，此时公司估值为40.5亿美元。

2020年7月25日，理想汽车获得了3.8亿美元的战略融资。其中，美团点评投资3亿美元，字节跳动投资3000万美元，王兴个人再次投资理想汽车3000万美元，Kevin Sunny作为理想汽车的老股东投资2000万美元。此次融资以后，美团在理想汽车中持有的股份增至16.1%。

2020年7月30日，理想汽车IPO上市，开盘价为15.5美元，较发行价11.5美元上涨34.78%。截至7月30日收盘，理想汽车市值已接近140亿美元，达139.17亿美元。IPO后李想持股21%，美团创始人王兴个人持股7.9%，美团旗下Inspired Elite持股16.1%。

根据以上数据，理想汽车从2015年创立之后每年都有大额融资，并且花费5年时间成功上市，在汽车行业站稳脚跟。与很多创业企业相比，理想汽车是成功的，毕竟大部分创业企业由于内外部原因都不了了之，像理想汽车这样通过融资获得资金支持，并且在几年时间内上市的创业企业并不多。

连续创业者的反思与进化

理想汽车是李想的第三次创业。草根出身的他，在1999年读高二时辍学创办泡泡网

（数码电子与消费网站），24岁时身家过亿，当年是几百家媒体的拥趸；二次创业时，他用三年时间让汽车之家超越成立8年的易车，为的就是争第一（第一次创业的泡泡网始终是千年老三）。然而，前期坐火箭般顺利、绝对称得上"连续成功创业者"的李想，要在学霸和技术精英云集的互联网战场成为资本宠儿，也并非那么容易。做理想汽车时，他见过百家机构，大多吃了闭门羹。在张颖"找熟人"的提议下，理想汽车在C轮融资时迎来了王兴和张一鸣。如果第一次创业是"互联网为他而生"，那后两次创业，他已习惯了"后来者"的身份。他把创业看作游戏，打完小Boss，希望打更大的Boss。说话简单直白的他多次表达过内心的渴望：打造一个千亿美元公司。做过收入几十亿元、利润10多亿元、市值到过100亿元的公司（虽然汽车之家后期已退出），其他领域的战场尚满足不了他内心的欲望。李想表示，"第三次创业，要在后面加一个零"。

经过前两次创业，李想充分意识到了现金流的重要性。融资不在第一梯队对李想来说一直是个坎儿，而把控自己"孩子"的经营及销售状况早已成为他的基因，原因之一是他吃过亏。"当初汽车之家发展得越好，现金流越差。因为我们做的是广告业务，广告有3个月的账期。汽车厂商遇到了经济危机，拖欠广告费，我们的现金流很紧张。"2020年的前四个月，理想ONE销量7000辆，占据所谓"插电式混动汽车"细分行业销量榜的第9名，而真正让大家看起来不揪心的，应该还是理想汽车"3月的现金流为正"。

资料来源：李巍，吴朝彦.创业基础[M].数字教材版.北京：中国人民大学出版社，2021：195-197.

思考题：

1. 在理想汽车的成长过程中，主要依赖的融资渠道和融资方式有哪些？为什么李想会做这样的选择？

2. 从理想汽车估值暴涨的过程看，风险投资与创业企业成长之间存在怎样的互动？

3. 从李想吃投资机构的"闭门羹"到受资本市场的青睐，创业企业如何与投资者建立有效关系，以突破融资困境？

4. 结合案例资料，如何理解数字经济时代创业融资的多种形式及渠道？如何正确认识数字金融背景下的融资工具，如何培养面向新时代的创业者？

创业融资分析

选择一家成功的企业，最好是在你所关注的行业或领域内具有代表性的企业。通过公开渠道搜集企业的发展历程，这包括其成立背景、主要里程碑事件、市场扩张等。同时，深入研究企业的融资历史，包括融资轮次、融资金额、投资方等信息。

1. 厘清公司的股权结构和融资方式

分析企业的股权结构，了解创始人、早期员工、投资者等各方的持股比例。确定企业在不同发展阶段所采用的融资方式，如天使投资、风险投资（VC）、私募股权（PE）、债务融资等，计算各类融资方式在总融资额中的比重。

2. 按阶段划分创业融资过程并分析六要素

将企业的发展历程分为几个关键阶段，如种子期、成长期、扩张期等。在每个阶段，分析以下六要素。

（1）市场机会：企业如何识别和利用市场机会。
（2）团队能力：创始团队的专业背景、经验和执行力。
（3）产品或服务：产品或服务的创新性、市场需求和竞争力。
（4）商业模式：企业的盈利模式、成本结构和收入来源。
（5）财务状况：企业的财务健康状况，包括现金流、盈利能力和财务预测。
（6）投资者关系：企业如何与投资者沟通、合作以及维护良好的关系。

3. 创始人引入创业投资的原因及考虑因素

创始人引入创业投资可能是为了加速产品开发、市场扩张、技术升级或团队建设。

在接受投资时，创业者应考虑投资者的行业经验、资源网络、资金实力、投资条款（如估值、股权比例、对赌协议等），以及投资者对企业未来发展的影响。

4. 创业者与投资人关系的处理

创业者应建立定期沟通机制，确保投资人了解企业的新动态和挑战。

通过建立信任和尊重，创业者可以与投资人形成长期合作关系，共同推动企业成长。

思考题：请根据实际情况调整这个框架，并进行深入研究以获得更准确的分析结果。

第 9 章

新创企业成长管理

【学习目标】

知识目标：能够表述新企业的创建流程；能够准确辨析各种企业组织形式的优劣势；能够理解企业名称设计的意义；能够掌握创业企业成长的基本规律；能够理解创业初期的战略管理；能够识别创业失败管理的价值。

能力目标：能够制定合理的战略决策，指导企业应对挑战，提升决策制定能力；能够深入分析创业失败的原因，从中提取有价值的经验和教训，提升案例分析能力；注重长期与短期目标的平衡以及经济效益与社会责任的协调，形成平衡发展观；培养危机管理意识，学会在面对市场变化和潜在风险时采取有效措施。

素质目标：以发展和动态的视角分析创业和企业管理问题；树立强烈的社会责任感，认识到创业和企业管理是服务社会、创造社会福祉和推动经济发展的重要途径；培养创新思维，鼓励在创业和企业管理实践中不断探索新方法、新模式以适应不断变化的市场环境；将奉献社会作为创业和企业管理的核心价值，通过实际行动实现个人价值与社会价值的统一。

君安公司到底谁说了算

大连凭借丰富的林木资源和优越的航运区位，其木质医疗器具的进出口贸易繁荣兴旺。2017 年初，行业巨头瑞光公司资金链断裂，大量日本订单无法满足。此时，曾与瑞光合作的林帆被日方联络人韩婷找到，询问他是否有意向接下订单。林帆分析了市场稳定的需求和此类小器具起步容易、资金回笼快的特点，决定辞职创业。但他和韩婷都缺乏经营和创业经验，于是邀请了经济实力雄厚、经营风投公司的周天誉。然而，创业的道路并非一帆风顺，林帆和他的合作伙伴们面临着诸多挑战。

2017 年 3 月，三人聚首大连商议公司组建事宜。对是否直接引进生产线建厂房，三人意见不一。最终，林帆同意了周天誉的建议，并确定由林帆注资 80 万元、周天誉和韩婷各出 60 万元建立公司。周天誉提议自己担任董事长，林帆虽然有些犹豫，但最终也同意了。公司筹备并不顺利，林帆计划找熟人收购二手机床投产，再购买全新消毒设备平衡初期投入。然而，周天誉直接订购了整条进口生产线，增加了公司预算压力。为此，林帆不得不放弃产业园区，租用偏远的工厂。这还不算，周天誉对公司的经营事无巨细都要过问，这让林帆倍感压力。

林帆在签财务报表时发现,周天誉 8 月的差旅费高达 15000 多元,远超正常标准。他认为不能开奢侈浪费的头,坚持自己的原则只报销了 5000 元。周天誉对此非常不满,认为自己为公司付出很多却受到这样的计较,径直挂了电话。此前,林帆觉得只要是为公司好的事他都心甘情愿,出差用度能省则省,也从没想过要公司报销。经过这回,他醒悟到还是要公私分明的好。林帆觉得月薪 8000 元与自己的工作量不对等,决定下个月给自己开一万元工资。周天誉的助理来电说,涨工资需要董事会投票,这让林帆感到疑惑和不安。更让林帆别扭的是,周天誉不似以往主动联系自己了,事情都经由他的助理间接沟通。回想起章程上写着董事会表决需全体董事三分之二以上通过且董事长有一票否决权。林帆愣怔地看着当初签下的字:万一日后他们联合起来把自己这个总经理给撤了,那岂不是连公司都没了……

另一边,韩婷感到自己的意见总是被忽视。先是提案被林帆否决,后是她想推荐一个朋友到公司担任财务,也遭到了周天誉的反对。韩婷倍感挫败,决定退股。林帆念及韩婷的贡献,劝她留下。经过协商,韩婷全权负责采购事宜。但原材料采购成本一直居高不下,查询往来账单后,林帆发现韩婷一直收受供应商的回扣。于是,林帆拿着资料找韩婷商议,打算以原价收购她的全部股份。周天誉得知此事后,想要平分韩婷的股份。林帆提出今后按股份决议才同意平分;周天誉则提出 2018 年前君安实现盈利且任命新的副总。最终,两人意见达成一致。林帆觉得自己终于可以安心地搞生产、经营事业了。

此后,公司慢慢走上正轨。林帆干劲十足,每天忙着谈订单、见客户。他从德国引进了附加值更高的新业务,打算推广到日本市场,需要大量资金支持,林帆希望周天誉增资,没想到郭助理来电说:"林总,我们需要了解新项目为什么乐观估计,什么时候实现净利润,您出个分析报告后我们再商定。对于本轮增资,我们要实行总经理绩效考核制度,根据业绩签订对赌协议。"

林帆挂了电话后,疲惫地坐在椅子上,心想自己倾注所有积蓄投入公司,把君安当孩子悉心培养,希望能做成一生的事业,而周天誉却把公司当成摇钱树,紧盯着股份和利润。君安下一步怎么走?今后的发展何去何从?林帆心里没了把握……

资料来源:朱方伟, 姜孟彤, 于淼, 等. 创业企业控制权:君安公司到底谁说了算[A]. 中国管理案例共享中心案例库, 2018.

9.1 成立新企业

新企业的创建流程涉及一系列关键步骤,这些步骤的有效推动对于企业顺利启动和长期发展至关重要。首先,确定企业组织形式。创业者需要根据企业的规模、业务性质、税收考虑和法律责任等因素,选择合适的企业组织形式,如个体经营、合伙企业、有限责任公司或股份有限公司等。其次,设计企业及产品名称。企业名称和产品名称的设计需要反映企业的品牌形象与市场定位,同时确保名称的独特性和可识别性,避免与现有品牌产生混淆。再次,选址决策。企业选址应考虑多种因素,包括目标市场的可进入性、成本效益、供应链便利性、人才资源以及当地的商业环境和政策支持。最后,企业注册成立。完成企业注册是正式开展业务的前提,包括提交必要的法律文件、获取营业执照、税务登记等,以此确保企业合法经营(见图 9-1)。

图 9-1 新企业的创建流程[1]

9.1.1 企业组织形式

1. 组织形式的类型

企业组织形式指的是企业在法律上定义的所有权结构和责任分配方式,它决定了企业的运营模式、税务处理以及对债务的责任范围。创业者在创办企业之前,必须明确选择适当的组织形式。

独资企业是由单一自然人拥有和运营的企业。在这种形式下,企业主对企业的债务承担无限责任,意味着如果企业负债,企业主的个人资产需要用来偿还债务。独资企业结构简单,适合小规模和初创企业,例如个体经营的零售店或咨询服务。

合伙企业是由两个或多个合伙人共同拥有的企业。合伙人共同出资、共同决策并分享利润。合伙企业分为普通合伙和有限合伙。在普通合伙中,所有合伙人对企业的债务承担无限责任;在有限合伙中,有限合伙人的责任限于其投资额,普通合伙人则承担无限责任。

公司企业是一种具有独立法人地位的企业形式,其资产、负债和所有权与股东的个人财产是分开的。公司企业包括有限责任公司和股份有限公司。在有限责任公司中,股东的责任限于其投资额;在股份有限公司中,股东的责任限于其持有的股份。公司企业适合规模较大、需要吸引外部投资的企业,例如大型制造企业或上市公司。

创业者应根据自身的业务规模、资金需求、风险承受能力以及对企业控制权的需求,选择正确的企业组织形式。

2. 组织形式的特点

不同企业组织形式存在组织性、系统性上的差异,在组织特征上也会存在各自的优劣势,见表 9-1。

表 9-1 各种企业组织形式的优劣势对比[2]

组织形式	优势	劣势
独资企业	手续非常简便,费用低	承担无限责任
	所有者拥有企业控制权	企业成功过多地依赖创业者的个人能力
	可以迅速对市场变化做出反应	筹资困难
	只需缴纳个人所得税,无须双重课税	企业随着创业者的退出而消亡,寿命有限
	在技术和经营方面易于保密	投资的流动性低
合伙企业	手续比较简单,费用低	承担无限责任
	经营上比较灵活	企业绩效依赖合伙人能力,企业规模受限
	企业拥有更多的人力资本资金	企业往往因关键合伙人退出或死亡而解散
	资金来源较广,信用度较高	投资流动性低,产权转让困难

---

[1] 刘志阳,林嵩,路江涌. 创新创业基础[M]. 北京:机械工业出版社,2021:180.
[2] 李家华,张玉利,雷家骕. 创业基础[M]. 3 版. 北京:清华大学出版社,2023:215-216.

续表

组织形式	优 势	劣 势
有限责任公司	创业股东只承担有限责任，风险小	创立的程序比较复杂，创立费用较高
	公司具有独立寿命，易于存续	存在双重纳税问题，税收负担较重
	可以吸纳多个投资人，促进资本集中	不能公开发行股票，筹集资金的规模受限
	多元化产权结构有利于决策科学化	产权不能充分流动，资产运作受限
股份有限公司	创业股东只承担有限责任，风险小	创立的程序复杂，创立费用高
	筹资能力强	存在双重纳税问题，税收负担较重
	公司具有独立寿命，易于存续	要定期报告公司的财务状况
	职业经理人进行管理，管理水平高	公开自己的财务数据，不便于严格保密
	产权可以以股票的形式进行充分流动	政府限制多，法律的要求比较严格

3. 组织形式的选择

确定企业组织形式时，创业者或创业团队需综合考虑以下四个关键因素。

（1）创业人数与资金规模。创业团队的规模直接影响组织形式的选择。对于单一创业者，个人独资企业或一人有限责任公司（如一人有限公司）是常见的选择，因为这些形式简单、灵活，且便于个人全权控制。对于拥有多个合伙人的团队，合伙企业或有限责任公司更为合适，因为它们允许多人共同承担风险和责任，同时提供一定的法律保护。资金数量决定了企业能够承担的运营成本和扩张速度。在资金充足的情况下，公司制（如股份有限公司）是理想的选择，因为它可以吸引外部投资，提供有限责任保护，并有助于企业的长期发展。相反，如果资金有限，个人独资企业或合伙企业更合适，因为它们的设立和运营成本较低，且在初期可以更灵活地调整经营策略。

（2）创业者及创业团队成员经验。创业者和团队成员的专业背景、行业知识和管理经验是选择企业组织形式时考量的重要因素。如果创业者或团队成员拥有丰富的行业经验、管理知识和创业背景，他们更有可能选择公司制，如有限责任公司或股份有限公司。这种组织形式提供了更为规范的管理和决策结构，有助于吸引投资者，实现规模化发展。对于缺乏经验的创业者或团队，选择个人独资企业、合伙企业或一人公司更为合适。这些形式相对简单，管理复杂性较低，允许团队在实践中学习和成长。这些组织形式也便于团队成员之间建立紧密的合作关系，共同应对创业过程中的挑战。

（3）企业税收负担。在欧美国家，税收是创业企业选择组织形式时的关键考量因素。然而，在我国，由于各级政府已经推出了鼓励和支持创业活动的税费优惠或减免政策，税收负担在创业者或创业团队成立企业时并非首要考虑因素。然而，税收在创业企业选择组织形式上仍然起到重要的作用。根据我国税法规定，不同组织形式的企业在增值税等流转税的税负待遇是一样的，但在所得税上却存在明显的差异。

（4）所在行业特点。行业特点对创业企业的组织形式选择具有重要影响。行业规模、市场集中度、企业数量以及行业内的竞争状况等因素都会影响创业者的决策。在那些适合大规模经营且市场集中度较高的行业中，如机械制造、贸易加工和技术开发，企业往往需要更多的资本投入和形成复杂的管理结构来维持运营。在这种情况下，合伙企业和公司制（如有限责任公司或股份有限公司）是更合适的选择，因为它们能够提供更强的资本筹集能力和更规范的管理框架。对于行业分散、企业规模较小或产品服务同质化程度较高的领域，如家政服务和教育咨询，个人独资企业或一人有限责任公司更加合适。这些组织形式简化了管理流程，降低了运营成本，同时保持了对业务的直接控制，适合提供小规模和个性化服务的企业。

9.1.2 企业和产品的名称设计

一个具有吸引力和深层含义的名称能够有效地抓住潜在客户的注意力，并传递出企业的核心价值观和文化理念。这对于提升品牌认知度和声誉具有显著作用。一个好的企业名称应该简洁易记，同时能够反映出企业的业务方向和市场定位。它应该能够在消费者心中留下深刻印象，帮助建立品牌忠诚度，并在众多竞争者中脱颖而出。因此，企业及产品名称的设计是一门艺术。精心设计的名称，不仅能够传递出独特的品牌故事，还能够激发消费者的好奇心和购买欲望，从而让企业在激烈的市场竞争中占据有利位置。

1. 企业名称设计的意义

传递企业价值观。企业名称承载着企业的核心价值观和理念，它能够帮助消费者快速理解企业的定位和追求。一个富有内涵的名称能够激发消费者的认同感，建立起品牌与消费者之间的情感联系。

塑造品牌形象。企业名称是品牌个性的直接体现，它能够帮助品牌在竞争激烈的市场中脱颖而出。一个独特且富有吸引力的名称能够让消费者对品牌产生好奇，从而促进品牌的认知和记忆。

便于传播和记忆。一个简洁、朗朗上口的企业名称更容易在消费者之间口口相传，有助于品牌的自然传播。同时，易于记忆的名称也便于企业在各种营销活动中使用，提高品牌在消费者心中的可见度。

2. 产品名称设计的意义

突出产品特点。产品名称作为消费者接触产品的第一步，需要清晰地反映产品的主要功能和卖点。一个精准的产品名称能够帮助消费者迅速识别产品的独特之处，理解其提供的价值。

激发消费者的购买欲望。产品名称中蕴含的情感和寓意能够触动消费者的情感，影响他们的购买决策。一个富有吸引力的名称能够唤起消费者的好奇心，激发他们对产品的兴趣，从而促进销售。

促进口碑传播。一个易于传播和记忆的产品名称有助于在消费者群体中形成良好的口碑。这样的名称不仅便于口口相传，还能够在社交媒体和网络环境中迅速扩散，提高产品的市场影响力。

3. 名称设计的原则

尽可能选取低频词。根据联想理论，低频词能够减少消费者记忆中其他概念的干扰，使消费者更容易形成对企业的特定印象。例如，苹果公司（Apple Inc.）的名称就是一个低频词，它在消费者心中形成了独特的品牌形象，与创新和科技紧密相连。

与企业风格、产品属性适度相关。名称应与企业的定位和产品特性保持一致，以便消费者能够快速理解企业的业务范围和产品特点。例如，宜家（IKEA）的名称简洁明了，与其提供现代、经济实惠家具的品牌形象相契合。

传递与企业相关的特定暗示。名称中蕴含的积极暗示可以激发消费者的正面情感。例如，星巴克（Starbucks）的名称源自《白鲸记》中的角色，传递出一种探险和发现的积极形象，这与其提供独特咖啡体验的品牌定位相呼应。

简洁、易读、易记。一个好的名称应该简单、易懂，便于消费者记忆和传播。例如，谷歌（Google）的名称来源于数学术语"googol"，代表巨大的数字，象征着公司在互联网信息检索方面的雄心和能力。

华为的品牌命名与文化自信

华为自研操作系统命名为"鸿蒙"，手机芯片为"麒麟"，PC处理器芯为"鲲鹏"，人工智能芯片为"昇腾"，路由器芯片为"凌霄"。华为还注册了"朱雀""玄机""海蓝兽""紫薇星""狻身"等商标，均来自《山海经》中的神兽。这些商标服务于华为的驱动、操作系统软件、云计算、信息技术咨询、数据恢复、技术研究等相关产品。网友认为，华为的命名体现了汉语的魅力，寓意深远。如"鸿蒙"在传统文化中与宇宙出现紧密相关，寓意盘古开天地。华为把神话元素或历史人物应用到现代科技命名上的做法，是"让传说变成现实，化腐朽为神奇，延续先贤的智慧，这是中国人一听就懂的文化血脉，浪漫了千年"。

然而，我们关注到现实生活中存在一种现象，即国内品牌倾向于采用洋名字。部分品牌这样做是为了更好地进入国际市场，另一些品牌则纯粹是为了伪装成高端形象，以假洋品牌的名义欺骗消费者。这种现象与部分企业的诚信缺失以及消费者对洋品牌的盲目崇拜有关，但从根本上反映了我国在某一时期国货品牌的不自信心态。在过去的一段时间里，洋货被视为高端商品，备受中国市场青睐。国内产品因缺乏技术和创新，山寨品盛行。然而，随着时代的发展，现状已发生巨变。如今，国货品牌越来越注重创新和质量，逐渐成为消费者的"首选"和"优选"。许多新兴国货品牌和产品正在全球范围内持续输出，充分展现了"国货之光"的影响力。

资料来源：华为把整本《山海经》都注册了？网友：好浪漫！，新华社新媒体，2019-05-26。

9.1.3 企业选址

选址直接关系到初创企业的运营效率、成本控制以及市场竞争力。一个合适的选址可以帮助企业优化物流，降低运营成本，并有效地接触到目标市场。相反，一个不恰当的选址可能会导致企业面临高昂的运营成本，增加管理复杂性，甚至可能需要额外的资源投入来纠正这一错误。因此，初创企业在选址时需要综合考虑多种因素，如地理位置、交通便利性、租金成本、劳动力资源、供应链状况以及当地政策支持等。

1. 企业选址的内容

在新企业的注册和经营地点选择过程中，创业者或团队需要综合评估以下两个关键方面。

（1）地区选择：这涉及对国家或城市层面的宏观考量。创业者需要考虑目标地区的经济发展水平、技术创新能力、文化氛围、政治稳定性等因素。例如，国际品牌如肯德基在进入中国市场时，会仔细分析各个城市的人口规模、消费习惯、政治和经济环境，以及城市的影响力，以确定最佳的市场切入点。北京、上海、广州等一线城市因其庞大的市场规模和消费潜力，往往成为首选。

（2）具体地址选择：这涉及对具体地点的微观分析。创业者需要关注交通便捷性、周边生产条件、物业状况、租金成本、目标消费群体、社区环境以及商业竞争状况等因素。例如，家乐福在选址时会优先考虑位于交通要道的十字路口，这样的位置有利于吸引顾客流量，提高品牌曝光度。

2. 企业选址的影响因素

创业企业的选址是一个复杂的决策过程，需要对多种内外部因素进行综合考量。

（1）经济因素。经济环境包括产业集聚、市场潜力和商圈发展。企业应考虑行业集群的优势，以便资源共享和信息交流，同时评估竞争环境，选择有利于企业成长和市场拓展的区域。处于行业集群地带有利于增强企业实力，优化资源配置，并迅速跟随产业集群的发展步伐。创业企业可以选择同行密集区域以形成集聚效应，如建材市场和小商品市场，或选择竞争程度较低的地区以形成互补效应。

（2）技术因素。对于科技型企业，靠近技术中心、大学或研究机构可以为其提供技术支持和创新资源。初创企业应考虑这些因素，以便利用外部技术资源，保持技术领先。

（3）政治因素。政府在创业企业选址过程中发挥着至关重要的外部作用。政治因素主要表现在政府政策以及地方政府对创业活动的扶持与激励情况。若创业企业的业务范畴和发展方向与政府政策及规划相契合，将有利于其在发展空间上获得优势。

（4）社会和文化因素。不同地区的居民生活方式、消费习惯和文化背景差异显著。创业企业应根据业务特点和目标市场，考虑这些因素，以确保业务模式和社会文化相契合。

（5）自然因素。自然环境对某些行业尤为重要，如制造业、农业等。企业在选址时应考虑气候条件、水资源、地质状况和能源供应等因素，确保这些自然条件支持企业的运营需求。水资源短缺的地区不适合设立用水量较大的企业，电力供应紧张的区域不适合发展电镀、冶金等高耗电产业。

3. 企业选址的步骤

企业选址是一个系统的过程，创新企业可以遵循以下步骤进行选址决策。

（1）数据搜集与分析。企业需要收集目标区域的关键经济和人口数据，如人口分布、产业布局、交通网络等，以便了解市场潜力和潜在客户基础。例如，一家科技初创公司可能会关注区域内的高科技园区、大学和研究机构的分布情况。

（2）初步地域划分。基于数据分析结果，企业可以划分出几个潜在的选址区域，并根据资源获取能力、地理位置便利性等因素进行初步筛选。例如，一家连锁咖啡店会优先考虑人流量大、交通便利的商业区。

（3）经营环境评估。初步选址后，企业需要深入了解这些区域的经营环境，包括人才资源、交通状况、产业集聚度等。例如，一家制造企业会评估区域内的供应链配套情况和物流成本。

（4）确定要素集聚点。企业应寻找那些能够满足关键经营要素的地点，如零售业需要考虑人流、交通和商圈的集中度。例如，一家新开的购物中心会选择位于城市交通枢纽附近,以吸引更多的顾客。

(5)竞争分析。企业还需要评估与现有竞争对手的选址的重叠程度,以避免直接竞争。例如,一家新餐厅会避免在已有多家同类餐厅的区域开设,以减少竞争压力。

通过这些步骤,初创企业可以更加科学和系统地进行选址,确保所选地点能够支持企业长期发展目标的实现,同时优化运营效率和提升市场竞争力。

9.1.4 企业注册成立

企业注册成立是一个涉及多个步骤的法定程序,以确保企业合法经营。

(1)核准企业名称。创业者需要确定企业的名称,并填写《名称(变更)预先核准申请书》,同时准备必要的文件和资料。这些资料包括企业名称、经营范围、注册资本等信息。提交申请后,如果名称符合规定,工商局会发放《企业名称预先核准通知书》。如果名称未被核准,创业者需要根据反馈,调整名称并重新申请。

(2)提交相关材料。在名称核准后,创业者需要准备《公司登记(备案)申请书》及其他相关文件,如股东会决议、公司章程等,并提交给工商局。如果企业经营范围涉及特殊行业,还需要办理前置审批手续。此外,创业者需要在指定银行开设入资专户,并完成入资手续。对于非货币出资,还需进行资产评估和财产转移手续。提交的材料齐全且符合法定要求后,工商局会发放《准予设立登记通知书》。

(3)领取执照。根据《准予设立登记通知书》上指定的日期,创业者需携带通知书和身份证原件到工商局缴纳相关费用,并领取营业执照的正本和副本。营业执照是企业合法经营的法定凭证。

(4)办理刻章等事项。拿到营业执照后,创业者需要到公安局备案的刻章公司制作公司公章、财务章、合同章、法定代表人印章等。这些印章在企业的日常运营中具有法律效力,用于合同签订、财务往来等重要事务。

瑞幸咖啡的选址策略

在瑞幸咖啡的发展历程中,其选址策略经历了几个关键阶段。这些策略帮助瑞幸在竞争激烈的咖啡市场中迅速扩张并取得了显著的市场地位。

在 2017 年成立之初,瑞幸咖啡就明确了其目标客户群体——年轻的都市白领。为了满足这一群体的需求,瑞幸咖啡的选址策略主要集中在商务写字楼、高校和年轻人聚集的生活区域。这种策略的背后是瑞幸咖啡对市场趋势的深刻洞察:年轻人追求便捷、快速的生活节奏,以及对咖啡品质和价格的敏感性。

2018 年,瑞幸咖啡通过大数据分析,结合人工实地考察,制定了选址规划。公司利用市场研究和大数据分析,搜集了城市人口、人流量、交通情况、竞争对手数量、消费群体偏好等信息,以确保选址的科学性和有效性。例如,瑞幸咖啡在一线城市如北京、上海的选址,往往会优先考虑写字楼一楼的商铺,因为这些地方人流量大,且租金相对较低,能够高效实现线下流量变现。

到了 2020 年,瑞幸咖啡在经历了财务造假事件后,其选址策略进行了调整。公司暂停了高速扩张战略,转而聚焦于精细化运营。在这一时期,瑞幸咖啡的新开直营门店优先选在年轻人聚集的生活、工作和学习区域，以满足客户"5 分钟"咖啡便利的需求。这一策略的调整，使得瑞幸咖啡在疫情防控期间依然能够保持增长。这是因为其门店多位于写字楼和高校等相对封闭的场景中，这些地方在疫情防控期间能够正常运营。

瑞幸咖啡的选址策略还体现在其对上游供应链的布局上。2021 年，瑞幸咖啡在福建建立了自动化咖啡烘焙基地，这不仅提升了咖啡豆的加工能力，也为选址策略提供了支持。通过与优质供应商的合作，瑞幸咖啡能够确保产品质量，同时也为其门店选址提供了更多的灵活性。

总的来说，瑞幸咖啡的选址策略是一个动态调整的过程，它根据市场变化、消费者需求和公司战略进行优化。通过精准的市场定位和大数据分析，瑞幸咖啡成功地在咖啡市场中找到了自己的一席之地。

资料来源：根据网络公开资料编写。

9.2　新创企业成长管理

9.2.1　创业企业成长的基本规律

1. 创业企业成长的基本阶段

（1）种子阶段：即创业的起始阶段，核心任务在于验证创新理念及商业模型的可行性。在这个阶段，创业者需要进行市场调研，测试产品原型，组建核心团队，并建立初步的组织结构。例如，一家初创的科技企业会在这个阶段开发一个最小可行产品（MVP），并通过用户反馈来调整产品特性。

（2）初创阶段：企业开始运营并逐步实现盈利。这个阶段的重点是扩大规模，建立销售渠道，拓展市场，并招募关键人才以支持业务增长。例如，一家新兴的在线教育平台会在这个阶段建立在线课程体系，并通过社交媒体和合作伙伴关系来吸引学生。

（3）成长期：企业已经在市场上有了一定的存在感，开始寻求进一步的增长。创业者需要关注市场份额的增长，提升产品和服务质量，塑造品牌形象，并探索新的市场机会。例如，一家成功的电子商务公司会在这个阶段推出新的产品线，或进入国际市场。

（4）成熟期：企业已经在市场上有了稳固的地位，拥有稳定的收入来源。在这个阶段，创业者需要提高盈利能力，优化运营效率，并寻找新的增长点。例如，一家成熟的软件公司会通过并购来扩大市场份额，或开发新的技术来保持竞争力。

（5）衰退期：在这个阶段，企业会面临市场竞争加剧、市场份额下降和收入减少等问题。创业者需要采取措施来应对这些挑战，如调整战略、降低成本、开发新产品或服务。例如，一家面临激烈竞争的电子产品制造商，会为转型提供定制化解决方案的企业，以满足特定客户群体的需求。

在每个阶段，创业者都需要灵活应对市场变化，不断调整策略，以确保企业的持续发展。

2. 创业企业成长的动因

（1）梦想的力量。梦想是创业者内心深处的驱动力，它激励着创业者不断追求目标并克服困难。例如，马云的阿里巴巴集团，其梦想是"让天下没有难做的生意"，这一愿景不仅激励了马云和他的团队，也吸引了无数的消费者和投资者，最终将阿里巴巴打造成全球领先的电子商务平台。

（2）创新的动力。创新是企业在竞争中保持领先地位的关键。创业者通过不断探索新技术、新方法，创造出独特的产品和服务。华为公司通过不断的技术创新，特别是在5G通信技术领域的突破，不仅在国内市场占据领先地位，也在全球范围内树立了中国企业的创新形象。

（3）团队的支持。一个强大的团队是企业成功的关键。团队成员的专业技能、协作精神和共同价值观，对于实现企业愿景至关重要。字节跳动的快速成长就得益于其强大的团队支持。公司创始人张一鸣和他的团队共同致力于开发创新的互联网产品，如抖音（TikTok的中国版）和今日头条，这些产品在全球范围内都取得了巨大成功。

（4）市场的机会。创业者需要敏锐地识别并抓住市场变化带来的机遇。在智能手机市场竞争激烈的情况下，小米凭借对市场的敏锐洞察，推出了性价比高的产品，迅速占领了市场份额，并在智能家居、物联网等领域不断拓展，实现了企业的多元化发展。

这些中国企业的成功案例展示了梦想、创新、团队和市场机遇对于创业企业成长的重要性。通过坚持梦想、持续创新、构建优秀团队以及敏锐把握市场机遇，这些企业不仅实现了自身的快速成长，也为中国经济的发展做出了重要贡献。

3. 创业企业成长的挑战

（1）管理能力的制约。创业者在企业初创阶段往往需要亲力亲为，参与到每一个决策和运营细节中。然而，随着企业规模的增长，日常运营的复杂性增加，创业者需要逐渐从这些具体事务中抽身，将精力集中在企业的长远发展和战略规划上。这意味着创业者需要学会如何制定和实施长期目标，以及通过战略决策来引导企业走向成功。随着企业规模的扩大，团队成员的数量和多样性也会增加。创业者需要培养和选拔一支高效的管理团队，这些团队成员不仅要具备专业技能，还要有良好的领导力和团队协作能力。

（2）市场容量的限制。企业在初期可能面临市场饱和或竞争激烈的问题。例如，共享单车行业在2016年左右迎来了爆发式增长，各大企业纷纷涌入市场，希望通过快速扩张来抢占市场份额。然而，随着市场参与者的增多，共享单车的数量迅速超过了实际需求，导致市场饱和。这种饱和状态使得企业之间的竞争变得异常激烈，价格战、补贴战等恶性竞争行为层出不穷，最终导致资源的浪费和部分企业的退出。面对市场饱和，共享单车企业不得不寻找新的增长点。摩拜单车在国内市场竞争激烈的情况下，开始尝试进入国际市场，如新加坡、英国等地，以寻求新的增长空间。同时，一些企业也开始尝试提供电动共享单车服务，以满足不同用户的需求。

（3）资金筹集的难题。初创企业在没有稳定收入的情况下，很难从传统金融机构获得贷款。为解决此问题，企业家需展示企业的发展潜力和盈利能力，探索多样化的融资途径，如风险投资和政府补助。

（4）规划能力的缺失。规划能力帮助创业者明确目标，优化资源配置，并在激烈的市场竞争中保持清晰的方向。缺乏有效规划的企业可能会在快速变化的市场环境中迷失方向，错失发展机遇。例如，华为是一家全球领先的通信设备和智能终端制造商，其成功在很大程度上归功于其出色的规划能力。在公司成立初期，华为就明确了"聚焦主业，持续创新"的发展战略。这一战略指导华为专注于通信技术的研发。即使在面临国际市场的竞争压力时,华为也坚持投入巨资进行研发,以保持技术领先地位。华为的规划能力还体现在其对市场趋势的敏锐洞察上。在智能手机市场兴起之初,华为迅速调整战略,将智能手机业务作为新的增长点。通过不断的技术创新和市场拓展,华为成功地发展为全球智能手机领先的品牌之一。

(5)角色转换的滞后。在企业成长的过程中,创业者的角色转换是一个关键的转折点,它要求创业者从最初的执行者和决策者转变为领导者和战略规划者。这种转变对于企业的持续发展至关重要,但同时也充满了挑战。随着企业规模的扩大,创业者需要从日常运营中抽身,专注于战略规划和团队建设。这要求创业者必须学会放权,将更多的决策权和责任交给团队成员,同时建立信任,确保团队能够独立有效地运作。角色转换的挑战主要体现在心理适应和技能提升上。创业者需要克服对失去控制的恐惧,学会信任团队,同时也需要提升自己的领导力和战略思维能力。

9.2.2 创业初期战略管理

企业战略管理是确保企业在复杂多变的市场环境中保持竞争力和持续发展的关键影响因素。对于新企业来说,有效的战略管理更是其快速成长和在市场立足的基石。

1. 三个层次

科学划分企业战略层级是确保企业在不同层面有效运作和实现长期目标的关键。企业战略的三个层级相互关联,共同构成了企业战略管理的完整框架。

(1)公司战略,亦称为总体战略。公司战略是企业战略的最高层级,它影响着企业的长远发展方向和整体资源配置。这一战略需要企业领导者考虑市场趋势、行业动态以及企业自身的核心竞争力,以制定出能够支持企业长期目标的决策。例如,华为在全球化战略中,通过在世界各地设立研发中心,不仅能够利用当地人才和技术资源,还能够更好地适应不同市场的需求,从而在全球通信设备市场中保持领先地位。

(2)业务战略,或称竞争战略。作为二级战略,业务战略关注企业在特定业务领域的竞争策略,包括产品开发、市场定位和客户服务等方面。这一战略要求企业在公司战略的指导下,针对具体的业务单元制订详细的行动计划。以小米为例,其业务战略包括在智能手机市场推出高性价比的产品,同时通过互联网营销和粉丝经济来建立品牌忠诚度。这些策略帮助小米在竞争激烈的手机市场中快速成长。

(3)职能战略,又称职能层战略。作为三级战略,职能战略是企业内部各职能部门的战略规划,它支持公司战略和业务战略的实施。这些战略涉及人力资源管理、财务管理、供应链管理等,确保企业的日常运营高效有序。例如,阿里巴巴集团的职能战略之一是建立强大的物流网络,通过菜鸟物流来提高配送效率,降低成本,从而支持其电子商务业务的快速发展。

这三个层级的战略相互依存,共同推动企业在复杂多变的市场环境中稳健发展。公司战略为业务战略提供方向,业务战略为职能战略提供具体目标,职能战略则保证企业高效执行战略计划。

2. 战略管理步骤

企业需要根据所处的发展阶段和外部环境变化,灵活调整战略和战术。战略管理过程通常包括以下四个关键步骤。

（1）战略分析。科学的战略分析是企业制定有效战略的基础。它要求企业全面审视自身的内外部环境，以确保战略决策的合理性和前瞻性。企业首先需要明确其存在的根本目的（使命）和追求的具体成果（目标）。这些使命和目标为企业的战略规划提供方向和依据。例如，华为的使命是"致力于构建万物互联的智能世界"，这一使命指导其在全球范围内推动通信技术的发展和应用。其次，企业需要对外部环境进行深入分析，包括宏观经济趋势、行业动态、竞争对手状况、法律法规变化等。这些因素可能为企业带来新的市场机会或潜在风险。再次，企业还需要评估自身的资源、能力和优势，以及如何利用这些优势来实现战略目标。企业应考虑内部利益相关者（如员工、股东、供应商等）的期望和需求，以及这些期望和需求如何影响企业的战略选择。最后，在战略分析过程中，企业应识别并评估所有利益相关者的利益和期望。这些利益相关者的反应将会对企业的战略实施产生重要影响。

（2）战略选择。战略选择决定了企业的发展方向和未来路径。在这一阶段，企业需要基于战略分析的结果，制订出具体的行动计划，以实现既定的使命和目标。战略选择要求企业明确其长远的发展愿景和战略方向。这涉及选择何种业务模式、如何进行市场定位以及如何利用资源来实现这些目标。企业在战略选择时，还需要考虑如何构建和维持竞争优势。这包括技术创新、品牌建设、成本控制、供应链优化等方面。战略选择不仅要考虑短期的市场表现，还要关注企业的长期可持续发展。这意味着企业需要在追求利润的同时，考虑社会责任、环境保护和技术创新等因素。在战略选择过程中，企业领导者需要综合考虑市场趋势、内部资源和外部环境，做出明智的战略决策。

（3）战略实施。战略实施是将企业的战略规划转化为具体行动的实践阶段。首先，企业在战略实施阶段需要确保资源的有效分配和利用。企业根据战略目标优化资源配置，以便各部门和团队高效协作，共同推动战略目标的实现。其次，为了更好地实现战略目标，企业需要积极寻求和利用外部资源，如合作伙伴、投资者、政府支持等，这涉及建立新的合作关系、获取资金支持或利用政策优惠。战略实施往往伴随着组织架构的调整，以适应新的业务需求和市场变化，因此，企业可能需要建立新的部门、调整管理层次或优化流程。在战略实施过程中，企业需要妥善处理利益重新分配的问题，使得所有利益相关者都能从战略实施中获益。最后，企业构建的企业文化能够激励员工积极参与战略实施，形成共同的价值观和行为准则。

（4）战略评价。战略评价是企业持续改进和优化战略规划的重要环节，它使得企业能够适应不断变化的环境并实现长期目标。战略评价首先关注企业的实际经营业绩，通过财务指标、市场份额、客户满意度等多维度数据来衡量战略执行的效果。随着市场环境的变化，企业需要对战略进行定期评估，以确保其仍然符合市场需求和行业趋势。战略评价还涉及对企业内部思维方式的更新，鼓励创新和持续学习。基于战略评价的结果，企业需要对战略进行调整，这包括重新定义企业愿景、调整长期发展目标、优化目标体系、更新战略内容以及改进执行过程。

扩展阅读 9-1 易到——战略的维度

在企业战略管理实践中，战略制定和战略实施是相辅相成的两个关键环节，它们共同影响着企业目标的实现。战略制定是企业明确方向和目标的过程,它为企业提供了一个行动蓝图。然而,战略的成功不仅取决于制定的完美性,更在于其实施过程中有较好的执行力度和适应性。一个精心设计的战略如果不能得到有效执行,其价值将大打折扣。相反,即使战略在制定时存在不足,通过实施过程中的调整和优化,企业仍有可能实现战略目标。战略实施是一个动态的过程,它要求企业在实践中不断评估、学习和调整。这种动态调整能力是企业战略成功的关键影响因素。

9.2.3 创业初期人力资源管理

人力资源管理指依据经济学原理和以人为本的管理理念,通过系统化的管理活动,来优化组织内部的人力资源配置。这一过程涵盖了从人力资源的获取、开发、维护和激励的全方位管理。人力资源管理的最终目标是通过有效的人力资源策略,实现组织目标与员工个人发展的双赢。这不仅能够提升组织的整体绩效,还能够为员工提供成长和发展的机会,构建和谐、高效的工作环境。

1. 创业初期人力资源的特点

(1)稀缺性。创业公司在初期往往资源有限,特别是在人力资源方面。例如,一家初创的科技企业会发现,由于资金紧张,无法招聘足够的研发人员来推动产品开发。在这种情况下,创业者需要通过灵活的工作安排、激励机制和员工培训来最大化挖掘员工的潜力。例如,通过实施股权激励计划,让员工分享企业成长的成果,从而提高他们的工作积极性和忠诚度。

(2)多样性。创业团队通常由来自不同背景的人才组成,这种多样性可以带来创新和新视角。然而,这也可能出现团队内部沟通和协作的挑战。例如,一家名为"智造未来"的中国智能制造初创公司,其团队成员包括来自国内外知名大学的工程师、设计学院的创意设计师以及具有国际视野的市场分析师。为了促进团队成员之间的理解和协作,公司定期组织跨部门的研讨会,让成员分享各自的专业知识和行业见解,同时开展团队建设活动,如户外拓展训练,以增强团队凝聚力。公司还实施了定期的"知识共享"计划,鼓励团队成员在内部平台上分享他们的工作进展和创新想法。这样不仅能够促进知识的传播,还能够形成新的创意和解决方案。通过这些措施,智造未来成功地将团队的多样性转化为创新的驱动力,也提高了团队的整体工作效率和项目执行能力。

(3)不稳定性。创业企业在成长初期面临着员工流失的问题,这一现象在快速发展的互联网和科技行业中尤为明显。员工流失可能由多种因素引起,包括薪酬福利不足、职业晋升路径不明确、工作压力大以及企业文化不适应等。例如,一家名为"未来科技"的中国初创公司,专注于人工智能领域。由于市场竞争激烈,公司需要快速吸引和保留优秀人才。然而,由于资金有限,公司在薪酬福利上难以与大型科技公司竞争,导致一些关键技术人员和研发人员选择跳槽到更有吸引力的公司。此外,由于公司规模较小,员工晋升空间有限,这也影响了员工的忠诚度和留存率。

为了应对这一挑战,"未来科技"采取了一系列措施。首先,公司建立了一套更为灵活的薪酬体系,包括基本工资、绩效奖金和股权激励,以吸引和留住人才。其次,公司为员工提供了明确的职业发展规划,包括定期的职业培训和技能提升课程,设立了多个晋升通道,让员工看到个人成长的可能性。最后,公司还注重营造积极的企业文化,通过团队建设活动和心理健康支持,减轻员工的工作压力,提高员工的满意度和归属感。

（4）成长性。初创企业的成长性决定了其对人力资源的持续需求。随着业务的扩张和市场的开拓，企业需要不断吸纳新人才，以实现其发展目标。例如，一家名为"创新科技"的中国初创公司，专注于移动互联网应用开发，面临着激烈的市场竞争和快速变化的技术环境。为了保持竞争力，公司必须在招聘上投入大量精力，吸引具有创新能力和技术专长的人才。"创新科技"在招聘过程中，不仅关注候选人的专业技能，还重视其学习能力和适应性，以确保新员工能够快速融入团队并应对不断变化的工作挑战。公司通过与高校合作，参与校园招聘活动，以及在专业论坛和社交媒体上发布招聘信息，以拓宽人才来源。此外，公司还建立了一套完善的培训体系，包括新员工入职培训、在职技能提升课程以及管理能力培养计划等，以促进员工的个人成长和职业发展。

（5）战略地位。科学的人力资源管理对于初创企业战略地位的巩固作用日益凸显。创业者认识到，有效的人力资源策略是推动企业持续成长的关键。例如，一家名为"绿意科技"的中国初创公司，专注于环保领域的技术创新，深知人才是实现其可持续发展战略的核心。为了确保人力资源管理的战略地位，绿意科技的创业者将人力资源规划与企业的整体战略紧密结合。他们制定了一套全面的人力资源政策，包括灵活的招聘策略、绩效激励机制、员工培训体系以及职业发展路径。这些政策旨在吸引和保留关键人才，同时激发员工的创新精神和工作热情。在管理流程上，绿意科技采用数字化工具来优化招聘流程，提高了招聘效率。他们还引入了在线培训平台，为员工提供可随时随地学习的资源，以适应快节奏的技术发展。此外，公司建立了开放的沟通渠道，鼓励员工提出改进建议，不断优化人力资源管理流程。

2. 创业初期人力资源的主要内容

（1）岗位分析与设计。它涉及对企业内部各个职位进行深入研究，确保每个岗位都能有效地支持组织的目标和运营。这一过程的核心在于详细定义岗位职责、要求和工作流程，从而为招聘、培训、绩效评估和职业发展提供基础。在进行岗位分析时，企业首先需要确定岗位的名称和基本职责，便于员工理解他们在组织中的角色。其次，企业需要详细描述岗位的主要任务，包括日常工作内容、项目参与以及可能的挑战。最后，岗位分析还需要考虑岗位在组织结构中的位置以及与其他岗位的关系，确保工作流程的顺畅。

（2）劳动强度和工作环境也是岗位分析的重要部分。企业需要评估岗位对员工的身体和心理要求，确保工作条件符合健康和安全标准。岗位分析还应包括对员工所需知识、技能和资质的评估，这有助于企业在招聘时找到合适的候选人，并为员工提供必要的培训和发展机会。

（3）员工招聘与培训管理。创业企业需要通过精心设计招聘策略和流程，吸引并选拔那些与企业愿景和文化相契合、具备创新能力和团队精神的人才。招聘过程中，企业应明确岗位需求，通过多渠道招聘、面试评估和背景调查等方法，吸引具有所需技能和经验的候选人。企业还应注重候选人的价值观和职业发展潜力，以促进团队的长期稳定和创新能力的提升。

（4）员工培训是影响企业竞争力的长期投资。企业根据行业特性、发展阶段以及员工的岗位需求，制订个性化的培训计划，包括技能提升、职业发展规划、团队建设活动等，目的是提高员工的专业水平和工作效率，同时增强员工对企业的忠诚度和归属感。

（5）员工绩效与薪酬管理。它们共同作用于激励员工、提升工作效率和促进企业目标的实现。绩效管理通过设定明确的目标和评估标准,引导员工朝着企业期望的方向努力,同时通过反馈和奖励机制,激发员工的积极性和创造力。有效的薪酬管理通过合理的薪酬结构和激励计划,确保员工的努力得到相应的回报,从而增强员工的忠诚度和留任意愿。在创业初期,企业往往更注重短期绩效和可量化的业绩指标,如销售额、项目完成率等,以便快速评估员工的贡献并做出相应的奖励或调整。随着企业的成长,绩效管理需要扩展到长期目标和非量化指标,如客户满意度、团队协作能力和创新能力,以支持企业的长期发展和文化建设。

薪酬管理需要建立一个灵活的体系,以便能够根据市场变化、企业财务状况和员工绩效进行动态调整。通过基本工资、绩效奖金、股权激励等多种激励手段,企业要保证员工的薪酬与他们的工作表现和市场价值相匹配。

3. 创业初期人力资源的基本策略

(1)明确核心竞争力与人力资源战略。企业在初创阶段需要识别并培养自身的核心竞争力,这可能是技术创新、市场洞察力或独特的商业模式。基于这些核心优势,企业制定与之相匹配的人力资源战略目标,确保人力资源的配置和发展规划能够支持企业的整体战略。例如,一家专注于人工智能的初创公司将技术创新作为核心竞争力,因此其人力资源战略将重点放在吸引和培养具有深厚技术背景的人才上。

(2)优化人力资源配置。在资源有限的情况下,初创企业需要精心规划人力资源的配置,以使关键岗位有足够的人才支持。这包括对现有人力资源的合理分配以及通过灵活的招聘策略来补充团队。同时,企业应建立一套全面的人力资源管理体系,涵盖招聘、培训、绩效评估和薪酬福利,以吸引和保留关键人才。

(3)建立有效的激励机制。为了激发员工的潜力和忠诚度,初创企业需要建立一套综合性的激励机制。这不仅包括提供有竞争力的薪酬和奖金,还包括职业发展路径、工作成就感和企业文化等非物质激励。通过内部晋升机会、技能培训和团队建设活动,企业可以提升员工的工作满意度和对企业的归属感。例如,一家初创的绿色科技公司通过股权激励计划,让员工分享公司成长的成果,同时提供定期的技术研讨会,以促进员工技能的提升。

(4)塑造积极的企业文化。企业文化是初创企业的软实力,对于吸引人才和促进团队协作具有重要作用。企业应建立以团队合作、创新和诚信为核心的企业文化,并在日常工作中不断强化这些价值观。通过举办团队活动、庆祝成功和鼓励开放沟通,企业营造一个积极向上的工作环境。例如,一家初创的在线教育公司会定期举办团队建设活动,鼓励员工分享教学经验,同时设立"创新奖",表彰那些提出新教学方法的员工。

9.3 创业失败管理

创业之路确实充满挑战和不确定性,许多企业在成长过程中可能会遇到各种困难,甚至最终不得不终止运营。然而,这并不意味着创业者的个人失败。实际上,失败往往被视为创业旅程中一个重要的组成部分。它提供了宝贵的经验和教训,有助于创业者在未来的尝试中做出更明智的决策。在全球范围内,创业失败是一个普遍现象。但许多创业者能够从失败中吸取教训,成为更加坚韧和有经验的连续创业者。这些经历教会创业者如何更好地评估风险、优化商业模式、管理资源以及应对市场变化。创业者在面对失败时,需要保持理性的态度，认识到创业本身就是一个充满风险的过程，成功并非必然。

9.3.1 创业失败的定义

1. 狭义的创业失败

狭义上的创业失败通常指的是企业因财务困境而无法继续运营，必须采取破产、清算或注销等措施的一种行为。这些行为在实际操作中表现为企业或个人财务状况的恶化，需要通过法律程序来解决债务问题。然而，这些措施背后的动机多种多样，并不一定意味着创业者的失败。在某些情况下，创业者出于战略考虑，如市场变化、个人职业规划或其他创业机会，主动选择关闭或出售盈利的企业。此外，创业者的个人原因，如年龄、健康或家庭，也导致创业者决定结束当前的业务。

随着法律制度的完善，如《深圳经济特区个人破产条例》的实施，个人破产程序为创业者提供了一种合法的退出机制，使创业者在面对财务困境时能够有序地解决债务问题，甚至通过这一过程获得新的商业机会或避免更大的损失。

因此，我们应当区分企业关闭、企业失败和创业失败的不同概念。企业关闭是多种因素的结果，包括市场环境、个人选择或战略调整，不一定是创业者能力导致的失败。创业者在面对这些情况时，应保持清晰的判断力，理性分析原因，并从中吸取经验，为未来的创业活动做好准备。同时，社会和法律体系也应提供支持，帮助创业者在必要时能够有序地退出市场，减少负面影响。

2. 广义的创业失败

在创业的征途上，创业者可能会遇到融资困难、产品开发瓶颈、商业谈判失败等多种挑战，这些被视为广义上的创业失败。创业本身就是一个充满不确定性的过程，决策失误在所难免，因此，广义上的创业失败在创业过程中是相对常见的现象。广义的创业失败虽然不会立即导致企业的终结，但它们提供了宝贵的学习机会。创业者可以从这些经历中学习如何更好地管理风险、优化策略和改进决策过程。

与狭义的创业失败相比，广义的创业失败对创业者的直接负面影响较小，它们是创业者成长和进步的催化剂。狭义的创业失败如企业破产或被迫关闭涉及财务损失、信誉受损以及个人职业生涯的挫折，对创业者的打击往往更为严重。

我们应该鼓励创业者正视广义的创业失败，将其视为成长的一部分，并从中吸取教训。同时，社会和支持系统应提供必要的资源和指导，帮助创业者应对挑战，减轻创业失败带来的负面影响，支持他们继续追求创新和成功。

9.3.2 创业失败的原因

创业活动失败的原因众多，涉及创业者个体、团队、行业及地域等多个方面。据此，我们可将这些原因归纳为四个层面。

1. 行业和市场选择

创业者在踏上创业之路时，行业选择和市场定位直接关系到企业未来的生存和发展。创业者需要在行业和市场的选择上做出明智的判断，正确的行业和市场定位可以为创业者提供明确的方向。即使在后续的经营过程中遇到挑战，它也能够通过调整策略来克服困难，而不至于对整个创业项目产生毁灭性的影响。

确定目标市场时,创业者需要避免两个极端:市场规模过小会限制企业的增长潜力,市场规模过大则可能导致产品缺乏针对性,难以在竞争激烈的环境中脱颖而出。创业者还需要考虑市场的真实需求和潜在竞争。如果市场确实庞大,但创业者未能准确定位目标客户群体,那么他们的产品或服务会因为缺乏特色而难以吸引客户。相反,如果市场已经非常成熟,创业者将面临来自行业巨头的激烈竞争,这将会消耗大量的资源,使得创业活动难以为继。

创业者在选择行业时还应避免进入过于早期或过于成熟的市场。在早期市场中,产品和商业模式尚未成熟,客户习惯尚未形成,创业者需要承担较高的前期投入风险,且成果可能会被后来者所利用。在成熟市场中,产品和技术的创新空间有限,竞争者通常拥有强大的市场地位和资源,这使得新创企业难以获得足够的市场份额。

2. 产品和服务设定

产品与服务是创业企业实现商业目标和吸引客户的核心,它们在激烈的市场竞争中扮演着决定性的角色。创业者必须面对来自市场的竞争压力,尤其是在市场初期,即使是行业领先者也可能迅速被后来者超越。如果创业者无法提供具有竞争力的产品或服务,消费者很容易转向那些更具特色、功能更完善或价格更具优势的竞争对手。

在技术密集型行业,较高的技术门槛会减缓竞争对手的进入速度,从而为创业者提供一定的保护。但在传统行业或技术门槛较低的新兴领域,产品问题往往成为创业失败的主要原因。创业者需要通过深入的市场调研,准确把握目标市场的需求,了解竞争对手的产品特点,从中找到差异化的切入点,避免同质化竞争。技术人员在创业时会对自己的产品过于自信,但市场的实际反馈往往与实验室中的预期存在差距。因此,创业者需要将技术优势转化为市场认可的产品特性,确保这些特性能够满足消费者的真实需求,并且具备持续的市场吸引力。

3. 企业商业模式设计

商业模式是创业者将产品或服务转化为可持续商业价值的关键框架。然而,尽管商业模式的重要性已经被广泛认可,但创业者在实际操作中仍然面临设计和实施商业模式的挑战。在过去的 20 年中,互联网行业的泡沫破裂事件暴露出商业模式的缺陷,如过度依赖风险投资、缺乏清晰的盈利路径或忽视可持续的客户价值创造。这些事件提醒我们,即使在市场初期取得成功,如果商业模式存在根本性问题,企业的长期发展仍然会受到严重影响。

设计商业模式应是一个全面考虑所有利益相关者的过程。一个成功的商业模式不仅需要确保产品或服务能够满足市场需求,还需要确保所有参与者都能从中获得合理的回报,形成一个稳定的价值创造和分配机制。如果商业模式未能平衡各方的利益,会导致供应链中断、投资者信心丧失或客户流失,从而影响企业的持续运营。

4. 企业管理方面的失误

企业管理失误是企业运营中不可避免的现象,这些失误包括人力资源管理的不当决策、财务规划的失误以及创业团队内部的分歧等。即使是经验丰富的大型企业,也难以完全避免这些问题。企业能否通过有效的管理制度及时发现并解决这些问题,以及在问题出现时将负面影响降至最低,是衡量企业管理水平高低的重要标准。

在企业从初创期过渡到成长期的过程中，创业者需要特别警惕这些潜在的管理失误。例如，错误的人力资源决策如任命不适合的高级管理人员，会导致市场策略执行不力，影响企业的市场表现；财务规划失误如融资策略与企业实际发展需求不匹配，会导致资金链断裂，威胁企业的稳定运营。

9.3.3 创业失败的成本

创业失败对创业者的影响是多维度的，它不仅涉及经济层面的损失，还包括生理、社会和职业等多个方面（见表9-2）。创业失败直接的后果是财务损失，这包括投资的损失、债务累积以及可能的破产风险。

表9-2 创业失败成本类型

分 类	描 述
财务成本	投资损失、收入损失、个人债务
情绪成本	情绪支出、压力、沮丧
生理成本	精力透支、生病
社会成本	对投资者、雇员、债权人的责任亏欠
职业成本	同行对创业者专业能力的质疑
创业成本	创业自我效能感降低、风险承担能力降低

资料来源：于晓宇，汪欣悦. 知难而退还是破釜沉舟：转型经济制度环境背景下的创业失败成本研究[J]. 现代管理科学，2011(2): 49-52.

1. 财务成本

创业过程中，创业者通常会投入大量的个人资金和资源来支持新创企业的发展。这种投入使得创业者的个人财务状况与企业的经济表现紧密相连。当企业遭遇失败时，创业者会遭受显著的财务损失。尽管在法律上企业通常被视为独立的法人实体，创业者只需承担有限的责任，但在实际操作中，银行和融资机构往往要求创业者提供个人担保，这意味着创业者在企业无法偿还债务时需要动用个人资产来弥补。

此外，创业者在企业中的股权比例对于投资者来说是一个重要的信心指标。投资者通常会根据创业者的持股比例来判断其对企业成功的信心和承诺。因此，创业失败不仅意味着企业价值的缩水，还将导致创业者在投资者眼中的信誉受损，从而影响其未来融资的可能性。

面对创业失败时，创业者需要面对的财务成本包括个人投资的损失、债务偿还的压力以及信用评分下降。这些财务压力会使创业者的生活质量下降，并在对未来财务进行规划时出现困难。

2. 情绪成本

创业失败可能引发一系列负面情感反应，如悲伤、羞愧、失望、困惑和愤怒。这些情绪反应会让创业者感到无力和挫败，影响他们处理日常事务和面对新挑战的能力。长期沉浸在这些负面情绪中，不仅对创业者的心理健康有害，还可能降低他们的生活质量和工作效率。

创业失败后，如果创业者之前已经经历了一系列的商业挫折，如关键团队成员的离职或遭遇欺诈等,这些累积的负面事件会进一步加剧其情绪成本。此外,如果企业对创业者来说具有特别重要的意义,比如是他们的梦想项目或者长期投入的心血结晶,那么失败的情绪成本会更加显著。

3. 生理成本

经历了创业的艰辛和最终的失败后,创业者可能会经历一段时间的心理压力和情绪波动。这不仅影响他们的心理健康,还可能导致一系列生理问题。

在失败后的恢复期,创业者由于创业过程中长时间承受高强度工作和持续的压力,会感到极度疲劳和精力耗竭,导致焦虑和抑郁等心理问题,进而影响到他们的睡眠质量,甚至引发失眠。长期的精神压力还可能对身体产生负面影响,如增加患心血管疾病的风险。

在某些情况下,创业者会因为无法自行应对这些压力而寻求药物治疗。这会带来额外的健康风险和依赖性问题。此外,创业失败还影响创业者的饮食习惯和运动频率,导致体重增加、免疫力下降等健康问题。

4. 社会成本

创业失败不仅对创业者个人产生影响,还会对其社会关系和职业网络产生较严重的后果。经历了创业的挫折后,创业者会发现自己在寻求理解和支持时感到孤立无援,难以找到能够共鸣和提供有效建议的社交圈子。这种孤立感会进一步加剧他们的心理负担。

家庭关系也可能因为创业失败而受到冲击。经济压力、时间和精力的投入以及情绪波动,都可能对家庭成员产生负面影响,甚至导致婚姻关系紧张或破裂。此外,创业者的社会网络可能会因为失败而受损。这不仅影响到他们的个人生活,还可能对其职业发展造成障碍。在职业层面,创业失败会给创业者带来"污名化"的风险,可能导致他们在求职市场上受到歧视,或者在获取新的商业机会时遇到困难。

5. 职业成本

创业失败会在短期内对创业者的职业声誉造成影响,导致同行对其工作能力和团队协作能力产生怀疑。在某些情况下,管理层会对这些创业者的执行力和决策能力进行重新评估。这会影响他们在现有职位上的稳定性或未来的晋升机会。然而,从长期职业发展的角度来看,创业失败并不一定会对创业者的职业生涯产生持久的负面影响。许多研究表明,经历过创业失败的个体往往能够从这些经历中吸取宝贵的教训,有助于他们在未来的工作中展现出更强的适应性、创新能力和问题解决能力。此外,创业经历本身也是一种独特的职业资本,它表明创业者具有冒险精神、领导能力和面对挑战的勇气。这些特质在某些情况下会成为他们职业发展的优势,尤其是在那些鼓励创新和变革的组织中。

6. 创业成本

创业失败对创业者的心理和行为模式有着显著的影响,尤其是在自我效能感和风险承担能力方面。自我效能感,即个体对自己能力的信心,是影响创业者面对挑战和抓住机遇的关键因素。当创业者经历失败时,他们的自我效能感会受到打击,导致他们在未来的创业活动中变得更加谨慎和保守。这种心态的转变会使他们对新的机会持怀疑态度,从而错失潜在的商业机遇。

研究表明,那些没有经历过失败的创业者往往保持较高的乐观态度,他们更愿意承担风险,寻求新的创业机会。相比之下,曾经失败过的创业者可能会在一段时间内变得更加悲观和缺乏自信，这可能会影响他们的决策过程，使他们面对潜在的商业机会时过于谨慎，甚至选择放弃。

创业失败的成本是多维度的，并且这些成本之间存在着相互关联。情绪成本与财务成本之间存在正相关关系，即财务损失的严重程度往往会加剧创业者的情绪负担。在没有其他创业失败成本的干扰下，创业失败的总成本可以被视为情绪成本与财务成本的累积效应。创业失败会导致创业者在社会关系上的损失，如与投资者、员工、债权人以及家庭成员的关系紧张。这种社会关系的破裂会让创业者感到内疚和责任感，进一步加剧他们的情绪困扰，从而增加了情绪成本。

情绪成本还可能转化为生理成本。创业者面对失败时所承受的心理压力和负面情绪，会对他们的身体健康产生负面影响。长期的心理压力导致失眠、高血压等生理问题。这些生理健康问题不仅影响创业者的日常生活，还需要额外的医疗资源和时间来恢复，从而增加了生理成本。

9.3.4 创业失败的价值

创业失败虽然带来了挑战和损失，但它也为创业者提供了宝贵的学习和成长机会。在面对失败的过程中，创业者能够积累独特的主观知识，这些知识往往比成功经验更加深刻和难忘。

1. 从创业失败中快速恢复

创业者面对创业失败时，可以采用不同的心理调适策略来帮助自己恢复和前进。这些策略包括损失导向策略、恢复导向策略和摆动导向策略，每种策略都有其独特的优势和适用情境。

损失导向策略要求创业者在失败后迅速切断与失败企业的情感联系，深入分析失败的关键因素，如市场定位失误、管理不善等。这种策略鼓励创业者直面失败，通过与他人交流和分享来释放内心的压力。损失导向策略有助于创业者从失败中吸取教训，为未来的创业活动提供宝贵的经验。

恢复导向策略侧重于通过积极行动来减轻创业失败带来的心理压力。这包括立即开始新的创业项目、寻找新的职业机会或者进行其他形式的自我提升。恢复导向策略帮助创业者将注意力从失败转移到新的目标上，从而减少对失败的过度关注，有助于快速恢复和重新投入工作。

摆动导向策略是在损失导向策略和恢复导向策略之间灵活切换，结合两者的优势。这种策略允许创业者在需要时采取损失导向策略来处理失败带来的情感冲击，同时在适当的时候转向恢复导向策略，通过积极的行动来重建信心和动力。通过这种循环往复的过程，创业者能够更全面地应对失败，同时避免单一策略可能带来的过度消耗或忽视。

2. 从创业失败中学习的内容

科普（Cope，2011）的研究强调了从创业失败中学习的重要性，并提出了一个学习框架：自我学习、商业学习、网络与关系学习以及新企业管理学习。在这个框架中，自我学习占据核心地位。

自我学习是指创业者在经历失败后，如何反思个人的行为、决策和心态，从而提升自我认知和自我效能。这种学习过程帮助创业者理解失败的原因，识别自身的强项和弱点，并在此基础上调整策略和行动计划。自我学习不仅涉及对个人能力的评估，还包括对失败情绪的管理，比如，如何从失望和挫折中恢复以及保持积极的心态继续前进。

商业学习涉及对市场、产品、服务和商业模式等方面的深入理解。创业者通过分析失败案例，学习如何更好地定位市场、满足客户需求、优化产品特性以及改进商业模式，从而在未来的创业活动中避免类似的错误。

网络与关系学习强调创业者在失败后利用和扩展其社交网络。这包括与同行、导师、投资者和行业专家建立联系，以及如何从这些关系中获取支持、建议和资源。一个强大的社交网络可以为创业者提供宝贵的信息和机会，帮助他们在失败后快速恢复并重新启动。

新企业管理学习关注创业者如何改进管理技能，包括团队建设、领导力、决策制定和风险管理。这些技能对于促进新企业的稳定发展至关重要。创业者需要从失败中学习如何更有效地管理团队，确保企业能够在竞争激烈的市场中生存和成长。

创业失败的学习过程是一个全面而深入的过程，涉及个人成长、商业洞察、人际关系和企业管理等多个方面。通过这些学习，创业者能够从失败中汲取宝贵的经验，为未来的成功打下坚实的基础。

扩展阅读 9-2　把失败转变成机遇

本章知识要点及关键词

知识要点

1. 企业组织形式指的是企业在法律上定义的所有权结构和责任分配方式，它决定了企业的运营模式、税务处理以及对债务的责任范围。

2. 企业根据责任形式划分为独资企业、合伙企业和公司企业。

3. 一个具有吸引力和深层含义的名称能够有效地抓住潜在客户的注意力，并传递出企业的核心价值观和文化理念。

4. 选址直接关系到初创企业的运营效率、成本控制以及市场竞争力。

5. 创业企业成长包括种子期、初创期、成长期、成熟期、衰退期五个基本阶段。

6. 企业战略可分为三个层次：公司战略、业务战略以及职能战略。

7. 战略管理过程通常包括战略分析、战略选择、战略实施、战略评价四个环节。

8. 人力资源管理的最终目标是通过有效的人力资源策略，实现组织目标与员工个人发展的双赢。

9. 创业失败虽然带来了挑战和损失，但它也为创业者提供了宝贵的学习和成长机会。

关键词

组织形式　企业注册　成长管理　战略管理　人力资源管理　失败管理　创业失败学习

思考题

1. 创业者或创业团队在选择组织形式时需要考虑哪些方面？
2. 企业及产品名称的设计为什么是企业战略的重要组成部分？

3. 创业者或创业团队决定企业的注册和经营地点时需要考虑哪些因素？
4. 创业企业成长过程中会面临哪些挑战？如何应对这些挑战？
5. 创业失败的主要原因有哪些？
6. 创业失败带给创业者巨大的悲痛，创业者应如何应对这样的负面情绪？
7. 创业者从失败中学习的内容主要有哪些？

撰写一份商业计划书

参考商业计划书基本框架，教师将班级学生分组后，让每组学生撰写一份商业计划书。

注意：可以根据下图逻辑撰写商业计划书；每一份商业计划都是唯一的，关键在于把"故事"讲明白，即认真、睿智地描述创新产品的新颖性和价值，以及创业团队的商业化热情。

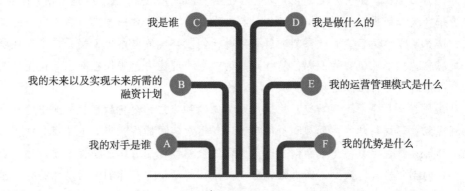

第 10 章

数字化创业渠道

【学习目标】

知识目标：能够表述数字化创业的内涵；能够辨别数字化创业渠道与传统创业渠道的区别；能够列举电子商务创业的特征及类型；能够明晰电子商务创业的风险；能够辨析新媒体创业的优势和挑战。

能力目标：能够分析和评估不同电商创业平台的优缺点，选择合适的创业平台，提升平台选择能力；善于运用新媒体工具和平台，掌握有效的推广产品和服务的方法，培养新媒体运营能力；深刻理解数字时代创业环境的复杂性，提升在多变环境中发现和把握创业机会的能力；培养高效的信息处理能力，确保在数字时代能够高效利用信息资源，形成数字素养。

素质目标：学会运用马克思主义的基本原理和方法，分析数字化创业中的社会经济现象，形成科学的世界观和价值观；培养用数字化的眼光审视电子商务创业问题的意识；形成对数字化创新创业时代变化的敏感性，能够快速捕捉市场趋势，识别潜在的创业机会；鼓励创新思维，勇于实践，将理论与实际创业活动相结合，推动个人和社会的发展。

美团网 CEO 王兴的"屡败屡战"

王兴，一位在中国互联网领域赫赫有名的创业者，其创业历程充满了挑战与机遇。美团网作为他的杰作，不仅改变了中国消费者的生活方式，也奠定了他在互联网行业的地位。

王兴出生于 1979 年，早年在美国特拉华大学求学期间，他就意识到了互联网行业的巨大潜力。2003 年，他决定辍学回国创业，开启了一段不平凡的旅程。

起初，王兴在互联网领域进行了一系列尝试和摸索。他相继创立了校内网、饭否网等社交平台，但这些项目并未立即取得成功。然而，王兴并没有放弃，他从失败中吸取教训，不断调整和优化自己的商业模式。

2010 年，王兴再次瞄准市场机会，创立了美团网。美团网最初以提供本地生活服务为主，通过线上平台连接消费者和商家。王兴的团队凭借出色的运营能力和市场洞察力，迅速在竞争激烈的市场中脱颖而出。

在接下来的几年里，美团网不断拓展业务领域，从餐饮到电影、旅游、酒店等全方位的生活服务，逐渐成为消费者生活中不可或缺的一部分。美团网的快速发展也引起了资本市场的关注，公司获得了多轮融资，为后续的扩张提供了强大的资金支持。

随着互联网技术的发展和市场环境的变化，王兴始终保持着敏锐的商业触觉，引领美团网不断创新和变革。他通过强化技术研发，提升用户体验和商业价值，使得美团网在竞争激烈的市场环境中始终保持领先地位。

如今，美团网已经成为中国乃至全球最大的本地生活服务平台之一。王兴的创业历程也成为众多创业者学习的榜样。他的坚持、勇气和智慧不仅成就了美团网的辉煌，更为中国互联网行业的发展注入了新的活力。

资料来源：根据网络公开资料编写。

10.1 数字时代已经到来

近年来，中国政府明确表示对数字化转型和人工智能技术的高度重视与坚定决心。2017年12月，习近平总书记强调了实施国家大数据战略的重要性，提出要加快数字基础设施建设，推动数据资源的整合与共享，并确保数据安全，以加速数字中国的建设。这一战略旨在通过大数据技术的应用，提升国家治理体系和治理能力，为经济增长注入新动力，并提升人民生活质量。2018年10月，他进一步强调了增强原创能力和关键核心技术的重要性，特别是加快新一代人工智能的发展。人工智能技术的应用被视为推动产业升级、促进经济发展和提升国家科技创新能力的关键。2019年3月，政府工作报告提出，深化大数据和人工智能等技术的研发与应用，构建工业互联网平台，并推广"智能+"模式，以支持制造业的转型升级。这一举措旨在通过技术创新推动制造业高质量发展，增强国家竞争力。

总体来看，数字化转型和人工智能技术已经成为中国国家发展的战略重点。政府已经采取了一系列措施，包括政策支持、资金投入和基础设施建设，以促进这些技术的发展和在各个领域的广泛应用，从而推动经济结构的优化升级和社会的全面进步。

数字化转型已经成为全球范围内的共同焦点，各国都在积极推动和发展数字经济。美国凭借其在信息技术领域的深厚基础、强大的应用型专利和技术商业化能力，在全球数字化转型中占据技术领先地位。德国和日本在工业互联网和物联网产品开发方面展现出明显优势，这使得它们在制造业和物联网技术方面位于全球前列。与此同时，中国和印度等新兴市场国家在数字消费和应用的普及方面迅速发展，成为推动全球数字化转型的重要力量，为全球数字经济的增长提供了广阔的市场空间。全球知名的数字领先企业主要集中在中国东海岸和美国西海岸，这些地区正逐渐成为全球数字经济的中心。这些企业在数字化技术、应用和商业模式创新方面具有强大的实力和丰富的经验，引领着传统产业的变革和升级。

为了进一步推动数字化进程，美国、德国和日本等国家采取了一系列措施。美国通过成立工业互联网联盟（IIC）来提升各行业的互联网应用水平，德国和日本的制造业巨头也积极参与其中。日本政府还通过实施一系列试点项目，如神户飞机产业集群研究会、东京的城镇工厂连接项目以及柏崎市的智能工业城市建设，来加速数字化转型。此外，日本政府连续发布振兴战略，推动数字连接，致力于制造业的服务化和智能化。德国和日本还签署了《汉诺威宣言》，在多个领域开展合作，共同推进数字化发展。这些行动表明，各国政府和企业都已深刻认识到数字化转型的重要性，并正在采取积极措施推动这一进程，以确保经济的持续增长和竞争力的提升。

中国是全球新零售领域的代表性国家,拥有超过 6 亿的数字化消费者。随着网上销售和电商时代的快速发展,中国零售业逐渐进入新零售时代。在这个时代,数字化手段和大数据工具被广泛应用于研发、设计、制造等环节,推动了消费者的各类消费过程场景化,形成了一系列强关系的场景数据。这不仅推动了电商时代零售、物流等流量入口和服务环节的全产业链竞争,还优化了资源配置,提高了效率。以阿里巴巴、京东等为代表的数字原生企业,围绕商品、品牌、营销、销售等建设线上线下场景,推出了一系列新场景,如天天特卖、天猫小区、淘鲜达、淘宝极有家等线上新场景,以及盒马鲜生、京东超市、京东小店等线下新场景。这些数字原生企业还对接了 6 亿消费者的数据和数字智能技术,形成了淘宝企业服务平台、客服云 SaaS 交易管理平台、天猫新品创新中心、天猫小黑盒、阿里仿真系统等智能产品和服务。这些服务不仅提高了 B 端商户服务消费者的能力和效率,还与品牌商家开展广泛合作,帮助商家开展 C2B 定制服务,并开发自有品牌,实施多种形式的品牌计划,提供品牌所需的各种工具和解决方案。这些数字原生企业与品牌商家的合作类似于阿里巴巴提出的商业操作系统。该系统包括品牌、商品、销售、营销、渠道、制造、服务、金融、物流供应链、组织、信息技术等商业要素。通过推动生产要素在线化和数字化,这个系统将为中国零售业的持续发展提供强大的支撑和动力。

随着数字化进程的加速,传统企业开始意识到数字化转型的重要性,并纷纷加入其中。传统零售企业如苏宁、国美、永辉等开始探索新零售模式,通过线上数据优化线下场景,构建统一的底层数据库体系,提升消费者的购物体验。传统制造业企业也积极对接数据银行,利用数据开展消费洞察、销售仿真、品牌升级、C2B 研发、数字化生产等活动。这些活动有助于企业更好地理解市场需求,优化产品设计,提升品牌形象,实现个性化定制,提高生产效率,从而推动产业环节的渐进升级。数字化转型已经成为传统企业发展的必经之路。通过数字化转型,企业可以更好地适应市场变化,提升竞争力,实现可持续发展。未来,随着数字化技术的不断创新和应用,传统企业将进一步加快数字化转型的步伐,为整个经济社会发展注入新的活力。

毛文超:小红书的谋新求变

2013 年的一次相聚,两位企业高层精英人士毛文超和瞿芳聊起了海外购物信息分享领域的创业契机。他们一拍即合,决定将创业想法付诸实践。两人先后辞掉了高薪工作,在上海共同创立了"海外购物红宝书",一个提供"小红书出境购物攻略"的网站。但这一做法遭到了天使投资人林仁俊的反对:"PDF 产品一点都不 sexy(性感)!请不要在网站上再花一分钱。"在调查部分用户意见后,毛文超深刻地意识到,"需求是存在的,解决方法是蠢的"。如何让信息流动起来是关键。于是,在 2013 年 10 月,毛文超和瞿芳关掉网站,开始带领团队开发一款以 UGC(用户原创内容)为主的购物社区 App。12 月,"小红书购物笔记"正式上线。

单纯的"城市社区"存在着"只能逛,不能买"的尴尬局面,小红书用户在社区内逛了很久之后,对"买买买"的需求其实是十分迫切的。尤其是在 2014 年下半年,小红书总是被用户反复询问:"看到很多原来不知道的国外好产品,怎么买?""笔记里的东西到底去哪儿买?"面对抱怨,毛文超和瞿芳猛然意识到"水至清则无鱼",在很多能引起用户兴趣的商品上,缺少购买渠道反而会成为影响用户体验的重要因素,使小红书陷入发展困境。于是,为满足用户的站内购买需求,小红书在 2014 年底正式上线了自营电商平台"福利社"。

2020 年,在疫情的刺激下,直播电商迎来了爆发式增长。然而,直播电商能否成为小红书突破电商变现瓶颈的新机会呢?面对"抖快淘"在直播电商行业不可撼动的"三足鼎立"局面,凭内容出圈的小红书如何破局,走出自己的特色化直播电商新道路呢?

不同于传统的"叫卖式"带货逻辑,小红书直播电商坚持互动分享的社区属性。社区的核心是人,让社区中的"人"有归属感,是小红书做直播电商的关键。小红书打造的直播更像一场聚会,它的带货氛围更加偏向于情感交流,粉丝和主播之间是乐于互动分享且有信任感的朋友关系,主播在消费决策上所起的作用,就是"把使用过的好商品,分享给自己的朋友",实现双方之间实时、有场景感、有信任感、有温度的交互。小红书的直播电商走出了一条不同的道路,没有紧张刺激的抢购氛围,而是通过慢节奏的互动分享新形式,让主播可以和用户充分接触,通过主播分享帮助品牌持续积累口碑,加速品牌成长。

小红书直播电商开启了线上反哺线下的销售新模式,即通过"线上分享"消费体验,引发"社区互动",进而推动部分用户到"线下消费"。LANVIN 于 2020 年在小红书做了一场很美的"下午茶"主题直播。直播间里,主播基于真实的体验感受向粉丝们推荐好物,而该品牌所有的门店都在互动区做客流的承接,解决了部分消费者不愿在直播间里购买奢侈品牌的顾虑。

小红书已凭借社区积累的优势资源,成功搭上了直播电商的便车,打开了直播电商市场情感式互动分享的新大门,满足了用户的品牌化价值需求。直播电商上线以来,小红书一改往日保守的商业化风格,以积极的心态推动商业化进程,商业动作明显增多。如构建特色化 B2K2C 商业生态、切断淘宝外链、推行"号店一体"新政、升级蒲公英平台、联手有赞推出电商解决方案,催化了小红书商业生态的构建与完善。

小红书作为直播电商领域的后起之秀,2020 年以来的直播带货成绩有目共睹。2020 年,小红书的商品交易总额达到了约 70 亿元,同比增长了 75%,商业变现能力有了很大的提升。而且,小红书在一些方面甚至取得了比较亮眼的成绩。如 2020 年 4 月,小红书头部达人销售转化率达到 21.4%,高于抖音、快手等平台企业;部分直播间复购率达到 48.7%,成绩不输头部企业。

资料来源:毛文娟,孙上嫒. 内容平台入驻直播电商:小红书的谋新求变[A]. 中国管理案例共享中心案例库,2022.

10.2 电子商务创业

10.2.1 电子商务创业的内涵

电子商务创业是一种创新的商业模式,它依托互联网和数字技术,通过在线平台实现商品和服务的展示、推广、交易以及物流配送等一系列商业活动。这种模式的核心在于利用数字化手段，简化传统的商业流程，提高效率，降低成本，并拓宽市场范围。电子商务创业使得创业者能够跨越地理限制，直接向全球消费者展示和销售产品，从而实现盈利目标，创造经济价值，并推动个人事业的发展。

在电子商务创业中，创业者可以利用各种在线工具和平台，如社交媒体、搜索引擎、电子邮件营销等，来吸引和维护客户。通过大数据分析，创业者能够更好地理解市场需求，优化产品和服务，提升客户满意度。此外，电子商务平台提供的自动化工具和系统支持，如库存管理、支付处理和客户服务，进一步简化了运营流程，使创业者能够专注于核心业务的发展。我们可以从以下维度理解电子商务创业的内涵。

（1）在线交易的便捷性。电子商务创业通过互联网平台实现了商品和服务的在线展示与交易。这不仅包括传统的 B2C（Business-to-Consumer）模式，还涵盖 B2B（Business-to-Business）和 C2C（Consumer-to-Consumer）等多种交易形式。这种模式使得买卖双方能够跨越地域限制，实现快速、便捷的交易。

（2）数字营销的策略性。在电子商务领域，创业者需要运用数字营销策略来吸引和转化潜在客户。这包括利用搜索引擎优化（SEO）提高网站可见度，通过社交媒体营销建立品牌影响力，以及通过电子邮件营销进行精准推广。这些策略有助于提高转化率和客户留存率。

（3）客户关系管理的个性化。电子商务平台提供了丰富的客户数据，使得创业者能够通过数据分析来了解消费者行为，从而提供更加个性化的服务。这种个性化的客户关系管理有助于提升客户满意度和忠诚度，形成稳定的客户基础。

（4）供应链的高效管理。电子商务创业要求创业者能够高效管理供应链，确保库存准确、物流及时，以及提供优质的售后服务。这涉及与供应商、物流公司等合作伙伴的紧密协作，以及对市场需求的快速响应。

（5）技术创新的应用。电子商务行业的发展离不开技术创新。创业者需要不断探索和应用新技术，如移动支付、大数据分析、人工智能等，以优化用户体验，提高运营效率，降低成本，并在竞争中保持领先地位。

例如，阿里巴巴集团作为中国最大的电子商务企业之一，通过其 B2B 平台（如 1688.com）和 B2C 平台（如天猫、淘宝）实现了商品和服务的在线交易。同时，阿里巴巴还通过其云计算服务（阿里云）和大数据分析工具（阿里数据）支持商家进行精准营销和供应链管理。

10.2.2　电子商务创业的特征

（1）低门槛与高可达性。电子商务创业的启动成本相对较低，创业者无须承担实体店铺的租金、装修和维护费用。例如，通过在淘宝、京东等电商平台开设店铺，创业者可以以较小的投资开始在线销售，而无须在前期投入大量资金。这种模式降低了创业门槛，使得更多的人有机会尝试电子商务。互联网的全球性让电子商务创业者能够轻松触及全球消费者。例如，通过亚马逊的全球销售计划，中国卖家可以将产品直接销售给世界各地的消费者，这在传统商业模式中是难以实现的。

（2）灵活性与数据驱动。电子商务允许创业者快速调整业务策略，如产品线、营销活动和客户服务。通过分析用户在网站上的行为数据，创业者可以迅速调整产品展示和推广策略，以提高转化率。利用电子商务平台提供的数据分析工具，创业者能够理解消费者行为，优化库存管理和供应链。例如，利用大数据分析，创业者可以预测销售趋势，提前准备库存，减少库存积压风险。

（3）竞争激烈。由于电子商务的低门槛，市场上的竞争非常激烈。创业者需要不断创新，如开发独特的产品或提供差异化服务，以吸引和保留客户。电子商务创业者必须遵守相关法律法规，如消费者保护法、数据保护法和税务法规。例如，欧盟的 GDPR 要求电商企业必须确保用户数据的安全，违反规定可能导致重大罚款。

（4）用户体验的重要性。在电子商务中，用户体验直接影响消费者的购买决策。一个直观、易用的网站界面，流畅的购物流程，以及便捷的支付方式，都是提升用户体验的关键因素。例如，许多电商平台提供一键购买、快速结账等多种支付选项，以简化购物过程，提高用户满意度。

10.2.3 电子商务创业的构成要素

（1）电子商务基础设施。这包括电子商务平台、物流与供应链管理以及数据分析工具。电子商务平台为创业者提供了一个在线交易的环境，物流与供应链管理确保了商品的高效流通，数据分析工具则帮助创业者洞察市场和消费者行为，优化业务决策。这些基础设施是电子商务创业的基础，支持创业者开展业务活动。

（2）产品与服务创新。产品和服务是电子商务创业的核心，创业者需要提供满足市场需求、具有竞争力的商品和服务。这要求创业者不断创新，开发具有独特性、创新性和高附加值的产品，以在激烈的市场竞争中脱颖而出。同时，创业者还需要关注产品的质量和服务的优化，以建立良好的品牌形象。

（3）市场营销与客户关系。有效的营销策略和优质的客户服务对于电子商务创业取得成功至关重要。创业者需要利用数字营销工具（如 SEO、社交媒体、内容营销）来吸引和维护客户，同时建立一个响应迅速、问题解决能力强的客户服务体系。这些活动有助于提升客户满意度和忠诚度，促进口碑传播。

（4）商业模式与市场定位。电子商务创业涉及多种商业模式，如 B2B、B2C 和 C2C。创业者需要根据自己的资源、能力和市场需求来选择合适的商业模式，并明确市场定位。这包括识别目标客户群体、确定价值主张，以及制定相应的运营策略。

（5）创业风险与机遇管理。电子商务创业既充满机遇，也伴随着风险。创业者需要识别和评估潜在的市场风险，如竞争压力、技术变革、法律法规变化等，并采取相应的风险管理措施。同时，创业者应积极寻找和利用新兴的市场机遇，如跨境电商、移动电子商务等，以实现业务的持续增长。

（6）创业精神与文化。电子商务创业需要创业者具备强烈的创业精神、创新思维和团队合作能力。创业者应保持持续学习的态度，以不断适应变化的市场，同时建立一种积极的企业文化，鼓励团队成员共同面对挑战，实现共同的商业目标。

通过这些核心要素的综合运用和优化，电子商务创业者可以构建一个稳健的商业模型，实现可持续发展，并在激烈的市场竞争中获得成功。

10.2.4 电子商务创业的类型

根据商业应用价值，电子商务创业可以分为以下十种类型。

（1）市场交易型：这类电子商务创业专注于在线市场交易，包括 B2C、B2B、C2C 等模式。它们通过提供在线购物平台，促进商品和服务的买卖，如亚马逊、eBay、淘宝等。

（2）信息服务平台：这类创业模式侧重于提供市场信息、行业数据、价格比较等服务，帮助用户做出购买决策。例如，提供产品评测、用户评价、市场分析报告的平台。

（3）供应链优化型：这类电子商务创业通过优化供应链管理，提高物流效率，降低成本。它们提供第三方物流服务、供应链金融解决方案等，如阿里巴巴的菜鸟物流。

（4）内容驱动型：先通过高质量的内容吸引用户，然后通过内容营销、广告、会员订阅等方式实现盈利。例如，通过视频、博客、播客等形式吸引流量，再通过相关产品销售或广告合作盈利。

（5）社交电商型：结合社交网络和电子商务，利用社交关系链进行商品推广和销售。例如，通过微信朋友圈、抖音等社交平台分享商品链接，实现社交购物。

（6）定制化和个性化服务型：提供定制化产品或个性化服务，满足消费者对独特性和个性化的需求。例如，提供个性化定制的服装、礼品等。

（7）跨境电商型：专注于国际市场的电子商务创业，帮助国内商家拓展海外市场，或将国外商品引入国内市场。例如，通过跨境电商平台进行国际贸易。

（8）垂直细分市场型：专注于特定行业或细分市场的电子商务平台，如专注于母婴、健康、宠物等领域的电商平台。

（9）技术创新型：利用新的技术，如人工智能、大数据、区块链等，来创新电子商务模式，提供新的服务和解决方案。

（10）服务型电子商务：提供在线服务，如在线教育、远程医疗、虚拟咨询等。这些服务不涉及实体商品的交易，而是提供专业知识和技能。

这些类型的电子商务创业模式各有其独特的商业价值和应用场景。创业者可以根据自己的资源、市场需求和创新能力选择合适的模式进行创业。随着技术的发展和消费者需求的变化，电子商务的类型和应用价值也在不断演变和扩展。

10.2.5　电子商务创业平台的选择

不同的电商平台有着各自的特点和优势，选择合适的平台对于创业者来说至关重要。

1. 综合性电商平台

这些平台拥有庞大的用户基础和丰富的商品种类，能够为创业者提供广泛的市场曝光和多样化的销售渠道，适合有多样化商品线和较强市场适应能力的创业者。创业者应关注平台规则变化，优化店铺运营，提高商品质量和服务水平。

淘宝是中国最大的 C2C 和 B2C 电商平台，拥有庞大的用户群体和丰富的商品种类。它支持个人卖家和小型商家开设店铺，销售各种商品，包括服装、家居、电子产品等。淘宝的生态系统还包括支付宝支付、物流服务等，为创业者提供了一站式的电商解决方案。创业者应充分利用淘宝的流量优势，通过优化店铺装修、提高商品质量和服务水平来吸引和留住消费者。同时，利用淘宝的数据分析工具来了解市场趋势和消费者行为，以便更好地定位产品和调整营销策略。

天猫是面向品牌商家的 B2C 平台，强调正品保证和高品质的购物体验。它为品牌商家提供了一个展示和销售正品的平台，同时也为消费者提供了更加信赖的购物环境。天猫的营销活动如"双 11""618"等，为商家带来了巨大的流量和销售机会。品牌商家应注重品牌建设和正品形象的塑造，提供优质的产品和服务。同时，积极参与平台的营销活动，利用平台资源进行品牌推广和用户互动。

京东以自营模式为主，强调快速物流和正品保障，主要销售电子产品、家电、日用品等。京东的自营模式确保了商品的质量和配送速度，为消费者提供了良好的购物体验。同时，京东也支持第三方商家入驻，形成了一个多元化的电商生态。创业者在选择入驻京东时，应考虑自己的商品是否符合京东的用户定位和品质要求。同时，利用京东的物流优势，提供快速配送服务，提升用户体验。

亚马逊是全球性的 B2C 和 C2C 电商平台，覆盖了美国、欧洲、亚洲等多个市场。它为商家提供了一个国际化的销售渠道，有助于品牌和商品的全球扩张。亚马逊的 FBA（Fulfillment by Amazon）服务为商家提供了仓储和物流解决方案，简化了跨境销售的复杂性。对于有意向进入国际市场的创业者，亚马逊提供了一个便捷的平台。创业者需要了解目标市场的法规、文化差异和消费者习惯。同时，利用亚马逊的 FBA 服务，创业者可以降低物流和仓储的运营压力。

2. 社交电商平台

利用社交网络的传播效应，通过用户分享和互动促进商品销售，具有较强的用户黏性和转化率。它适合善于利用社交媒体和内容营销的创业者。创业者应注重内容创作和用户互动，建立品牌社群，提高用户参与度。

拼多多以其独特的社交电商模式著称，主要通过拼团、砍价等互动方式吸引用户参与购物。这种模式鼓励用户邀请亲朋好友一起购买，以获得更低的价格，从而实现商品的快速销售。拼多多还注重商品品质，严格审核商家，确保商品质量。此外，拼多多的物流配送快速，优化了用户的购物体验。创业者应充分利用拼多多的社交分享特性，设计吸引人的拼团活动，鼓励用户邀请新用户参与。同时，确保商品质量，提供优质的客户服务，以建立良好的口碑。创业者还可以利用拼多多的数据分析工具，了解用户行为，优化营销策略。

微信小程序是一种轻量级的应用，用户无须下载安装即可在微信内直接使用。它依托微信庞大的用户基础，为商家提供了便捷的线上销售渠道。小程序易于分享，用户可以通过微信聊天、朋友圈等方式快速传播，增加商品的曝光率。小程序的开发和维护成本相对较低，适合中小企业和个体创业者。创业者应考虑开发微信小程序，以充分利用微信的社交网络效应。在小程序设计上，应注重用户体验，确保操作简便，加载速度快。同时，结合微信的社交功能，如微信群、公众号等，进行内容营销和用户互动，提高用户黏性。

3. 垂直电商平台

专注于特定行业或市场细分领域，提供专业化的商品和服务，有助于精准定位目标客户。它适合对特定市场有深入了解的创业者。创业者应深耕细分市场，提供差异化的商品和服务，建立品牌特色。

唯品会主要针对追求时尚品牌但对价格敏感的女性用户，特别是二、三线城市的消费者。它以品牌折扣商品为主，提供精选导购服务，并通过限时抢购模式吸引用户。唯品会的物流模式是建设仓储中心加落地配送，不自建物流。这有助于降低成本并提高效率。创业者在使用唯品会时，应关注品牌折扣和限时抢购的策略，确保商品的质量和供应链的稳定性。同时，利用唯品会的数据分析工具来优化库存管理和组织营销活动，提高用户转化率。

聚美优品专注于美妆和母婴产品，主要服务于"80后"女性用户群体。它通过团购模式每天推荐热门化妆品，并通过传统电视媒体和网络广告吸引目标用户。聚美优品的优势在于对用户需求的准确把握和对美妆市场的深入理解。创业者在聚美优品上销售时，应注重产品质量和用户体验，提供专业的美妆咨询服务。同时，可以通过社交媒体和内容营销来增强品牌影响力，吸引和维护用户。

4. 跨境电商平台

它为创业者提供进入国际市场的机会，有助于拓展全球业务和增加收入来源，适合有国际视野和外语能力的创业者。创业者需要了解目标市场的文化、法规和物流情况，提供符合当地需求的商品。

速卖通是阿里巴巴集团的跨境电商平台，支持 B2B 和 B2C 模式，主要销往俄罗斯、巴西、美国等国家。它提供全中文操作界面，免费刊登大部分品类，运营政策相对宽松。速卖通在俄罗斯和巴西均有自己的仓库，有助于降低跨境运输风险。创业者在使用速卖通时，应充分利用其国际市场的优势，了解目标市场的文化和法规，提供符合当地需求的商品。同时，关注平台的运营政策变化，合理规划营销预算，以应对激烈的市场竞争。

eBay 是一个国际性的 C2C 和 B2C 电商平台，允许全球范围内的买卖。它拥有庞大的国际用户基础，为商家提供了一个展示和销售商品的广阔平台。eBay 的拍卖模式为商品销售增加了趣味性和竞争性。创业者在 eBay 上销售时，应注重商品的国际物流和售后服务，确保商品能够安全、快速地送达消费者手中。同时，利用 eBay 的数据分析工具来优化商品列表和定价策略，提高商品的曝光率和销售转化率。

5. 内容电商平台

它是结合内容创作和电商销售，通过高质量的内容吸引用户，实现商品的自然推广，适合有内容创作能力和对特定领域有深入了解的创业者。创业者应注重内容的原创性和互动性，通过故事化营销吸引用户。

小红书是一个结合社交和电商的平台。用户可以在平台上分享购物心得、生活方式等内容，并通过内容推荐商品。这种模式鼓励用户生成高质量的内容，形成社区互动，从而促进商品的自然销售。创业者应充分利用小红书的内容分享特性，创造有价值的内容来吸引用户关注。同时，可以通过与 KOL（关键意见领袖）合作，利用他们的影响力推广商品。创业者还应关注平台的内容审核政策，确保内容合规。

抖音通过短视频和直播带货创造了一种新的电商模式。用户可以在观看有趣、有创意的短视频内容的同时，直接购买视频中展示的商品。这种模式强调内容的娱乐性和互动性，能够快速吸引用户注意力并促进购买。创业者应考虑如何将商品融入有趣、吸引人的短视频内容中。同时，可以利用抖音的直播功能，进行实时互动，增加用户参与度。创业者还应关注抖音的算法推荐机制，优化内容策略，以提高曝光率。

6. 服务型电商平台

它专注于提供线上服务，如餐饮、旅游预订等，满足用户的即时需求，适合有服务行业背景的创业者。创业者应提供快速响应和高质量的服务，建立良好的用户评价体系。

美团提供包括餐饮、酒店、旅游等在内的本地生活服务。它通过聚合本地商家资源，为用户提供便捷的线上预订和线下消费体验。创业者在使用美团时，应注重提升服务质量和用户体验。可以通过参与美团的营销活动，如优惠券、团购等，吸引用户。同时，利用美团的大数据分析，了解消费者偏好，优化服务内容。

携程专注于旅游预订服务，提供机票、酒店、旅游套餐等一站式旅游解决方案。它通过与众多旅游供应商合作，为用户提供丰富的旅游产品和服务。创业者在携程上销售旅游产品时，应确保产品的质量和服务的专业性，可以通过提供差异化的旅游套餐和优惠政策来吸引用户。同时，要关注携程的用户评价系统，积极回应用户反馈，提升服务质量。

7. 专业市场平台

它是企业提供原材料、工业品等大宗商品的交易平台，有助于产业链上下游的对接，适合有行业资源和供应链管理能力的创业者。创业者应注重供应链优化，提供便捷的交易和物流服务。

1688是面向企业间的B2B交易平台，主要涉及原材料、工业品等大宗商品的交易。它为中小企业提供了一个便捷的采购和销售渠道。创业者在使用1688时，应注重建立稳定的供应链关系，提供优质的产品和服务。同时，利用平台的数据分析工具，了解市场动态，优化库存和销售策略。

慧聪网提供企业间的采购和销售信息，帮助企业寻找合作伙伴和商机。它通过线上平台和线下活动，促进企业间的交流与合作。创业者应充分利用慧聪网的信息资源，寻找潜在的商业机会。同时，通过平台展示企业实力和产品优势，建立良好的企业形象。

8. 农产品电商平台

它专注于农产品的销售，有助于农产品的上行和农民增收，适合有农业背景或对农产品市场有研究的创业者。创业者应关注农产品的品质和物流，提供安全、新鲜的农产品。

农村淘宝专注于农产品上行，帮助农民将产品销售到城市市场。它通过整合农村资源，提供农产品的标准化、品牌化和电商化服务。创业者在使用农村淘宝时，应注重农产品的品质控制和物流配送，可以通过平台提供的培训和指导，提升农产品的竞争力。同时，利用平台的营销资源，扩大农产品的市场影响力。

易果生鲜专注于生鲜食品的电商销售，提供新鲜、优质的农产品。它通过冷链物流和快速配送，确保生鲜产品的新鲜度。创业者在易果生鲜上销售时，应确保生鲜产品的质量和配送效率，可以通过平台的数据分析，了解消费者需求，调整产品结构。同时，注重用户反馈，提升服务质量。

9. 二手交易平台

它是提供个人二手物品买卖的平台，有助于资源的循环利用，适合对二手市场有洞察力的创业者。创业者应确保交易的安全性和透明度，提供便捷的交易流程。

闲鱼是一个个人二手物品交易的C2C平台，用户可以在这里买卖闲置物品。它提供了便捷的交易流程和安全的支付保障。创业者在使用闲鱼时，应注重商品的真实描述和诚信交易，可以通过提供良好的售后服务，建立良好的卖家信誉。同时，利用平台的推广工具，提高商品的曝光率。

转转同样提供二手商品交易服务，特别关注手机、电脑等电子产品。它通过专业的验货服务，确保交易的安全性。创业者在转转上销售二手电子产品时，应确保商品的质量和功能完好，可以通过平台的验货服务，增加买家的信任。同时，关注平台的交易规则，确保交易的顺利进行。

创业者在选择平台时应考虑自己的产品特性、市场定位、资源和能力，以及平台的用户基础、流量、政策支持等因素。同时，创业者还应关注平台的发展趋势和市场变化，灵活调整自己的电商策略。

10.2.6 电商创业团队的组建及管理

1. 电商创业团队的组建

组建电商创业团队是一个系统工程，需要从多个维度进行规划和执行。

（1）明确团队目标和核心理念：在团队组建之初，创业者应确立清晰的商业目标和核心理念。这不仅包括短期的销售目标，还应涵盖长期的品牌建设和市场定位。核心理念应体现企业的价值观，如客户至上、创新驱动等，并在团队文化中得到体现。这有助于吸引志同道合的人才，并在团队中形成共同的行动指南。

（2）确定关键岗位和职责：电商业务涉及多个环节，包括产品上架、订单处理、客户服务、市场推广等。创业者应根据业务需求，明确每个岗位的关键职责。例如，运营团队负责商品上架和库存管理，客服团队处理客户咨询和售后问题，市场营销团队负责品牌推广和用户增长。每个岗位的职责应具体、明确，以确保团队成员了解自己的工作重点。

（3）逐步建立团队：对于资源有限的初创企业，建议采取逐步建立团队的策略。可以先从核心业务岗位开始，如运营和客服，随着业务的扩展，再逐步增加其他支持的岗位。这种策略有助于控制成本，同时确保团队在关键领域的专业性。

（4）招聘合适的人才：在招聘时，除了考虑候选人的专业技能，还应重视其团队合作能力、学习能力和适应变化的能力。可以通过多渠道招聘，如社交媒体、专业招聘网站、行业活动等。面试过程中，可以通过行为面试法评估候选人的团队协作和问题解决能力。

（5）建立团队文化和激励机制：电商团队的文化应鼓励创新思维和对市场变化的快速响应。可以通过团队建设活动、开放式办公环境等方式培养团队精神。激励机制应与团队目标和个人绩效相结合，确保团队成员的努力得到合理的回报。

（6）培训和发展：新员工入职后，应提供全面的培训，包括公司文化、业务流程、岗位技能等。同时，为团队成员规划职业发展路径，提供持续学习的机会，如在线课程、行业研讨会等，以提升团队的整体能力。

（7）优化团队结构：随着业务的发展，团队结构可能需要调整。创业者应定期评估团队运作效率，识别瓶颈和改进点。必要时，可以调整团队规模、重组岗位或引入新的工作流程，以提高团队的适应性和灵活性。

（8）利用外部资源：对于某些非核心业务或专业性强的工作，可以考虑外包。这样可以降低固定成本，同时利用外部专家的专业知识。例如，可以将物流、IT支持等外包给专业服务提供商，让团队专注于核心业务。

2. 电商创业团队的管理

电商创业团队的科学管理是确保业务顺利运行和高效增长的关键。

（1）目标设定与绩效管理：明确的目标是团队前进的方向。通过 SMART 原则（具体、可衡量、可达成、相关性、时限性）设定目标，企业可以确保团队成员对目标有清晰的认识。绩效管理则通过设定 KPIs（关键绩效指标）来量化目标，通过定期的绩效评估来监控进度，并及时调整策略。这有助于提高团队的执行力和目标达成率。

（2）流程优化与自动化：通过流程再造，消除不必要的步骤，简化工作流程。自动化工具的应用可以大幅提高工作效率，减少人为错误。例如，自动化的库存管理系统可以实时更新库存状态，减少缺货或过剩的风险。这不仅提高了工作效率，还提升了客户满意度。

（3）团队协作与沟通：有效的沟通是团队良好协作的基础。企业要建立开放的沟通环境，鼓励团队成员分享信息和意见。使用协作工具如 Slack、Zoom 等，可以实时沟通，提高决策效率。定期的团队会议和工作汇报有助于保持团队同步，确保每个人都了解项目的新进展。

（4）培训与发展：持续的培训和发展计划有助于提升团队的专业技能和市场适应能力。通过内部培训、外部研讨会、在线课程等方式，团队成员可以不断学习新知识，跟上行业发展潮流。这不仅提升了团队的整体能力，也为团队成员提供了个人成长的机会。

（5）激励与认可：合理的激励机制可以激发团队成员的积极性和创造力。除了物质激励如奖金、股权激励外，非物质激励如公开表扬、职业发展机会也同样重要。这有助于建立积极的工作氛围，提高团队的凝聚力。

（6）领导力与文化建设：领导者的领导风格和价值观对团队文化有着深远的影响。领导者应展现出坚定的决心和清晰的愿景，通过自己的行为来激励团队。建立一种以客户为中心、鼓励创新和团队合作的文化，可以提高团队的整体表现。

（7）客户导向：始终将客户需求放在首位，确保团队的决策和行动都以提升客户体验为目标。通过客户反馈来优化产品和服务，建立长期的客户关系。团队成员应具备良好的客户服务意识，能够快速响应客户需求，解决客户问题。

（8）风险管理与应对：识别潜在的风险，如市场波动、供应链中断等，并制订应对计划。通过多元化的供应链管理、灵活的市场策略等手段，企业不断降低风险对业务的影响。这有助于团队面对挑战时保持稳定，确保业务的连续性。

通过这些管理环节，电商创业团队可以更有效地运作，提高工作效率，实现业务目标。团队管理的成功不仅依赖于策略和工具的有效运用，还需要领导者的聪明智慧和团队成员的共同努力。

10.2.7 电子商务创业的风险及控制

电子商务创业面临的风险可以从多个维度进行详细论述。

1. 市场风险

市场需求变化迅速，导致产品或服务迅速过时。消费者偏好的转变使现有产品失去吸引力，新市场的开拓可能因缺乏经验而失败。此外，市场饱和度的增加导致竞争加剧，利润空间缩小。市场需求的快速变化要求创业者持续关注市场动态，及时调整产品策略。消费者偏好的转变需要企业进行产品创新或市场定位调整。新市场的开拓需要深入的市场研究和策略规划，以避免因缺乏经验而失败。市场饱和度的增加意味着创业者需要寻找差异化的竞争优势，以维持利润空间。

2. 技术风险

电子商务依赖信息技术，技术更新换代速度快，导致现有系统迅速落后。同时，网络安全问题，如数据泄露、黑客攻击，损害企业声誉和客户信任。此外，技术故障导致交易中断，进而影响用户体验。技术更新换代的速度要求企业不断投资于技术升级，以保持竞争力。网络安全问题需要企业建立严格的数据保护措施，防止数据泄露和黑客攻击。建立技术故障的预防和应对机制对于保障交易连续性和用户体验至关重要。

3. 供应链风险

供应链中断，如供应商破产或物流延误，导致产品供应不稳定。原材料价格波动影响成本，进而影响利润。此外，依赖单一供应商增加风险。一旦供应商出现问题，整个业务受到严重影响。供应链的稳定性对于电商的运营至关重要。企业应建立多元化的供应商网络，以降低对单一供应商的依赖。同时，制定应对原材料价格波动的策略，如期货合约，可以帮助企业稳定成本支出。供应链管理的优化，如实时库存监控和物流协调，可以减少中断风险。

4. 法律和监管风险

电子商务受到多方面法律法规的约束，如消费者权益保护、数据保护、知识产权等。法规的变动导致合规成本增加，甚至面临法律诉讼。此外，不同国家和地区的法律法规差异给跨境电商带来额外的合规挑战。遵守法律法规是电商企业的基本要求。企业应建立合规体系，定期进行法律审查，确保业务活动合法。对于跨境电商，了解并适应不同国家的法律法规是其成功的关键。合规培训和顾问服务可以帮助企业应对法律变化。

5. 财务风险

资金流动性不足导致企业运营困难，债务管理不善导致债务违约。投资决策失误，如过度扩张或投资失败，造成资金损失。汇率波动影响跨境电商的成本和收益。资金流动性管理是企业运营的核心。企业应制订合理的财务计划，确保有足够的现金流。债务管理应谨慎，避免过度负债。投资决策应基于充分的市场分析和风险评估，以减少损失。对于跨境电商，科学使用汇率风险管理工具，如外汇套期保值，可以帮助企业稳定收益。

6. 竞争风险

新进入者通过创新或价格战迅速抢占市场份额。现有竞争对手通过改进产品、优化服务或加强营销来增强市场地位。价格战导致利润率下降，而忽视品牌建设和客户体验导致客户流失。在竞争激烈的市场中，企业需要不断创新和优化服务以保持竞争力。价格战应谨慎进行，以免损害品牌形象和利润率。而加强品牌建设和客户体验的提升才是企业长期保持市场地位的关键。

7. 运营风险

运营效率低下导致成本增加，库存管理不当导致库存积压或缺货，客户服务问题损害品牌形象。此外，团队管理不善导致员工流失和工作效率低下。高效的运营管理可以降低成本，提高利润。库存管理应采用先进的信息系统，以减少积压和缺货；客户服务应注重质量，以维护品牌形象；团队管理应注重员工培训和激励，以提高工作效率，降低流失率。

8. 战略风险

错误的市场定位或战略选择导致资源浪费，对市场趋势判断失误错失发展机遇，过度依赖某一市场或渠道在市场发生变化时遭受重创。正确的市场定位和战略选择对企业的成功至关重要。企业应基于市场研究和内部资源进行战略规划，避免资源浪费。对市场趋势的准确判断，可以帮助企业抓住发展机遇。多元化市场和渠道可以降低对单一市场或渠道的依赖，增强企业的抗风险能力。

延伸阅读 10-1　如何从 0-1 搭建抖音电商团队

凡客诚品：电商创业需要持之以恒

凡客诚品是一家中国电商品牌，成立于 2007 年。起初，凡客以销售自有品牌衬衫为主打产品，凭借出色的设计和品质，迅速在市场上获得了一定的知名度。然而，随着市场竞争的加剧和消费者需求的不断变化，凡客面临着巨大的挑战。

在过去的几年里，凡客经历了多次战略调整和品牌重塑。创始人陈年不断尝试新的商业模式和营销策略，包括推出更多自有品牌商品、拓展海外市场、跨界合作等。同时，凡客也不断优化供应链管理，提高产品质量和用户体验，以保持竞争优势。

凡客的成功离不开以下几个方面。

坚持品质为本：凡客始终坚持品质至上的原则，注重产品的细节和品质。无论是自有品牌商品还是合作品牌商品，凡客都严格把关，确保产品质量和设计的独特性。这种对品质的坚持赢得了消费者的信任和忠诚度。

创新商业模式：面对市场的不断变化和竞争的加剧，凡客不断尝试新的商业模式和营销策略。例如，凡客推出了"抢红包"等互动营销活动，通过社交媒体和用户互动提升品牌知名度和销售额。此外，凡客还与知名品牌跨界合作，推出联名款商品，满足消费者的个性化需求。

优化供应链管理：为了提高产品质量和降低成本，凡客不断优化自身的供应链管理。通过与优质供应商建立长期合作关系，以及采用先进的生产技术和设备，凡客确保了产品的稳定性和可持续性。凡客还注重环保和社会责任，推动企业的可持续发展。

提升用户体验：电商行业的竞争归根结底是用户体验的竞争。凡客始终关注用户需求和反馈，不断改进和优化购物流程、售后服务等方面。例如，凡客提供了多种便捷的支付方式、快速的物流配送以及优质的售后服务，让消费者在购物过程中感受到贴心和满意。

持续学习与改进：电商行业的变化日新月异，凡客不断学习和借鉴其他成功案例的经验教训。通过参加行业会议、与其他企业交流合作等方式，凡客不断获取新的知识和资源，为自己的发展注入新的活力。同时，凡客还注重内部培训和团队建设，提升员工的专业素质和凝聚力。

尽管在发展过程中遭遇了多次挫折和困难，但凡客始终坚持自己的初心和使命，不断改进和创新。经过多年的努力，凡客已经成为中国电商行业的知名品牌之一，其产品线已经覆盖了服装、家居、配饰等多个领域，拥有了一大批忠实的粉丝和用户。

这个案例表明，电商创业需要持之以恒的努力和坚持。在市场竞争激烈的环境下，创业者需要不断学习和创新,紧跟消费者需求的变化,才能在电商行业中立于不败之地。同时,创业者也需要具备坚定的信念和决心,面对挫折和困难时保持冷静和乐观的心态,不断前行。

资料来源:根据网络公开资料编写。

10.3　新媒体创业

10.3.1　新媒体创业的定义

新媒体创业是指基于互联网和数字技术的发展,通过新的媒体形式如数字杂志、手机短信、数字电视等,进行内容创作、传播和商业化运作的创业活动。与传统媒体相比,新媒体创业的特点在于其传播速度快、覆盖面广、交互性强,能够迅速地与目标受众建立联系,并通过精准营销实现商业价值。

新媒体创业的本质是内容创业,核心竞争力在于高质量的内容。创业者需要具备创新思维、敏锐的市场洞察力和扎实的专业知识,能够创作出有价值、有趣、有特色的内容,满足用户的需求和口味。同时,新媒体创业也需要借助各种新媒体平台进行传播和推广,扩大品牌知名度和影响力。

新媒体创业的商业价值主要体现在广告、电商、付费内容等多个方面。通过精准的用户定位和数据分析,新媒体创业者可以与广告主建立合作,实现广告的精准投放和效果评估;也可以通过电商平台将内容转化为商品,实现商业化运作;还可以提供付费内容和服务,满足用户更高层次的需求。

10.3.2　新媒体创业的特点

新媒体创业的特点可以从以下十个方面论述。

(1)即时性。新媒体的即时性体现在信息传播的速度上。用户可以通过手机、电脑等智能终端实时发布和接收信息。这种即时性使得新媒体成为快速传播新闻、观点和趋势的理想平台。对于新媒体创业者来说,这意味着他们可以迅速响应市场变化,实时与用户互动,从而提高内容的时效性和吸引力。

(2)低成本。与传统媒体相比,新媒体的广告投放成本相对较低。例如,通过社交媒体平台进行推广,费用通常按点击或曝光计费,这大大降低了营销预算。新媒体的低成本特性使得初创企业和个人创业者更容易进入市场,通过精准营销策略吸引目标受众。

(3)互动性。新媒体平台通常具有高度的互动性,用户可以直接评论、分享和参与内容创作。这种互动性不仅增强了用户的参与感,也为创业者提供了宝贵的用户反馈,帮助他们更好地了解用户需求,优化产品和服务。

(4)个性化与定制化。新媒体允许创业者根据用户的兴趣和行为数据提供个性化的内容和服务。通过数据分析,创业者可以定制化营销策略,提高转化率和用户满意度。这种个性化的用户体验是新媒体创业的一大优势。

(5)内容多样化。新媒体支持多种内容形式,如文字、图片、视频、直播等,为创业者提供了丰富的表达方式。这种多样化的内容创作空间使得新媒体创业者能够通过创新的内容形式吸引用户,提高品牌影响力。

（6）技术驱动。新媒体的发展依赖先进的技术，如大数据、人工智能、AR/VR 等。这些技术的应用使得新媒体创业更加智能化，提高了运营效率，同时也为创业者提供了新的商业模式和创新机会。

（7）全球化。新媒体平台的全球性使得创业者能够轻松触及国际市场。通过社交媒体和内容平台，创业者可以跨越地域限制，与全球用户建立联系，拓展业务范围。

（8）监管挑战。随着新媒体的快速发展，监管政策也在不断变化。创业者需要密切关注相关法律法规，确保内容和运营符合规定，避免因违规而受到处罚。同时，新媒体的监管挑战也要求创业者具备良好的风险管理能力。

（9）持续创新。新媒体领域的竞争非常激烈，创业者需要不断创新以保持竞争力。这包括内容创新、技术创新、商业模式创新等。持续创新是新媒体创业成功的关键因素之一。

（10）用户参与度高。新媒体平台鼓励用户参与内容创作和传播，这种参与度的提高有助于形成强大的用户基础和社区。创业者可以通过激励机制，如用户生成内容（UGC）和社交媒体挑战，来提高用户的参与度和忠诚度。

10.3.3 新媒体创业的核心要素

1. 技术与平台基础

新媒体创业依赖先进的数字技术和网络基础设施，如云计算、大数据分析、人工智能等。这些技术为新媒体提供了强大的数据处理能力和创新的应用场景。同时，新媒体平台如微信、微博、知乎等，为创业者提供了内容分发、用户互动和商业变现的渠道。创业者需要充分利用这些平台的特性，如算法推荐、社交分享等，来提升内容的传播效率和用户参与度。

2. 内容与创意制作

内容是新媒体创业的灵魂，包括文案、设计、视频、音频等多种形式。高质量的原创内容能够吸引目标受众，建立品牌形象。创业者需要具备或培养相关的创意制作技能，如视频剪辑、平面设计、音频制作等，以创作出符合用户口味和市场需求的内容。同时，内容的创新性和多样性也是吸引用户的关键。

3. 用户互动与社群管理

新媒体强调用户参与和社群建设。创业者需要通过有效的社群管理和用户互动策略，如建立粉丝群、开展互动活动等，来增强用户的归属感和忠诚度。利用数据分析工具，创业者可以更好地理解用户行为，优化内容策略，提高用户活跃度和转化率。

4. 运营策略与商业模式

新媒体运营需要综合运用内容运营、社群运营、短视频和直播运营等多种策略。创业者应根据平台特性和用户偏好，制订合适的运营计划。同时，探索多元化的商业模式，如广告合作、内容付费、电商导流等，以实现可持续的盈利。

5. 法律法规与风险管理

新媒体创业必须遵守相关法律法规，如版权法、广告法、数据保护法等。创业者应树立合规意识，确保内容和运营活动合法合规。同时，应建立风险管理机制，对市场变化、技术更新、竞争态势等进行持续监控，以应对潜在风险。

6. 持续创新与适应能力

新媒体行业变化迅速，创业者需要具备快速学习和适应的能力，持续关注行业动态，跟踪技术发展，不断尝试新的运营手段和商业模式。创新是新媒体创业的核心驱动力，只有不断创新，才能在竞争激烈的市场中脱颖而出。

10.3.4 新媒体创业的类型

新媒体创业的类型多样，每种类型都有其独特的运营模式和盈利途径。

1. 内容创作与分发

内容创作者通过新媒体平台发布原创文章、视频、播客等，吸引观众关注。他们可以通过平台的广告分成计划、用户打赏、内容付费订阅等方式获得收入。例如，YouTube上的独立视频制作人通过创作教育、娱乐或生活方式相关内容，吸引观众观看，并通过广告和会员订阅获得收益。创业者应专注于创作高质量、有吸引力的内容，确保内容与目标受众的兴趣和需求相匹配。同时，他们可以了解并利用平台的算法优化内容分发，以提高曝光率。此外，考虑多元化收入来源，如广告、品牌合作和内容付费等，降低对单一收入渠道的依赖。

2. 电商与社交电商

社交电商平台结合了社交媒体的互动性和电子商务的便捷性，通过直播、短视频等形式展示商品，直接促进销售。例如，中国的直播带货模式，如董宇辉等通过直播平台向观众推荐商品，利用个人影响力和互动环节，实现商品的快速销售。为此，创业者应建立强大的个人品牌或品牌形象，利用社交媒体的影响力来吸引和维护客户；了解并适应不同平台的电商规则，优化物流和客户服务，以提高用户满意度；同时，关注市场趋势，及时调整产品策略。

3. 广告变现

拥有大量粉丝的新媒体账号可以通过展示品牌广告来获得收入。这些广告可以是平台自动匹配的，也可以是与品牌直接合作的定制内容。例如，微信公众号运营者通过发布软文广告，为品牌提供曝光，同时获得广告费。创业者应建立一个稳定的粉丝基础，保持与粉丝的互动，以提高广告效果。同时，了解广告主的需求，提供定制化的广告内容，以提高广告转化率。此外，保持内容的原创性和价值，避免过度商业化影响用户体验。

4. 知识付费与在线教育

专业人士通过新媒体平台提供在线课程、讲座、咨询服务等，用户通过付费获取知识。例如，Coursera、Udemy等在线教育平台上的讲师，通过售卖课程，分享专业知识，同时获得经济回报。创业者应确保提供的课程或服务具有专业性和实用性，满足用户的学习需求，并利用新媒体平台的数据分析工具来优化课程内容和教学方法。同时，建立良好的口碑，通过用户推荐来吸引新学员。

5. 社群运营与会员服务

创业者通过建立特定主题的社群，提供独家内容、活动和交流机会，吸引用户付费成为会员。例如，Reddit 上的某些子论坛（subreddits）提供会员服务，会员可以享受无广告浏览、专属内容等特权。创业者应明确社群的目标和价值观，提供与社群主题相关的高质量内容和服务；建立良好的社群管理机制，鼓励成员参与和互动；通过会员制度提供额外的价值，如独家内容、优先服务等，以提高会员的忠诚度。

6. 数据分析与咨询服务

新媒体创业者利用数据分析工具，为其他企业提供市场趋势分析、用户行为洞察等服务。例如，社交媒体分析公司如 Sprout Social，帮助企业理解其在社交媒体上的表现，优化内容策略。创业者应具备扎实的数据分析技能，并能够将分析结果转化为实际的业务建议；保持对新媒体趋势的关注，以便提供新的市场洞察；建立良好的客户关系，通过口碑和推荐来扩大业务。

7. 技术服务与工具开发

技术创业者开发新媒体相关的软件工具，如内容管理系统（CMS）、社交媒体管理工具等，帮助其他新媒体运营者提高效率。例如，Hootsuite 提供了一个集成的社交媒体管理平台，帮助用户管理多个社交媒体账号。创业者应关注新媒体运营者的实际需求，开发易用、高效的工具；持续迭代产品，以适应市场的变化和技术的进步；提供优质的客户支持，帮助用户充分利用工具提升运营效率。

对于所有新媒体创业者来说，重要的是保持对行业动态的敏感性，不断学习和适应新技术。同时，建立清晰的商业模式，确保可持续的收入来源，注重用户体验，以建立长期稳定的业务。

10.3.5 常见新媒体创业平台

随着新媒体的快速发展和普及，它成为一个既充满机会又充满挑战的领域。创业者纷纷将目光转向新媒体创业，以期发掘更多的商业机会。以下是六个常见的新媒体创业平台及其特点和优势。

1. 今日头条

（1）用户基数庞大。作为中国最大的内容推荐平台之一，今日头条拥有超过 7 亿的用户基数，日活跃用户数量超过 7000 万。这为创业者提供了广泛的受众基础，便于他们推广产品或服务。

（2）智能推荐系统。今日头条凭借先进的算法和大数据技术，能够准确地为用户推荐感兴趣的内容。这意味着即使创作者是第一次发布文章，只要内容质量足够高，就能够获得大量阅读和关注。

（3）广告投放与分成计划。平台提供了多种广告投放选项，包括品牌广告、效果广告和视频广告等。创业者可以根据自己的需求选择合适的广告形式，提高品牌知名度和转化率。同时，头条号创作者可以参与分成计划，获得收益。

（4）投资合作与培训资源。今日头条为创业者提供了一个投资合作平台，他们可以在这里展示自己的创业项目并寻找投资者。此外，平台还提供了一系列创业培训课程和资源，帮助创业者提升技能和知识。

2. 微信公众号

（1）社交属性强。微信作为中国流行的社交媒体平台，具有强大的社交属性。通过微信公众号，创业者可以与潜在客户建立联系，进行互动交流。

（2）营销工具丰富。微信公众号提供了多种营销工具，如朋友圈广告、微信公众号广告和微信小程序等。这些工具可以帮助创业者更高效地进行营销活动，提高品牌知名度和曝光率。

（3）微信小店与支付功能。创业者可以在微信平台上开设店铺，销售产品或服务。同时，微信支付功能为交易提供了便捷性和安全性，提高了用户的购买意愿。

（4）创业培训资源。微信平台提供了创业培训课程和资源，涵盖创业指南、营销策略、产品开发等内容，帮助创业者应对创业过程中的各种挑战。

3. 百度百家号

（1）内容分发与变现。作为百度旗下的内容创作平台，百度百家号致力于帮助内容创作者实现内容变现。通过在百家号上发布有价值的内容，创业者可以获得内容分成收益，实现商业价值。

（2）多形式内容创作。百度百家号支持文字、图片、视频等多种形式的内容创作，为创业者提供了丰富的创作空间和机会。

（3）广告分成机制。人们发布的内容有机会获得广告分成收益，增加收入来源。同时，百度强大的广告联盟将为内容创作者带来更多的广告机会。

4. 知乎

（1）知识分享社区。知乎是一个以知识分享为主的社区平台，用户群体以年轻人和专业人士为主。在这里，创业者可以分享自己的专业知识、经验和见解，吸引目标受众。

（2）问题回答与观点分享。通过回答问题、发表观点等方式，创业者可以在知乎上建立自己的专业形象和信誉。这种方式有助于吸引潜在客户的关注和信任，提高品牌影响力。

5. 微博

（1）社交属性与实时性。微博是一个实时社交媒体平台，用户基数大且信息传播速度快。创业者可以通过微博实时发布动态，与粉丝互动，快速响应市场变化和满足用户需求。

（2）内容创意与转发机制。微博用户对创意内容和有趣的话题非常感兴趣。通过创意和高质量的内容制作，创业者可以吸引用户的关注和转发，扩大品牌知名度和影响力。同时，利用微博的转发机制，还可以将内容传播给更多的潜在受众。

6. 抖音

（1）短视频形式。抖音是一个短视频平台，用户主要集中在年轻人群体。通过短视频这种形式，创业者可以快速传递信息，展示产品或服务的特点和优势。短视频内容通常更易于被用户接受和分享，从而提高品牌曝光度和认知度。

（2）创意内容与社交属性。抖音强调创意和个性化内容。通过创意和高质量的内容制作，创业者可以在抖音上吸引用户的关注和喜爱。同时，抖音的社交属性允许用户进行互动、评论和分享，从而增强用户黏性和忠诚度。这为创业者提供了一个良好的平台，用于建立品牌形象、扩大影响力并吸引潜在客户。

除上述平台以外，还有 B 站、快手、小红书等也是受欢迎的新媒体创业平台。这些平台各具特色和优势，为创业者提供了不同的机会和支持方式。例如，B 站以年轻人为主要用户群体，侧重于二次元文化和创意内容；快手注重草根文化和短视频内容；小红书则是一个以购物分享为主的社交媒体平台，为创业者提供了与消费者互动和建立品牌形象的机会。

10.3.6 新媒体创业的机遇与挑战

1. 新媒体创业的机遇

新媒体创业在当前数字化、信息化快速发展的时代呈现出了前所未有的机遇。

1）市场需求的迅速增长

随着移动互联网的普及，用户对信息的需求呈现出爆炸式增长，尤其是对个性化和实时性内容的追求。新媒体平台如微博、抖音、Instagram 等，以其高度的互动性和实时更新能力，满足了用户对新鲜、有趣内容的需求。这为新媒体创业者提供了广阔的市场空间，他们可以通过创作符合用户口味的内容来吸引和积累粉丝，进而通过广告、品牌合作等方式实现盈利。

2）技术创新的推动

技术进步为新媒体创业带来了革命性的变化。人工智能技术的应用使得内容推荐更加精准，用户体验更加个性化。大数据技术帮助创业者分析用户行为，优化内容策略，提高转化率；区块链技术则为版权保护、内容验证提供了新的解决方案。这些技术的应用不仅提高了新媒体运营的效率，也为创业者提供了新的商业模式和盈利点。

3）低成本创业的机会

新媒体创业的门槛相对较低，创业者可以通过社交媒体、博客、视频平台等低成本渠道快速建立品牌。这些平台通常提供丰富的工具和资源，帮助创业者进行内容创作、用户增长和数据分析。此外，新媒体的盈利模式多样，包括广告分成、内容付费、会员服务等，为创业者提供了灵活的收入来源。

4）跨界融合的趋势

新媒体的跨界融合为创业者带来了新的商业机会。例如，新媒体与电商结合，形成了直播带货、社交购物等新模式；与线下实体结合，实现了线上线下的无缝对接，如通过新媒体平台推广线下活动或实体店铺；与文化、教育、娱乐等行业结合，创造了教育直播、在线课程、虚拟体验等新服务。这种跨界融合不仅丰富了新媒体的内容，也为创业者提供了更多元化的发展方向。

5）全球化的发展机遇

新媒体的全球性使得创业者能够轻松触及国际市场。通过多语言内容、文化适应性调整，新媒体创业者可以将产品和服务推广到全球范围。这不仅为创业者打开了更广阔的市场，也为全球用户提供了更多元化的选择。全球化还意味着可以接触到不同文化背景下的用户，为内容创作和市场策略提供了新的视角。

综上所述，新媒体创业的机遇在于其能够快速响应市场变化，利用技术创新，降低创业成本，实现跨界融合，以及拓展全球市场。

2. 新媒体创业面临的挑战

尽管新媒体创业具有许多机遇，但同时也面临着一系列的挑战。

1) 市场竞争与内容创作压力

新媒体行业的低门槛使得众多创业者涌入，导致内容创作领域竞争加剧。例如，短视频平台上，每天都有数以万计的视频发布，内容创作者必须不断创新，才能在众多视频中脱颖而出。这不仅要求创作者具备深厚的专业知识，还要有敏锐的市场洞察力，能够快速捕捉热点和趋势。同时，持续的高质量内容创作对创作者的心理压力巨大，需要良好的时间管理和情绪调节能力。例如，一些知名博主和视频创作者会定期进行内容规划，以确保内容的连续性和创新性，同时也会寻求心理咨询，以应对创作压力。

2) 用户需求的多样化与技术更新

用户对内容的需求日益多样化，这要求新媒体创业者要深入了解不同用户群体的偏好。例如，针对年轻用户的平台更注重娱乐性和互动性，针对专业人士的平台则更侧重深度和专业性。同时，新媒体技术的快速迭代要求创业者不断学习新技能，如直播技术、AR/VR 应用等。例如，一些电商平台通过引入直播带货，利用新技术提升用户体验，增加销售转化。

3) 法律法规遵守与心理压力

新媒体创业者必须严格遵守版权法、隐私保护法等法律法规，否则可能面临法律诉讼和经济损失。例如，未经授权使用他人作品会引发版权纠纷。此外，新媒体创业者在面对激烈的市场竞争和内容创作压力时，会感到焦虑和压力，需要通过合理的工作安排和心理辅导来缓解。

4) 商业模式的稳定性与资源限制

新媒体创业者在探索盈利模式时可能会遇到挑战，如广告收入不稳定、用户付费意愿低等。例如，一些内容创作者依赖平台的广告分成，但这种收入模式受平台政策和市场环境影响较大。同时，资源限制如资金短缺、人才缺乏等，会限制创业项目的发展潜力。例如，一些初创团队需要通过众筹、天使投资等方式来解决资金问题。

5) 专业指导与品牌建设

新媒体创业者在缺乏行业经验和资源的情况下，可能会在创业过程中出现方向性错误。例如，一些创业者没有意识到品牌建设的重要性，导致在市场推广时效果不佳。为了解决这些问题，创业者可以寻求行业专家的指导，或者加入创业孵化器，获取专业的培训和资源支持。同时，通过用户评价、口碑传播等方式提供高质量的内容和服务，逐步建立良好的企业品牌信誉。

延伸阅读 10-2　数字化创业渠道间的异同

10.4　其他数字化渠道创业

10.4.1　移动应用创业

1. 移动应用创业的内涵

移动应用创业是指利用移动通信技术，特别是智能手机和平板电脑等移动设备上的应用程序（App）进行的创业活动。这种创业形式结合了移动互联网的便捷性、实时性和个性化特点，为创业者提供了新的商业机会和挑战。我们可以从以下维度理解移动应用创业的内涵。

（1）移动应用的多样性。移动应用的多样性不仅体现在应用的类型上，还体现在服务的深度和广度上。例如，社交应用如微信和 WhatsApp 提供了即时通信、视频通话、支付等多种功能，教育应用如 Duolingo 和 Khan Academy 则提供了语言学习、编程教学等多样化的学习资源。这种多样性使得创业者可以针对特定用户群体或市场需求，开发定制化的解决方案，满足用户的特定需求。

（2）技术创新驱动。技术创新是推动移动应用创业的核心动力。随着 5G 网络的普及，移动应用可以提供更丰富的多媒体内容和更流畅的用户体验。云计算使得移动应用可以处理和存储大量数据，为用户提供更加智能和个性化的服务。人工智能和机器学习技术则使得移动应用能够更好地理解用户行为，提供精准推荐和自动化服务。这些技术的融合为创业者提供了前所未有的创新空间，使得移动应用能够实现更高级的功能，如智能语音助手、自动驾驶辅助系统等。

（3）用户中心。在移动应用创业中，用户体验是至关重要的。这意味着创业者需要从用户的角度出发，设计简洁、直观的用户界面，确保移动应用的操作流程清晰、易懂。同时，移动应用需要提供高质量的内容和服务，满足用户的即时需求。用户中心的理念还要求创业者重视用户反馈，通过用户测试和数据分析来不断优化产品，提升用户满意度和忠诚度。

（4）快速迭代。移动应用市场的快速变化要求创业者具备敏捷的开发和运营能力。快速迭代意味着创业者要能够迅速识别市场趋势，对移动应用进行必要的调整。这包括功能的添加、界面的优化、性能的提升等。快速迭代还涉及对商业模式的灵活调整，如从广告模式转向订阅模式，或者引入新的盈利渠道。此外，快速迭代还要求创业者建立高效的团队协作机制，确保开发、测试、发布等环节的高效运作。

2. 移动应用创业的构成要素

移动应用创业的构成要素主要包括以下九个方面。

（1）用户体验（UX）设计。良好的用户体验是移动应用成功的核心。这包括直观的用户界面（UI）、流畅的操作流程、快速的响应时间以及良好的交互设计。移动应用应该易于使用，并能让用户快速找到所需功能，同时提供愉悦的使用体验。例如，通过简化的导航、清晰的指示和直观的反馈，用户可以轻松完成任务，从而提高用户满意度和留存率。

（2）技术实现。移动应用的技术实现涉及编程语言的选择（如 Swift、Kotlin）、开发框架（如 React Native、Flutter）、数据库管理、API 集成等。技术实现需要确保应用的稳定性、安全性和可扩展性，以便随着用户基数的增长和业务需求的变化，让移动应用能够稳定运行并支持新功能的开发。

（3）商业模式。移动应用的商业模式决定了其盈利方式，包括广告收入、应用内购买、订阅服务、付费下载等。创业者需要根据目标市场和用户群体选择合适的商业模式，并设计相应的盈利策略。例如，免费应用通过广告和应用内购买来盈利，专业应用可能采用一次性购买或订阅模式。

（4）市场定位与目标受众。明确应用的市场定位和目标受众是创业成功的关键。这涉及对市场的研究、竞争对手的分析以及用户需求的了解。创业者需要根据这些信息来定制移动应用的功能和服务，确保移动应用能够满足目标用户的核心需求。

（5）团队与资源。一个高效的团队对于移动应用创业成功至关重要。团队成员应具备产品设计、开发、市场营销、数据分析等多方面的技能。此外，资源的合理分配，包括时间、资金和人才，也是确保项目顺利进行的重要因素。

（6）数据分析与用户反馈。通过数据分析工具收集用户行为数据，创业者可以很好地了解用户偏好、使用习惯和应用性能。用户反馈是改进移动应用的重要途径。通过用户的直接意见，创业者可以快速发现并修复问题，优化用户体验。

（7）法律合规与隐私保护。移动应用需要遵守相关法律法规，特别是数据保护和隐私政策，确保移动应用的合规性，避免法律风险，保护用户数据安全，同时也有助于建立用户信任。

（8）持续迭代与更新。移动应用市场变化迅速，持续迭代是保持竞争力的关键。创业者需要定期更新应用，修复漏洞，添加新功能，以适应市场变化和满足用户需求。

（9）推广与营销策略。有效的推广和营销策略可以帮助移动应用快速获得用户关注。这包括移动应用商店优化（ASO）、社交媒体营销、内容营销、合作伙伴关系等。通过多渠道推广，创业者可以提高应用的可见度，吸引更多用户下载和使用。

10.4.2 物联网创业

1. 物联网创业的内涵

物联网（Internet of Things，简称 IoT）创业是指利用物联网技术实现物理世界与互联网的深度融合，通过智能设备和传感器收集数据，实现设备间的互联互通，以及对数据的分析和应用，从而推动智能化管理和决策。我们可以从以下维度理解物联网创业的内涵。

（1）感知与识别。物联网创业的基础是利用各种传感器和智能设备对物理世界进行感知和识别。这些设备能够收集环境数据、设备状态、用户行为等信息，为后续的数据处理和应用提供基础。

（2）网络连接。物联网设备通过无线或有线网络连接到互联网，实现数据的传输和共享。这种连接性使得设备能够远程监控、控制和管理，为创业提供了广阔的应用场景，如智能家居、智能城市、远程医疗等。

（3）数据处理与分析。创业者需要对收集到的数据通过云计算、大数据分析等技术进行处理和分析，以提取有价值的信息。这些信息可以帮助创业者优化产品服务，提高运营效率，甚至开发新的商业模式。

（4）智能化应用。物联网创业的核心在于将收集到的数据转化为智能化应用。这包括自动化控制、预测性维护、个性化服务等。例如，通过分析用户行为数据，智能家居系统可以自动调整室内温度和照明，提供更加舒适的居住环境。

（5）安全与隐私保护。随着物联网设备的普及，数据安全和用户隐私保护在创业过程中越发重要。创业者需要确保数据传输的安全性，防止数据泄露和未授权访问，同时尊重和保护用户的隐私权。

（6）标准化与互操作性。物联网设备和平台的标准化有助于提高设备的互操作性，降低开发成本，促进市场的健康发展。创业者应关注行业标准，确保其产品和服务能够与其他设备和平台兼容。

（7）创新与可持续发展。物联网创业需要不断的技术创新和模式创新。随着 5G、人工智能、区块链等新技术的发展，物联网的应用场景将更加丰富。创业者应积极探索新的应用领域，以此推动物联网技术的可持续发展。

（8）政策支持与市场机遇。各国政府对物联网产业的支持为创业者提供了政策红利。例如，美国、欧盟、中国等国家和地区都出台了相关政策，推动物联网技术的研发和应用。创业者应充分利用这些政策优势，准确把握市场机遇。

物联网创业的核心在于是技术与应用的结合，通过智能化手段提高生活质量和工作效率。随着技术的不断进步和市场的逐步成熟，物联网创业将为创业者带来前所未有的机遇。

2. 物联网创业的构成要素

（1）技术基础设施。物联网创业的基础是构建一个可靠的技术基础设施，包括传感器、通信模块、数据处理平台等。这些技术组件需要能够收集、传输和处理来自各种设备的数据。例如，采用低功耗广域网（LPWAN）技术，如 NB-IoT 或 LoRaWAN 来实现远距离、低功耗的数据传输。

（2）数据分析与智能决策。物联网产生的大量数据需要通过数据分析工具进行处理，以提取有价值的信息。这涉及数据挖掘、机器学习等技术，这些技术有助于创业者理解用户行为、优化资源分配、预测设备维护需求等，进而做出更智能的决策。

（3）安全与隐私保护。物联网设备和数据的安全至关重要。创业者需要确保数据在传输和存储过程中的加密，以及设备的身份验证和访问控制。同时，应遵守相关数据保护法规，如欧盟的 GDPR（通用数据条例），以保护用户隐私。

（4）用户界面与体验。物联网应用通常需要一个友好的用户界面，让用户能够轻松地监控和控制连接的设备。这包括移动应用、网页端或专用的控制面板。良好的用户体验设计能够提高用户满意度和产品黏性。

（5）商业模式。物联网创业需要一个清晰的商业模式，这包括设备销售、订阅服务、数据服务等。创业者需要根据目标市场和用户需求来设计盈利策略，以确保业务的可持续性。

（6）生态系统建设。物联网创业往往需要构建一个生态系统，包括硬件制造商、软件开发商、服务提供商等。通过合作伙伴关系，企业可以扩大市场影响力，提供更全面的解决方案。

（7）法规遵从与标准遵循。物联网设备和服务必须遵守各国的法律法规，包括电子通信、数据保护、消费者权益保护等。同时，遵循行业标准有助于设备间的相互操作性和市场的健康发展。

（8）市场定位与目标客户。明确市场定位和目标客户群体对于物联网创业至关重要。创业者需要了解不同行业和用户的需求，以便开发出符合市场需求的解决方案。

（9）持续创新与研发。物联网领域技术更新迅速，创业者需要持续投入研发，紧跟新技术趋势，如 5G、边缘计算、人工智能等，以保持竞争优势。

（10）品牌建设与市场推广。建立强大的品牌形象和制定有效的市场推广策略对于物联网创业同样重要。通过品牌故事、社交媒体营销、行业展会等方式，企业可以提高自身产品和服务市场的认知度，吸引更多的潜在客户。

10.4.3 人工智能创业

1. 人工智能创业的内涵

人工智能（AI）创业是指利用人工智能技术来解决实际问题，创造新的价值和商业机会。人工智能创业的核心在于技术创新，包括机器学习、深度学习、自然语言处理、计算机视觉等领域。这些技术的发展为创业者提供了强大的工具，使他们能够开发出模拟人类智能、处理复杂数据和执行特定任务的系统。人工智能技术可以应用于多个领域，如医疗、金融、教育、交通、制造业等。创业者需要识别和开发这些领域的具体应用场景，将人工智能技术与实际需求相结合，创造出有价值的产品和服务。

人工智能系统通常依赖大量数据进行训练和优化。创业者需要能够获取、处理和分析数据，以提高算法的准确性和效率。数据的质量和数量直接影响到人工智能应用的性能。人工智能创业不仅关注技术本身，还强调用户体验。创业者需要设计直观、易用的界面，确保用户能够轻松地与人工智能系统互动，从而提高用户满意度和产品接受度。

人工智能创业需要探索可持续的商业模式，如软件即服务（SaaS）、按需付费、订阅制等。创业者需要根据市场需求和自身资源，制定合适的盈利策略。随着人工智能技术的广泛应用，伦理和合规问题日益凸显。创业者需要确保其人工智能产品遵守相关法律法规，尊重用户隐私，避免歧视和偏见，以及确保算法的透明度和可解释性。人工智能创业需要跨学科的团队，包括数据科学家、软件工程师、产品经理、行业专家等。一个多元化的团队可以帮助创业者更好地理解技术挑战和市场需求，推动项目成功。

2. 人工智能创业的构成要素

人工智能创业的成功依赖一系列关键要素的有效配合。

（1）技术与应用的结合。技术创新是人工智能创业的基础，创业者需要不断更新自己的技术知识库，掌握机器学习、深度学习等核心技术。同时，应用场景的选择决定了技术的商业价值，创业者应聚焦市场需求强烈、增长潜力大的领域，如医疗诊断、金融风险评估、教育个性化学习等，以确保技术的实用性和创新性。

（2）数据与合规性。数据是人工智能的"燃料"，高质量的数据集对于训练高效、准确的人工智能模型至关重要。创业者需要确保数据的合法获取、处理和使用，同时遵守数据隐私和安全法规，如欧盟的GDPR。此外，数据的多样性和质量直接影响人工智能模型的性能，因此，数据的清洗、标注和增强也是创业过程中不可忽视的环节。

（3）用户体验与商业模式。良好的用户体验是人工智能产品成功的关键。创业者应设计直观、易用的界面，确保用户能够顺畅地与人工智能系统互动。商业模式的选择应与产品特性和市场需求相匹配，如SaaS、订阅制或按需付费等，以实现可持续的收入流。同时，商业模式应灵活适应市场变化，以应对潜在的挑战。

（4）伦理、法律与社会责任。人工智能创业必须在伦理和法律框架内进行。创业者应确保人工智能系统的公平性和透明度，避免算法偏见，保护用户隐私。同时，应关注人工智能技术对社会的长远影响，如就业结构变化、数据安全等，确保技术发展与社会责任相协调。

（5）团队与资源。拥有一个多元化的团队是人工智能创业成功的关键。团队应包括人工智能专家、数据科学家、产品经理、行业顾问等，以确保项目的全面性和专业性。此外，创业者需要确保有足够的资源支持，包括算力、资金和数据资源，以支持人工智能项目的持续发展和创新。

（6）持续创新与开放合作。人工智能领域技术迭代迅速，创业者需要持续学习新技术，保持对行业趋势的敏感性。同时，开放合作是推动人工智能场景创新的有效途径。通过与政府、企业、研究机构等多方合作，企业可以共同探索人工智能技术的新应用，加速技术与产业的融合。

通过这些核心要素的综合考量和优化，人工智能创业者可以构建一个稳健的创业框架，实现技术的商业化和社会价值。

李子柒：从乡村女孩到千万级网红

李子柒出生在四川绵阳的一个小山村，从小就跟随爷爷奶奶生活，学会了耕种、烹饪、修剪等一系列农活。她对传统文化和手工艺品有着浓厚的兴趣，经常在村子里收集一些老物件，学习制作传统手艺品。

一次偶然的机会，李子柒接触到了抖音平台。她开始尝试将自己的乡村生活和传统手艺制作过程拍摄成短视频分享出去。她用手机拍摄，后期简单剪辑，然后上传到抖音上。一开始，她并没有抱太大的期望。但随着时间的推移，她发现自己的视频受到了很多人的关注和喜爱。

李子柒的视频内容丰富多彩，涵盖了乡村生活的方方面面。从耕种、收获到烹饪、修剪，从传统手工艺品的制作到民族服饰的穿搭，她都一一呈现给观众。她的视频画面优美，音乐舒缓，让人仿佛置身于一个世外桃源之中。同时，她的视频也充满了对传统文化的敬意和热爱，让人们重新认识到中华文化的博大精深。

随着粉丝数量的不断增加，李子柒逐渐成为抖音上的知名网红。她不仅在抖音上分享自己的生活和手艺，还与粉丝互动交流，倾听他们的意见和建议。她建立了自己的社交媒体团队，不断优化视频的内容和运营策略。

随着影响力的不断扩大，李子柒开始与一些品牌合作，推出自己的产品线。她注重品质和细节，严格把控产品的每一个环节，确保产品的质量和口感达到最佳。她的产品深受消费者的喜爱，销售业绩一路飙升。

除了产品线，李子柒还积极参与公益事业和社会活动。她关注弱势群体的教育和生活问题，捐赠善款和物资，并亲自前往贫困地区开展公益活动。她的善举得到了社会的广泛认可和赞誉。

如今，李子柒已经成为一个成功的创业者和社会公益事业的倡导者。她用自己的努力和才华创造了一个属于她的品牌和事业，为更多的人带来了美好的生活体验。她的故事激励着无数年轻人勇敢追梦，用自己的力量创造美好的未来。

资料来源：根据网络公开资料编写。

本章知识要点及关键词

知识要点

1. 数字化创业是一种基于数字技术、平台和生态系统的创新商业模式。它通过虚拟化和网络化的运作方式,为创业者提供了一个全新的、充满机遇的创业环境。

2. 电子商务创业是一种创新的商业模式,它依托互联网和数字技术,通过在线平台实现商品和服务的展示、推广、交易以及物流配送等一系列商业活动。

3. 电子商务创业的类型主要有市场交易型、信息服务平台、供应链优化型、内容驱动型、社交电商型、定制化和个性化服务型、跨境电商型、垂直细分市场型、技术创新型以及服务型电子商务。

4. 新媒体创业是指基于互联网和数字技术的发展,通过新的媒体形式如数字杂志、手机短信、数字电视等,进行内容创作、传播和商业化运作的创业活动。

5. 新媒体创业的本质是内容创业,核心竞争力在于高质量的内容。

6. 新媒体创业的特点在于其传播速度快、覆盖面广、交互性强,能够迅速地与目标受众建立联系,并通过精准营销实现商业价值。

7. 物联网创业是指利用物联网技术实现物理世界与互联网的深度融合,通过智能设备和传感器收集数据,实现设备间的互联互通,以及对数据的分析和应用,从而推动智能化管理和决策。

8. 人工智能创业是指利用人工智能技术来解决实际问题,创造新的价值和商业机会。

关键词

数字化创业　电子商务创业　新媒体创业　平台选择

思考题

1. 数字化创业的内涵和要素是什么?
2. 数字化创业与传统创业之间的区别有哪些?
3. 电子商务创业的类型有哪些?
4. 电子商务创业存在哪些风险?应如何应对风险?
5. 你想进行电商创业吗?如果想,你准备选择哪个平台?为什么?
6. 新媒体创业存在哪些优势和挑战?
7. 你认为常见的新媒体创业平台有哪些?
8. 如何理解人工智能创业?

制订创业行动方案

随着电子商务的快速发展,农产品电商逐渐成为农村经济发展的新引擎。李华,一名农业专业的大学生,计划利用电商平台销售家乡特色农产品——蜜桔,为当地农民打开更广阔的市场。为了确保项目的成功实施,李华决定运用SWOT分析法(借用下面两个图写出分析内容)对项目进行全面评估。

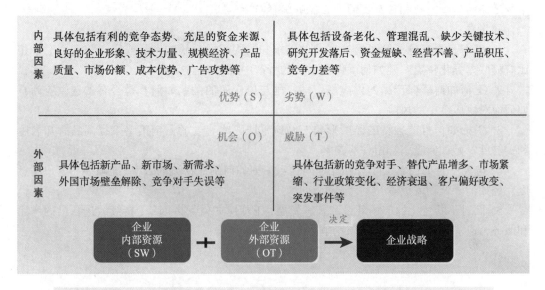

电商创业之路:王梅的特产电商平台

王梅出生在陕西的一个小乡村,那里以盛产优质的苹果和红枣而闻名。王梅从小就对家乡的特产有着深厚的感情,当她看到很多优质的农产品因为没有合适的销售渠道而无法走出大山时,决定利用自己的电商专业知识创办一家特产电商平台。她希望通过这个平台,将家乡的美食和文化传播给更多的人,同时也帮助乡亲们增加收入。

在开始创业之前,王梅在家乡进行了深入的市场调研。她发现当地的苹果和红枣深受消费者喜爱,但大部分销售集中在本地或有限的区域,很少有人知道这些产品的美味和独特之处。虽然市场上也有一些同类产品,但多数品牌缺乏特色和品质保证。

基于这些发现，王梅决定专注于销售家乡的高品质苹果和红枣，通过电商平台将这些产品推向更广阔的市场。她深知电商创业的机遇与挑战并存，但凭借对市场的敏感度和对家乡产品的信心，她相信自己的平台能够脱颖而出。

思考题：

1. 王梅是否充分了解了目标客户的需求和购买习惯？她的产品或服务与竞争对手相比有哪些差异化特点？她如何确保在众多的特产中脱颖而出？

2. 王梅如何确保产品的供应稳定性？她与供应商的关系如何？是否有备选供应商？如何应对供应链中的风险？

3. 王梅如何打造独特的品牌形象？她应采取哪些有效的营销策略来提高品牌知名度和美誉度？她如何吸引和留住客户？

4. 电商平台如何解决物流和配送问题？王梅如何确保物流的效率、准确性和客户满意度？她如何降低物流成本？

5. 面对不断变化的市场环境和技术发展，王梅应如何保持创新，持续改进自己的产品和服务，以满足客户需求和提高竞争力？

第 5 篇

内部创业与社会创业

第 11 章

内 部 创 业

【学习目标】

　　知识目标：能够表述内部创业的内涵、特征及意义；能够准确识别内部创业者；能够评估内部创业者的激励及运行机制；能够熟练运用内部创业者的评价标准；能够明确内部创业组织文化的构成要素；能够清晰界定不同的内部创业模式。

　　能力目标：学会分析市场趋势，识别潜在的内部创业机会，增强市场洞察力；培养对消费者行为和需求的敏感性，提升内部创业决策能力；提升团队合作能力，学会在多元化创业团队中发挥领导作用；能够适应创业新趋势，学会利用现有资源提升内部创业的实践能力。

　　素质目标：学会从社会角度分析企业内部创业活动的社会意义和历史地位，培养创新创业能力；培养创新意识，敢于尝试新思路和新方法，将创新理念转化为具体的创业项目和解决方案；培养批判性思维，能够独立分析问题并提出合理的解决方案。

腾讯的内部创业——微信的崛起

　　腾讯在 2005 年决定进军移动互联网市场。面对激烈的竞争和快速变化的行业环境，公司采取了内部创业的策略，以激发创新和快速响应市场变化。这一策略催生了腾讯的移动社交平台——微信，这一平台由张小龙领导的团队负责开发。

　　微信项目起初是一个小型的内部创业项目，张小龙凭借自身对移动互联网趋势的敏锐洞察和用户体验的深刻理解，带领团队在 2011 年推出了微信。微信凭借其简洁的设计和强大的社交功能迅速获得了市场的认可。

　　2012 年，微信的用户数突破了 1 亿，这一数字在短短一年内增长至 2 亿。微信的成功不仅在于其即时通信功能，更在于其创新的朋友圈、微信支付、公众号等生态服务。这些功能极大地丰富了用户的社交体验，并为腾讯带来了新的收入来源。

　　随着微信的快速崛起，腾讯开始将其作为公司的核心战略产品进行大力推广。微信团队在张小龙的带领下，不断推出新功能，如小程序、企业微信等，进一步巩固了其在移动互联网市场的领导地位。微信的日均活跃用户数在 2016 年达到了 6 亿，成为全球最大的移动社交平台之一。

微信的成功也引发了腾讯内部的一系列变革。腾讯开始更加重视移动互联网业务，调整资源配置，支持更多内部创业项目。同时，微信的成功也为腾讯带来了巨大的商业价值，其广告、游戏、金融等业务通过微信平台得到了极大的推动。

在微信的推动下，腾讯的市值在2017年突破了3000亿美元，成为全球最有价值的互联网公司之一。微信不仅改变了人们的沟通方式，也重塑了腾讯的业务格局，成为腾讯内部创业策略的一个典范。

资料来源：根据网络公开资料编写。

11.1 内部创业概述

11.1.1 内部创业的内涵

公司内部创业也称为企业内部创新或内部创业活动，是指在公司内部，员工或团队基于对市场机遇的洞察，利用公司资源和支持，发起并实施新的商业项目或业务模式的过程。这一过程不仅涵盖新业务的创建，还包括对现有业务流程、产品或服务的创新改进，以实现组织的持续增长和战略转型。其内涵包括以下维度。

（1）创业动机。内部创业者通常由强烈的创业意愿驱动，他们希望在企业内部实现自己的创新想法，通过承担新的业务挑战来实现个人价值和职业成长。

（2）自主与领导。内部创业者往往展现出高度的自我激励和主动性，他们具备领导才能，能够跳出传统思维模式，以行动为导向，推动新项目的实施。

（3）企业支持。企业为内部创业者提供了必要的资源、平台和环境，包括资金、技术、市场信息和培训等，降低了创业风险，可以促进创新项目的孵化和成长。

（4）成果共享。内部创业的成果是员工与企业共同分享的。这种机制不仅满足了员工的创业需求，还激发了企业内部的创新活力，优化激励和分配机制，实现员工与企业的共赢。

（5）创新性。内部创业的精髓在于推动全方位的创新。这种创新不仅仅局限于产品或服务的新颖性，还涵盖了企业运营的各个关键领域，如组织架构、管理流程和市场定位。通过这些领域的创新，企业能够更加灵活地适应市场动态，增强竞争力，开辟新的增长路径。

内部创业是企业内部的一种创新驱动机制，它通过优化资源配置和提升组织敏捷性，使企业能够更加灵活地捕捉和利用市场机遇。这种机制不仅能够激发员工的主动性和创造力，培养他们的创业精神，还能够作为企业拓展新业务领域和实现长期可持续发展的关键策略。在竞争日益激烈的市场环境中，企业需要保持组织的灵活性，快速适应市场变化，解决内部效率低下的问题，以维持竞争力。内部创业正是在这样的背景下，成为大型企业持续成长和创新的重要途径。通过内部创业，企业能够鼓励员工提出新想法，实施新项目，从而推动整个组织的创新和进步。

2010年，《财富》杂志发布的世界500强企业排名中，有超过半数（55%）的知名企业采用了内部创业模式来推动产品创新。这些企业如3M、柯达、施乐和宏基等，通过建立内部市场和设立小型的自治或半自治的经营单元，以创新的方式利用公司资源进行产品开发、服务提供或技术研究。中国企业界也逐渐意识到内部创业的重要性，并开始积极尝试这种模式。华为和用友软件就是其中的典型例子。

华为在 2000 年为了应对组织规模的迅速扩大和老员工的职业发展问题，采取了一系列激励措施来促进内部创业。华为将一些非核心业务如生产、公交和餐饮服务，通过内部创业的方式进行社会化管理。这一策略不仅为员工提供了实现个人创业梦想的机会，还成功孵化出如广州市鼎兴通讯技术有限公司和深圳市华创通公司等新的企业实体。这些内部创业公司利用华为强大的经济实力和市场地位，专注于提供专业的技术服务，进一步推动了华为集团的整体发展，并显著提高了其市场竞争力。

延伸阅读 11-1　创业家和内部创业家

11.1.2　内部创业的特征

1. 新开发的业务不在公司原有业务范围内

新兴业务的开发往往代表着企业向未知领域的探索。这些业务虽然与公司的传统业务不同，但它们有可能成为企业未来的核心竞争优势。这些新业务的引入通常不会对现有业务的持续增长构成威胁，除非企业有意识地决定放弃或减少对原有业务的投入。与此相对，内部创业与企业传统的创新活动有所不同，后者更多的是在现有业务框架内进行改进和优化，内部创业则是对企业现有业务模式的根本性变革。

20 世纪 80 年代，IBM 决定进入个人电脑市场，这在当时并不属于其核心业务范畴。然而，IBM 通过这一内部创业项目，不仅成功地开发出了第一台 IBM PC，还推动了整个个人电脑行业的兴起。这一举措虽然与 IBM 当时的主要业务——大型计算机和商业解决方案有所不同，但它最终被证明是一个具有革命性的决策，为 IBM 带来了新的增长机会，并在很长一段时间内让其保持了技术行业的领导地位。

2. 新业务的开发是为了既有公司的业务发展

新业务的孵化和开发通常是为了推动公司业务的整体增长和市场竞争力，而不仅仅是为了满足员工个人的职业发展需求。在这种情况下，员工利用公司资源进行的创新活动，如果是为了公司的整体战略目标和长期发展，那么这种活动可以被视为内部创业。内部创业强调的是员工在公司的支持下，为公司创造新的增长点和价值。

Bill Lowe 和他的团队在 20 世纪 80 年代开发 PC 时，其目的是让 IBM 能够进入并主导新兴的个人电脑市场。这一战略决策最终使 IBM 成功地拓展了业务范围，推出了革命性的 IBM PC。这不仅为 IBM 带来了巨大的商业成功，也对整个计算机行业产生了深远影响。在这个过程中，Bill Lowe 和他的团队在公司内部进行了创新，而且他们的目标是为 IBM 创造新的业务领域，而不是为了个人或团队的独立利益。

相反，如果 Bill Lowe 及其团队在开发个人计算机后决定离开 IBM，独立发展这项业务，那么，这将被视为一种团队创业行为。因为他们的目标是建立一个与 IBM 无关的新企业，而不是在 IBM 内部发展新业务。团队创业与内部创业的主要区别在于，团队创业更侧重于团队成员的独立性和对新创企业的所有权，内部创业则是在公司框架内进行，旨在增强公司的市场地位和业务多样性。

3. 新业务的开发得到公司高层的认同

在企业内部推动新业务的发展，无论是由内部创业家自发提出，还是作为公司战略的一部分，都需要利用公司现有的平台、资源和外部合作伙伴网络。为了确保新业务的成功，获得公司高层的支持和认可至关重要。只有这样，内部创业家才能自由地调动和利用公司资源来实现新业务的增长。这种支持通常表现为对内部创业项目的授权和资源配置，以确保创业团队能够专注于创新和市场拓展。

IBM PC 业务的成功实施在很大程度上得益于公司高层对内部创业精神的认同。当时，Bill Lowe 和他的团队提出了开发个人电脑的想法，得到了 IBM 时任总裁的支持。这种高层的支持不仅体现在为 PC 项目提供必要的资源，还为团队提供了在公司内部进行创新和实验的空间。

4. 公司高层支持以类似于独立公司的架构来开发新的业务

进行创业活动时，保持一定的独立性和自主决策能力对于创业者来说至关重要，这一点在内部创业中同样适用。如果内部创业团队在开发新业务时受到过多的限制，会影响其创新效率和成果，甚至导致关键人才的流失。为了激发内部创业家的积极性和创造力，高层管理者要提供类似于独立运营企业的自由度，让他们能够自主地推动项目发展。

Bill Lowe 和他的团队获得了 IBM 时任总裁的大力支持。这种支持不仅体现在资源的投入上，更重要的是，他们被赋予了足够的自主权来决定产品的设计、开发和市场策略。这种自主性使得团队能够快速响应市场变化，创新地推出 IBM PC。

5. 战略更新与主动竞争同在

当企业通过内部创业来开发新业务和开拓新市场时，通常伴随着公司战略的调整和更新。这种战略转变体现了企业对未来发展方向的重新定位，以及对资源配置的重新规划。这种战略更新往往被称为"创业导向的公司战略"，它强调的是企业在市场中的主动性和创新能力。

例如，亚马逊在电子商务领域取得成功后，决定进入云计算市场，并且推出了 Amazon Web Services（AWS）。这一战略决策不仅标志着亚马逊从零售商向技术服务提供商的转变，也意味着公司资源的重新分配和战略重点的转移。AWS 的推出对现有的 IT 基础设施服务市场产生了巨大影响，迫使其他企业如微软 Azure 和谷歌 Cloud Platform 等也加大了在云计算领域的投入，从而引发了一场激烈的市场竞争。在这场竞争中，亚马逊凭借其在电子商务领域的经验和技术积累，成功地在云计算市场占据了领先地位。亚马逊的这一内部创业案例展示了企业通过战略更新和主动竞争，引领市场变革并实现持续增长的过程。

6. 创新与风险同在

内部创业作为企业创新和转型的重要途径，涉及对公司现有业务模式的突破，这要求企业在新领域进行探索和不断发展。然而，因为企业的核心能力可能并不适用于这些新领域，这种创新活动往往伴随着较高的风险。在中国，许多企业尝试通过内部创业来实现业务多元化和市场拓展，但由于对新业务风险的评估不足或缺乏有效的风险管理策略，成功案例相对较少。

为了提高内部创业的成功率，企业高层和内部创业团队需要对潜在风险有清晰的认识，并制订相应的风险管理计划。这包括对市场趋势的深入分析、竞争对手的评估、技术可行性的研究以及财务风险的控制。同时，企业应选择与现有能力相近的领域进行新业务开发，以便利用现有的资源和经验，从而最大限度地降低风险。

在智能手机市场的早期,华为面临着激烈的竞争和不确定性。为了降低风险,华为首先在中国市场推出了中低端智能手机,逐步积累经验和市场认知。随后,华为通过持续的技术创新和品牌建设,成功地将智能手机业务扩展到全球市场,成为全球领先的智能手机品牌之一。华为的这一战略体现了在能力亲近度较高的领域进行内部创业,同时通过战略管理和过程控制来降低风险,更容易成功实现企业的转型和增长。

11.1.3 内部创业的意义

内部创业作为一种企业内部的创新机制,能够为企业带来多方面的益处。

(1) 它能够使企业有效利用已有的资源和优势,如运营经验、技术专长和市场网络。这些积累为新业务的开展奠定了坚实的基础。通过内部创业,企业能够在不影响核心业务的同时,将这些优势扩展到新的业务领域,从而增加新项目的成功率。

(2) 内部创业为企业提供了探索新增长点的机会。在快速变化的市场环境中,企业需要不断寻找新的增长路径以保持竞争力。内部创业项目使企业能够快速响应市场变化,发现并抓住新的商机,确保企业的持续发展。

(3) 内部创业还有助于激发员工的创新精神和积极性。通过鼓励员工参与创业活动,企业能够培养出具有创新思维和主动性的团队。这些团队成员愿意接受挑战,推动企业不断进步。内部创业项目的成功不仅能够为员工带来个人成就感,还能通过激励机制,如股权激励、奖金等,进一步激励员工为企业发展做出更大贡献。

(4) 内部创业有助于企业实现业务多元化。多元化战略有助于企业分散风险,提高整体的抗风险能力。通过在不同领域开展内部创业项目,企业可以构建一个多元化的业务组合。这些业务之间相互支持,共同推动企业整体增长,增强企业的市场竞争力。

米家智能家居

小米的内部创业案例有米家智能家居、米家空气净化器等。这些项目是由小米的员工发起的,他们期望在企业的支持下承担起智能家居领域的相关工作项目,并进行创业。小米为这些内部创业者提供了资源、平台和环境,支持他们不断创新和改进产品,从而满足消费者的需求。这些内部创业项目不仅提升了小米的创新能力,同时也为消费者带来了更好的生活体验。

米家智能家居是小米内部创业的典型代表。米家智能家居的目标是打造一套完整的智能家居生态系统,为用户提供一站式的智能家居解决方案。通过米家智能家居,用户可以方便地控制家中的各种智能设备,如智能灯泡、智能插座、智能摄像头等,实现智能化生活。

对于小米来说,米家智能家居的意义在于:

提升品牌形象:米家智能家居展示了小米在智能家居领域的实力和创新能力,有助于提升小米的品牌形象和市场地位。

拓宽业务领域:米家智能家居为小米开拓了新的业务领域,增加了企业的销售额和市场份额。

促进技术研发:米家智能家居推动了小米在智能家居技术方面的研发和应用,提高了企业的技术水平和核心竞争力。

提升用户体验：米家智能家居满足了消费者对智能化生活的需求，提高了用户对小米产品的满意度和忠诚度。

培养人才队伍：米家智能家居项目培养了一批具有创新精神和实战经验的人才队伍，为小米未来的发展提供了人才保障。

资料来源：蒋雯琦. 在小米 12 背后：小米自研创新与共生成长的破局之路[EB/OL]. https://www.thepaper.cn/newsDetail_forward_16166631.

11.2 识别、激励与评估内部创业者

11.2.1 内部创业者的识别

1. 内部创业者的内涵

内部创业者是指在现有组织内部，利用组织的资源和平台，通过创新思维和行动推动新项目或业务发展以实现组织增长和变革的员工。

内部创业活动的成功依赖企业内部不同层级员工的紧密合作和共同努力。在这个过程中，各种关键角色发挥着不可替代的作用。例如，企业的首席执行官（CEO）负责制定整体战略方向，为内部创业项目提供宏观的指导和支持；技术创新者专注于技术突破，为项目提供核心竞争力；产品或服务负责人确保项目的具体实施，推动产品从概念到市场的转化；资源分配者确保项目能够获得必要的人力、财力和物力支持。在这些角色中，最佳内部创业者可能并非总是处于权力的中心，但他们的行动和决策对项目的推进至关重要。他们通常具备出色的领导力、创新能力、战略眼光和执行力，能够在有限的资源和权力下，通过卓越的个人能力和团队协作，推动项目取得显著成果。

例如，视源股份（CVTE）的内部创业者温大治是一个典型的例子。温大治在视源股份内部发起了华蒙星体育项目，这是一个专注于幼儿篮球教育的创业项目。起初，这个项目只是视源为员工子女提供幼教福利服务的一部分，但温大治凭借其在幼儿篮球领域的丰富经验和对教育的热情，成功地将这个项目发展成一个独立的业务板块。

华蒙星体育项目在视源的支持下，从内部孵化出来。温大治作为创始人，带领团队专注于器材销售、师资培训、幼儿培训及赛事运营等业务。在短短几年内，华蒙星体育迅速发展，其主办的全国幼儿篮球联赛覆盖了 20 个省 50 个赛区，甚至吸引了篮球明星姚明的参与，极大地推动了幼儿篮球运动在中国的普及。

2. 内部创业者的特征

1）战略与决策能力

内部创业者具备清晰的战略思维，能够从宏观角度审视市场和行业趋势，制订合理的业务发展计划。他们在决策时会进行深入的市场分析和风险评估，确保项目的创新性和可行性，同时避免盲目追求不切实际的想法。这种能力使他们能够在竞争激烈的市场中脱颖而出，为企业带来新的增长点。

2）领导与团队管理能力

内部创业者展现出强大的领导力，能够组建并激励团队，明确团队目标，并确保项目按计划推进。他们懂得如何与团队成员建立信任，如何通过谦逊和真诚的沟通促进团队协

作。同时，他们能够保护团队免遭外部压力，鼓励团队成员在尝试和创新中勇于犯错，从而培养团队的创新精神。

3) 高度适应性与灵活性

面对不断变化的市场和技术环境，内部创业者往往会展现出高度的适应性和灵活性。他们能够迅速识别变化并调整策略，确保项目能够顺利应对各种挑战。这种能力使他们在面对不确定性时，能保持项目的稳定性和连续性，为企业的长期发展提供支持。

4) 出色的沟通与影响力

内部创业者具备出色的沟通技巧。无论是内部团队还是外部合作伙伴，他们都能够清晰、有效地传达项目愿景和进展。他们的个人魅力和影响力有助于吸引合适的人才，以及在企业内外推广项目，确保项目得到必要的资源和支持。

5) 持续的热情和自我驱动

对于内部创业者来说，持续的热情和自我驱动是推动项目成功的关键。他们对创业项目充满激情，愿意投入大量精力和时间，这种热情能够感染团队成员，激发他们的工作动力。同时，内部创业者的自我驱动也体现在他们对个人成长和职业发展的不懈追求，以及对企业战略目标的坚定执行上。

这五个方面的特征共同构成内部创业者的核心素质，使他们能够在企业内部有效地推动创新，实现新业务的孵化和成长。

领导者的力量——张瑞敏如何引领海尔走向成功

海尔集团的创始人张瑞敏是中国企业界的一位杰出领导者代表。他的领导能力和创新精神引领海尔从一个小型冰箱厂发展成为全球领先的家电品牌。张瑞敏的创业历程始于1984年。当时，他接手了一家濒临破产的青岛电冰箱厂，面临巨大的挑战和困境。

张瑞敏坚信创新和用户至上的理念，他提出了"人单合一"的管理模式，鼓励员工成为创客，即内部创业者，激发员工的创新潜力。在张瑞敏的领导下，海尔不仅在产品质量上追求卓越，还通过不断的技术创新和市场拓展，成功转型为一家多元化的家电巨头。

张瑞敏的战略眼光和问题解决能力在海尔的发展历程中体现得淋漓尽致。他推动海尔实施全球化战略，通过收购海外品牌如 GE Appliances，扩大了海尔的国际市场份额。同时，张瑞敏还注重研发投入，推出了一系列创新产品，如智能冰箱、洗衣机等，以及"U+智慧"生活平台，为用户提供智能家居解决方案。

在张瑞敏的引领下，海尔集团不仅在家电领域取得了巨大成功，还通过内部创业机制，孵化出多个创新项目，如海尔 U+、COSMOPlat 等。这些项目不仅推动了海尔的业务多元化，也为整个家电行业的发展注入了新的活力。张瑞敏的领导能力和对创新的执着追求，使海尔成为中国制造业的一张亮丽名片。

资料来源：根据网络公开资料编写。

11.2.2 内部创业者的激励与公司内部创业运行机制

1. 内部创业者的激励

内部创业是企业为了探索新的增长点和业务领域，对内部员工或团队给予一定程度的自主权和资源支持的过程。为了确保内部创业在企业能够蓬勃发展，企业需要建立一套完善、有效的激励机制。

鼓励员工的创业精神在既定的组织框架内得以发扬。在企业内部，有一群员工拥有独特的创新思维和强烈的创业精神，他们被称为潜在的"内部创业家"。这些员工往往拥有与众不同的商业洞察力和创造性的经营策略。如果企业能够通过制度和文化上的激励，支持这些员工通过内部创业来实现他们的创新想法，这将极大地促进企业在关键时刻的突破性发展，并为员工提供职业成长和实现个人价值的机会。相反，如果企业忽视或未能充分利用这些内部创业家的能力，他们可能会因为缺乏足够的发展空间和认可而选择离开，转而独立创业。如果 IBM 的高层领导没有采纳 Bill Lowe 及其团队关于发展个人计算机业务的建议，IBM 可能错失了在个人电脑市场建立领导地位的良机。同时，Bill Lowe 等关键人才也可能因为缺乏内部创业的机会选择离开，独自去追求他们自己的创业梦想。

因此，企业应当认识到内部创业家的价值，并建立相应的支持体系，包括提供必要的资源、建立风险分担机制、实施绩效激励计划等，以确保这些员工能够在企业内部发挥潜力，共同推动企业的成长和创新。

鼓励员工以内部创业的方式在企业内部升迁。对于许多员工而言，尤其是那些具有创业精神的优秀人才，晋升到更高的管理职位是他们职业发展的重要目标。这种信念反映了他们对职业成就的追求。为了满足这些员工的职业抱负，企业可以提供内部创业的机会，让他们在企业内部开拓新的业务领域或项目，从而实现职位上的提升。这样的做法不仅避免了优秀员工因寻求外部机会而流失，还能够为企业创造新的领导岗位。研究发现，那些支持内部创业的公司，能够为内部创业者提供相当于现有部门经理 1/5 数量的高级管理职位。

例如，海尔的"创客制"允许员工在公司内部发起创业项目，通过与公司签订对赌协议，员工可以成为项目合伙人，共享项目的成功。这种模式不仅为员工提供了实现个人职业梦想的机会，也为海尔带来了新的增长点。在这种机制下，员工刘占杰从一名研发人员成长为上市公司的负责人。他和团队研发出的中国第一台超低温冰箱打破了国外品牌的垄断。随后，海尔生物医疗在科创板上市，成为青岛市首家登陆科创板的企业。刘占杰和参与对赌的 67 名创客也成为海尔生物医疗的合伙人。

内部创业是推动企业持续成长和创新的关键策略。通过内部创业，员工可以在企业的支持下，利用现有的资源和平台，探索新的商业模式、产品或服务，从而给企业带来新的活力和增长潜力。

通过这样的内部创业机制，企业能够更好地利用员工的创造力和潜力，同时也能够快速响应市场变化，实现企业的可持续发展。

2. 公司内部创业的运行机制

激励机制是激发企业内部创业活力的关键，它通过各种奖励和认可措施，鼓励员工积极参与创新和创业活动。而运行机制则可以确保内部创业项目能够高效、有序地推进。

（1）将"内部创业家"的创业冲动与企业高层的引导结合起来。在实践中，员工的创新思维和创业精神是内部创业的原动力，企业高层的积极支持和正确引导则能够确保这些创业活动与公司的整体战略相契合，从而实现双赢。

2000 年，华为为了解决组织转型期的新老接替问题，同时激发员工的创新精神，推出了内部创业政策。李一男作为华为的内部创业者之一，凭借其在华为的深厚背景和个人能力，创立了港湾网络，专注于数据通信产品的研发和销售。起初，港湾网络主要作为华为的代理商，销售华为的产品，并在华为的支持下迅速成长。然而，李一男并不满足于仅仅作为分销商的角色。他洞察到数据通信领域的潜力，决定将港湾网络转型为一家自主研发产品的公司。在风险投资的支持下，港湾网络推出了自己的 DSLAM 产品，迅速在市场上占据了领先地位，甚至在某些时期领先华为半年以上。

这个例子展示了华为通过内部创业机制激发了员工的创新潜力，推动了技术进步，并在一定程度上推动了整个通信行业的发展。港湾网络的成功也反映了华为在内部创业方面的尝试和探索，以及对员工个人职业发展的重视。

（2）使创新与创业在企业内部相互协调。创新通常指的是在现有业务领域进行的改进和优化，它有助于企业提升效率、降低成本，或者开发新的产品线。内部创业则涉及探索新的市场和业务模式，这需要企业在资源分配上做出调整，以支持新业务的成长。

例如，华为在维持其在通信设备领域领导地位的同时，也积极推动内部创业，探索新的业务领域。华为通过设立专门的创新基金和孵化平台，鼓励员工推出并实施创新项目。这些项目可能与华为的核心业务不完全一致，但它们有助于华为在新兴技术领域如云计算、人工智能等方面建立新的竞争优势。在推动内部创业时，华为高层需要平衡资源的投入，确保既有业务的稳定发展不受影响。华为在 5G 技术研发上的投入巨大，同时也在智能家居、智能穿戴设备等领域进行内部创业。这些新业务虽然与华为的传统通信设备业务有所不同，但它们共同构成华为多元化发展的战略布局。

如果企业在现有市场中的竞争优势正在减弱或者面临着激烈的市场竞争，那么内部创业就变得更加重要。在这种情况下，企业需要通过内部创业来寻找新的增长点，比如开发新的产品或服务，进入新的市场。这样一来，即使在原有业务领域面临挑战，企业也能通过内部创业实现转型和重生。

总之，企业在推动内部创业时，需要在创新和创业之间找到平衡，确保资源的有效配置，同时不断探索新的增长机会，以实现可持续的经营和成长。

（3）合理确定"内企业"的边界。在企业运营中，确定业务的合理边界是做出科学管理决策的关键。根据科斯的交易成本理论，企业应将业务内部化还是外包，取决于内部管理成本与市场交易成本的比较。如果内部管理某项业务的成本低于市场交易成本，那么，将业务保留在企业内部是合理的；相反，如果市场交易成本更低，那么，将业务外包更为经济。对于内部创业的"内企业"而言，同样需要考虑其合理边界。当"内企业"在现有企业内部运营的成本超过其独立运营的成本时，企业应考虑将其分离，允许其作为独立实体运作。这样的分离不仅能够降低内部管理成本，还能赋予"内企业"更大的自主性和灵活性，有助于其专注于特定市场和业务，实现更快速的成长。

华为在推动内部创业时，曾鼓励员工成立独立的公司，如港湾网络。起初，港湾网络作为华为的代理商，专注于华为产品的分销。随着业务的发展，港湾网络开始自主研发产品，逐渐形成了与华为不同的业务模式。在这种情况下，港湾网络的独立运营成本低于其作为华为内部部门的成本，因此，华为最终选择将港湾网络分离，允许其作为独立公司发展。这一决策不仅促进了港湾网络的专业化，提高了其市场竞争力，也为华为释放了资源，专注于核心业务的发展。尽管后来港湾网络被华为收购，但这一过程体现了企业在内部创业中对合理边界的考量。

（4）要敢于且善于打破对待客户的那些不适当惯例。在企业的发展过程中，客户是构成外部价值网络的关键要素。企业的成长往往伴随着对外部价值网络的持续优化，客户满意度是衡量这一网络效能的重要指标。然而，一些企业因为遵循某些过时的惯例或错误的做法，导致客户服务水平下降，损害了与客户的关系，进而影响企业的市场表现和增长潜力。

为了维护和提升客户关系，企业必须勇于识别并摒弃那些不利于维护客户关系的惯例，转而采取更加积极主动的策略来改善客户体验。这包括倾听客户反馈、提供个性化服务以及建立长期的信任关系等。通过这些措施，企业不仅能够提升客户满意度，还能够确保产品价值得到有效传递，从而在内部创业和整体发展中获得竞争优势。

亚马逊公司始终将客户体验放在首位，不断优化其价值网络。亚马逊通过提供快速配送、便捷的退货政策和个性化推荐等服务，显著提升了客户满意度。这些举措不仅增强了客户忠诚度，也为亚马逊带来了稳定的收入增长。亚马逊的内部创业项目，如Kindle电子书阅读器和Amazon Prime会员服务，都是在深入了解客户需求的基础上推出的。这些创新产品和服务进一步巩固了亚马逊在市场中的领导地位。通过这种以客户为中心的策略，亚马逊成功地将内部创业与外部价值网络的优化相结合，实现了持续的业务增长。

案例 11-3

腾讯的内部创业

腾讯为了建立高效的内部创业机制，营造良好的创业氛围，推出了一系列有针对性的管理措施。比如，一个产品的诞生，至少需要资金和专业骨干力量，为此，腾讯的创始团队可以在公司公告栏上打广告，吸引战略部投资和专业人员加入。很多团队正是看清了这一现状，开始在公司内部网站上疯狂地打广告，目的是吸引市场部、战略部甚至总办的注意力。这样一来，后期就能申请到更多的创业资金，也更容易招揽到产品技术协调、发布、上线运营等方面的人才。然而，刚开始的时候，公司内部研发的竞争氛围很不好，有些产品在面世前的数月，内部宣传广告早已铺天盖地，腾讯内部办公门户网站首页的广告位争夺也相当激烈。这样的产品策略让公司内部成员不胜其烦，同时也损害了用户价值。在这样的压力下，腾讯研制出了广点通。

广点通犹如一个综合性市场，卖家包括QQ、微信、腾讯新闻等平台型产品。这些产品不仅能为用户推送广告，还能通过大数据分析勾勒出用户特征，形成用户画像，进而提升广告的精准投放。这一信息的重要性不言而喻。此外，卖家还包括腾讯的后端开发部门，它们具备稳定的信息管理系统和数据处理系统，这些系统可对外租赁。在广点通推出之前，这些资源仅供腾讯内部项目使用，导致部分资源供不应求，项目组之间甚至出现竞争。另外，部分资源供过于求，被闲置和浪费。广点通的诞生改变了这一局面，使得腾讯内部及外部项目组都能进入这个大市场选择资源。在开放的市场环境下，资源价格在买卖过程中实现均衡，广点通为腾讯开放平台确立了定价机制。

此外，腾讯内部项目组购买资源的开支会计入创业成本，使得项目组在考虑是否购买资源、何时购买、购买多少等问题时更加理智。

腾讯在创业初期，项目团队人才短缺问题较为突出。为解决此难题，腾讯推出了"活水计划"。腾讯首席技术官张志东对活水计划的诠释为："公司优质发展机会应优先向内部员工开放，倡导公开透明的双向选择，进而构建内部人才市场机制。"在这一平台上，员工可点击"我要应聘"实现内部岗位转换；新项目负责人可通过现场演讲及全公司直播的方式，向员工推介自家项目，以吸引人才加入。腾讯高级副总裁张小龙对活水计划予以高度评价："该计划执行彻底，有效推动了员工主动流动，解决了微信大部分人才招聘需求，同时避免了人才流失，值得充分肯定和持续推行。"

通过内部引进人才，项目团队得以充实。若转岗员工占比达到30%且不再补充，每年则可减少1600多名外部招聘员工。依据腾讯近三年财报公示的人均人力成本来计算，此举将节省约9.53亿元成本。

资料来源：时舒眉，潘静洲，唐斌地.从王者荣耀的逆袭看腾讯内部创业机制[A].中国管理案例共享中心，2018.

11.2.3 内部创业者的评估

在企业内部，内部创业者和正式员工承担着不同的角色和责任，这要求企业在评估他们的表现时采用不同的标准。内部创业者的核心任务是探索新的市场机会和创新路径，以发现和构建潜在的竞争优势。相比之下，正式员工则更多地致力于维护企业现有的市场地位与提升业务效率。

在对内部创业团队进行绩效评估时，企业要确保评估标准能够准确反映团队在实现其特定目标和任务上的表现。在评估过程中，企业需要确保这些团队的活动不会对母公司的整体财务健康和战略方向产生负面影响。

1. 内部创业者的评估维度

（1）创新与业务洞察。内部创业者应具备创新思维，能够提出并实施新的想法，同时对行业和市场有深刻的理解。他们需要能够分析市场趋势，洞察客户需求，并基于这些洞察制定有效的商业策略。这要求内部创业者在创新能力和业务洞察方面表现出色。

（2）领导与管理。领导者需要能够有效地管理团队，激励成员，确保项目按计划推进。这包括团队建设、决策制定以及面对挑战时的领导力。

（3）技术专长。如果内部创业项目涉及高度技术性的内容，那么创业者的技术背景和应用能力就成为评估的重要方面。他们需要具备足够的技术知识，以确保能够理解和推动技术进步。

（4）沟通与协作。内部创业者需要与多个利益相关者进行有效沟通，包括团队成员、管理层和客户。他们的沟通技巧和协作能力要求他们能够清晰地传达信息，建立信任，并促进团队合作。

（5）风险与适应性。创业过程充满了不确定性，内部创业者需要具备风险识别和管理的能力，以及在快速变化的环境中适应和调整策略的能力。这要求他们能够在面对挑战时保持冷静，灵活应对。

（6）资源整合与道德诚信。内部创业者需要能够有效地整合和利用内外部资源，以支持项目的进展。同时，他们的诚信和道德标准也是评估的重要内容，尤其是在面对诱惑和挑战时，是否能够坚守原则，保持高标准的职业道德。

这些标准共同构成对内部创业者全面评估的框架，帮助企业识别和培养具有潜力的内部创业人才，同时确保内部创业活动与企业的整体战略目标相一致。

2. 内部创业者的评价过程

（1）确定评估内容。在评估内部创业项目时，首先需要明确项目的内涵，包括其目标、预期成果和关键成功因素。然后，基于这些理解，构建一套评估策略，确保评估方法的明确性和一致性，以便在项目的不同阶段进行精准比较。

（2）明确期望标准。评估过程应遵循实事求是的原则，确保所有参与者对评估标准有清晰的认识。评估可以在项目的关键阶段进行，也可以在项目完成时进行，以确保项目在预定的时间和成本范围内达成目标。

（3）评估实际绩效。在项目执行的特定时段，评估应关注实际成果的质量，以及是否有更优的替代方案。这涉及对项目产出的质量和效率进行评估。

（4）期望绩效与实际绩效的对比。如果实际绩效与期望绩效之间存在可接受的差异，那么评估过程通常不需要对这些偏差进行纠正。这意味着项目在一定程度上的灵活性是被允许的，只要总体目标得以实现。

（5）发现偏差，采取行动。当项目出现意外或不可接受的偏差时，监管者需要迅速介入，对项目进行干预，并妥善管理相关人员。这包括调整资源分配、改变策略或提供额外的支持。

（6）结果与过程并重。在评估内部创业项目时，不仅要关注最终结果，还要考虑过程中团队能力的提升，以及项目对公司其他团队、制度和文化的影响。这些因素对于评估项目的整体价值和长期影响至关重要。

构建内部创业者的评价体系，关键在于制定一套既科学又全面的评估标准，这些标准应当能够准确反映创业者在推动企业创新和探索新业务方面的贡献。评估人员在评价过程中，应综合考虑创业者所面临的潜在收益与风险，以及他们面对挑战时的应对策略。

对于勇于尝试和探索的企业内部创业者，企业应当提供必要的支持和鼓励。即使某些创业项目最终未能达到预期目标，这也不应当被视为创业者的失败，而应视为企业创新过程中的宝贵经验。企业对内部创业者的正面评价和认可，有助于在组织内部建立一种鼓励创新的文化，激励更多员工提出并实践自己的创意。通过这样的评价体系，企业不仅能够识别和培养具有潜力的内部创业者，还能够为员工营造一个包容的环境，让他们敢于尝试新的想法，即使面临失败的风险。

11.3 培育公司内部创业精神

11.3.1 公司内部创业组织文化的塑造

组织文化是企业或组织的核心，它代表了该集体的价值观、信仰和行为准则，是推动企业持续发展和繁荣的关键因素。组织文化可以分为物质文化和精神文化两个层面。

物质文化是组织文化中可见、可触摸的部分，它包括企业生产的产品、提供的服务、品牌形象以及商标等。这些元素直接反映了组织的物质成果和对外形象，是组织文化在市场和消费者心中的具体体现方式。精神文化是更为抽象和内在的部分，它包含了组织成员共同遵循的价值观、信仰、行为准则，以及对机遇、挑战和目标的共同理解。精神文化是组织凝聚力和创新能力的源泉，它影响着员工的行为和决策，塑造了组织的整体氛围和工作方式。

1. 内部创业组织文化的要素

内部创业组织文化是激发和支持企业内部创新活动的精神基石。一个高效的内部创业文化应具备以下关键要素。

（1）认可与学习。高效的内部创业文化鼓励对成功的项目给予表彰，同时从失败中吸取教训。这种文化不仅庆祝成就，也重视失败带来的经验，将其视为学习和成长的机会。

（2）创新激励机制。设立有效的筛选和激励机制，以激发员工的创新精神和创造力。这包括为创新项目提供必要的资源、时间和支持，以及建立一个公平的评价体系，确保优秀的想法能够得到实施。

（3）战略一致性。内部创业活动应与组织的愿景、使命和战略目标保持一致。这意味着内部创业项目应支持组织的长期发展，与组织的核心价值观和战略方向相契合。

（4）行为促进。内部创业文化应促进期望的行为模式，如团队合作、开放沟通和持续改进。这种文化鼓励员工积极参与，勇于提出新想法，并在实践中不断优化和完善。

通过这些要素，内部创业文化能够为员工提供一个支持性的环境，鼓励他们探索新的可能性，同时确保这些活动与组织的整体目标和战略一致。

为了维持竞争优势并防止组织陷入能力惰性，企业高层需要营造一种鼓励创新、容忍失败并重视共享学习的文化氛围。这种文化不仅体现在物质层面，如资源配置和工作环境，更要深入到价值观层面并形成一种多层次的创业文化。这种创业文化能够激发员工的创造力和积极性，鼓励他们突破资源限制，追求新的商业机会，并挑战个人能力的极限。在这样的文化影响下，员工更愿意尝试新的想法，即使面临失败，也能从中学习并继续前进。

缺乏创业文化的环境会抑制内部创业的活力。因此，高层管理者必须在理念和实践中认同创业对组织发展的重要性。他们需要为员工提供必要的管理支持，赋予他们更多的自主权，以便他们能够自由地探索和实施新项目。同时，建立一个奖励机制来激励员工的创新行为，以及建立一个容错机制，让员工在尝试和失败中不感到害怕，从而激发他们积极参与新事业的热情。

2. 内部创业组织文化的特点

公司内部创业组织文化的核心在于培育一个支持创新、鼓励团队合作、提供资源、容忍失败、实施奖励、注重长期发展以及获得高层支持的环境。以下是公司内部创业组织文化的重要特点。

（1）创新。内部创业文化鼓励在组织各层级积极发展创新思维和提出前瞻性设想。这意味着企业应鼓励员工提出新想法，并为这些想法提供试验和实施的空间。

（2）团队工作。在多元化的团队中，通过协作和共享知识，人们可以实现更广泛的协同效应。内部创业文化强调团队成员之间的沟通和合作，以促进创意的产生和项目的实施。

（3）支持环境。企业应创建一个激励员工自主创新的环境，并提供必要的支持和资源，以帮助员工将创意转化为实际的产品和服务。

（4）资源的可用性和可得性。确保人力资源、财务资源等关键资源的充足和易获取性，以便企业能够迅速抓住市场机会。同时，消除可能阻碍创业过程的障碍，如官僚主义和过度的流程限制。

（5）容忍错误。在创业过程中，企业应鼓励尝试和探索，即使面临失败，也应保持积极态度。例如,宝马公司的"成功的失败"计划,通过表彰在创新过程中遭遇失败的员工,表明了对失败宽容和学习的态度。

(6)适当的奖励制度。设立适当的奖励机制,以绩效目标为导向,对员工在创业过程中的贡献给予认可和奖励。这不仅包括物质奖励,也包括职业发展机会和对个人成就的肯定。

(7)长期导向。企业应采取长期发展的视角,对内部创业项目进行评估和支持。这意味着在衡量项目是否成功时,应考虑其长期潜力和对企业战略的贡献,而非仅仅关注短期成果。

(8)内部创业斗士。识别并培养那些具有创新精神和创业能力的员工,他们是推动内部创业项目成功的关键。这些内部创业斗士能够引领变革,激发团队的活力。

(9)管理高层的支持。高层管理团队的态度和决策直接影响创业文化的建立和创业活动的实施。高层管理者应通过资源分配、政策制定和文化塑造等方式,为内部创业提供坚实的支持。

为了促进内部创业,组织需要培育一种文化。这种文化不仅要鼓励创新思维和创造性工作,而且要积极消除那些可能抑制创新机会的障碍。这样的文化应该能够激发员工的创造力,支持他们勇于尝试新想法,即使这些尝试可能伴随着失败的风险。

华为的创业文化

华为的创业文化以其"奋斗者精神"和"客户为中心"的理念为核心。这些文化特质在推动该公司从一家小型通信设备供应商成长为全球领先的信息与通信技术(ICT)解决方案提供商中起到了决定性作用。

华为成立于1987年,由任正非在中国深圳创立。公司最初专注于制造电话交换机,如今已发展成为全球最大的电信设备制造商之一。

华为创业文化的关键要素包括以下七个方面。

1. 奋斗者精神

华为强调员工的奋斗精神,设定了明确的长期和短期目标,鼓励员工为了实现这些目标而不懈努力。这种目标导向的文化使得员工能够集中精力,持续推进项目,即使在遇到障碍时也不轻易放弃。

2. 客户为中心

华为始终将客户需求放在首位,通过深入分析市场和客户需求,不断调整和优化产品和服务来满足客户。这种以客户为中心的文化,使得华为能够快速适应市场变化,提供高质量的产品和服务。例如华为的"智能体"架构,以云为基础,以人工智能为核心,通过联接、人工智能、云计算及行业应用的有机协同,构建立体感知、全域协同、精确判断、持续进化、开放的一体化智能系统,加速千行百业智能升级。

3. 持续创新

华为坚持每年将10%以上的销售收入投入研发,以确保在技术上的持续领先。例如,2020年,华为的研发费用支出达到人民币141893百万元,约占全年收入的15.9%。这种大规模的研发投入使得华为能够在5G、人工智能、云计算等领域推出创新产品,满足客户对先进技术的需求。这种对创新的执着追求,使得华为在5G、云计算、人工智能等领域取得了显著的突破。

4. 开放合作

华为倡导开放的合作态度,与全球伙伴共同推动行业发展。华为已经建立了一个庞大的全球合作伙伴网络,包括销售伙伴、解决方案伙伴、服务与运营伙伴、人才联盟伙伴、投融资伙伴等。截至2020年底,华为企业市场合作伙伴总数超过了30000家,其中销售伙伴22000+家、解决方案伙伴1600+家、服务与运营伙伴5400+家。这些合作伙伴在华为的全球业务中发挥着重要作用,共同推动了华为产品和服务的全球部署。华为积极推动技术开放。例如,华为的鸿蒙操作系统(Harmony OS)就是一个开放的系统,旨在构建一个全场景智慧生活。截至2022年,鸿蒙生态开发者超过200万+,原子化服务达到50000个,HMS Core开放了25030个API,近4万款应用跟随华为走向全球市场。华为是多个国际开源基金会的顶级成员或创始成员,如Apache基金会、Linux基金会、Eclipse基金会等,并在这些平台上积极贡献代码。例如,华为在Linux Kernel 6.1中的贡献排名第一,展示了其在开源社区的活跃和积极参与。

5. 股权激励

华为实施员工持股计划,让员工成为公司的共同所有者。华为的员工持股计划通过虚拟股票期权的形式实施,员工可以根据职位、工作年限和绩效考评结果获得股权。这种机制使得员工的个人利益与公司的整体业绩紧密相连,从而激励员工提高工作效率和创新能力。根据华为披露的数据,2021年,公司拟向股东分配股利人民币61.4亿元,按照参与持股计划的员工人数计算,平均每位持股员工的分红约为46.7万元。这一分红水平反映了公司对员工贡献的认可和回报。

6. 人才培养

华为重视人才的培养和发展,通过华为大学等内部培训平台,以及与全球知名学府合作,不断提升员工的专业技能和创新能力。华为与全球300多所高校和900多家研究机构建立了合作关系。这种合作涵盖了学科设计、校企联合培养、科技竞赛等多个方面,旨在全方位、多层次地发现和培养高层次人才。例如,华为与西安交通大学等高校共建了"智能基座"产教融合协同育人基地。这些基地致力于培养掌握信息技术领域关键核心技术的人才。华为在人才培养上的投入巨大。据报道,华为2021年在大学合作上的投入达到了27亿元。这笔资金用于支持课程建设、师资培训、学生实践等多个方面。

7. 绩效导向

华为实行严格的绩效管理体系,强调结果导向,通过绩效考核激励员工,确保团队和个人目标与公司战略保持一致,并以此推动公司高效运转。华为的绩效管理体系是不断迭代和优化的。从1995年的单一考核过程到2001年的绩效综合评价,再到2009年的绩效管理2.0,以及2019年的绩效管理3.0,华为不断调整和完善其绩效管理体系,以适应业务发展和市场变化。

这些文化要素共同塑造了华为的创业精神,使其能够在全球化的浪潮中不断前进,成为全球通信行业的领军企业。

资料来源:根据网络公开资料编写。

11.3.2 公司内部创业思维的培养

内部创业活动要求创业者勇于挑战现有的思维模式,并在不断变化的环境中迅速做出决策。这些决策往往能够颠覆传统观念,引领新技术、新业态和新服务的发展,为社会进步提供动力。实施内部创业不仅需要员工掌握创业所需的知识和技能,更重要的是培养他们以创新思维分析和解决问题的能力。

为了确保内部创业的持续发展,企业需要培养战略创业思维,即将战略规划与创业精神相结合,使两者相辅相成。战略创业的核心在于探索企业如何在维持现有竞争优势的同时,发现并抓住新的机遇。战略创业关注的是企业如何将寻求优势与寻求机会相结合,以创造个体、组织和社会价值。

培养战略创业思维要求对战略创业的核心概念有深刻的理解,这涉及两个基本维度和思路。

1. 两个基本维度

迈克尔·希特(Michael Hitt)提出,有效的战略创业需要在两个关键领域之间实现平衡:一是巩固和提升现有业务的竞争优势,二是积极寻找并把握新的商业机会。这种平衡体现了战略创业的双重特性,即在追求业务稳定性和可预测性的同时,也要保持灵活性和创新能力。

在战略创业的过程中,企业需要在维护现有市场地位和开拓新市场之间做出明智的选择。例如,华为的智能穿戴设备,如 Watch GT 系列,不仅在功能上与智能手机紧密集成,提供了健康监测、运动追踪等多样化服务,还在设计和用户体验上不断创新,以满足不同消费者的需求。此外,华为还推出了华为云服务,为企业提供包括云存储、大数据分析、人工智能等在内的一系列云服务解决方案,帮助企业实现数字化转型。

为了在资源有限的情况下实现这种平衡,企业可以采取构建双元组织结构的策略。这种结构允许企业在保持核心业务稳定的同时,设立专门的团队或部门来探索新的商业模式和市场机会。例如,华为的双元结构体现在其对现有业务的持续优化和对新兴技术的积极投入上。在通信设备领域,华为通过不断的技术创新和市场拓展,保持了其全球市场的领先地位。同时,公司在云计算和人工智能领域的投入,使得华为能够开发出新的产品和服务,如华为云服务和人工智能芯片。这些新业务为公司带来了新的增长点,同时也推动了整个行业的技术进步。

2. 两个基本思路

在创业活动中,战略思维和创业思维的有机结合是企业获得成功的关键。对于新创企业,战略思维的首要任务是确保企业能够在竞争激烈的市场中找到立足点。这包括识别市场机会、制定清晰的商业模式和战略规划。例如,字节跳动在创立之初,就通过深入分析市场趋势,确定了以算法推荐为核心的内容分发平台,并将其作为自己的商业模式。这一战略决策使得公司在短视频和社交媒体领域迅速取得成功。对于在位企业,战略性布局则要求企业在维持现有业务的同时,积极探索新的增长点。例如,腾讯在社交和游戏领域取得成功后,通过战略性投资和内部创新,成功进入金融科技、云计算等新领域。这些新业务不仅为腾讯带来了新的收入来源,也增强了其在行业内的竞争力。

创业思维在战略开发中的应用体现在企业如何保持灵活性和创新能力。对于在位企业,这意味着要敢于挑战现状,不断尝试新的商业模式。例如,阿里巴巴在电商领域取得成功后,通过推出支付宝和蚂蚁金服,成功进入了金融科技领域。这些创新举措不仅改变了人们的支付习惯,也为公司开辟了新的增长空间。对于新创企业,创业思维则要求它们面对市场不确定性时,能够灵活调整策略,积极寻找与利益相关者的合作机会。例如,小米在智能手机市场取得初步成功后,迅速扩展到智能家居、生态链产品等领域。通过与不同行业的合作伙伴建立生态系统,小米成功地构建了一个多元化的产品线,实现了快速增长。

总的来说,无论是新创企业还是在位企业,都需要将战略思维和创业思维相结合,通过不断创新和战略调整,以适应不断变化的市场环境,实现可持续发展。

在推动公司内部创业过程中,战略创业思维对于所有员工都至关重要。公司高层管理者应当特别关注战略创业思维中的创业精神,鼓励员工敢于尝试新的想法,勇于面对挑战,同时保持对市场变化的敏锐洞察力。这种思维模式有助于高层在制定公司战略时能够更好地识别和把握新的商业机会,推动企业的创新发展。

对于参与执行具体创业项目的内部创业者,他们需要更加专注于战略创业思维中的战略规划部分。这需要他们具备清晰的战略视野,能够制订和执行有效的业务计划,确保项目与公司的整体战略目标保持一致。内部创业者在执行过程中需要灵活运用战略思维,对项目进行有效的资源配置和风险管理,以确保创业项目的成功。

在不同职位上的员工,无论是高层还是内部创业者,都需要根据各自的职责和项目需求,灵活运用战略创业思维。高层管理者需要在宏观层面引导和支持内部创业活动,内部创业者则需要在微观层面将战略思维转化为具体的行动计划。通过这种双向互动,公司才能够在保持战略一致性的同时,激发内部的创新活力,实现持续的成长和成功。

不做内部创业让新东方丢失了 100 亿美元

2002 年左右,徐小平对新东方在某省份的分校进行视察。当时该校校长向他提出一项建议,主张新东方不应仅局限于为出国人群提供英语培训,因为这是一个相对较小的市场,而中考和高考市场才是更具潜力的领域。徐小平听后颇感欣喜,便将此建议带回总部汇报。然而,董事会并未给予充分重视,致使该提议未能得以实施。此后,新东方错失了这 100 亿美元的市场机遇,因未曾采取行动,该领域后来被其他企业捷足先登。2004 年左右,两位北京大学研究生借鉴当年新东方分校校长的建议,创立了"学而思",后更名为"好未来"。

2017 年,新东方不到 100 亿美元,而学而思也就是好未来,市值超过了 100 亿美元。所以,徐小平说:"每一个被称为'创业者黄埔军校'的企业,原本都有机会发展成为更加美好的公司,而错过孵化好未来机会的新东方,不仅错失市值增长 1 倍的可能,更给自己塑造了强有力的竞争对手。"如果你不去做内部创业的话,很可能会错失一些增长的机会。

树立内部创业的理念,有两种方式。

第一,如果有能力去搭建一个内部创业平台,让别人来我们的平台做内部创业,这叫成就内部创业。

第二,如果没有能力搭建内部创业平台,那我们就去别人的内部创业平台,这叫被内部创业成就。

新东方的历程尚未落幕。2017年左右，新东方董事局主席俞敏洪先生撰写了一本畅销书，书中对内部创业现象进行了深刻反思："倘若我能在时代潮流之前洞察先机，早些将他们视为合作伙伴而非单纯员工，或许新东方的教学精英们会选择留在家中创业，而非外出创立新的创业公司。"

俞敏洪从1994年到2017年，用了24年时间实现一个认知的突破。虽然时间有些漫长，但他最终还是认识到了内部创业的重要性。

什么情况可以做内部创业？什么情况下不能做？可以反向思考。

第一，如果你的规模太小，没有太多资金，是做不了内部创业的。你得有冗余资源提供给你的内部创业团队。

第二，你的主业不稳定，商业模式不定型，现金流不充裕，就不要做内部创业，否则不好组织。

第三，一把手领导要跨越心魔。如果一把手非常保守，做事犹豫不决，就不要做内部创业。

第四，内部创业一定要有托底制度。如果你没有托底制度，下面的人是不敢做这个事的。

第五，员工能力一定要达标，这一点很重要。很多企业的员工是头脑一热报名做内部创业，但最后发现绝大多数员工不适合做内部创业，完全是在内耗。

第六，中层、基层管理者以及基层员工不能太保守，很多企业是一把手喊得很响，结果落地的时候非常困难，这其实是企业文化的问题。

资料来源：蔺雷，吴家喜. 内创业革命[M]. 北京：机械工业出版社，2017.

11.3.3　公司内部创业模式的选择

公司内部创业项目因其目标、资源需求和外部环境的多样性，催生了多种不同的内部创业模式。这些模式的核心目的在于支持和培育具有潜力的创新项目和创业者，帮助他们在竞争激烈的市场中脱颖而出，最终实现财务上的稳定和成功。以下是四种常见的公司内部创业模式。

1. 赛马机制

企业实施赛马机制是一种激励内部创业和创新的有效方法。这一机制要求企业首先明确业务目标，然后授权给具备相应能力和创业精神的员工或团队，让他们在资源的支持下全力以赴地实现这些目标。在这个过程中，团队需要投入必要的人力、财力和物力，以确保项目的成功。

在腾讯公司，赛马机制得到了成功的应用，其核心理念是"提议者负责，壮大后独立发展"。这意味着提出创新想法的团队将负责项目的推进，并在项目成熟后获得独立运营的机会。腾讯的这一机制催生了一系列成功的产品，如微信、QQ空间、QQ秀以及游戏《王者荣耀》等。这些产品最初都是由不同的团队在赛马机制下独立研发的，它们在设计和功能上各有特色。最终，微信凭借其独特的优势在激烈的市场竞争中胜出，成为广受欢迎的社交应用。

通过赛马机制，腾讯不仅激发了员工的创新潜力，还促进了内部竞争，确保公司能够快速响应市场变化，持续推出符合用户需求的新产品。这种机制鼓励团队之间的健康竞争，同时也为公司带来了持续的创新动力和业务增长。

2. 平台模式

平台模式是一种创新的企业运营策略，它主要指企业将多样化的资源，如资金、设备、技术和销售渠道等，整合成一个开放的平台，供创业者使用。这种模式根据资源的开放程度可以分为两类：封闭平台和开放平台。封闭平台主要服务于企业内部的创业者，开放平台则向外部创业者开放。

韩都衣舍就是一个采用封闭平台模式的典型例子。该公司建立了一个以产品小组为核心的单品全程运营体系。在这个体系中，每个产品小组由3～5人组成，负责从产品设计、生产到销售的全过程。这种模式通过最小化运营组织，实现了权力、责任和利益的统一，使得产品能够实现"多款少量，以销定产"，充分发挥互联网的优势。韩都衣舍的这种策略有效解决了服装行业常见的库存问题，通过提供款式多样、更新快速且性价比高的产品，形成了强大的市场竞争力。

相比之下，海尔则采用开放平台模式，其资源不仅服务于内部创业者，也对外部创业者开放。这种模式允许更多的创新者利用海尔的平台资源，共同推动技术和产品的创新，从而实现更广泛的市场拓展和业务增长。通过这种开放策略，海尔能够吸引更多的合作伙伴，加速创新步伐，保持其在家电行业的领先地位。

3. 上下游模式

上下游模式鼓励员工在企业的上游（研发、设计、供应链等）或下游（销售渠道、市场终端、产品应用等）环节开展创业活动。这种模式旨在通过员工的创业行为，与现有企业共同构建一个互补的生态圈，实现资源共享和价值共创。华为就是一个成功实施上下游模式的企业。

华为通过发布《关于内部创业的管理规定》，为员工提供创业的机会和支持。根据规定，华为的员工在公司工作满两年后，可以申请成为公司的代理商。一旦申请获批，员工将获得相当于其持股价值70%的华为设备或50%的现金作为创业资金，并享有半年的保护期。如果在保护期内创业失败，员工可以选择回到华为继续工作。这一政策激发了华为内部员工的创业热情。许多员工选择离职创业，如黄耀旭创立了钧天科技，刘平创立了格林耐特，李一男则在北京创办了港湾网络，成为华为的重要分销商。

这种上下游模式不仅为员工提供了实现个人职业梦想的平台，也给华为带来了新的业务增长点和市场拓展机会。通过与这些新创企业合作，华为能够更好地利用内部资源，同时促进了整个产业链的创新和发展。

4. 虚拟创业

在数字化时代，数据已成为企业的核心资产和基础资源。随着企业在数据收集、存储、处理和分析能力上的不断增强，数据的流通和共享促进了资源的高效配置，并在这一过程中实现了价值的持续增长。数据的繁荣为内部创业者提供了新的视角和机遇，使他们能够直接利用数据作为创业的原材料，开发新的产品和服务。

字节跳动在数据驱动的内容推荐技术上取得了显著成就，其旗下的抖音（TikTok）和今日头条等平台通过精准的用户画像和内容推荐，实现了用户触达的快速和需求满足的精确。这些平台的成功不仅降低了业务成本，还极大地丰富了用户体验，同时推动了内容创作者和广告商的价值共享。

随着元宇宙概念的兴起，中国企业也开始积极探索这一领域。例如，腾讯在 2021 年宣布将加大对元宇宙领域的投入，通过其游戏和社交平台，如 QQ 空间和王者荣耀，探索虚拟世界与现实世界的融合。腾讯的这一战略转型被视为其内部创业活动的一部分，旨在构建一个全新的虚拟社交和娱乐生态。

这些例子表明，中国企业正积极利用数据和新兴技术，如人工智能、区块链和虚拟现实，来推动内部创业，探索新的商业模式和市场机会。通过这些创新活动，企业不仅能够提升自身的竞争力，还能够为用户创造更加丰富和沉浸式的体验。

本章知识要点及关键词

知识要点

1. 内部创业是在公司内部，员工或团队基于对市场机遇的洞察，利用公司资源和支持，发起并实施新的商业项目或业务模式。
2. 内部创业新开发的业务不在公司原有业务范围内。
3. 内部创业者是指在现有组织内部，利用组织的资源和平台，通过创新思维和行动推动新项目或业务发展以实现组织增长和变革的员工。
4. 内部创业者具备清晰的战略思维，能够从宏观角度审视市场和行业趋势，制订合理的业务发展计划。
5. 在实践中，员工的创新思维和创业精神是内部创业的原动力，企业高层的积极支持和正确引导则能够确保这些创业活动与公司的整体战略相契合，从而实现双赢。
6. 组织文化是企业或组织的核心，它代表了该集体的价值观、信仰和行为准则，是推动企业持续发展和繁荣的关键因素。
7. 内部创业组织文化是激发和支持企业内部创新活动的精神基石。
8. 内部创业的模式包括赛马机制、平台模式、上下游模式及虚拟创业。

关键词

内部创业　内部创业者　评价标准　内部创业组织文化　内部创业思维　内部创业模式

思考题

1. 什么是公司内部创业？
2. 公司内部创业者包括哪些人？他们的角色是什么？
3. 优秀的内部创业者具有哪些特点？
4. 企业如何推动内部创业在企业内部的繁荣发展？
5. 如何评估和激励内部创业者？
6. 对内部创业者与正式员工进行评估的区别是什么？
7. 如何培育公司内部创业精神？

利用模型分析内部创业的过程及价值

以腾讯公司或者华为的内部创业为例,利用蒂蒙斯创业模型分析内部创业的过程及价值,并回答以下问题。

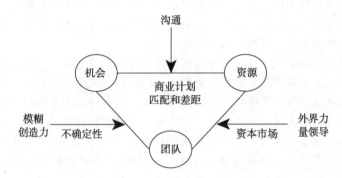

资料来源:杰弗里·蒂蒙斯,小斯蒂芬·斯皮内利. 创业学:21 世纪的创业精神[M]. 8 版. 北京:人民邮电出版社,2014:110.

思考题:

1. 创业者在什么情况下适合进行内部创业?
2. 内部创业机会如何被有效识别?
3. 内部创业的流程是怎么样的?

内部创业:一家"隐形冠军"的成长密码

总部设在我国广州的视源股份,在过去十年里,其经营规模和净利润均实现了显著增长:营业收入从 2011 年的 11 亿元增至 2020 年的 170 亿元,净利润从 2011 年的 0.52 亿元提升至 2020 年的 19 亿元。该公司的发展鲜明地呈现出两条增长曲线:液晶显示控制模块的研发生产是视源股份的初创业务和主营业务,多年来在全球市场份额保持首位;2008 年推出的"希沃"教育信息化产品以及 2015 年推出的会议信息化产品,让公司业绩快速增长,目前贡献了近 50%的营收。或许正是基于这样的成功经验,视源股份的管理层高度重视内部创业。在采访视源创始人之一黄正聪时,他多次提及的关键词汇是"年轻力量"和"内部创业"。

2005 年,视源最初的三位创始人在创业初期便对企业文化进行了深入的探讨和憧憬。在创立过程中,"创新"与"平等"的价值观理念已深深植入企业基因。"当年初始团队的三位创始人共同工作时,每每谈及未来可能的创业机遇,他们都激动地构想企业文化的核心特质,一致认为企业文化应秉持平等、公平、透明、自由的原则。"黄正聪在采访中阐述道。

公司新业务的发展及品类拓展主要依赖企业的内生裂变式的创新孵化机制。截至 2023

年，公司内部创业项目所贡献的营业额已占总业绩的逾十分之一。视源集团旗下已拥有十多家子公司，主要为内部发起的创业项目。

视源内部创业孵化机制的运作流程如下：公司内部员工发起创业项目，提交商业计划书，并组建至少有三人的创业团队。经过公司内部业务研讨审核通过后，他们便可成立项目团队。为确保项目在初期低风险运作，视源母公司会设立全资子公司，通过投资孵化管理部实施统一管控、资源调配和考核，承担项目的运行成本。

随着子公司业务的不断发展，待子公司现金流回正后，视源就会向创始团队员工进行分红，再通过鼓励员工进行股权回购的方法，实现股权向创始团队成员的转移，最终实现创始团队成员控制子公司大部分股权的目标。

视源旗下子公司华蒙星体育，源于其内部孵化的特色教育项目。这个看似与视源主业风马牛不相及的项目，实则源于公司为员工子女提供的幼教福利服务——内部幼儿园。视源幼儿园在硬件设施、师资聘请、课程设置等方面，均秉持国内最高标准。它最初是为方便员工而设立的内部幼儿园，现已发展成为广州知名的高端幼儿园。

华蒙星起源于视源幼儿园旗下的篮球教学课程，创立于2016年。其创始人温大治曾在视源股份旗下教育体系担任体育项目负责人，具备18年幼儿篮球领域的从业经验。在萌生内部创业的念头后，温大治与视源股东沟通了其创业计划，并获得公司迅速响应，出资300万元予以支持。最终，温大治仅接受100万元投资，开启了内部创业之旅。

华蒙星体育迄今为止已涉足器材销售、师资培训、幼儿培训以及赛事运营四大领域。该公司主办的全国幼儿篮球联赛，遍及20个省份50个赛区。总决赛之际，姚明亲临现场，激发了我国幼儿启蒙篮球运动的热情。

华蒙星股权结构的演变充分体现了视源支持内部创业的态度。创立之初，视源母公司100%控股华蒙星。如今，视源占有华蒙星的股权比例已经下降到约为27.2%，华蒙星创始人团队占有的公司股权比例则超过40%。

"视源健康"和"希科医疗"两个医疗品牌也是视源内部的创业项目，如今业已布局全国，提供全方位的健康管理服务和智能医疗平台产品，其有望成为视源未来的成长点。

资料来源：刘文文. 内部创业：一家"隐形冠军"的成长密码[A]. 长江商学院案例中心，2021.

思考题：

1. 根据案例资料，利用商业模式画布分析视源股份内部创业的构成要素。
2. 内部创业通常会发生在什么样的企业？什么情境下会促动企业内部创业？
3. 在视源股份内部创业过程中，体现了哪些创新思维？怎样培养通过内部创业服务社会、为人民创造美好生活的意识和信念？

第 12 章

社会创业

【学习目标】

知识目标：能够表述社会创业的内涵及特征；能够准确辨别社会创业、慈善活动和商业创业；能够剖析社会创业维度和机会来源；能够识别社会创业面临的发展困境；能够理解社会创业的可持续发展路径，明确数字社会创业与社会创业的联系和区别；能够准确区分数字社会创业、社会创业与数字创业。

能力目标：学会识别和评估社会创业机会，发现潜在的创新点，提升社会创业机会识别能力；学会制定可持续发展的社会创业项目规划书，提升社会实践能力；掌握数字化工具和技术，提升数字化应用能力；学会激励和引导团队成员，建立高效协作的团队，提升领导力。

素质目标：培养对社会问题的敏感性和创新思维，激发解决社会问题的热情和动力；提升信息素养，学会筛选、分析和利用信息，帮助民众提升信息应用能力；培养跨学科、跨领域的合作能力，学会与不同背景的团队成员进行有效沟通，共同推动社会创业项目。

免费午餐发起人邓飞联合商人做社会企业

"今晚，我们再一次为爱冲锋！干掉一万罐红糖！"

1月8日晚，邓飞同时在微信、微博吹响了集结号。在云南省的边陲城市镇康，邓飞和他的团队正忙着卖红糖。前一天，他在当地参与了砍收甘蔗活动。经过榨汁、过滤、煮汁……很快，古法酿制的 e 农品牌红糖就进入销售状态。不到半小时，他们顺利地卖出4000多罐。当晚，销售10000罐红糖的目标顺利实现。

2011年起，邓飞先后发起"免费午餐""大病医保"等公益项目，探索解决贫困乡村儿童的系列难题。虽然上述公益项目几乎包揽了中国所有公益奖项，唤起了大众对于乡村儿童的关注，但是每天近20万元的投入让他压力不小。经济学家许小年对他说："你不能只是这边伸手要钱，那边送钱。要自己造血，也要让乡村自我造血。"

为解决贫困乡村的自我造血问题，邓飞联合他就读的中欧国际工商学院，与200多名校友一起发起了社会企业"e农计划"，共同出资成立非公募基金会，由基金会投资若干商业公司运作乡村的优质资源，所产生的盈利返回基金会用于其他公益项目。"我这次联合了很多工商界人士，因为商业上的事还是得由企业家来做。他们有严密的组织，有商业运作的经验和大量的资源，还是主流消费人群。没有他们，我不敢打乡村经济发展的主意。"

"e 农计划"的主要对象是边远封闭的贫困县。这些贫困县拥有城市居民期望的洁净水、空气、食材和优美环境。在发达的互联网和物流的帮助下，原生态农产品成为重要卖点。同时，以推动经济发展的方式吸引人力和其他资源回流——"帮农产出村，让爸爸回家"，邓飞希望从根本上解决中国城市化制度抽空乡村人财物的问题。

"e 农计划"最早的受益者是云南大山中一个名叫四宏的孩子。他身患先天性心脏病，11 岁的他体重仅相当于 5 岁儿童，而家中只有爷爷和一棵核桃树可以依靠。2013 年，大病医保团队救助了四宏，同时，通过"e 农计划"销售出去的核桃所得，也让祖孙俩有了稳定的生活来源。

邓飞认为，"e 农计划"的核心并不是中欧校友的资源，而是这些情感共鸣。"我最大的优势是那些信任我们、曾经跟我们一起帮助过孩子的 100 多万捐赠人和志愿者，他们对孩子、对家庭有更强烈的情感共鸣。我的朋友告诉我不要丢了最重要的东西，那些用几块钱支持我的人才是根本。"

在未来几年，作为"e 农计划"理事长的邓飞将更专注做一件事——想方设法扩大农产品销售，千方百计帮农民创收。媒体、公益出身的他模仿起了淘宝卖爆款，依托电商平台及其产生的大数据分析，每个月集中力量主打一款贴牌"e 农春天"的农产品。"我们不能打阵地战，只有打突袭战，创新才能活下去。"

要突袭，就要轻快灵活。出于节约成本和专业分工的考虑，邓飞将物流、设计甚至客服等流程全部外包，将有限的资源全部集中到品牌建设和品控环节。他说，"免费午餐"的生命线是信息透明，"e 农计划"的生命线是食品安全。所有进入 e 农销售平台的农产品除了要提交合法的质检报告外，还需经过"e 农计划"委托的第三方检测机构的检测。"虽然山里的人穷得都没有钱买农药，但做大了就可能有变化，检测要做到位。"在邓飞的设想中，"e 农计划"将来会形成一个生态圈，不仅有旅游、食品、养老院，还可以推动传统文化项目发展。公益组织也将被邀请驻村，培训农民如何决策开会、选举带头人，形成一套模式后再复制推广，最终完成战略包抄——乡村再造。

"e 农计划"的理事会下设多个专业委员会，投资、运营都由专业人士负责，所有的设想和运作都围绕提升乡村经济展开，而他的任务就是一心一意先把销售做扎实。为了保证全力以赴，邓飞甚至提前完成了对"免费午餐"等公益项目的"去邓飞化"民主改造。他退出管委会，建立志愿者自治与分权制衡，以便抽出身来推动"e 农计划"。

邓飞说，"e 农计划"是他迄今为止最艰难的一次尝试，是正面挑战中国社会最深层复杂问题的艰难挑战。他能赢吗？他也不知道，但他在做一件他认为有价值的事。"帮农产出村，让爸爸回家，支持中国乡村自我造血，有尊严地可持续发展。"这个来自湖南乡村的男子说他"愿意为之而战"。

资料来源：章伟升. 邓飞卖红糖[J]. 中国慈善家，2015（2）.（有删减）

12.1 社会创业概述

12.1.1 社会创业的内涵

社会创业（social entrepreneurship）作为一种新兴的创业模式，是在政府、市场和非营利部门未能有效解决某些社会问题时应运而生的。它专注于识别和利用那些传统商业和公益领域未能触及的社会机会，致力于克服贫困、环境恶化和资源短缺等可持续发展的问题。在追求包容性增长和可持续发展的背景下，社会创业已成为应对复杂社会问题的关键途径。社会企业作为社会创业的产物，结合了商业运作的效率和社会使命的追求。这些企业在追求经济效益的同时，也致力于实现社会价值，通过创新的商业模式来解决社会问题。它们不仅为社会问题提供了新的解决方案，还推动了社会创新和变革。

在中国，随着社会主要矛盾的转变，即人民对美好生活的需求日益增长与不平衡、不充分的发展之间的矛盾，社会企业在解决这一矛盾中扮演着重要角色。它们通过提供创新的服务和产品，不仅满足了市场的需求，还有助于缩小发展差距，促进社会公平和环境的可持续性发展。社会企业的发展不仅有助于提升社会福祉，也为经济增长注入了新的活力。

从社会学角度来看，社会创业强调的是创业者如何运用创新方法来解决社会问题，并推动社会变革。社会创业者被视为社会变革的推动者，他们通过识别社会需求，设计和实施解决方案，以实现社会目标。这种视角下的社会创业强调的是社会影响和价值创造，而不仅仅是经济利益。从创业学角度来看，社会创业被视为一种特殊的商业机会，它将社会问题转化为经济活动，从而在解决社会问题的同时也创造了商业价值。这种视角下的社会创业将社会企业视为创业管理的一个分支，强调的是商业模式的可持续性和社会目标的实现。

综合这两个视角，社会创业是一种结合了商业逻辑和社会使命的创业形式。它利用商业手段来解决社会问题，同时追求经济效益和社会价值的双重目标。社会创业模式通过整合商业策略、公益慈善和政策支持，不仅能够实现企业的持续发展，还能够有效地促进社会的整体福祉。这种模式鼓励创新思维，鼓励创业者在追求利润的同时，也承担起社会责任，为社会带来积极的影响。

12.1.2 社会创业与慈善活动和商业创业

社会创业与慈善活动的主要区别在于其对财务回报的追求。慈善活动主要关注社会正效应的实现，通常不以营利为目的。参与者通过捐赠、志愿服务等形式直接贡献于社会福祉，而不寻求任何经济上的回报。例如，为应对疫情提供物资援助、捐款或参与无偿献血等，这些都是典型的慈善行为，它们强调的是无私奉献和对社会责任的承担。相比之下，社会创业在追求社会价值的同时，也寻求财务上的可持续性回报。这种模式要求创业者在解决社会问题的过程中，能够实现经济上的自给自足，从而确保项目的长期运作和扩展。社会创业的核心在于通过创新的商业模式，实现社会目标与经济利益的平衡，其中社会目标往往被视为优先考虑的因素。

与纯粹的商业创业相比，社会创业更加注重社会影响。传统商业创业的主要目标是最大化利润，社会创业则在追求经济利益的同时，更加强调对社会问题的解决和对社会福祉的贡献。社会创业的商业模式往往需要在经济效益与社会效益之间找到平衡点，在实现社会价值的同时，也能够保持企业财务的健康。

总的来说，社会创业是介于慈善活动和传统商业创业之间的一种模式，它代表了一种新的企业理念，即在追求经济利益的同时，也致力于实现更广泛的社会目标。这种模式鼓励创业者在商业实践中融入社会责任，推动社会的整体进步。

12.1.3 社会创业的特征

社会创业作为一种特殊的创业形式,具有以下四个显著特征。

1. 混合价值驱动

社会创业的核心在于追求社会价值与经济利益的双重目标。它不仅关注于解决社会问题,提升公共利益,同时也需要通过商业活动来确保自身的经济可持续性。这种双重驱动要求社会创业者在追求社会使命的同时,必须考虑如何通过有效的商业模式来实现财务上的自给自足。

2. 整体创新性

社会创业的本质是创新,它包括新产品、新服务的开发,以及对现有产品在社会领域的新应用。社会创业者需要创新思维来识别和把握机会,同时在资源配置、组织结构和运营流程上进行创新,以适应市场和社会的需求。这种创新性是社会创业成功的关键因素。

3. 跨部门合作

社会创业往往需要跨领域的合作,因为社会问题的复杂性要求多方面的专业知识和资源。社会创业者需要与政府、非营利组织、商业伙伴等不同部门建立合作关系,共同推动社会问题的解决。这种合作模式有助于整合各方资源,形成合力,提高社会创业的影响力和效率。

4. 历史阶段性

社会创业的发展受到特定历史背景和文化环境的影响。它反映了非营利组织、商业企业和政府在新时代寻求转型和创新的趋势。社会创业的每个阶段,从启动到成长,再到可能的退出,都与其所处的社会环境紧密相关。这种历史阶段性要求社会创业者具备对环境变化的敏感性和适应性。

综上所述,社会创业是一种结合了社会使命、创新精神和跨部门合作的创业模式,它在追求经济回报的同时,更加强调对社会问题的关注和解决。这种模式在不断变化的社会环境中应运而生,旨在通过创新和合作,实现社会价值的最大化。

12.1.4 社会创业的维度

在当前全球面临诸多社会挑战,在贫富差距扩大、环境恶化等问题的背景下,社会创业作为一种创新的解决方案,正逐渐成为应对这些挑战的关键途径。社会创业的发展在以下三个方面对社会产生了积极影响。

1. 减少贫困

党的十八大以来,以习近平同志为核心的党中央把逐步实现全体人民共同富裕摆在更加重要的位置上,国家出台了一系列"脱贫攻坚""乡村振兴"战略,在减少贫困方面取得了举世瞩目的成就。从宏观经济的角度来看,创业活动尤其是社会创业,被认为是减少贫困的有效途径之一。以中国浙江省义乌市为例,斯晓夫等人在 2015 年的研究表明,早期的义乌地区资源匮乏,当地农民面临着发展机会有限的困境。为了改善这一状况,他们采取了一种创新的商业模式——"鸡毛换糖,以物易物",即通过商品交换来改善生产条件并实现微薄的利润。这种模式不仅促进了当地经济的发展,还为农民提供了新的收入来源。随着时间的推移,义乌逐渐发展成为全球最大的小商品集散地,这一成功模式也被国内外其他地区所借鉴。这种模式的核心在于利用创业精神和创新思维,通过市场机制来激发经济活力,从而带动地区经济的整体提升。社会创业在这一过程中发挥了关键作用,它不仅帮助当地居民摆脱贫困,还为其他地区提供了可复制的发展模式,展示了社会创业在宏观经济层面的积极影响。

2. 环境保护与优化

自然环境是人类生活和繁荣的基石,它为人类提供了必要的资源和生存条件。然而,历史上,人类在追求经济增长的过程中往往忽视了对自然环境的保护,导致了资源的过度开发和环境污染。这些问题不仅威胁到当前的生态平衡,也为后代留下了潜在的环境隐患。习近平总书记强调,生态环境保护和经济发展是辩证统一、相辅相成的。随着环保意识的提高,越来越多的企业家开始将环境保护纳入他们的商业战略中,通过创新方法来解决环境问题,同时推动社会和经济的可持续发展。

例如,阿拉善 SEE 生态协会的成立,就是一个典型的社会创业案例。这个由企业家自发组织的非营利组织,专注于中国阿拉善地区的荒漠化防治和生态修复。他们通过集资、技术研发、政策倡导和公众教育等多种手段,不仅改善了当地的生态环境,还为其他地区乃至全球的生态保护工作提供了可借鉴的模式。这种模式展示了企业社会责任与环境保护相结合的新路径,鼓励更多的个人和组织参与到生态治理中来,共同为地球的未来贡献力量。

3. 社会的可持续发展

社会的可持续发展强调在追求经济增长的同时,确保资源的高效利用和环境的长期健康。这种发展模式旨在减少人类活动对自然环境的负面影响,实现经济效益与生态效益的双赢。可持续发展的关键在于找到经济发展与生态保护之间的平衡点,这要求我们在经济决策中融入生态考量,确保资源的可持续利用。

环境经济学指出,环境问题的根源往往在于市场机制的不完善,这种市场失灵为社会创业提供了解决环境问题的新机遇。Dean 和 McMullen(2007)提出,创业者通过识别这些市场失灵,可以发现并利用这些机会,通过系统性的创新和变革来应对环境挑战。社会创业不仅关注传统的商业成功,更强调其活动对社会和环境的积极影响。

因此,社会创业为实现可持续发展提供了一种新的视角,它鼓励创业者在追求利润的同时,也要考虑其活动对环境的影响。这种模式有助于填补传统经济创业在环境保护方面的空白,推动社会整体向更加绿色、可持续的方向发展。通过这种方式,社会创业不仅能够促进经济结构的优化,还能提高资源利用效率,减少资源消耗,最终实现经济、社会和环境的和谐共生。

12.2 社会创业机会识别

12.2.1 社会创业的机会来源

社会创业的机遇往往根植于市场的不完善之处,即市场失灵。市场失灵指的是市场机制在资源配置方面未能达到效率最大化，无法确保商品和服务的有效分配。这种现象为商业创业和社会创业提供了介入和创新的空间。[①]市场失灵可以归纳为五种主要类型。[②]

1. 公共产品的非竞争性和非排他性

公共产品是市场失灵的一个关键因素，它们具有两个核心特性：非竞争性和非排他性。非竞争性意味着一个人对公共产品的使用不会减少其他人使用该产品的能力，即公共产品的消费是不受限制的。这种特性导致市场上缺乏竞争机制，因为消费者无法通过支付更多来获得更多的公共产品，这在效率上是不理想的。非排他性指的是无法阻止任何人享受公共产品，无论他们是否为该产品支付费用。这导致了"免费搭便车"问题，即消费者可能会选择不支付费用而享受公共产品，因为他们知道即使不支付也能获得服务。这种行为削弱了通过收费来覆盖公共产品成本和维护费用的可能性，从而导致公共产品的供应不足。

由于这些特性，市场往往无法有效地提供公共产品。在没有适当的政府干预或创新的解决方案下，公共产品的供应会受到限制，从而引发市场失灵。为了解决这一问题，政府需要介入，通过税收或其他机制来资助公共产品的生产和维护，或者通过社会创业来开发新的模式，以确保这些产品能够被公平且有效地提供给社会。

2. 外部性

在经济活动中，生产和消费过程常常伴随着副产品，如环境污染和资源浪费。这些副产品对人类的生存环境和生活质量构成了严重威胁。尽管政府在污染治理和资源回收方面投入了大量财政资源，但在全球范围内，这些努力往往显得力不从心，难以应对日益增长的环境挑战。外部性问题揭示了资源配置的不合理性和经济行为的偏差，仅依靠传统的社会慈善和社会呼吁难以从根本上解决这些问题。

在这种情况下，社会创业作为一种新兴的力量，提供了解决环境问题的创新途径。社会创业不仅关注经济效益，更强调其活动对社会和环境的正面影响。例如，"绿色浙江"等社会组织，通过创新的商业模式和实践，致力于推动资源的可持续利用和环境污染的有效治理。这些组织通过整合社会资源，激发公众参与以及开发新的技术和服务，为解决外部性问题提供了新的视角和方法。

3. 垄断力量

垄断现象是指市场结构中存在单一或少数几个供应商控制了整个市场，从而能够操纵价格和产量，导致资源配置效率低下。在垄断市场中，消费者往往面临更高的价格和更少的选择，生产者则因为缺乏竞争而缺乏创新和效率提升的动力。这种市场失灵现象为社会创业提供了发展空间。

社会创业者通过识别垄断市场中的不足，运用创新思维和技术，开发新的产品和服务，以满足那些被传统垄断企业忽视或未能有效服务的社会需求。他们会采用更灵活的商业模式，如共享经济、平台经济等，来打破垄断，促进竞争，提高市场效率。例如，通过提供更低成本的替代品或服务，社会创业者能够吸引那些对高价垄断产品敏感的消费者，从而

---

① Austin J, Stevenson H, Wei-Skillern J. Social and commercial entrepreneurship: Same, different, or both?[J]. Entrepreneurship Theory and Practice, 2006, 30(1): 1-22.

② Dean T J, McMullen J S. Toward a theory of sustainable entrepreneurship: Reducing environmental degradation through entrepreneurial action[J]. Journal of Business Venturing, 2007, 22(1): 50-76.

推动市场朝着更加公平和高效的方向发展。

此外，社会创业者还可能通过合作与联盟，整合资源，提高市场透明度，降低交易成本，使得消费者能够更容易地获取信息和做出选择，进一步削弱垄断企业的市场控制力。

4. 不恰当的政府介入

不恰当的政府干预在环境保护和可持续发展领域尤为突出。有时，政府为了追求短期的经济增长，可能会牺牲环境质量，吸引污染企业到当地投资建厂。这种短视的政策决策不仅损害了生态环境，还可能引发公众健康问题，长远来看，对经济发展也是不利的。在这种情况下，社会创业作为一种积极的市场力量，旨在通过创新的商业模式和实践，推动政府调整其政策，以实现经济与环境的和谐发展。

社会创业者通过提出和实施可持续的解决方案，挑战现有的政策框架，促使政府重新考虑其税收、补贴等激励措施。他们会倡导更环保的税收政策，推动政府提供对绿色技术和可持续项目的财政支持，以及鼓励企业采取环境友好的生产方式。这样的努力有助于形成正向的激励机制，引导资源朝着更可持续的方向发展。

例如，汶川地震后，中国政府实施了一系列灾后重建政策，包括税收优惠等措施。这些政策不仅有助于灾区经济的快速恢复，也为社会创业者提供了机遇。他们可以利用这些政策支持，开发新的产品和服务，满足灾区重建过程中的特殊需求，同时也推动了当地经济的可持续发展。

5. 信息不对称

信息不对称在市场中普遍存在，这为社会创业者提供了两个主要机遇。

（1）社会创业者可以通过创新来开发全新的产品或服务。这些创新包括独特的技术应用或社会价值融入，从而为消费者提供前所未有的体验。这种创新不仅能够吸引消费者的注意力，还能够在市场中创造新的细分市场，满足消费者未被充分满足的需求。

（2）社会创业者还可以通过教育和沟通，增强消费者对其产品或服务社会价值的认识。这意味着创业者需要在营销和沟通策略中强调其产品或服务如何与社会目标相契合，比如通过可持续生产、公平贸易或社区支持等方式。通过这种方式，社会创业者不仅能够提高消费者对其品牌的信任和忠诚度，还能够激发消费者的社会责任感，促使他们更愿意选择那些能够带来积极社会影响的产品或服务。

12.2.2 社会创业成功的影响因素

Shaw 等人[①]在研究中指出，社会创业的成功受多种因素影响，其中五个关键因素对于社会创业的成功至关重要：社会机会的识别、网络嵌入、资源与财务的管理能力、社会企业的管理和构建，以及创意与创新。在这五个因素中，识别社会机会被认为是最为关键的一环。

1. 社会机会的识别

社会机会的识别是社会创业过程中的一个核心能力，它要求创业者具备敏锐的洞察力，能够识别出社会中存在的问题和潜在的需求，并将这些需求转化为具有商业潜力的创

---

① Shaw E, Carter S. Social entrepreneurship: Theoretical antecedents and empirical analysis of entrepreneurial processes and outcomes[J]. Journal of Small Business and Enterprise Development, 2007, 14(3): 418-434.

业机会。这种识别过程不仅需要对社会问题有深刻的理解，还需要对市场动态有敏锐的把握，以便找到将社会价值与经济利益相结合的切入点。

例如，一位社会创业者注意到城市中的垃圾处理问题，这不仅影响了居民的生活质量，还对环境造成了严重破坏。通过深入研究，创业者发现，现有的垃圾处理方式效率低下，且缺乏有效的回收和再利用机制。于是，他们创立了一家专门从事垃圾分类和资源回收的公司，不仅解决了垃圾处理的问题，还通过回收材料创造了新的经济价值。这个项目不仅改善了城市环境，还为创业者带来了经济回报，实现了社会价值与商业利益的双赢。

在这个过程中，社会创业者通过创新的商业模式，不仅填补了市场空缺，还推动了社会对可持续生活方式的认知和实践，促进了社会的整体进步。这种基于社会机会的创业活动，往往能够激发公众的参与，形成更广泛的社会影响力。

2. 网络嵌入

网络嵌入描述了创业者如何通过构建和利用其社会网络中的各种联系来促进创业项目的成功。这些联系包括与潜在的合作伙伴建立合作关系，吸引投资者的资金支持，以及与客户和支持者建立信任及实现互动。强大的网络嵌入能够帮助创业者更有效地获取资源，扩大市场影响力，并促进知识和经验的交流。

例如，一个致力于推广可持续农业的社会创业者会通过网络嵌入，与当地的农民、农业科技公司、环保组织以及政府机构建立联系。这些合作伙伴可以提供技术支持、市场信息、资金援助或政策指导，帮助创业者形成更适应当地环境的农业解决方案。同时，通过与这些网络成员的互动，创业者能够更好地理解市场需求，优化产品和服务，从而提高创业项目的社会影响力和经济潜力。

网络嵌入还有助于创业者面临挑战时获得支持和建议，如在产品开发、市场策略或资金筹集方面。这种相互依赖和支持的关系网络，为社会创业者提供了一个强大的后盾，使他们能够在竞争激烈的市场中站稳脚跟，实现社会使命。

3. 资源与财务的管理能力

资源与财务管理要求创业者具备对有限资源进行高效配置的能力，以支持企业的长期稳定发展。这涉及对资金的合理规划、成本的有效控制以及投资决策的明智选择。

例如，一个专注于提供低成本医疗服务的社会创业项目，需要精心管理其有限的资金。这包括制订严格的预算计划，确保每一笔支出都能带来最大的社会和经济效益。在成本控制方面，创业者需要寻找成本效益高的医疗设备供应商，或者通过培训当地医护人员来降低人力成本。在投资决策上，创业者需要评估不同医疗项目的投资回报率，选择那些既能改善医疗服务又能带来经济收益的项目。

资源管理还包括对非财务资源的合理利用，如人力资源、技术资源和时间资源。社会创业者需要确保团队成员的技能得到充分利用，技术资源能够支持服务的提供，并且时间被高效地分配到关键任务上。通过这些管理实践，社会创业者能够在资源有限的情况下，实现项目的最大社会价值和经济可持续性。

4. 社会企业的管理和构建

社会企业的管理和构建是确保其能够持续实现社会使命和目标的关键环节。这不仅要求创业者具备强有力的领导力来引领团队，还需要他们具备战略规划的能力来制定长远的发展蓝图，并运用团队建设技巧来凝聚和激励团队成员。

例如，一个旨在给偏远地区儿童提供教育支持的社会企业，其管理团队需要设计一个灵活的组织结构，以便能够快速响应当地社区的需求变化。这包括建立一个由当地教师、志愿者和教育专家组成的多元化团队，以及开发一套适应当地文化和资源条件的教学方法。领导力在这里体现为能够激励团队成员共同为改善儿童教育状况而努力，同时确保项目的财务和运营透明，赢得社区和资助者的信任。

战略规划涉及如何设定目标、分配资源以及评估项目效果。例如，企业设定以提高特定年龄段儿童的识字率为目标，并围绕这一目标规划课程、培训和评估体系。团队建设则要求领导者能够识别和培养团队成员的潜力，通过团队合作和持续学习来提升整体效能。

5. 创意与创新

创意与创新是社会创业的生命力所在，它们激励创业者不断探索和尝试新的解决方案，以应对复杂的社会挑战。这种动力不仅体现在产品和服务的创新上，也包括商业模式、运营策略和市场定位的创新。通过创意与创新，社会创业者能够更有效地解决社会问题，提升服务的质量和效率，从而在市场中建立起独特的竞争优势。

例如，一个旨在减少食物浪费的社会创业项目会开发出一种创新的移动应用。该应用能够将即将过期的食品与有需求的消费者或慈善机构连接起来。这种创新不仅减少了食物浪费，还帮助了低收入家庭和慈善机构，同时提高了社会的整体资源利用效率。在这个过程中，创业者需要不断收集用户反馈，优化应用功能，探索新的合作伙伴关系，以确保其解决方案的持续创新和适应性。

社会创业者还通过创新的商业模式来解决资金问题，比如采用众筹或影响力投资等方式来筹集资金。这些模式不仅为项目提供了必要的资金支持，还增强了公众的参与积极性和社会影响力。通过这些创意与创新的实践，社会创业者能够在解决社会问题的同时，推动社会的整体进步和可持续发展。

蒙草抗旱董事长王召明：十多年就做一件事——赤心抗旱绿化

王召明出生在内蒙古巴彦淖尔市一片荒漠化十分严重的草原。高考时从小就喜欢花草树木的他报考了当时的内蒙古林学院。在大学期间，王召明就做起了生意。他回忆说："当初我跟学校的植物试验场商量，把他们的花拉出去卖，卖了就把钱交回来，卖不了就把花交回来。他们觉得挺好，双方一拍即合。所以，当初没有花钱就开始了第一笔生意。"毕业后，王召明做起了花卉生意。随着20世纪90年代城市建设进入高潮，王召明意识到市场对草坪的需求特别大，其中的一个明显标志就是广场建设蔚然成风。仅华北几个大城市建设用草坪就达到了几百亿元的需求。毅然决然地，王召明转型成立绿化公司，开始涉足城市绿色业务。在经营过程中，王召明凭着自己对水的天然敏感，意识到相较于耗水的进口草坪，内蒙古草原具有更高的"掘金"价值。认准了研发的草种，王召明带领一班人马走遍内蒙古、新疆、青海的干旱、半干旱草原。他将草原上的野生高抗逆性草种作为原种进行驯化培育，经过实验室的反复培育实验，最终驯化成兼具生态效益和经济效益，而且高度适应北方干旱、半干旱地区生态环境的高抗性植物。在王召明看来，内蒙古独特的地理区域造就了"节水耐旱、耐寒、耐盐碱、耐贫瘠的蒙草",蒙草在极端干旱条件下仍然芬芳斗艳。在生态环境建设中使用节水抗旱的"蒙草",不仅能节省大量的水资源,而且能节约大量维护成本。促进抗旱草产业的发展,可以防风固沙,保持水土质量,形成产业链的良性发展。

资料来源:http://www.ccstock.cn/gscy/gongsi/2014-10-25/A1414176305616.html。

12.3 社会创业的可持续发展

12.3.1 社会创业可持续发展的路径

1. 谋求社会认同

社会认同影响着公众对企业的认可程度以及企业战略的实施。合法性是企业必须遵守的,即获得足够的社会认可,才能确保其长期发展并最大化其社会影响力。

为了获得社会认同,社会创业企业通常会采取一系列精心策划的管理策略和开展组织活动。例如,通过与政府、行业伙伴以及消费者建立跨部门的合作关系,企业可以增强其在规则、标准和认知上的合法性。参与社区活动和实践,展示企业与社会价值观的一致性,有助于提升规范合法性。同时,企业还会运用印象管理策略,通过塑造公众形象来满足或引导社会期望,从而增强其社会性认同。

然而,这些努力并不能保证社会创业企业一定能成功获得社会认同。企业内部的组织结构、稳定性以及外部的制度环境、竞争态势、行业特性和市场不确定性等因素都会影响这一过程。具有良好社会声誉的创业者或组织往往更容易获得社会认同。此外,某些社会创业形式,如非营利组织和慈善机构,由于其天然的社会使命,通常更容易获得政府和公众的支持,从而在合法性上具有先天优势。

因此,社会创业企业在追求社会认同时,需要在保持其社会使命的同时,更加注重创新和效率,使其解决方案不仅具有社会价值,而且能够通过可持续的商业模式来实现长期的社会影响。这意味着社会创业企业需要在传统的非营利模式和商业创新之间找到平衡,以确保其在竞争激烈的市场环境中保持活力和影响力。

2. 实施资源拼凑

资源整合能力的高低决定了社会创业者能否有效利用和动员各种资源来推动企业发展。社会创业企业要想实现其经济和社会目标,必须善于从多个渠道获取资金、人力和社会资本等关键资源。

资源拼凑是社会创业企业在资源有限的情况下,通过创造性地组合和利用现有资源实现新目标。这种策略允许企业在不依赖特定资源或资源提供者的情况下,通过资源的重构和创新应用,提升自身的运营能力,甚至开发新的组织能力。资源拼凑不仅帮助社会创业企业克服资源限制,还为创新和机会识别提供了新的思路。

3. 构建社会关系网络

社会关系网络对于企业获取资源、建立合法性以及实现可持续发展具有决定性作用。通过与政府部门、行业内外的其他组织建立紧密联系,社会创业企业不仅能够确立自身的合法地位，还能够拓宽资源获取的途径。

与政府部门和监管机构建立良好的网络关系，可以为社会创业企业提供政策支持、资金援助以及市场信息，这些都是企业成长的重要资源。同时，与供应商、金融机构、媒体、教育机构、科研机构、认证组织和行业协会等建立联系，可以帮助企业提升声誉，增强其在市场中的合法性，从而更容易吸引投资者和合作伙伴的关注。

在行业内与其他有影响力的组织建立联系，可以产生"溢出效应"。通过这些组织的声誉和资源，社会创业企业能够间接提升自身的市场地位和影响力。社会创业者需要精心维护与这些利益相关者的关系，以确保企业能够在竞争激烈的市场中获得支持和认可。

社会创业企业还应通过与行业组织和顾客建立积极的互动平台，来加强社会认同。这种互动不仅有助于企业了解市场需求，还能够通过顾客的口碑传播，进一步提升企业的公众形象和社会影响力。

4. 提升经营管理能力

经营管理能力的高低决定了企业能否在市场上立足、有效竞争并实现盈利。社会创业企业需要借鉴商业企业的管理经验，同时探索与其他组织合作的新模式，以共同创造更大的价值，并在此过程中提升自身的运营和管理水平。

对于处于成长阶段的中小型社会创业企业而言，获得资金支持后，更需要建立一套系统化的管理体系，确保企业的长期可持续发展。为了应对这一挑战，有学者提出了"投后管理"的概念，即公益创投机构不仅要提供资金，还要在企业战略规划、人力资源、市场营销、风险控制、财务管理等方面提供全面的管理支持。

这种模式下，公益创投机构通过参与社会创业企业的运营，不仅提供资金，还提供专业的管理指导，帮助企业制定战略规划，建立品牌形象，培养市场营销能力，完善人力资源管理体系等。这样的支持有助于社会创业企业在竞争激烈的市场环境中找准定位，实现其经济和社会的双重目标。

5. 提高企业的数字能力

数字技术的快速发展为社会创业企业提供了新的机遇，帮助它们克服在合法性、资源获取和经营能力方面的挑战，从而更好地实现可持续发展。Nambisan[1]指出，云计算、人工智能、移动计算、3D 打印和社交媒体等技术的应用，正在改变私人和公共组织的工作方式。

首先，数字技术提高了社会创业企业的透明度，使其运营更加公开和可追溯，这有助于建立公众信任和合法性。其次，通过利用数字工具，社会创业企业能够更高效地募集资金和资源，实现资源的精准分配。这不仅提高了经营效率，还有助于降低成本。最后，数字技术如数据分析和实时监控工具可以帮助企业追踪项目进展，确保其解决方案的有效性，从而增强产品和服务的可持续性。

例如，社会创业企业可以利用人工智能技术来优化物流流程，减少时间和人力成本。采用云计算服务则可以减少对物理服务器的依赖，降低能源消耗，从而减少碳排放，支持环境友好的可持续发展目标。

---

[1] Nambisan S. Digital entrepreneurship: Toward a digital technology perspective of entrepreneurship[J]. Entrepreneurship Theory and Practice, 2017, 41(6): 1029-1055.

12.3.2 提供可持续性解决方案

1. 提供创新性解决方案

社会创业的核心目标在于通过创新和可持续的方式解决社会问题。为了有效应对这些挑战，社会创业企业必须深入分析问题的根源，以便能够提供针对性的解决方案。这意味着企业需要识别并理解受助群体面临的根本性困难，并在此基础上设计出能够带来实质性改变的策略。

社会创业企业在解决社会问题时，应专注于为弱势群体提供关键支持，这包括技能培训、职业指导和就业服务等。通过这些措施，企业不仅能够帮助这些群体提升自身的能力，还能够为他们创造更多的就业机会，从而实现社会层面的积极变革。

例如，针对失业或低收入群体，社会创业企业可以开发专门的培训项目，教授他们市场需要的技能，如数字营销、编程或手工艺等。企业还可以与当地企业合作，为这些群体提供实习和就业机会，或者创建平台将他们与潜在雇主联系起来。此外，提供职业规划和心理支持也是帮助弱势群体克服就业障碍的重要手段。

2. 与更广泛的利益相关者合作

社会创业企业在寻求解决社会问题的过程中，与多方利益相关者建立合作关系，能够显著提升资源利用效率并带来额外的益处。

以南都公益基金会为例，该基金会通过与政府、商业企业、媒体和学术界合作，成功地解决了进城务工人员子女的教育问题。这种跨部门的合作模式不仅增强了项目的合法性和影响力，还有效地整合了各方资源，推动了问题的系统性解决。与政府合作让南都公益基金会的项目得到了官方认可和政策支持。这不仅提升了项目的可信度，还有助于获得更多的非营利组织支持。商业企业的参与则为项目提供了必要的资金，缓解了财务压力。媒体的合作提高了公众对这一社会问题的认识，增加了项目的知名度。学术界的支持为政策制定提供了专业建议，确保了项目的科学性和有效性。

南都公益基金会还与多个社会组织建立了合作关系，进一步扩大了其影响力，促进了解决方案在更广泛地区的复制和推广。这些合作经验表明，社会创业企业通过与不同利益相关者的紧密合作，不仅能够实现资源的最大化利用，还能够形成强大的社会支持网络，共同推动社会问题的解决。

3. 将数字技术与社会创业相融合

在数字时代，数字技术正成为推动商业创新和公益发展的重要力量。这种新型的创业模式融合催生了数字社会创业。它专注于利用数字技术来解决复杂的社会问题，并推动社会创业的数字化转型。数字社会创业通过数字化手段，优化了社会创业机会的发现、资源的配置、治理结构以及价值的衡量，从而更高效地实现社会价值与经济价值的双重目标。

社会创业者通过数字技术平台能够迅速地获取和整合资源，实现资源的精准对接。数字社会治理的进步也增强了社会创业生态系统的灵活性和持久性。例如，美国的 Kickstarter 平台就是一个典型的数字社会创业案例。它通过一个精心设计的筛选和匹配系统，将有创意的社会创业项目与潜在的投资者联系起来，确保项目能够吸引到与其理念和偏好相契合的资金支持。

这种模式不仅为社会创业者提供了一个展示和融资的平台，也为投资者提供了参与社会变革的机会。通过这种方式，数字社会创业不仅促进了社会问题的解决，还推动了社会创新和经济发展，展现了数字技术在社会创业领域的巨大潜力。

12.4 数字社会创业

12.4.1 数字社会创业的内涵

数字创业是指在数字技术的推动下，创业者利用新的数字工具、平台和基础设施来识别和把握商业机会的过程。这种创业方式通过数字化手段对创业过程进行规模化改造，提高了对市场和用户需求的精准定位能力，促进了需求机会的转化，并影响了社会制度的演进。数字技术在商业和社会创新领域发挥着深远的影响，它不仅改变了传统的创业模式，也为社会创业提供了新的思路和方法。数字社会创业是在这一背景下应运而生的一种新的创业形式，它以解决社会问题为核心目标，将数字技术深度融入社会创业的各个环节。这种创业活动通过数字化手段优化了社会创业机会的发现、资源的配置、治理结构以及价值的衡量，使得社会价值和经济价值的实现更加高效和可持续。

数字社会创业的概念结合了社会创业的使命感和数字创业的技术优势，强调了社会与技术之间的互动关系。面对社会创业机会的识别、资源的获取、治理结构的构建以及价值的评估等关键问题时，数字社会创业展现了其独特的共性和差异性。它不仅继承了社会创业的社会使命，还利用数字技术提高了创业活动的效率和影响力，为解决社会问题提供了新的解决方案，如表12-1所示。

表12-1 数字社会创业与社会创业、数字创业的比较[①]

	比较维度	数字社会创业	社会创业	数字创业
不同点	机会	强调数字技术给社会问题解决和难题整合带来的新机会	将待解决的社会问题当作新的创业机会	强调利用数字技术的规模化和灵活性创造新的机会
	资源	强调通过数字技术构建支持者网络，提高资源参与者自下而上的主动性	强调通过合法性构建进行资源动员	注重利益的资源互惠
	治理	强调数字技术对社会创业的赋能和规制双重作用	强调社会使命驱动	强调数字技术的规制手段
	价值测量	注重利用数字技术测量社会价值，强调社会影响力的扩散	缺乏有效的社会影响力价值评估手段	重视创业绩效的量化跟踪
相同点		（1）数字社会创业和社会创业的相同点在于侧重捕捉由社会需求带来的新机会，重视整合伙伴资源的重要性，强调经济、社会、环境等混合价值创造		
		（2）数字社会创业和数字创业的相同点在于注重数字技术带来的新机会和对创新的驱动，关注数字平台的可供性和共享性，强调通过技术手段加速价值创造		

---

① 刘志阳，赵陈芳，李斌. 数字社会创业：理论框架与研究展望[J]. 外国经济与管理，2020，42(4)：3-18.

12.4.2 数字社会创业的功能

数字社会创业通过充分利用数字化的四大特性——可供性、生成性、自组织性和跨边界性，为社会创业领域带来了革命性的变革。这些特性使得社会创业活动能够更加迅速地识别社会机会，高效地动员社会资源，实现多方参与的社会治理，并清晰地测量社会影响力，从而有效应对传统社会创业面临的挑战。数字社会创业的功能体现在以下四个方面。

1. 社会问题对接智能化

数字平台为社会创业者提供了一个强大的支持系统，使他们能够在想法的产生、资源的确定与分配、数字市场的机遇把握，以及信息的收集和创新合法性的建立等方面具有显著优势。这些平台通过智能化的匹配推荐系统，帮助社会创业者高效地获取所需的资金和人力资源，从而简化了传统的资源搜寻过程。

对于社会创业的目标用户，数字技术的应用带来了精准化的产品服务匹配。利用机器学习等先进技术，系统能够识别用户需求，理解语言和行为模式，为用户提供更加个性化和精准的服务。这种技术的应用提高了社会问题应对的灵活性和动态性，使得社会创业项目能够更有效地解决实际问题。

以零分贝为例，该平台通过大规模收集农村贫困信息，运用数据挖掘、建模和可视化分析技术，开发了公务员扶贫信息客户端、农村返贫困人口基础信用和风险征信系统、分贝筹助学平台等工具。这些工具不仅提高了扶贫工作的效率，还确保了资源的精准对接，使得扶贫资源能够更直接地流向最需要帮助的人群。通过这种方式，数字平台不仅支持了社会创业者，也为社会创业的目标用户带来了实实在在的好处，推动了社会问题的解决。

2. 社会问题响应实时化

数字技术的规模化和生态系统的自组织特性促进了数字主体间的紧密联系和信息交流，为解决社会问题提供了开放和多样化的途径。这种特性在社会问题的快速识别和应对方面表现得尤为明显。

在问题识别方面，现代数字基础设施和设备收集的海量数据，为分析用户行为和交流提供了基础。通过分析搜索关键词、行为习惯等数据，创业者可以迅速捕捉到社会问题和需求，从而实现对社会问题的即时响应。例如，通过分析社交媒体趋势和在线讨论，创业者可以及时发现公众关注的热点问题，为社会创业提供方向。在问题应对方面，社会创业的协作性要求创业者能够快速整合资源和知识，以应对不断变化的社会需求。数字系统通过群智能技术，使得分散的个体能够通过数字交互网络协同工作，共同解决问题。在这种控制回路中，合作者可以实时反馈，通过迭代过程快速优化和调整社会创业活动流程。

以成都朗力养老服务中心为例，该中心利用适老化平台管理系统，结合智能穿戴设备，实时收集老年人的健康数据和位置信息。这种系统不仅保持了与用户的持续互动，还能为老年人及其家属提供健康监测和紧急情况预警服务，确保老年人的需求得到及时和精确的满足。

3. 社会价值可视化

数字技术的去边界化特性正在重塑社会创业的合作网络和活动过程，使得传统的界限变得模糊，合作变得更加开放和流动。这种变化对社会创业的有效性产生了深远影响。在开放的数字系统中，社会创业活动能够利用数字设备收集到丰富数据和多样化工具，提高行动的透明度和效率。例如，蚂蚁金服等区块链公益平台能够提供实时的资金流向，让捐赠者和利益相关者能够清晰地了解资金的使用情况和项目进展。这种基于数字的方法，通过监测用户行为、资源分配和数据收集，为社会创业提供了可量化的成果证明，增强了社会创业的可信度。

从社会创业成果的影响力来看，数字技术不仅能够衡量用户对产品或服务的即时感受，还能够分析用户的长期使用和口碑传播情况。这种分析有助于验证社会创业的社会价值，确保其解决方案不仅在短期内有效，而且能够持续产生积极影响。通过这种方式，社会创业的合法性得到增强，其活动过程和成果变得更加清晰、可追溯，影响力也得以量化评估。

4. 社会创业增长指数化

数字社会创业的指数化增长得益于数字技术的生成性。这种生成性指的是技术进步能够激发新产品和服务的创造性，正如个人电脑和互联网的发明为人类的生活方式带来了变革。数字技术的生成性为社会创业的快速发展奠定了基础。

（1）数字技术促进了社会创业机会的规模化发展。新技术的发展不仅满足了用户需求，还为社会问题的创新解决方案提供了技术和路径支持。数字技术的灵活性使得社会企业家能够从更广阔的视角出发，思考如何满足社会需求和解决社会问题。同时，数字技术的低门槛特性，使得资源有限的社会企业能够以较低的成本和较快的速度获得发展机会。

（2）数字化社会创业模式不断涌现。以数字技术为基础的社会创业模式，能够有效地将技术优势与社会问题和社会需求相结合。例如，联谛信息无障碍公司利用互联网产品优化技术帮助残障人士更好地使用互联网服务，而中科卓望公司则通过软件资源和培训服务经验帮助边缘群体提升技能。这些模式从用户需求出发，推动了社会创业功能的升级，为实现社会价值提供了多样化的解决方案。

12.4.3 数字社会创业的基本要素[①]

数字社会创业的基本构成要素可以概括为以下四个方面。

1. 数字社会创业者

数字社会创业者是一群将数字技术与社会创业精神相结合的创新者，他们致力于通过数字化手段创新性地解决社会问题，满足社会需求，并创造社会价值。这些创业者具备强大的数字概念能力、社会创新能力和亲社会特质。他们不仅能够发现创业机会，更是这些机会的积极开发者。

2. 数字社会公民

数字社会公民在社会创业活动中扮演着双重角色，既是服务的接受者，也是积极的参与者。这一群体以其结构的多样性、广泛的分布和信息传播的高效率而著称。数字素养，即个体获取、理解和利用数字信息的能力，是数字社会公民的核心素质。这种素养不仅包括对数字技术的理解，还涉及对个人在数字世界中责任和权利的认识，以及对个体在社区、

---

① 资料来源：刘志阳，赵陈芳，李斌. 数字社会创业：理论框架与研究展望[J]. 外国经济与管理，2020, 42(04): 3-18.

国家乃至全球层面参与的重要性。

数字社会公民的广泛参与为社会影响力的扩散和问题的解决提供了新的思路。首先，开放的数字网络环境赋予公民更大的社会参与权，这种参与往往是自发的，反映了公民对社会责任的自觉承担。其次，在社会创业框架下，数字公民的积极参与能够显著影响社会创业活动的规模、传播和进一步发展，产生横向的溢出效应。最后，数字社会公民的权利不仅使普通个体能够参与到社会创业过程中，还促进他们在社会价值引导下的学习、成长和自我实现，为自下而上的社会变革创造了有利条件。

3. 数字社会创业平台

数字社会创业平台通过提供共享的技术、组件、服务和架构，为数字用户群体创造了一个共同的价值创造和参与的基础环境。这些平台不仅关注资源的动员，更强调合作网络的整体效应和参与者的主动性。[1]为了实现对社会需求的精准对接和对社会问题的实时响应，数字社会创业平台在资源获取和决策精准性方面展现出显著优势。

（1）数字平台的可用性、低成本、低门槛和高效率特性，为社会创业中的合作伙伴关系提供了一个有效的载体。这有助于提高资源获取的开放性，建立信任关系，增加合作的透明度，并降低社会创业活动的资金获取门槛。这样的平台使得更多的个人和组织能够参与到社会创业中，共同推动社会问题的解决。

（2）数字平台促进了形式与功能的分离，从而改变了决策过程中的关键因素。这些平台通过降低资产专用性在社会价值链中的重要性，使得资源的配置更加灵活，减少了对特定资源的依赖，进而提高了社会创业的适应性和灵活性。

（3）数字平台的架构为社会创业者把握机会提供了技术、模式和价值选择的自由。这意味着社会创业者可以根据不同的社会需求，采取针对性的策略，从而更有效地处理和满足这些需求。这种灵活性和针对性策略的结合，显著提升了社会创业活动的社会影响力和问题解决能力。

4. 数字社会创业治理

数字社会创业治理涉及在数字化背景下对社会创业活动进行有效管理和协调的新需求。这一过程要求对参与者和利益相关者进行细致的考量，确保社会创业活动能够在创造社会价值的同时，实现商业上的可持续性。

（1）数字社会创业治理的核心在于确保组织在追求混合价值使命时，能够平衡社会价值和商业价值。这意味着社会创业活动必须避免使命漂移，始终坚守其社会目标，同时确保经济活动的可持续性。[2]

（2）治理过程应以赋权为核心，鼓励社会创业者、公民等多方参与者共同参与，通过建立包容性的组织方案，激发内部成员的积极性和创造力。这种参与性的治理模式有助于形成更加民主和高效的决策过程，促进资源的有效利用。

（3）社会创业治理应注重影响力扩散，通过社会动员策略吸引更多的网络观察者和志愿者加入平台，将他们转化为活跃的数字社会公民或社会创业者。这种策略有助于扩大社

---

[1] 刘志阳，李斌，陈和午. 企业家精神视角下的社会创业研究[J]. 管理世界，2018，34(11)：171-173.
[2] 刘志阳，庄欣荷，李斌. 地理范围、注意力分配与社会企业使命偏离[J]. 经济管理，2019(8)：73-90.

会创业的影响力，形成更广泛的社会参与网络。

（4）数字社会创业的过程和成果应该是可观测和可评估的。这意味着需要建立一套评价体系，以衡量社会创业活动的社会影响和经济绩效，确保社会企业能够在实现社会价值的同时，也实现自身的成长和发展。

本章知识要点及关键词

知识要点

1. 社会创业专注于识别和利用那些传统商业和公益领域未能触及的社会机会，致力于解决贫困、环境恶化和资源短缺等可持续发展问题。

2. 社会创业利用商业手段来解决社会问题，同时追求经济效益和社会价值的双重目标。

3. 社会创业与慈善活动的主要区别在于其对财务回报的追求。

4. 与纯粹的商业创业相比，社会创业更加注重社会影响。

5. 社会创业的机遇往往根植于市场的不完善之处，即市场失灵。

6. 社会创业的成功受多种因素影响，包括社会机会的识别、网络嵌入、资源与财务的管理、社会企业的管理和构建，以及创意与创新。

7. 数字社会创业以解决社会问题为核心目标，将数字技术深度融入社会创业的各个环节，通过数字化手段优化了社会创业机会的发现、资源的配置、治理结构以及价值的衡量，使得社会价值和经济价值的实现更加高效和可持续。

8. 数字社会创业通过充分利用数字化的四大特性——可供性、生成性、自组织性和跨边界性，为社会创业领域带来了革命性的变革。

关键词

社会创业　社会创业机会　社会价值　可持续发展　数字社会创业

思考题

1. 创业者在社会创业过程中会面临哪些困境？
2. 社会创业有哪些特征和维度？
3. 你怎么理解社会创业、慈善组织和商业创业？
4. 社会创业面临的可持续发展困境都有哪些？
5. 你怎么理解社会创业的可持续发展？
6. 社会创业如何实现可持续发展？
7. 数字社会创业、数字创业、社会创业之间的异同有哪些？

案例分析：不忘初心，教育扶贫——云瑾信息的社会创业

"虽然创业之路不平坦，但能在浪潮中生存下来的人，才最有可能成为未来的英雄。"2022年2月16日，伴随着上海云瑾信息技术有限公司（以下简称"云瑾"）正式注册成立，

创始人陈嘉谊想通过数字技术支持乡村教育、探索教育公平的想法，在8年的坚持下终于落地了。

"一块屏幕能够让乡村的孩子看到大山外的世界，互联网打破地域时空界限，让云端学习成为可能，让教育更加公平。"这是陈嘉谊的创业初衷，也是他心中的美好愿景。

2012年9月，陈嘉谊考入上海大学，其后选择通信与信息工程作为专业学习。上海大学"先天下之忧而忧，后天下之乐而乐"的校训深深地影响着陈嘉谊的成长。2015年，为了实践自己所学的知识，陈嘉谊进入互联网教育企业沪江教育科技股份有限公司（以下简称"沪江教育科技"）实习。也是在这里，他第一次接触"数字支教"。因为偶然的一次实践调研，陈嘉谊与项目团队一起来到了四川省宜宾市翠屏区的白云教学点。这个学校是典型的农村小规模学校，教育资源紧缺，全校一共有10名学生，全部都是留守儿童，被分为一、二年级进行教学；作为唯一的一名男教师，他不仅负责全部科目的任教，同时还要负责孩子们的陪伴与管理。这一幕让在城镇里长大的陈嘉谊震撼不已。于是，陈嘉谊和项目团队的同事们思考，是否能够借助自身的专业背景与互联网教育企业的加持，尽所能地帮助这些乡村的孩子。恰逢团队的包子老师是美术专业，他们决定从乡村教学点最为短缺的音乐、美术课着手，通过同步直播的方式为孩子们开设爱心课堂。

在当时，借助"互联网+教育"开展直播教学并不是一件普遍的事情。特别是对于更为偏远的乡村小规模学校与教学点而言，同步课堂面临诸多困境。出乎意料的是，教学效果很好。孩子们在屏幕的另一端没有表现出木讷与拘束，更多的是展现出自身对音乐、美术的想象力和创造力。在两三周的直播课程结束时，孩子们已经能够在网络课堂上专心致志地完成一节课的学习、面对着摄像头举手提问、在直播临近结束时自信地展示着自己的课堂作业。与此同时，那位男老师也在同步成长着，他已经能够熟练地操作电脑，为孩子们连接网络课堂，并且在直播课堂的过程中成为"双师教学"的重要组成部分，鼓励孩子们积极主动地参与同步教学。师生的同步改变给予团队很大的信心和鼓舞，同年10月，互联网公益教育项目互加计划正式启动。

陈嘉谊认为，传统的乡村支教主要存在以下三个短板问题：（1）教学质量难以得到保障。参与乡村支教的同学们大多来自高校社团，其教育教学能力是良莠不齐的，很少人是经过专业的教学技能培训的，在关注孩子的学习需求与课程的教学目标上，他们仍有实践经验上的短板。（2）对受教学生产生不良心理影响。很多受教学生还没来得及适应"新"老师，"新"老师就离开了，孩子会产生遗憾的情绪。同时，短期支教更多的是以兴趣为导向，以素养类课程为主；而回到常规教学中，受制于教师能力与课程结构，以知识型课程为主。两种教学方式的差异，特别是当支教团队离开学校之后，其对学生心理产生的落差是需要被关注的。（3）增加校方教师的管理负担。支教大多安排在寒暑假期间，这给学校的时间安排与校园管理带来新的难点。同时，虽然支教的初衷是好的，但如何有效融合支教团队和学校团队的能力，实现功能互补，对于许多乡村学校的管理而言是一项新的课题。

陈嘉谊认为，数字支教可以成为传统支教的重要补充手段。在这个数字时代，"乡村支教"将被赋予新的模式创新：一是支教的时间可以更为常态化，甚至在教育信息化更为普及、教师信息素养与应用能力更为提升的现在，借助同步课堂应该成为常规教学的补充方案；二是支教的对象可以更为广泛化，过去谈到支教就是为孩子教学，但乡村教师同样可以成为"被支教"的对象，乡村教师能力的提升是乡村教育发展的长久动力；三是支教的参与者可以更为多元化，过去受制于特定时间，往往是高校学生参与公益支教，现在借助数字支教的模式创业，具有丰富教学经验的一线教师同样可以成为支教的重要力量，参与共享优质教学资源。因此，当数字支教与传统支教相融合，多元化的支教模式将更为立体地支持乡村教育的发展。

这时，陈嘉谊和他的团队同时服务的区县数量已近200个。随着项目辐射与受益人群的不断拓展，一个更重要的问题摆在面前：如何实现项目的可持续发展？

当时，陈嘉谊和他的团队是由沪江教育科技提供项目资金的支持，定位为履行社会责任的互联网公益教育项目。基于这样的定位，其在项目设计中无须考虑项目收入的部分。然而，随着项目规模的持续扩大，"为爱发电"的模式使得团队能力很快到达瓶颈，来自各地教育主管单位的需求让陈嘉谊有些应接不暇……

陈嘉谊认识到，如果要将这份初心可持续地发展下去，作为一个"没有收入"的公益团队是远远不够的，一定需要构建一个可持续的商业模式、一家可持续的社会企业，借助项目收入来实现人力资源、技术能力、课程结构的持续升级和迭代。因此，从2020年开始，陈嘉谊逐渐着手创业的准备工作，开始走向从公益团队到社会企业的创业转型之路。

2020年年中，陈嘉谊与两位在上海大学就读时的好友一起，正式开启社会创业的新征程。刚好这两位同学都正在上海大学攻读硕士：一位是通信工程专业，曾担任人工智能公司的开发工程师，在"AI+教育"上有丰富的实践经验；另一位工商管理专业在读，同时也曾在多家公益组织和基金会实习，可以在公益项目管理上提供能力支持。陈嘉谊与他的团队，希望用一种全新的商业模式重新开启数字技术支持乡村振兴与教育公平的探索。在母校上海大学的支持下，他们为自己的项目取了名——数智学习实验室，希望以数字化和智能化赋能教育公平，同时也希望能有更多的社会关注聚焦在教育扶贫这件事上。

回忆起创业之路，陈嘉谊感慨得到了很多同行者的支持和帮助。例如，沪江教育科技旗下的产品CCtalk校园版的团队为他提供技术支持，在直播技术与数据管理上开展共建，这为他创业初期解决技术能力不足的难题提供了重要的支撑，帮助陈嘉谊快速实现项目落地。《中国教育报》2011年度"推动读书十大人物"候选人、2015年度阅读改变中国点灯人——时朝莉老师，在得知陈嘉谊创业后也参与到公益项目的共建中。例如，在海南佰纳阳乡村振兴基金会提供的资金支持之下，她将彩虹花晨读、未染堂诗舞等公益课程体系顺利落地到海南省保亭县、四川省壤塘县、云南省大理州等地。第一年，试点学校数量超过200所。除此之外，陈嘉谊与数智学习实验室积极参与上海市教师教育学院、深圳市龙岗区教师发展中心、上海大学基础教育集团等单位的项目，并与专家顾问一起共同构建基于乡村教育发展阶段的"能力—课程—技术"综合课程体系，旨在支持乡村教师在数字时代的长期学习与持续发展。

现如今，数智学习实验室已经有超过190名的助教志愿者。他们主动帮助周围的乡村教师参与到项目中，一传十、十传百，组建社群，在云端进行自主交流和培训学习。很多老师成为当地数字化教育的骨干力量。陈嘉谊和他的团队与这些老师保持着深度的合作关系，以志愿者的身份积极主动地参与到本地教育主管单位与数智学习实验室共同发起的项目中，例如在云南省德宏州开展的星火计划、在河南省三门峡市灵宝市开展的全员培训等，继续助力乡村教育的振兴。有了这么多人的支持，陈嘉谊备受鼓舞。他认为技术是课程和培训的载体，课程是培训和技术的结果，培训是能够更好地利用课程和技术的途径。

2020年，疫情的出现让线上课堂成为弥补常规教学的重要方案。习近平总书记在2020年决战决胜脱贫攻坚座谈会上指出，为减轻疫情影响，应强化线上线下结合，积极开展"互联网+教育"。同时，基于乡村振兴与数字中国的战略发展背景，保持网络扶贫的政策稳定性和连续性，强化扶贫同扶智，积极开展国家数字乡村试点工作。

许多偏远地区的教育主管单位希望得到社会力量的支持，以共同确保当地学生能够在疫情防控期间维持正常的课程安排。陈嘉谊和他的团队尽最大努力为地方政府搭建网络教学平台。然而，面对当地教师信息素养与应用能力不足的难题，包括有的教师拥有了数字平台但不会使用或者会使用的老师却不够熟练等问题，导致课堂整体节奏难以达到预期，在线教学效果受到影响。为此，数智学习实验室制定了多层次的服务模式，在有条件开展在线培训的地区落地线上培训项目；有线下支持需求的地区，陈嘉谊会协调本地助教一对一地为乡村教师提供技术辅助。在 2020 年至 2022 年期间，他们为超过 1.2 万名中西部乡村教师提供陪伴式服务，以支持疫情防控期间的线上教学，同时也为教师的信息素养与应用能力提升提供了重要支持。

同时，项目签订也因为疫情难以快速推动，实地访谈与调研在疫情防控期间是特别艰巨的任务。但陈嘉谊与他的团队乐观积极、勤恳努力，他们与合作单位（如第三方技术单位、课程专家团队、助教志愿者等）达成一致，"优先开展项目、后续补充协议"，从而在疫情防控期间实现了"项目不中断、服务不暂停"的目标，赢得了当地教育主管单位、项目参与教师的一致好评。

尽管在疫情防控期间出现了诸多困难，但也有很多瞬间让陈嘉谊看到了数字技术支持乡村教育振兴这件事坚持下去的意义。疫情防控期间，很多讲师提出公益讲课，婉拒了陈嘉谊团队提供的补贴；团队成员群策群力寻找支持，加班加点保证平台稳定；在学校面临封控时，仍能以线上教学的替代方案及时保障常规教学……

2022 年，上海大学向陈嘉谊抛出橄榄枝，鼓励他入驻上海大学国家科技园和环上大科技园。就这样，经历了 8 年的探索与坚持，陈嘉谊在工商局正式注册了上海云瑾信息技术有限公司。其名称背后颇有深意，"云"是想要打造城乡间的"云课堂"，"瑾"是想要把这种美好接续传递下去。

不仅如此，陈嘉谊和他的团队还在上海大学国家科技园的辅导下申请加入了上海市大学生科技创业基金发起的"雏鹰计划"，获得了免息免抵押的小额信用创业贷款。这笔资金也帮助数智学习实验室在 2022 年渡过难关。2023 年，上海云瑾信息技术有限公司在环上大科技园的指导下参加了由上海市人力资源和社会保障局等部门联合举办的第五届"中国创翼"创业创新大赛，荣获乡村振兴专项赛二等奖。上海市人社局、宝山区人社局分别予以创业项目奖金支持。陈嘉谊感慨，自己非常感激学校的支持，在这个困难时期帮助团队与项目渡过难关，并坚实地构建起可持续发展的乡村振兴服务模式。

资料来源：巩顺龙，张继元，刘超越. 不忘初心，教育扶贫——云瑾信息的社会创业[A]. 中国管理案例共享中心案例库，2023.（根据篇幅需要有改动）

思考题：
1. 云瑾信息技术有限公司是否属于社会企业？你如何理解社会企业？
2. 请描述云瑾信息技术有限公司的创业历程，云瑾是如何进行社会创业机会识别的？
3. 请利用资源拼凑理论分析陈嘉谊创立云瑾信息技术有限公司进行了哪些资源的整合？
4. 作为一家社会创业企业，云瑾信息技术有限公司为了助力乡村教育振兴，创造了哪些社会价值？从社会价值的角度分析陈嘉谊团队的商业模式发生了哪些转变？

参 考 文 献

[1] Bruyat C, Julien P. Defining the field of research in entrepreneurship[J]. Journal of Business Venturing, 2001, 16(2): 165-180.

[2] Chell, E. Entrepreneurship: Globalization, Innovation and Development[M]. London: Thomson Learning, 2001: 39-96.

[3] Johnson M. Seizing the White Space: Business Model Innovation for Growth and Renewal[M]. Boston: Harvard Business Press, 2010: 24.

[4] Sarasvathy S. Causation and effectuation: Toward a theoretical shift from economic inevitability to entrepreneurial contingency[J]. Academy of Management Review, 2001, 26(2): 243-263.

[5] Sethi S P. Dimensions of corporate social performance: An analytic framework[J]. California Management Review, 1975, 17(3): 58-64.

[6] Shane S, Venkataraman S. The promise of entrepreneurship as a field research[J]. Academy of Management Review, 2000, 25(1): 217-226.

[7] 蔡莉,鲁喜凤,单标安,等.发现型机会和创造型机会能够相互转化吗？基于多主体视角的研究[J].管理世界,2018,34（12）:81-94+194.

[8] 蔡莉,杨亚倩,卢珊,等.数字技术对创业活动影响研究回顾与展望[J].科学学研究,2019,37（10）:1816-1824+1835.

[9] 蔡莉,张玉利,蔡义茹,等.创新驱动创业：新时期创新创业研究的核心学术构念[J].南开管理评论,2021,24（4）:217-226.

[10] 陈晓红,李杨扬,宋丽洁,等,数字经济理论体系与研究展望[J].管理世界,2022,38（2）:208-224.

[11] 程慧.数字技术背景下大学生创新创业意向影响因素分析——基于计划行为理论和技术接受模型[J].科技管理研究,2023,43（18）:195-202.

[12] 德鲁克.创新与企业家精神[M].北京：机械工业出版社,2009.

[13] 德鲁克.组织的管理[M].上海：上海财经大学出版社,2006.

[14] 邓立治.商业计划书：原理与案例分析[M].北京：机械工业出版社,2015.

[15] 董保宝,葛宝山.经典创业模型回顾与比较[J].外国经济与管理,2008,30（3）:19-28.

[16] 傅颖,斯晓夫,陈卉.基于中国情境的社会创业：前沿理论与问题思考[J].外国经济与管理,2017,39（3）:40-50.

[17] 黄永春,黄晓芸.创业者异质性胜任特征与创业政策供给——基于胜任力理论[J].科技进步与对策,2018,35（11）:117-123.

[18] 杰弗里·蒂蒙斯,小斯蒂芬·斯皮内利.创业学：21世纪的创业精神：第8版英文版[M].北京：人民邮电出版社,2014:110.

[19] 杰弗里·蒂蒙斯,小斯蒂芬·斯皮内利.创业学[M].周伟民,吕长春,等译.北京：人民邮电出版社,2005:155-173.

[20] 杰弗里·康沃尔.步步为营：白手起家之道[M].北京：机械工业出版社,2009.

[21] 李家华,张玉利,雷家骕.创业基础[M].3版.北京：清华大学出版社,2023.

[22] 李巍,吴朝彦.创业基础（数字教材版）[M].北京：中国人民大学出版社,2021.

[23] 李雪灵,万妮娜.基于Timmons创业要素模型的创业经验作用研究[J].管理世界,2009（8）:182-183.

[24] 栗战书. 文明激励结构分析：基于三个发展角度[J]. 管理世界，2011，27（5）：1-10.

[25] 蔺雷，吴家喜. 内创业革命[M]. 北京：机械工业出版社，2017.

[26] 刘柏，卢家锐. "好公民"还是"好演员"：企业社会责任行为异象研究——基于企业业绩预告视角[J]. 财经研究，2018，44（5）：97-108.

[27] 刘志阳，李斌，陈和午. 企业家精神视角下的社会创业研究[J]. 管理世界，2018，34（11）：171-173.

[28] 刘志阳，李斌. 中国社会创业发展现状及对策建议[N]. 光明日报，2018-09-24（06）.

[29] 刘志阳，林嵩，路江涌. 创新创业基础[M]. 北京：机械工业出版社，2021.

[30] 刘志阳，林嵩，邢小强. 数字创新创业：研究新范式与新进展[J]. 研究与发展管理，2021，33（1）：1-11.

[31] 刘志阳，赵陈芳，李斌. 数字社会创业：理论框架与研究展望[J]. 外国经济与管理，2020，42（4）：3-18.

[32] 苗苗，沈火明. 创新创业创青春[M]. 2版. 北京：机械工业出版社，2022.

[33] 冉戎，王欣源，杨笑然. 元宇宙与创业企业社会责任：行动困境、过程重构与未来方向[J]. 外国经济与管理，2023，45（7）：36-52.

[34] 斯晓夫，吴晓波，陈凌，等. 创业管理：理论与实践[M]. 杭州：浙江大学出版社，2016.

[35] 宋京双. 大学生创新创业教育"金课"教程[M]. 北京：清华大学出版社，2021.

[36] 王乐，龙静. 不同环境下效果推理、因果推理与创业拼凑的关系——基于阴阳观视角[J]. 科学学与科学技术管理，2019，40（9）：101-118.

[37] 亚历山大·奥斯瓦尔德，伊夫·皮尼厄，格雷格·贝尔纳达，等. 价值主张设计：如何构建商业模式最重要的环节[M]. 北京：机械工业出版社，2015.

[38] 杨秋玲，王鹏. 大学生创新创业教育[M]. 2版. 北京：清华大学出版社，2021.

[39] 于晓宇，蒲馨莲. 中国式创业失败：归因、学习和后续决策[J]. 管理科学，2018，31（4）：103-119.

[40] 于晓宇，王斌. 创业管理：数字时代的商机（数字教材版）[M]. 北京：中国人民大学出版社，2022.

[41] 余江，孟庆时，张越，等. 数字创业：数字化时代创业理论和实践的新趋势[J]. 科学学研究，2018，36（10）：1801-1808.

[42] 张敬伟，杜鑫，田志凯，等. 效果逻辑和因果逻辑在商业模式构建过程中如何发挥作用——基于互联网创业企业的多案例研究[J]. 南开管理评论，2021，24（4）：27-40.

[43] 张帅. 创业企业数字化商业模式创新的过程与路径研究[D]. 大连：大连理工大学，2022.

[44] 张玉利，薛红志，陈寒松，等. 创业管理[M]. 5版. 北京：机械工业出版社，2020.

[45] 朱秀梅，刘月，陈海涛. 数字创业：要素及内核生成机制研究[J]. 外国经济与管理，2020，42（4）：19-35.

教师服务

感谢您选用清华大学出版社的教材！为了更好地服务教学，我们为授课教师提供本书的教学辅助资源，以及本学科重点教材信息。请您扫码获取。

▶▶ 教辅获取

本书教辅资源，授课教师扫码获取

▶▶ 样书赠送

创业与创新类重点教材，教师扫码获取样书

 清华大学出版社

E-mail：tupfuwu@163.com
电话：010-83470332 / 83470142
地址：北京市海淀区双清路学研大厦 B 座 509

网址：https://www.tup.com.cn/
传真：8610-83470107
邮编：100084